中文社会科学引文索引(CSSCI)来源集刊

边疆考古研究

RESEARCH OF CHINA'S FRONTIER ARCHAEOLOGY

第30辑

教育部人文社会科学重点研究基地
吉林大学边疆考古研究中心
边疆考古与中国文化认同协同创新中心

编

科学出版社
北　京

内 容 简 介

《边疆考古研究》是教育部人文社会科学重点研究基地吉林大学边疆考古研究中心编辑的学术集刊。本辑收录考古调查发掘报告、研究论文等25篇，内容涉及中国边疆及毗邻地区的古代人类、古代文化与环境。

本书可供文物考古研究机构及高校考古、历史专业学生参考阅读。

图书在版编目（CIP）数据

边疆考古研究. 第30辑 / 教育部人文社会科学重点研究基地吉林大学边疆考古研究中心边疆考古与中国文化认同协同创新中心编. —北京：科学出版社，2021.12
ISBN 978-7-03-070982-0

Ⅰ.①边… Ⅱ.①教… Ⅲ.①边疆考古–研究–中国–文集 Ⅳ.①K872-53

中国版本图书馆CIP数据核字（2021）第259777号

责任编辑：赵 越 / 责任校对：邹慧卿
责任印制：肖 兴 / 封面设计：陈 敬

科 学 出 版 社 出版
北京东黄城根北街16号
邮政编码：100717
http://www.sciencep.com

中国科学院印刷厂 印刷
科学出版社发行 各地新华书店经销

＊

2021年12月第 一 版 开本：787×1092 1/16
2021年12月第一次印刷 印张：25 1/2 插页：5
字数：620 000
定价：198.00元

（如有印装质量问题，我社负责调换）

目　录

考古学史

域外考古

考古新发现

天津蓟州区赤霞峪西岭旧石器地点的石器研究*

王春雪[1]　王家琪[1]　窦佳欣[1]　魏天旭[1]　宋家兴[1]

盛立双[2]　甘才超[2]

（1. 吉林大学考古学院，长春，130012；2. 天津市文化遗产保护中心，天津，300170）

2005年3～5月，天津市文化遗产保护中心首次在天津蓟县（现蓟州区）发现旧石器地点，后经整理共13处，采集石制品千余件[1]。2007年5～7月，由天津市文化遗产保护中心与中国科学院古脊椎动物与古人类研究所联合组队，对其中东营坊遗址进行了考古发掘，出土大量石制品[2]。上述工作填补了天津地区旧石器考古的空白，丰富了研究环渤海地区古人类与古环境的资料。

为进一步对天津地区旧石器进行研究，2015年4～5月，吉林大学与天津市文化遗产保护中心组成旧石器考古队，在当地文物保管所的配合下，再次对蓟县（现蓟州区）进行旧石器田野调查。新发现旧石器地点13处，采集石制品数百件，收获颇丰。2015年4月底，在赤霞峪西岭发现一处旧石器地点，地表采集石制品59件。本文即是对此地点发现的石制品的初步研究。

* 本文得到科技部国家重点研发计划（2020YFC1521500）和吉林大学2020年度课程思政"学科育人示范课程"项目的资助。

一、地理位置与地貌

蓟州区位于天津市区北部，属于天山—阴山—燕山纬向构造带，经历了长期的海陆变迁过程，地势北高南低，呈阶梯状分布[3]。赤霞峪西岭旧石器地点位于天津市蓟州区北部，该地点东邻小港乡，西靠船舱峪村，北抵八仙山国家级自然保护区，东北距清东陵约7千米，西南距蓟州区约20千米，西距北京市区约100千米。该区域属低山丘陵地区，泃河在其南部自西向东流过。该地点位于泃河北岸的二级阶地上，海拔173米，地理坐标为北纬40°9′19″，东经117°33′39.7″（图一）。

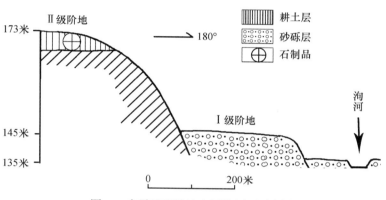

图一　赤霞峪西岭地点河谷剖面示意图

二、石制品的分类与描述

赤霞峪西岭地点共采集石制品59件，原料全部为石英砂岩，器物类型为石片和工具。下面进行分类与描述。

（一）石　　片

共30件，均为锤击石片。根据石片的完整程度分为完整石片和断片（表一）。

表一　石片统计表

名称	类别	数量（件）	百分比（%）
完整石片		18	60
断片	近端石片	4	13.3
	左侧断片	2	6.7
	右侧断片	3	10
	远端断片	3	10
合计		30	100

1. 完整石片

共18件。长24.92～64.97毫米，平均长38.12毫米；宽23.03～71.65毫米，平均宽45.52毫米；厚6.63～25.89毫米，平均厚13.50毫米；重3.22～67.88克，平均重25.82克。台面分为自然台面、打击台面和有疤台面。台面长10.3～58.73毫米，平均长26.75毫米，台面宽2.83～26.98毫米，平均宽11.35毫米。石片角79°～129°，平均96.28°。石片背面可分为全疤、含少部分自然面以及全部自然面三种。背面石片疤数量最多的达6个。

标本15TJCX：25，长62.8毫米，宽71.65毫米，厚18.54毫米，石片角101°，重85.5克。形状不规则，台面为打击台面，台面长58.73毫米，宽18.38毫米。劈裂面上打击点集中，半椎体较凸，同心波不显著，放射线清晰，背面全疤（图二，1）。

2. 断片

共12件，根据断裂方式的不同分为近端、左侧、右侧和远端断片。

（1）近端

共4件。长27.23～57.41毫米，平均长41.18毫米；宽53.02～81.79毫米，平均宽67.13毫米；厚9.6～21.93毫米，平均厚17.04毫米；重24.68～68.09克，平均重45.27克。台面均为打击台面。台面长25.55～64.42毫米，平均长47.69毫米，台面宽9.01～18.09毫米，平均宽14.98毫米，石片角89°～111°，平均97.75°。

标本15TJCX：15，长57.41毫米，宽81.79毫米，厚18.45毫米，重64.42克。形状不规则，打击点集中，同心波明显，有放射线，背面全疤（图二，3）。

（2）左侧

共2件。长48.11～56.47毫米，平均长52.29毫米；宽38.53～42.17毫米，平均宽40.35毫米；厚17.8～23.87毫米，平均厚20.84毫米；重41.41～41.9克，平均重41.66克。

标本15TJCX：12，长56.47毫米，宽42.17毫米，厚17.8毫米，重41.9克。打击点集中，半锥体较平，同心波明显，有放射线，背面全疤（图二，2）。

（3）右侧

共3件。长41.67～50.3毫米，平均长46.77毫米；宽33.2～42.39毫米，平均宽36.71毫米；厚13～22.67毫米，平均厚16.74毫米；重26.07～40.69克，平均重31.09克。

标本15TJCX：39，长50.3毫米，宽34.54毫米，厚22.67毫米，重40.69克。打击点集中，半锥体较平，同心波不明显，有放射线，背面全疤（图二，4）。

（4）远端

共3件。长27.19～46.74毫米，平均长35.76毫米；宽32.78～57.34毫米，平均宽42.73毫米；厚8.84～12.58毫米，平均厚11.19毫米；重10.02～31.48克，平均重17.53克。

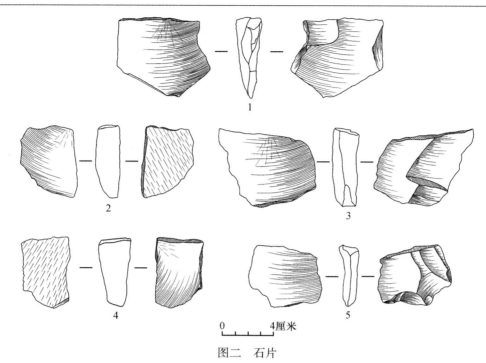

图二　石片

1. 完整石片（15TJCX：25）　　2. 左侧断片（15TJCX：12）　　3. 近端断片（15TJCX：15）　　4. 右侧断片
（15TJCX：39）　　5. 远端断片（15TJCX：21）

标本15TJCX：21，长46.74毫米，宽57.34毫米，厚12.58毫米，重31.48克。同心波明显，背面全疤（图二，5）。

（二）工　　具

共29件，可分为二、三类工具[4]（表二）。

1. 二类工具

共17件。均为刮削器，根据刃的数量分为单刃和双刃。毛坯均为片状。

（1）单刃

共16件。根据刃缘形态的不同分为直、凸、凹刃。

①单直刃

共4件。长44.77～98.36毫米，平均长66.23毫米；宽32.2～91.09毫米，平均宽63.34毫米；厚12.51～29.41毫米，平均厚22.63毫米；重18.7～222.93克，平均重108.04克。刃缘长39.7～83.65毫米，平均长52.78毫米。刃角30°～50°，平均36.25°。石器在刃部均有不连续的小疤，个别刃部也留有磨光的现象，应为刃部作用于被加工物所留下的痕迹。

表二 工具统计表

分类	类型			数量（件）	百分比（%）	修理部位
二类	刮削器	单刃	直	4	13.9	/
			凸	11	37.9	/
			凹	1	3.4	/
		双刃	凸-凹	1	3.4	/
三类	刮削器	单刃	直	3	10.4	刃、形
			凸	1	3.4	刃
			凹	2	6.9	刃
			尖	4	13.9	刃、把手
		双刃	直-凹	1	3.4	刃
	砍砸器	单刃	直	1	3.4	刃
总计				29	100	/

标本15TJCX：2，长98.36毫米，宽90.58毫米，厚25.74毫米，重222.93克。片状毛坯，形状不规则。刃长83.65毫米，刃角35°。器物大小适中，刃部薄锐，无需加工，方便直接使用。刃部劈裂面一侧留有细小的不规则的疤，除后期自然磕碰处外，其余均为与被加工物体接触所致（图三，4）。

②单凸刃

共11件。长36.93～89.31毫米，平均长59.98毫米；宽31.7～60.52毫米，平均宽44.83毫米；厚8.25～25.02毫米，平均厚16.27毫米；重12.79～107.58克，平均重41.94克。刃缘长35.4～83.37毫米，平均长47.91毫米。刃角20°～50°，平均34.09°。在刃部均有不连续的小疤，个别刃部也留有磨光的现象，应为刃部作用于被加工物所留下的痕迹。

标本15TJCX：43，长57.03毫米，宽60.52毫米，厚17.5毫米，重47.87克。形状不规则。刃长39.93毫米，刃角25°。器物大小适中，刃部薄锐，无须加工，方便直接使用。刃部劈裂面一侧留有细小的不规则的疤，除后期自然磕碰处外，其余均为与被加工物体接触所致（图三，2）。

③单凹刃

共1件。15TJCX：46，长40.07毫米，宽30.05毫米，厚11.52毫米，重11.96克。形状不规则。刃长29.28毫米，刃角50°。器物大小适中，刃部薄锐，无须加工，方便直接使用。刃部劈裂面一侧留有细小的不规则的疤，除后期自然磕碰处外，其余均为与被加工物体接触所致（图三，1）。

（2）双刃

共1件，为凸凹刃刮削器。15TJCX：11，长116.45毫米，宽92.52毫米，厚25.44毫米，重156.84克。形状不规则。B处以自然边做凸刃，刃长90.2毫米，刃角30°；A处以

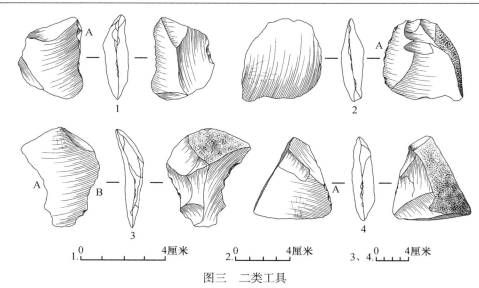

图三　二类工具

1. 单凹刃刮削器（15TJCX：46）　　2. 单凸刃刮削器（15TJCX：43）　　3. 凸凹刃刮削器（15TJCX：11）
4. 单直刃刮削器（15TJCX：2）

自然边做凹刃，刃长92.48毫米，刃角40°。器物大小适中，刃部薄锐，无须加工，方便直接使用。刃部劈裂面一侧留有细小的不规则的疤，除后期自然磕碰处外，其余均为与被加工物体接触所致（图三，3）。

2. 三类工具

共12件。可分为刮削器和砍砸器。毛坯均为片状。

（1）刮削器

共11件。分为单刃（10件）和双刃（1件）。单刃根据刃的形态可分为直、凸、凹和尖刃。双刃为直凹刃。

①单直刃

共3件。长37.08～87.87毫米，平均长67.15毫米；宽47.12～71.91毫米，平均宽62.14毫米；厚11.1～32.32毫米，平均厚23.55毫米；重21.49～211.94克，平均重136.3克。刃长32.21～76.14毫米，平均长53.55毫米，刃角45°～70°，平均58.33°。加工方式包括正向和反向。

标本15TJCX：1，形状不规则。长87.87毫米，宽71.91毫米，厚32.32毫米，重211.94克。刃长76.14毫米，刃角60°。A处为反向修理，形成刃缘；B处为修形，使石器大小合适，方便使用（图四，6）。

②单凸刃

共1件。15TJCX：27，长33.96毫米，宽36.78毫米，厚11.4毫米，重9.47克。A处经连续的反向加工，形成凸刃，刃长43.1毫米，刃角65°（图四，3）。

③单凹刃

共2件。长73.11～92.24毫米，平均长82.68毫米；宽46.23～70.39毫米，平均宽58.31毫米；厚15.71～20.16毫米，平均厚17.94毫米；重49.68～146.68克，平均重98.18克。刃长23.43～72.89毫米，平均长48.16毫米，刃角45°～50°，平均47.5°。

标本15TJCX：7，形状不规则。长92.24毫米，宽70.39毫米，厚20.16毫米，重146.68克。刃长72.89毫米，刃角50°。A处为反向修理，形成刃缘；B处为修形，使石器大小合适，方便使用（图四，5）。

④单尖刃

共4件。长35.26～96.96毫米，平均长62.43毫米；宽43.2～126.24毫米，平均宽83.9毫米；厚11.3～45.26毫米，平均厚23.24毫米；重15.27～337.01克，平均重134.62克。刃角93°～126°。加工方向为正向。

标本15TJCX：50，形状不规则。长35.26毫米，宽43.2毫米，厚11.5毫米，重15.27

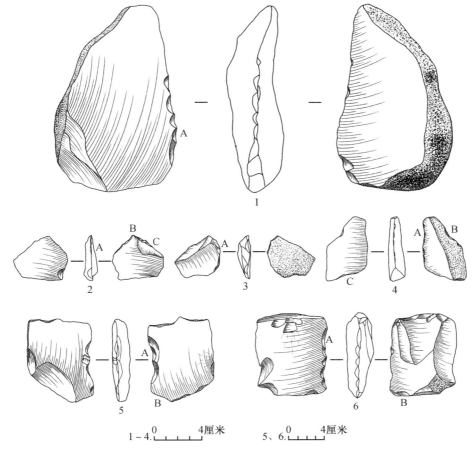

图四　三类工具

1. 单直刃砍砸器（15TJCX：10）　2. 单尖刃刮削器（15TJCX：50）　3. 单凸刃刮削器（15TJCX：27）

4. 直凹刃刮削器（15TJCX：42）　5. 单凹刃刮削器（15TJCX：7）　6. 单直刃刮削器（15TJCX：1）

克。A、B两处经正向修理，形成刃缘。刃长分别为19.34毫米、11.48毫米，所夹刃角50°（图四，2）。

　　⑤直凹刃

　　共1件。15TJCX：42，形状不规则。长51.93毫米，宽35.68毫米，厚13.26毫米，重19.4克。A处以自然边做直刃，刃长37.81毫米，刃角45°；B处经正向修理为凹刃，刃长19.97毫米，刃角60°（图四，4）。

　　（2）砍砸器

　　共1件，单直刃砍砸器。15TJCX：10，长158.68毫米，宽98.78毫米，厚49.12毫米，重778.18克。器体厚重，A处为反向修理，形成直刃，刃长150.99毫米，刃角60°（图四，1）。

三、结　　语

1. 工业特征

　　（1）石制品原料全部为石英砂岩，原料采自河漫滩砾石，属于就地取材。

　　（2）该地点石制品共59件。总体上看，包括石片30件，其中完整石片18件，断片12件；工具29件，二类工具17件，三类工具12件，不见一类工具。

　　（3）根据石制品的最大直径，可分为微型（＜20毫米）、小型（20～50毫米）、中型（50～100毫米）、大型（100～200毫米）、巨型（＞200毫米）五种类型[5]。经统计，该地点的石制品，大型4件，中型29件，小型26件。

　　（4）石片30件，均为锤击剥片，大部分打击点集中，有清晰的放射线，同心波不太明显，少部分石片保留少量自然砾石面。

　　（5）二类工具17件，均为刮削器，质地粗糙，但石片刃部锋利程度尚可，无须修理，直接使用。三类工具12件，修理方法以硬锤直接打击技术为主，加工方向为正向和反向加工。毛坯选择均为片状，修理的部位以修刃为主，其次为修形和修理把手。这说明古人是在有意地选择合适的坯材和部位进行修理，以便于制造出适合人类使用的工具，进行生产生活。

2. 讨论

　　（1）工业类型

　　据前文所述，天津蓟县（现蓟州区）在2005年和2007年曾进行了旧石器的调查和发掘工作。研究表明，该地区存在两个石器工业类型，即以石片石器为代表的小石器工业和以细石叶加工的各类石器为特征的细石叶工业类型。而2015年的调查结果显示，该地区也存在大石器工业类型[6]。从蓟州区周边的地区如泥河湾盆地、东北地区等的旧石器文化面貌来看，大石器工业类型和小石器工业类型从旧石器时代早期开始，就应该同时存在并行发展。自旧石器时代晚期开始，细石叶工业开始出现，但并没有取代原有的传统，而是与之共同发展[7]。

综合学者们的研究，本文认为，同一地区大小石器传统是并行的，随着时间推移，新的工业类型并不会完全取代原有的工业类型。天津蓟州区大石器工业、小石器工业，包括细石器工业均存在且互相融合这一现象，也可以印证这一观点。赤霞峪西岭旧石器地点的石制品以中小型的石片为主，进而加工成工具，不过，同样存在少量的大型工具，这符合小石器工业类型的特点。

（2）地点性质和年代分析

通过上述石制品的研究，该地点没有发现石核类的石制品，石片和工具数量众多，本文推测，赤霞峪西岭可能为加工工具或狩猎等活动场所。

虽然该地点未发现可供测年的动物化石，且没有发现原生层位，石制品均为地表采集，但由于没有陶片或磨制石器等遗物的发现，根据天津地区区域地层的堆积年代[8]及该地点的河流阶地性质分析，可将赤霞峪西岭地点年代归入旧石器时代晚期。

（3）意义

综上，赤霞峪西岭旧石器地点的发现是十余年来在蓟州区再次发现的旧石器地点之一。新地点、新材料的发现，不仅是研究该地区旧石器时代晚期文化的重要资料，为恢复古人类的生存环境，探讨人类与环境的互动关系、人类在特定环境下的行为特点和适应方式提供了丰富的资料[9]，更对研究华北地区旧石器文化具有重要的学术意义。

注　释

［1］　盛立双.初耕集——天津蓟县旧石器考古发现与研究［M］.天津：天津古籍出版社，2014：3-12.

［2］　盛立双，王春雪.天津蓟县东营坊旧石器遗址发掘［C］.2007中国重要考古发现.北京：文物出版社，2008：2-5.

［3］　蓟县志编修委员会.蓟县志［M］.天津：南开大学出版社，天津社会科学院出版社，1991：122-133.

［4］　陈全家.吉林镇赉丹岱大坎子发现的旧石器［J］.北方文物，2001（2）：1-7.本文选用陈全家先生的分类观点，将工具分为三类：一类，制作石器的工具（石锤、石砧）；二类，石片未经加工直接使用者（使用石片）；三类，直接将片状或块状毛坯经过加工修理者（修刃、修形和修理把手）。

［5］　卫奇.石制品观察格式探讨［C］.第八届中国古脊椎动物学学术年会论文集.北京：海洋出版社，2001：209-218.

［6］　王春雪，李万博，陈全家等.天津蓟县杨庄西山旧石器地点发现的石制品［C］.边疆考古研究（21辑）.北京：科学出版社，2017：1-12.

［7］　陈全家，王春雪. 东北地区近几年旧石器考古的新发现和研究［C］. 考古学研究（七）. 北京：科学出版社，2008：183-204.

［8］　天津市地质矿产局. 天津市区域地质志［M］. 北京：地质出版社，1992：116-142.

［9］　盛立双. 初耕集——天津蓟县旧石器考古发现与研究［M］. 天津：天津古籍出版社，2014：153.

Research on Stone Assemblage from Chixiayu Xiling Locality in Jizhou of Tianjin

WANG Chun-xue　　WANG Jia-qi　　DOU Jia-xin　　WEI Tian-xu　　SONG Jia-xing
SHENG Li-shuang　　GAN Cai-chao

Chixiayu Xiling site, which is located in Jizhou, Tianjin City, was found during the fieldwork by Production Center of Cultural Heritage in Tianjin and School of Archaeology of Jilin University in April, 2015. The number of the stone artifacts, which the raw materials are mainly quartz sandstone, is 59, and the types are flakes and tools. According to the whole characteristics, the site belongs to the small-stone-artifacts industry. The age is probably in the Upper Paleolithic.

姜家梁遗址调查及相关问题讨论[*]

安　婧[1]　张文瑞[2]　李　君[1]　马　楠[1]

（1.山西大学历史文化学院，太原，030006；2.河北省文物考古研究院，石家庄，050031）

　　姜家梁遗址位于河北省张家口市阳原县东城镇西水地村，距阳原县城30千米，地理坐标为东经114°28′43.42″，北纬40°9′42.51″，海拔879米。在1995年发掘姜家梁墓地时[1]，对墓地周边区域进行过专门调查，以寻找墓地主人的生活遗址，当时在距离墓地以西800米左右的西水地村西一片果树地中，发现数块与墓葬随葬品质地相同的陶片。后陆续有研究者在这一带进行调查，在西水地村西南也发现零星陶片，陶系与姜家梁墓葬随葬品基本相同。通过数次调查，基本确定姜家梁墓地主人的生活区域，即姜家梁遗址，在今西水地村及村西南一带。

　　为了更准确详细地了解姜家梁遗址的分布范围和文化内涵等基本情况，姜家梁墓地研究课题组于2020年10月又对姜家梁墓地及周边进行详细调查，以期发现更多与墓地相关的遗存。这次调查，我们在西水地村西玉米地中、村南龙王庙旧寺院周围以及村内道路两旁、排水沟两侧、夯土墙及墙基中、小块菜园内，均发现了陶片、石器和动物骨骼等遗物。

　　调查中，在环村南部道路西南转弯处的夯土墙地基中，发现两座残存的灰坑，民国初年村民修这条土路时挖掉了这两座灰坑的三分之二，此后附近的村民又沿土路北侧夯筑院墙，其中部分墙体夯筑在剩余的灰坑之上。由于此处的院落已经废弃，夯筑的土墙已经倒塌大部分，为了防止灰坑被进一步破坏，坑内的遗物再次流失，我们对该灰坑进行了清理，对坑内的土样进行浮选，并对周边散落的陶片做了采集。

　　本文就是对此次调查收获的报道和对相关问题的探讨。

一、遗址范围

　　西水地村坐落在泥河湾盆地中部、桑干河北岸三级阶地上，北连本区域内地势最高的虎头梁，地势北高南低。由于受北部熊耳山山洪和地表径流的冲刷，西水地村所在的区域发育了多条南北向沟壑。村东侧就有一条巨大的沟壑，这道大沟的东侧顶部就是

---

* 本文为国家社科基金重大项目"姜家梁墓地考古发掘资料的整理与研究"研究成果（项目编号：18ZDA224）。

姜家梁墓地。

此次调查中，在村中采集到陶片、石制品、动物骨骼、木炭粒等各类遗物；在夯土墙上、墙基中可看到黑灰色土，这些都显然来自周围的遗址文化层或灰坑中。根据这些发现，可以确定遗址已基本被压在现在的西水地村之下，遗址北界在西水地村中部，西界到村西边缘与耕地交界处，东界与姜家梁墓地Ⅲ区隔沟相望，直线距离300余米，南界至三级阶地南缘，遗址面积约13万平方米（图一、图二）。

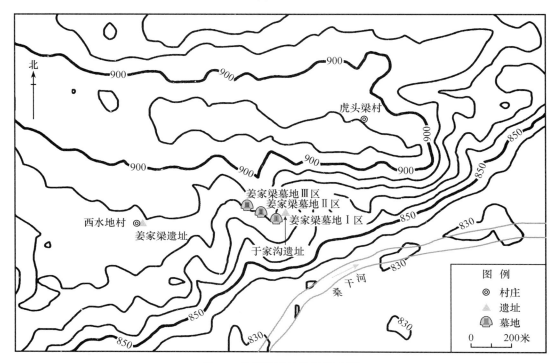

图一　姜家梁遗址地形示意图

二、遗　迹

我们将村西南角夯土墙地基中发现的两座残存灰坑，由东向西分别编号为H1、H2。

H1：由于筑墙、铺路的破坏，仅剩三分之一左右，被近现代土墙叠压，打破生土层（泥河湾层）。剖面呈口大底小的锅底状，坑内堆积为黑灰色粉砂土质，多板结为直径10厘米大小的块状。可分两层，上层为深黑色，下层为深灰褐色。坑口残径分别为3.05米、2.25米，坑底残径分别为2.35米、0.81米，残深0.98米。坑内发现大量陶片和少量石制品、动物骨骼等（图三）。

H2：位于H1的西部，与H1相距1.52米，由于筑墙和铺路的破坏，仅剩五分之一左右，被近现代土墙叠压，打破生土层（泥河湾层），残长0.75米，残宽0.42米，残深

图二　姜家梁遗址范围示意图

图三　H1清理前破坏情况

0.25米。观察残存部分，平面近长方形，剖面略呈锅底状，残余堆积为黄褐色粉砂土。H2较H1破坏严重，灰坑内仅发现数块陶片。

三、遗　物

此次调查所发现的遗物均来自村中调查和对两个残坑的清理，以陶器为主，另有少量石器、蚌壳和动物骨骼。

（一）陶　器

发现的陶器均为陶片，无完整器。陶质有夹砂陶与泥质陶两类，泥质陶极少，仅有几件，都是泥质灰陶。夹砂陶占比很高，可分为夹粗砂陶、夹细砂陶，夹细砂者又有夹蚌陶、夹云母陶等类型。夹粗砂陶，陶质疏松，数量约占49%；夹细砂陶，硬度较高，数量约占51%。陶器颜色有黄褐色、红色（含黑皮红色）和灰黑色，其中黄褐色和灰黑色陶占比较高，约占39%和32%；红陶数量约占29%。黄褐陶和灰黑陶器表颜色多斑驳不均，显示烧制火候不高。器物以素面为主，仅在个别罐与盆底发现了席纹。陶器皆为手制，少数口沿有慢轮修整痕迹，多数器物表皮进行磨光，少数器物在口沿内外都进行磨光处理，部分陶器有穿孔现象。可辨及可复原的器形有折腹盆、壶、豆、罐。

折腹盆　34件，均残。上腹部为直腹，中腹部向内折收，平底。发现的该类陶片中，有4件为盆的下腹及底部，无法确定形制，其余30件根据口沿形态可分三型。

A型　17件，敞口。根据腹部形态不同，可分二亚型。

Aa型　8件。折腹处为宽折棱，可分二式。

Ⅰ式：5件。折棱外鼓。

标本20XSDH1：41，夹细砂夹蚌灰陶。在折腹处为一道较宽且外鼓的折棱，外壁磨光（图四，1）。

标本20XSDH1：42，夹细砂灰陶。在折腹处为一道较宽且外鼓的折棱，外壁磨光（图四，2）。

标本20XSDH1：43，夹细砂灰陶。在折腹处为一道较宽且外鼓的折棱，内外壁皆磨光（图四，3）。

标本20XSDH1：7，夹细砂夹蚌红陶。在折腹处为一道较宽且外鼓的折棱，外壁磨光（图四，4）。

Ⅱ式：3件。折棱上沿与上腹部交界部位内凹。

标本20XSDH1：45，夹细砂夹云母灰陶。折腹处微内凹后形成一宽折棱，外壁磨光（图四，5）。

Ab型　9件。细折棱。

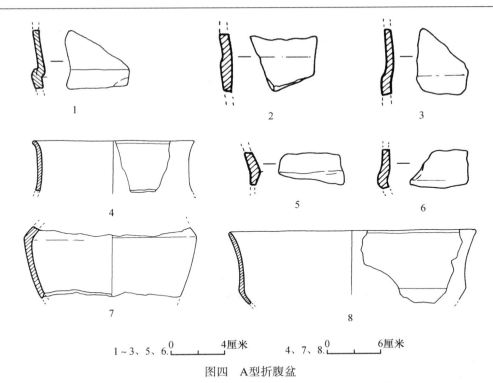

1～3、5、6. 0 ————— 4厘米　　　4、7、8. 0 ————— 6厘米

图四　A型折腹盆

1～4. Aa型Ⅰ式（20XSDH1：41、20XSDH1：42、20XSDH1：43、20XSDH1：7）

5. Aa型Ⅱ式（20XSDH1：45）　6～8. Ab型（20XSDH1：47、20XSDH1：64、20XSDH1：8）

　　标本20XSDH1：47，夹细砂夹蚌红陶。折腹处为一道圆钝的细折棱，外壁呈黑灰色并磨光（图四，6）。

　　标本20XSDH1：64，泥质灰陶。折腹处为一道细折棱，折棱尖锐，外壁磨光（图四，7）。

　　标本20XSDH1：8，夹细砂夹云母黄褐陶。尖唇，折腹处为一道细折棱（图四，8）。

　　B型　10件。侈口，根据沿部差异，可分二亚型。

　　Ba型　6件，口沿外翻。

　　标本20XSDH1：14，泥质灰陶。圆唇，口沿外翻（图五，1）。

　　标本20XSDH1：15，夹细砂夹蚌黄褐陶。圆唇，口沿外翻，外壁磨光（图五，2）。

　　标本20XSDH1：16，夹粗砂黑陶。尖唇，口沿外翻，外壁磨光（图五，3）。

　　Bb型　4件，斜沿。

　　标本20XSDH1：9，夹砂夹蚌红褐陶。圆唇，斜沿（图五，4）。

　　C型　3件。敛口。器口与器身为分开制作，此次发现器物均为脱落的口沿部位。

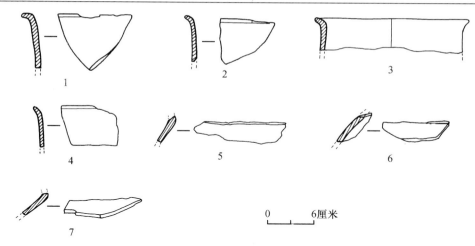

图五　B型、C型折腹盆

1～3. Ba型（20XSDH1：14、20XSDH1：15、20XSDH1：16）　4. Bb型（20XSDH1：9）

5～7. C型（20XSDH1：38、20XSDH1：39、20XSDH1：40）

20XSDH1：38，夹细砂夹蚌黄褐陶。口沿脱落，器口内壁磨光，有明显的与器身连接的凹槽痕迹（图五，5）。

20XSDH1：39，夹细砂夹蚌红褐陶。内壁有手指捏制的痕迹，外壁磨光，有明显的与器身连接的凹槽痕迹（图五，6）。

20XSDH1：40，夹细砂夹蚌红陶。外壁磨光，带有明显的与器身连接的凹槽痕迹（图五，7）。

壶　13件。

A型　小口壶，3件。微侈口，有壶耳。

标本20XSDH1：54，夹细砂夹蚌红陶壶耳，桥形耳，剖面近扁圆，耳身达4厘米宽，为一次性制成，壶身与器耳连接处用陶泥粘接加固（图六，1）。

标本20XSDH1：60，夹砂夹蚌黄褐陶壶耳，桥形耳，剖面近扁方形，外皮多处脱落，腹内壁光滑（图六，2）。

B型　直口高领壶，10件。

标本20XSDH1：1，夹细砂夹蚌黄褐陶，外皮磨光，侈口，圆唇，高直领（图六，3）。

标本20XSDH1：11，夹粗砂夹蚌黄褐陶，微侈口，方唇，高直领（图六，4）。

标本20XSDH1：4，夹粗砂夹蚌灰陶，侈口，圆唇（图六，5）。

豆　12件。

豆盘　8件。均为敛口浅鼓腹盘。

标本20XSDH1：32，夹蚌红陶，外皮呈灰褐色，胎呈红色，内外均磨光，敛口，圆尖唇，浅底（图六，6）。

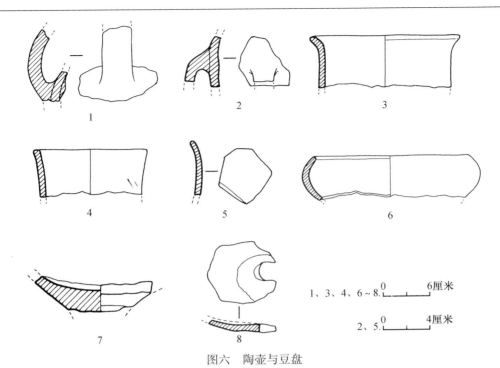

图六　陶壶与豆盘

1、2.A型壶（20XSDH1：54、20XSDH1：60）　3～5.B型壶（20XSDH1：1、20XSDH1：11、
20XSDH1：4）　6～8.豆盘（20XSDH1：32、20XSDH1：36、20XSDH1：37）

标本20XSDH1：36，夹细砂及云母灰陶，外皮呈深灰色并磨光，胎呈深黑灰色，底盘浅平（图六，7）。

标本20XSDH1：37，夹砂夹蚌黄褐陶，外皮因烧造不均造成呈斑驳的黄褐色，胎呈红色（图六，8）。

豆圈足　4件。均为喇叭口。

标本20XSDH1：35，泥质灰陶，喇叭口圈足，与豆柄连接处有7厘米直径的圆孔以便插入豆柄，孔径边缘磨光，靠近洞孔处有两个钻孔以便于豆口相缀连，该豆为组合式豆。

罐　20件。

罐底　4件。标本20XSDH1：61，夹粗砂黄褐陶，胎心呈黑红色，内壁颜色斑驳，制法为多层泥片叠制，并磨光处理。标本20XSDH1：63，夹粗砂灰黑陶，内胎颜色不匀，罐底外皮有席纹，制法为多层泥片叠制（图七，1）。

罐腹残片　8件。标本20XSDH1：556，夹粗砂灰褐陶，羼合有石英粒，薄胎，胎心呈深灰褐色，外皮磨光，饰有浅篮纹，腹部有一钻孔（图七，2）。

罐耳　4件。标本20XSDH1：52，夹砂夹云母灰黑陶，桥形耳，扁圆形剖面，用泥条二步制成，耳宽达4.1厘米（图七，3）。标本20XSDH1：53，夹粗砂夹云母灰黑陶，

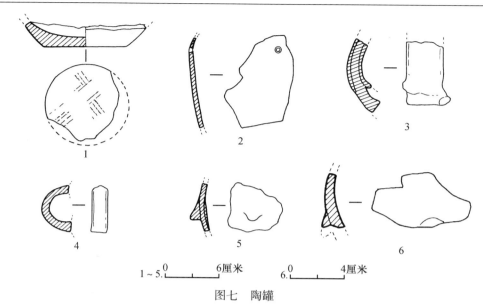

图七　陶罐

1. 罐底（20XSDH1∶63）　　2. 罐腹残片（20XSDH1∶556）　　3、4. 罐耳（20XSDH1∶52、20XSDH1∶53）
5. 乳钉（20XSDH1∶67）　　6. 鋬（20XSDH1∶543）

羼合有石英粒，半圆形耳，断面呈扁圆形，用泥条一次制成（图七，4）。

乳钉　3件。标本20XSDH1∶67，夹砂夹云母红陶，胎心呈黑色，制法为在器壁部预留孔，以短泥条插入，然后将内壁磨平，外部留有一短小乳状支钉，支钉向内倾斜，内侧有烟炱痕迹，长1厘米（图七，5）。

鋬　1件。20XSDH1∶543，夹粗砂黄褐陶，胎心呈红色，羼合有石英粒，外皮磨光，已残断（图七，6）。

陶纺轮　1件。20XSDH1∶84，残。夹细砂夹蚌红褐陶，表皮呈黄褐色，表皮磨光但脱落较多，轮身仅余少半部分。残径6.64厘米，厚0.88厘米，孔径1.07厘米（图八，10）。

（二）石　制　品

共12件，质地有石英砂岩、燧石和角页岩。类型有石斧、石刀、石砧、石磨棒、石纺轮、石环、石片和石核。部分石器有在原器物损坏、原功能丧失后，再加工改作他用的痕迹。

石斧　1件，残。20XSDH1∶72，灰黑色角页岩，周身磨光，厚重，斧身由中部断裂，保存下来的是下半部分，刃部磨损严重。周身布满麻点状砸击凹痕，断裂处也有麻点状砸击痕，由于麻点状砸击痕迹在断裂处，所以是在石斧断裂废弃后当石锤或石砧使用。残长10.1厘米，宽7.67厘米，厚3.57厘米，重430克（图八，3）。

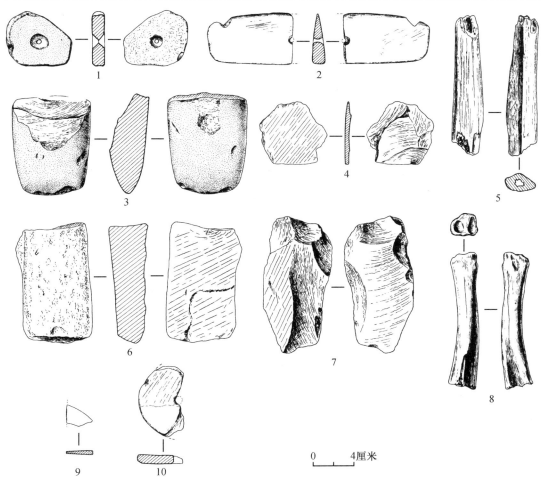

图八 石器与动物骨骼

1. 石纺轮（20XSDH1：73） 2. 石刀（20XSDH1：75） 3. 石斧（20XSDH1：72）

4、7. 石片（20XSDH1：77、20XSDH1：74） 5. 牛肢骨（20XSDH1：85） 6. 石磨棒（20XSDH1：71）

8. 猪肢骨（20XSDH1：86） 9. 石环（20XSDH1：81） 10. 陶纺轮（20XSDH1：84）

石砧 1件，残。20XSDH1：79，黄褐色石英砂岩。一面磨光，有砸击的凹坑。残长24.19厘米，宽8.45厘米，厚5.07厘米，重794.8克。

石刀 1件，残。20XSDH1：75，深红褐色石英砂岩，一端完整，整体近长方形，在刀身中部钻孔处断裂，刃部有使用造成的崩口，通体磨光，背部圆厚。残长4.76厘米，宽7.82厘米，背厚1.11厘米，刃厚0.26厘米。孔直径0.39厘米，重57克（图八，2）。

石环 1件，残。20XSDH1：81，墨绿色石英砂岩，周身磨光，边缘圆润，只余小段。残长2.38厘米，环身宽2.81厘米，厚0.46厘米，重3.9克（图八，9）。

石纺轮 1件。20XSDH1：73，深红褐色石英砂岩，对钻穿孔，周边有残缺，从而使纺轮不规则状，一面有细小的砸击痕迹，可能又作为石锤等工具继续使用。外径6.41厘米，内径4.73厘米，厚1.3厘米，孔直径0.38厘米，重53.8克（图八，1）。

石磨棒　1件，残。20XSDH1：71，黄褐色石英砂岩，两端均残，棒身破裂成两半，残余部分剖面近梯形，原磨棒使用面有砸击痕迹，可能为磨棒残后继续将其用作石锤使用。残长11.83厘米，宽7.06厘米，残厚3.62厘米，重515.3克（图八，6）。

石片　3件。标本20XSDH1：74，黄褐色石英砂岩。长石片，台面部分断裂，两侧有使用痕迹。长13.81厘米，宽6.41厘米，厚2.81厘米，重259.5克（图八，7）。标本20XSDH1：77，石片，黄褐色石英砂岩，两侧锋利，有使用痕迹，侧边有部分断裂。长6.45厘米，宽6.57厘米，厚0.764厘米，重33.2克（图八，4）。

石核　3件。标本20XSDH1：78，浅红色燧石，单台面石核，有两个剥片疤。

（三）石　　料

1件。20XSDH1：80，灰白色砂岩，含粗砂砾与云母，与夹粗砂陶罐羼合料相同，可能是将石料磨碎后用作烧陶的羼合料。长7.184厘米，宽6.67厘米，厚2.33厘米，重174.3克。

（四）蚌壳、动物骨骼

蚌壳　1件。20XSDH1：87，灰白色，保存完整，可能是丽蚌类。长3.704厘米，宽1.793厘米，厚0.161厘米，重2.4克。

肢骨　2件。20XSDH1：85，牛肢骨，两端有砍斫断裂的痕迹，有油脂光泽，食用后迅速掩埋，周身有草根侵蚀痕迹。长13.916厘米，宽3.247厘米，厚1.736厘米，重67.2克（图八，5）。20XSDH1：86，猪肢骨，一端被食肉类动物咬断，有油脂光泽，食用后迅速掩埋，周身都有草根侵蚀痕迹。长14.845厘米，宽2.422厘米，厚2.073厘米，重73.2克（图八，8）。

四、相关问题讨论

（一）遗址性质

该遗址位于泥河湾盆地中部，地处桑干河北岸三级阶地之上，北靠虎头梁四级阶地，此处阶地为基座阶地，以泥河湾层为基座。阶地南部边缘呈断崖式急促下降，在短促的二级阶地下，就是桑干河广阔的河漫滩。

紧邻姜家梁墓地东侧有于家沟、梅沟、洞沟等旧石器时代晚期遗址，西水地村西部也有马鞍山等多处旧石器时代晚期遗址，可见这一区域内人类生活历史悠久，从旧石器时期一直延续到新石器时期。

该遗址面积约13万平方米，遗址中部、北部和西部被现代村庄所压，南部现为明清时期寺院遗址，东部和东南部为数条沟壑。遗址与东部的姜家梁墓地直线距离仅300余米，现在被两条大沟相隔。很多沟壑虽然巨大，但其被冲刷形成的时间并不遥远。

通过对遗址的调查与小范围清理，初步了解了该遗址的文化面貌。由于发现的两座灰坑都已被破坏多半，没有发现完整陶器。但从陶片中仍能辨认出折腹盆、豆、罐、壶等器形。壶与罐系遗址中发现，在墓地中没有这两种器类。因此折腹盆、豆、罐、壶、磨制石斧、钻孔石刀以及陶、石纺轮等组成了该遗址的文化面貌。

与姜家梁墓葬相比，此次在遗址中发现的陶器类型更为多样，各种文化遗物更为全面，基本上反映了遗址的文化面貌。在陶器制法和主要器形等方面，该遗址与姜家梁墓地完全相同。遗址中不少陶器在使用过程中被损坏后，有铜孔修复现象，磨制石器残损后，也会改变用途，进行二次或多次利用，这一特色与姜家梁墓葬中出土的部分器物也完全一致。

我们将该遗址H1中清理出来的土样送到BETA实验室进行^{14}C测试，测得其年代为距今4900年左右。该遗址与姜家梁墓地在文化面貌、年代等方面，二者均完全一致，可以确认该遗址就是姜家梁墓地主人生前生活的区域，姜家梁墓地主人就是西水地村遗址的主人，因此我们将该遗址命名为姜家梁遗址。在新石器时代，姜家梁先民的生活区和姜家梁墓地同在三级阶地顶面，该地面当时还未被冲刷为大沟，仍连接为一体，生活区与墓葬区既相互分开，又相距不远。

（二）文化特征

在姜家梁遗址中发现的罐都是筒形罐，质地多为夹粗砂并羼合石英粒的黄褐陶、灰褐陶，颜色驳杂，小平底，素面磨光或饰以浅细篮纹。壶有小口壶和高领壶两种类型，小口壶为红陶质地，带有桥形耳，高领壶则为黄褐陶质地。姜家梁遗址所发现的陶器由夹砂陶和泥质陶两大类组成，器形组合为盆、豆、壶、罐，均为手制，素面为主，器表多做磨光处理，有钻孔修补使用旧器的特点，整体风格实用至上。

姜家梁墓地随葬品组合为折腹盆、豆、钵、纺轮及少量装饰品，不见罐、壶，少见磨制石器，装饰品和泥质彩陶占有一定的数量，类型较为单一。

从遗址和墓葬随葬品来看，石磨盘、石磨棒、磨制石斧、钻孔石刀以及陶、石纺轮等文化遗物表明，农业在姜家梁遗址中已经占有一定地位，近期对姜家梁先民人骨的稳定同位素研究显示，粟作农业已经开始占有一定比例[2]，其生业经济可能是农业和狩猎混杂类型。

（三）小河沿文化的地域分布

姜家梁墓地的部分材料公布以后，关于其文化类型多有争议，多数学者认为其属于小河沿文化，可归为雪山一期类型[3]，但也有学者认为它不属于小河沿文化，应当被排除在小河沿文化之外[4]，或者被归为午方类型[5]。此次姜家梁遗址的确定和部分新的文化遗物的发现，为姜家梁墓地与小河沿文化的关系提供了新的材料。

小河沿文化因素在20世纪30年代就有发现[6]，20世纪60年代在昌平雪山[7]又有发现，直到20世纪70年代以赤峰为中心的一系列考古发现[8]，小河沿文化才逐渐显露于世人面前。

目前规模较大，完整发掘的墓地有大南沟墓地[9]、哈啦海沟墓地[10]和姜家梁墓地。这三处墓地的选址都是在较高的山坡或阶地上，以仰身屈肢葬为主，墓室结构有长方形土坑竖穴墓与洞室墓两种。作为燕山以北的小河沿文化的代表，大南沟墓地由于发掘较早，现已成为小河沿文化的代表类型，其陶系为夹粗砂灰陶和泥质红、黑陶，皆手制，典型器形有夹砂筒形罐、钵、盆、盂形器、豆和壶；彩陶绘有几何形图案，有蚌牌饰作为装饰品。葬式以单人仰身屈肢葬为主，头向分布在两个区间范围，一类在10°~70°之间，另一类在230°~350°之间，在双人合葬中以头对头或脚对脚的形式进行安葬。哈啦海沟的陶器形制与大南沟基本相近，但彩陶中出现了一定的写实图案，细节中又吸收了一定的南宝力皋吐和红山文化的风格。合葬墓中出现了多人并排葬的习俗。合葬墓中出现了多人并排葬的习俗，且目前发掘的墓葬中，头向在340°~20°之间。

姜家梁墓地的葬式均为仰身屈肢葬，墓室结构也为长方形土坑竖穴墓和洞室墓两种，比起其他两处墓地，出现了木棺，且多人合葬以叠肢葬为主，头向在345°~355°之间。随葬品以折腹盆和豆的组合为主，其器形与大南沟、哈啦海沟相近；彩陶数量虽少，图案也均为抽象几何风格。

从这三处大型的墓葬群及其他相关的遗址来看，小河沿文化时期的葬式以仰身屈肢葬为主，陶器以筒形罐、折腹盆、壶、豆、钵为主，几何风格的彩陶占有一定比例，但各遗址间同类器物的风格会有细微的差异。此次姜家梁遗址发现的折腹盆、豆、壶、罐弥补了姜家梁墓地中的空白，同时也可以看出，姜家梁遗址与大南沟、哈啦海沟等整体文化特征相同，部分细节略有区别。

这种现象是小河沿文化在分布流传到各遗址中表现出的特点，这一文化发展传播的同时也不断吸收了周边文化，再反哺于各地。它从辽西地区由东北向西南传播，到燕山山脉南麓的坝上地区开始逐渐分支，形成燕山以北与燕山以南两个风格，北部陶器以夹砂褐陶为主，红陶烧造工艺较好，颜色均匀。器形中折腹盆的变化较多，敛口豆则有深腹和浅腹两种造型，盆形豆数量也较多，壶有高领壶与侈口鼓腹壶，且有较多异形器。纹饰有拍印绳纹，彩陶抽象与具象兼备。墓葬没有棺，合葬以头对头和脚对脚为主。

燕山南部陶器中夹云母者较多，红陶器表则颜色斑驳。器形以筒形罐为主，但较为小巧，折腹盆多为侈口、上腹微收、折棱明显，侈口鼓腹壶演变成了小口鼓腹壶，高领壶的领更为细长，豆则以浅腹敛口豆为主，盆形豆较为少见，彩陶出了菱格纹。墓葬中有棺，合葬以叠肢葬为主。

燕山以南的小河沿文化进入八达岭—张家口，即桑干河中下游区域，苏秉琦先生称为"三岔口"地区后[11]，向南形成了雪山一期类型。雪山一期广泛存于镇江营第三期[12]、昌平雪山、燕园、北福地[13]、容城午方遗址[14]，这几处遗址年代都在距今5000~4500年，以夹砂褐陶为主，其次是夹云母红陶，泥质陶很少，陶质疏松且因烧造火候原因而导致器表颜色不均。纹饰上少数为刻划纹，其他全为素面陶，器表磨光，主要器形有夹蚌红陶双耳罐、夹砂褐陶高领罐、敛口钵和壶。自八达岭向东南分布，小河沿文化呈现为午方类型，从天津的张家园遗址[15]、河北午方遗址、中贾壁遗址[16]等遗址中可以看出，这一区域受到华北平原的中原文化影响，除去常见的壶、罐、豆等陶器，还出现了陶碗，彩陶中菱形网格纹较多。从这几处遗址所展现出的文化特色中可看出，小河沿文化因素所占比逐渐减弱，来自东边的大汶口文化、南边的大司空文化西传北上。

顺着"三岔口"这一区域的水流地势，小河沿沿桑干河流域以西进行继续分散传播，在桑干河上游的大同广灵遗址，在沿桑干河支流的壶流河流域分布的蔚县筛子绫罗遗址、三关遗址[17]，在桑干河下游支流洋河流域、妫水河和桑干河的交汇处所在的"怀来盆地"中的三营和马站遗址，也时常能见到它的身影，其折腹盆、陶豆、陶钵、彩绘陶、两面对钻穿孔的石刀，与姜家梁墓地与遗址中所出遗物相似。这一区域的陶器组合介于燕山以北的石棚山类型与燕山以南的雪山一期、午方类型之间，折腹盆的风格与石棚山类型接近，小口壶的风格与雪山一期接近，也出现了午方类型的陶碗，彩陶纹饰由燕山以北的几何纹与燕山以南的网格纹组合而成。可知小河沿文化顺着桑干河流域不断传播，汇集周围四面八方的本地文化因素，使得它在这里具有强烈的地方特点，形成一个新的分支类型。

在燕山南麓的河北省西北部，张家口这一区域独特的地理位置，形成了一个可以通向辽西、冀中、晋北、甘青等地的交叉口。以小河沿文化传播路径为例，从辽西地区兴隆洼与红山文化，至内蒙古腹地的赵宝沟与庙子沟文化，再至山东半岛的大汶口文化，中原地区的后岗文化与庙底沟文化，都可在小河沿文化中窥见一斑。在其发展演变后又继续向燕山南北传播，在内蒙古的夏家店下层[18]，晋中的太谷白燕[19]、杏花村[20]，冀中的容城午方遗址，都可见到它的遗痕。而洞室墓的形制也继续向西传播，在燕山南北、渤海之滨、晋冀中部、甘青地区，其来源受周边影响，又反哺于斯，使北方草原与中原文化不断融合，互相影响，再向外传播，形成了重要的三岔口区域，这也是苏秉琦先生认为的将辽西、冀北与晋北，通过晋中南与中原联系起来，反映古文化移动路线和相互关系的Y字形文化带。这里不仅仅是地理位置意义上的交通会合口，也是人类文明相遇碰撞交流的会合口。

附记：参加野外调查、清理和浮选工作的人员有李君、陈涛、安婧、解思睿、孙佳昌、阴雪融、马楠以及成胜泉、高文太。

照相：孙佳昌　马　楠

绘图：徐永江　马　楠

注　释

［1］　河北省文物研究所. 河北阳原县姜家梁新石器时代遗址的发掘［J］. 考古，2001（2）：13-27.

［2］　刘晓迪，王婷婷，魏东，胡耀武. 小河沿文化先民生活方式初探：以河北姜家梁遗址为例［J］. 人类学学报，2016（4）：1-9.

［3］　索秀芬. 燕山南北地区新石器时代文化研究［D］. 吉林大学，2006.

［4］　赵宾福，任瑞波. 再论小河沿文化的分期与年代［C］. 边疆考古研究（第17辑）. 北京：科学出版社，2015：127-142.

［5］　韩建业. 论雪山一期文化［J］. 华夏考古，2003（4）：46-54.

［6］　东亚考古学会著，戴岳曦，康英华译. 赤峰红山后：热河省赤峰红山后史前遗迹［R］. 呼和浩特：内蒙古大学出版社，2015.

［7］　北京市文物研究所. 新石器时代晚期遗存——雪山遗址［C］. 北京考古四十年. 北京：北京燕山出版社，1990：289-291.

［8］　辽宁省博物馆，敖汉旗博物馆. 辽宁敖汉旗小河沿三种原始文化的发现［J］. 文物，1977（12）：1-12.

［9］　辽宁省文物考古研究所，赤峰市博物馆. 大南沟——后红山文化墓地发掘报告［R］. 北京：科学出版社，1998.

［10］　内蒙古文物考古研究所. 内蒙古赤峰市哈啦海沟新石器时代墓地发掘简报［J］. 考古，2010（2）：19-35.

［11］　苏秉琦. 蔚县三官考古工地座谈会讲话要点［C］. 华人·龙的传人·中国人. 沈阳：辽宁大学出版社，1994：5.

［12］　北京市文物研究所. 镇江营与塔照——拒马河流域先秦考古文化的类型与谱系［R］. 北京：中国大百科全书出版社，1999.

［13］　河北省文物研究所. 北福地：易水流域史前遗址［R］. 北京：文物出版社，2007.

［14］　河北省文物研究所. 河北容城县午方新石器时代遗址试掘［C］. 考古学集刊（第5集）. 北京：中国社会科学出版社，1987：61-78.

［15］　天津市历史博物馆考古部. 天津蓟县张家园遗址第三次发掘［J］. 考古，1993（4）：311-323.

［16］　滹沱河考古队. 河北滹沱河流域考古调查与试掘［J］. 考古，1993（4）：300-310.

［17］　张家口考古队. 一九七九年蔚县新石器时代考古的主要收获［J］. 考古，1981（2）：97-105.

［18］ 中国社会科学院考古研究所. 大甸子——夏家店下层文化遗址与墓地发掘报告［R］. 北京：科学出版社，1998.

［19］ 晋中考古队. 山西太谷白燕遗址第二、三、四地点发掘简报［J］. 文物，1989（3）：22-34.

［20］ 国家文物局，山西省考古研究所，吉林大学考古学系. 晋中考古［M］. 北京：文物出版社，1999.

Brief Report and a Probe on Jiangjialiang Relic

AN Jing　ZHANG Wen-rui　LI Jun　MA Nan

In order to define the living area of Jiangjialiang people and get more information of their distribution scope and cultural connotation, Jiangjialiang researching team conducted a detail survey around Jiangjialiang mausoleum area in October 2020. During this researching period, related remains were found, and two endangered ash pits were excavated and sorted out. According to those findings, the living area named Jiangliang relic has been located, which is helpful to made clear of major range and property of this relic. This paper was also written to discussing the relationship between Jiangjialiang relic and Xiaoheyan culture. On the basis of above findings, it was argued different types of Xiaoheyan culture as well as their spreading situation and affecting.

西藏定结县江嘎镇次多村岩画调查报告[*]

四川大学考古文博学院
四川大学中国藏学研究所
定结县文化广电和旅游局

一、概　　况

　　2017年7～8月，四川大学历史文化学院考古学系、中国藏学研究所与西藏文物部门联合开展了"丝绸之路"南亚廊道（西藏段）蕃尼古廊道的考古调查，其间在定结县境内新发现一处岩画点。该岩画点位于江嘎镇次多村以南约700米的吓窝日山北段东坡近山脚的一片基岩上，东侧紧邻定结县至岗巴县的嘎定公路，公路东面为开阔平坦的河谷，河谷内分布有夏琼错及叶如藏布。在岩画点中部地面测得GPS坐标为北纬28°21′19.58″，东经87°47′2.69″，海拔4212米。岩画所在的岩面凹凸不平，为砂岩，较为破碎，表面颜色斑驳不均，主体呈微泛红的铁锈色。次多村岩画是目前定结县境内第一处系统报道的古代岩画[1]，对研究和认识西藏中南部地区的岩画情况具有重要意义[2]。

二、岩画内容

　　从内容来看，次多村岩画的年代跨度应该比较大，既有早期岩画常见的动物、人骑马等图像，又有晚期佛教性质的石刻甚至是现代仿刻的图案。就制作技法而言，该处岩画主要为早期岩画常见的"敲凿法"，系用密点敲琢形成图案，其下按成像方式的不同又可分为两种类型：一是"集点成面法"，又称"通体敲凿法"，系用密集凿点集合成岩画图形的整体，图像呈剪影式；二是"集点成线法"，又称"外轮廓敲凿法"，系以凿点形成线条来表现图形的外轮廓，躯干内留白，图像呈线条式。另有少量晚期佛教性质的图像采用剔地浅浮雕技法制作而成。根据岩画分布和岩面情况，本文对该处岩画采取岩面—画面—单个图像的层级编号，若岩面下仅1组画面，则省略画面的层级编

---

* 本文系"'丝绸之路'南亚廊道（西藏段）蕃尼古廊道考古调查项目"和国家社会科学基金青年项目"公元1～10世纪青藏高原与北方草原地带的文明联系研究"（项目号：18CKG018）的阶段性成果。

号。以2017DCY4①：1为例，其中D为定结县首字拼音的首字母，C为次多村首字拼音的首字母，Y4①：1代表岩画第4岩面中第1幅画面中的第1个图像。据统计，次多村岩画可以分为7个岩面（图一、图二），每个岩面中的画面组数和图像多寡不一，现逐一介绍如下。

图一　2017DCY1～2017DCY3岩面位置

1. 2017DCY1

Y1位于山崖南面斜坡上一块独立的岩石上，岩面大体呈四边形，朝向为北偏东60°，坡度约70°。该岩面仅有1个图像，位于岩面中部靠下区域。

Y1：1：为"通体敲凿法"制作的剪影式人骑马图像。马上之人双手展开，一手前伸似作牵马状，一手后扬似作扬鞭状。图像高约8.7、宽约9.7厘米（图三；图版一，1）。

2. 2017DCY2

Y2位于Y1西北上方一处相对独立的岩面上，岩面朝向为南偏东40°，坡度约为70°。该岩面共有2个图像，均为"外轮廓敲凿法"制作的线条式图像，凿痕浅且较新，应为现代新刻（图四；图版一，2）。

图二　2017DCY3～2017DCY7岩面位置

Y2：1：位于岩面的南上角，似为汉字"坚"。图像高约14.2、宽约15.1厘米。

Y2：2：位于岩面的北下角，为鸡或鸟图像。图像高约32、宽约41.2厘米。

3. 2017DCY3

Y3位于Y2北侧，处在山体基岩靠上区域，岩面较破碎，朝向为南偏东40°，坡度约70°。该岩面上有11个比较明确的图像（图五；图版一，3）。

Y3：1：位于岩面南上角，为"外轮廓敲凿法"制作的线条式动物图像，可能为马。图像高约7.2、宽约5.6厘米。

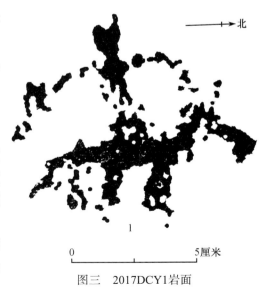

图三　2017DCY1岩面

Y3：2：位于Y3：1下侧，为"通体敲凿法"制作的剪影式人骑马图像，造型比较抽象。马上之人双手呈展开状。图像高约15.5、宽约11.9厘米。

Y3：3：位于岩面上部近中处，为"通体敲凿法"制作的剪影式人骑马图像。马上之人双手呈展开状。图像高约8.4、宽约11.8厘米。

1

北

2

0   20厘米

图四　2017DCY2岩面

0   20厘米

图五　2017DCY3岩面

Y3：4：位于Y3：2下部，为"外轮廓敲凿法"制作的线条式图像，亦应该为人骑马图像。图像高约12.4、宽约10.3厘米。

Y3：5：位于Y3：4北侧，图像不清晰，似为"通体敲凿法"制作的剪影式人骑马图像。图像高约21.2、宽约13.8厘米。

Y3：6：位于Y3：5北侧，为"通体敲凿法"制作的剪影式动物图像，可能为马。图像高约5.3、宽约9.4厘米。

Y3：7：位于Y3：6北侧，为"通体敲凿法"制作的剪影式人骑马图像。马上之人双手呈展开状。图像高约10.7、宽约11.2厘米。

Y3：8：位于Y3：7下侧，采用敲凿法制成，为一圆圈中带点的图像，可能象征女阴。图像高约11、宽约7.8厘米。

Y3：9：位于Y3：6下侧，采用"通体敲凿法"制作而成，具体内容不明。图像高约11.4、宽约7厘米。

Y3：10：位于Y3：9斜下侧，为"通体敲凿法"制作的剪影式人形图像。人像四肢呈展开状，在其裆部有一垂状物，可能是男性生殖器的象征。图像高约15.9、宽约11.5厘米。

Y3：11：位于Y3：10斜下侧，为"通体敲凿法"制作的剪影式人骑马图像。马上之人一手前伸似作牵马状，一手下垂似作拍马尻状。图像高约10.9、宽约14.3厘米。

除上述图像外，该岩面上还有少量凿痕和刻划痕迹，因内容不明而不作介绍。

4. 2017DCY4

Y4位于Y3东侧下部的斜面上，岩面较破碎，朝向为南偏东50°，坡度约80°。该岩面上有4组相对独立的画面，分别编号为①~④。

Y4①位于该岩面的南部，有8个比较明确的图像（图六；图版一，4）。

Y4①：1：位于岩面南上角，为"外轮廓敲凿法"制作的线条式动物图像。该动物四肢较短，尾巴上翘，应该为狗。图像高约9.5、宽约13.4厘米。

Y4①：2：位于Y4①：1北侧，为"外轮廓敲凿法"制作的线条式人骑马图像。该图像比较写实，马作前行状，耳、眼及嘴等均有表现，颈部似有挂物。马上之人头戴帽，双手上扬。图像高约34.8、宽约34厘米。

Y4①：3：位于Y4①：2北侧，为剔地浅浮雕制作的藏文六字真言。图像高约12.5、宽约14厘米。

Y4①：4：位于Y4①：3下侧，为线刻法制作的油灯图像。图像高约3.6、宽约2.9厘米。该图像应与其上的六字真言同时制作。

Y4①：5：位于Y4①：4南侧，凿点散乱，图像模糊不明，被Y4①：3打破。图像高约20.6、宽约29.8厘米。

Y4①：6：位于Y4①：2下部，内容似为人骑马形象，采用"集点成线法"制作而

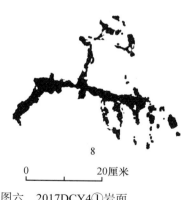

图六　2017DCY4①岩面

成，凿点较浅。图像高约13.5、宽约8厘米。

　　Y4①：7：位于Y4①：5下侧，凿点模糊，似为人骑马图像。图像高约11.2、宽约10厘米。

　　Y4①：8：位于该画面的下端，凿点较浅，为"外轮廓敲凿法"制作的线条式人骑马图像。图像高约35.6、宽约43.7厘米。

　　Y4②位于Y4①东侧斜下方，有2个明确的图像（图七；图版二，1）。

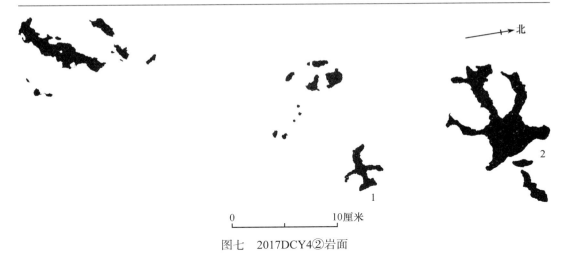

图七 2017DCY4②岩面

Y4②：1：位于该画面下部偏北区域，为"通体敲凿法"制作的剪影式展翅飞鸟图像。图像高约4.6、宽约3.7厘米。

Y4②：2：位于Y4②：1北侧，为"通体敲凿法"制作的剪影式图像，具体内容不明。图像高约10.3、宽约9.8厘米。

该画面上还有许多凿痕，但基本不成形状。

Y4③位于Y4②北侧斜上方，仅一个明确的图像（图八；图版二，2）。

Y4③：1：为"通体敲凿法"制作的剪影式人骑马图像，图像比较抽象。马上之人双臂平展。高约9.8、宽约9.3厘米。

该画面上还有一些凿痕，但不成形状。

Y4④位于Y4③北侧斜上方，有4个比较明确的图像（图九；图版二，3）。

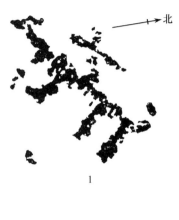

图八 2017DCY4③岩面

Y4④：1：位于该画面的南上角，为敲凿法制作的线条式L形图像。图像高约8.6、宽约6.9厘米。

Y4④：2：位于Y4④：1下侧，为"外轮廓敲凿法"制作的线条式亚字形图像。图像高约7.2、宽约7.7厘米。

Y4④：3：位于该画面下部居中位置，为"通体敲凿法"制作的剪影式图像，可能为人。图像高约11、宽约7.2厘米。

Y4④：4：位于Y④：3北侧，为"通体敲凿法"制作的剪影式动物图像，可能为牛。图像高约5.5、宽约9.8厘米。该图像与Y4④：3应该为一个图案组合。

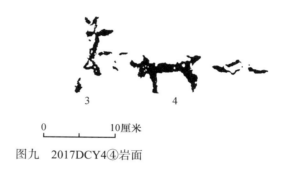

图九　　2017DCY4④岩面

5. 2017DCY5

Y5位于Y4东侧下部，岩面朝向为南偏东50°，岩面坡度20°～50°。该岩面较破碎，其上岩画风化较严重，大致可以分为4个相对独立的画面。

Y5①位于该岩面的西南部，可见12个图像（图一〇；图版二，4）。这些图像的凿点普遍较浅，整体比较模糊。

Y5①：1：位于该画面的南上角，为"通体敲凿法"制作的剪影式图像，可能为动物。图像高约22.3、宽约16.3厘米。

Y5①：2：位于该画面的北下角，为"通体敲凿法"制作的剪影式图像，可能为马或牛一类的动物。图像高约9.5、宽约12.5厘米。

Y5①：3：位于Y5①：2南侧，为"外轮廓敲凿法"制作的线条式圆圈形图像。图像高约6.9、宽约6.7厘米。

Y5①：4：位于Y5①：3下侧，为"通体敲凿法"制作的剪影式动物图像，可能为牛或马。图像高约13.9、宽约19.6厘米。

Y5①：5：位于Y5①：3南侧，为"通体敲凿法"制作的剪影式动物图像，据头部的一对弯角显示其可能为牛。图像高约10.4、宽约12.6厘米。

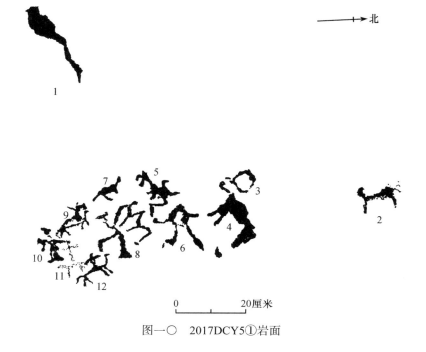

图一〇　　2017DCY5①岩面

　　Y5①：6：位于Y5①：5下侧，为"外轮廓敲凿法"制作的线条式图像，似人形。图像高约13.7、宽约15.4厘米。

　　Y5①：7：位于Y5①：5南侧，为"通体敲凿法"制作的剪影式动物图像。图像高约7.4、宽约8厘米。

　　Y5①：8：位于Y5①：7下侧，为"外轮廓敲凿法"制作的线条式图像，似人形。图像高约16.8、宽约16厘米。

　　Y5①：9：位于Y5①：7斜下侧，为"外轮廓敲凿法"制作的线条式人骑马图像。图像高约10.6、宽约9.4厘米。

　　Y5①：10：位于Y5①：9南侧斜下处，图像呈竖向，为"通体敲凿法"制作的剪影式人骑马图像。图像高约10.4、宽约8厘米。

　　Y5①：11：位于Y5①：10北侧斜下处，凿点稀疏，为人骑马图像。图像高约10.9、宽约7.5厘米。

　　Y5①：12：位于Y5①：11北侧斜下处，为"通体敲凿法"制作的剪影式人骑马图像。图像高约9.8、宽约10.5厘米。

　　除此之外，该岩面上还有不少凿痕，但不成形状。

　　Y5②位于该岩面的中部，可能表现的是放牧的场景，有10个比较明确的图像（图一一；图版三，1）。

　　Y5②：1：位于该画面上部偏南处，为"通体敲凿法"制作的剪影式图像，具体内容不明，可能系一未完成的人骑马图像。图像高约9.3、宽约18.6厘米。

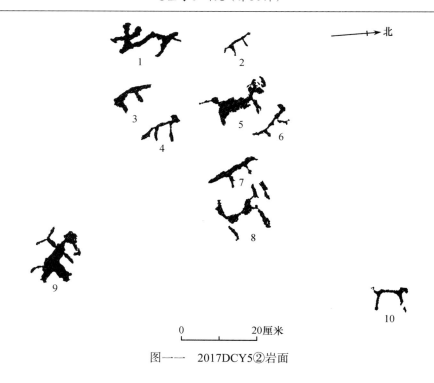

图一一　2017DCY5②岩面

Y5②：2：位于Y5②：1北侧，为敲凿法制作的动物图像。图像高约6.3、宽约7厘米。

Y5②：3：位于Y5②：1下侧，为"通体敲凿法"制作的剪影式动物图像。图像高约8、宽约10厘米。

Y5②：4：位于Y5②：3斜下侧，为敲凿法制作的动物图像。图像高约7.3、宽约10.2厘米。

Y5②：5：位于Y5②：2下侧，为"通体敲凿法"制作的剪影式动物图像，可能为牛。图像高约13.4、宽约17.6厘米。

Y5②：6：位于Y5②：5斜下侧，为敲凿法制作的动物图像。图像高约8.8、宽约9.8厘米。

Y5②：7：位于Y5②：5下侧，为"通体敲凿法"制作的剪影式动物图像。图像高约8.7、宽约13厘米。

Y5②：8：位于Y5②：7下侧，为敲凿法制作的动物图像。图像高约16.4、宽约14.8厘米。

Y5②：9：位于该画面的南下角，为"通体敲凿法"制作的剪影式人骑马图像。图像高约15.3、宽约13.3厘米。

Y5②：10：位于该画面的北下角，为"通体敲凿法"制作的剪影式动物图像。图像高约6.9、宽约9.8厘米。

该画面上还有许多凿痕，但不成形状。

Y5③位于该岩面北侧靠上区域，可能包括3个图像（图一二；图版三，2）。

Y5③：1：位于该画面上部，为"外轮廓敲凿法"制作的线条式图像，图像近山字形。图像高约9.5、宽约10.4厘米。

Y5③：2：位于Y5③：1下部，为敲凿法制作，图像内容不明，可能与Y5③：1为图像组合。图像高约13.9、宽约9.4厘米。

Y5③：3：位于Y5③：2下部，为敲凿法制作，图像内容不明。图像高约11.6、宽约9.4厘米。

Y5④位于该岩面的下部，有2个采用"外轮廓敲凿法"制作的线条式图像（图一三；图版三，3、4）。

Y5④：1：位于该画面的南上角，为呈奔跑状的人骑马图像。图像高约16.5、宽约17厘米。

Y5④：2：位于该画面的北下角，似为一持盾前倾的人物图像。图像高约11.7、宽约11.4厘米。

图一二　2017DCY5③岩面

图一三　2017DCY5④岩面

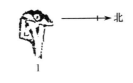

6. 2017DCY6

Y6位于Y5北侧山体下部靠近公路的区域，岩面整体朝向为南偏东50°，岩面坡度约80°。该处岩面较破碎，其上岩画分布稀疏，风化较严重，大致可以分为6个相对独立的画面。

Y6①位于该岩面的上部，有4个图像（图一四；图版四，1）。

Y6①：1：位于该画面上部，为剔地浅浮雕制作的藏文六字真言中的"ᤛ"字。图像高约9.3、宽约6.4厘米。

Y6①：2：位于Y6①：1下部，为敲凿法制作的动物图像。图像高约18.1、宽约9.1厘米。

Y6①：3：位于画面北下角，为剔地浅浮雕制作的藏文六字真言中的"ᤛ"字。图像高约6.7、宽约6.8厘米。

Y6①：4：位于Y6①：3南侧，为剔地浅浮雕制作的藏文六字真言中的"ᤛ"字。图像高约10.2、宽约9厘米。

Y6②位于该岩面的中部，有2个图像，均为"通体敲凿法"制作的剪影式人骑马图像（图一五；图版四，2）。

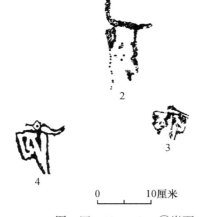

图一四　2017DCY6①岩面

Y6②：1：位于该画面上部。图像高约15.2、宽约18厘米。

Y6②：2：位于该画面下部，似作飞奔状。图像高约16.7、宽约20.5厘米。

Y6③位于Y6②下侧，有6个图像，均为"通体敲凿法"制作的剪影式图像，可能与狩猎主题相关（图一六；图版四，4）。

Y6③：1：位于该画面上部，为作前行状的人骑马图像。图像高约11.2、宽约15.4厘米。

Y6③：2：位于Y6③：1下侧，为呈奔跑状的人骑马图像。图像高约15.4、宽约25.7厘米。

Y6③：3：位于Y6③：1北侧，具体内容不明。图像高约7.6、宽约8.9厘米。从其与Y6③：1、Y6③：2的相互关系来看，可能是作为猎物的动物，与上述两图像构成一幅图像组合。

Y6③：4：位于Y6③：2下侧，亦为人骑马图像。图像高约18.1、宽约17.5厘米。

Y6③：5：位于Y6③：3下侧，似为人骑马图像。图像高约16.5、宽约12.7厘米。

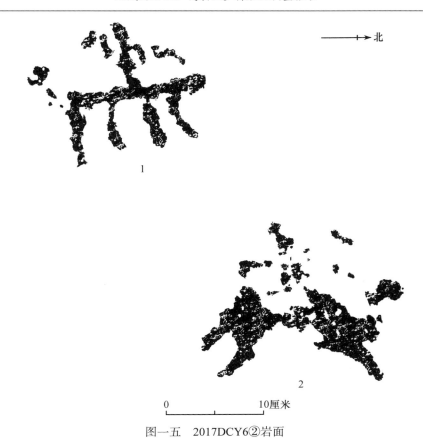

图一五　2017DCY6②岩面

Y6③：6：位于Y6③：5斜下侧，具体内容不明。图像高约6.6、宽约9.4厘米。结合该图像的相互关系来看，很可能也是作为猎物的动物，与Y6③：4、Y6③：5两图像构成一幅图像组合。

Y6④位于Y6③下侧，有1个明确的图像，同时还有多处密集的凿痕，但具体内容不详。

Y6④：1：位于该画面的上部，可能为"通体敲凿法"制作的剪影式人骑马图像。图像高约10.1、宽约12.7厘米（图一七；图版四，3）。

Y6⑤位于Y6④北侧斜上处，有4个比较明确的图像（图一八；图版五，1）。

Y6⑤：1：位于该画面的南上角，为"通体敲凿法"制作的剪影式人物形象。人物双脚呈八字形，一手前伸作持物状。图像高约10.6、宽约8.9厘米。

Y6⑤：2：位于Y6⑤：1南侧，具体内容不明，应该与Y6⑤：1有关，二者构成一幅图像组合。图像高约11.1、宽约5.9厘米。

Y6⑤：3：位于该画面下侧中部，采用"外轮廓敲凿法"制作而成，凿点较模糊，似为人骑马图像。图像高约10.2、宽约10.6厘米。

Y6⑤：4：位于Y6⑤：3北侧，为"通体敲凿法"制作的剪影式人骑马图像。图像高约10.7、宽约13.6厘米。

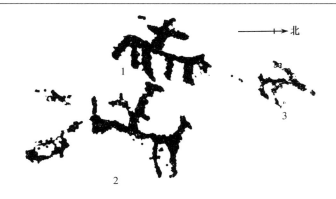

图一六　2017DCY6③岩面

Y6⑥位于Y6⑤下侧，已近山崖底部，有3个比较明确的图像（图一九；图版五，2）。

Y6⑥：1：位于该画面的南上角，为"外轮廓敲凿法"制作的线条式人骑马图像。图像高约20.8、宽约14.5厘米。

Y6⑥：2：位于该画面北侧中部，为敲凿法制作的人骑马图像。图像高约10.1、宽约15.7厘米。

Y6⑥：3：位于该画面下侧中部，为敲凿法制作的2个圆环状图像。图像高约13.2、宽约8.2厘米。

在该画面中还有一些密集的凿痕，但不成形状。

图一七　2017DCY6④岩面

图一八　2017DCY6⑤岩面

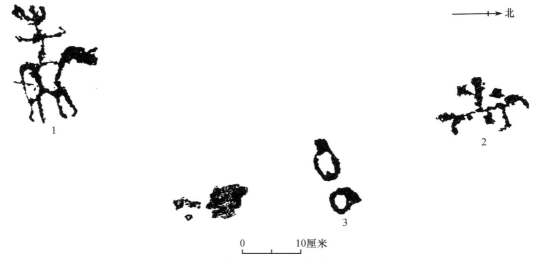

图一九　2017DCY6⑥岩面

图二〇　2017DCY7①岩面

7. 2017DCY7

　　Y7位于Y6北侧的山体上，岩面整体朝向为南偏东30°，岩面坡度约60°。该处岩面亦较破碎，其上岩画风化较严重，大致可以分为7个相对独立的画面。

　　Y7①位于该岩面最上部，可见3个图像（图二〇；图版五，3）。

　　Y7①：1：位于该画面的北上角，为"外轮廓敲凿法"制作的线条式戴帽人头像。图像高约6.8、宽约4.2厘米。

　　Y7①：2：位于Y7①：1南侧，采用敲凿法制作而成，具体内容不明，可能为一动物图像。图像高约17、宽约9.5厘米。

　　Y7①：3：位于Y7①：2下侧，为"通体敲凿法"制作的剪影式人骑马图像。图像竖排，高约13.2、宽约17.5厘米。

　　Y7②位于Y7①下侧，可见10个图像（图二一；图版五，4；图版六，1、2）。

　　Y7②：1：位于该画面上部居中处，为敲凿法制作的人骑马图像。图中人物一手前伸于马头作牵马状，一手上扬似挥鞭。图像高约14、宽约16.2厘米。

　　Y7②：2：位于Y7②：1下侧，亦为敲凿法制作的人骑马图像。该图像造型与

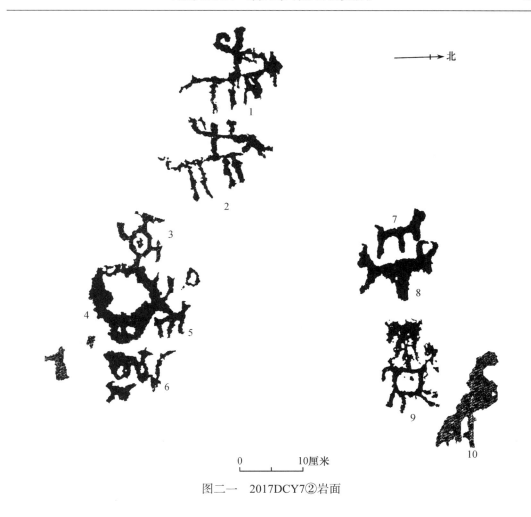

图二一 2017DCY7②岩面

Y7②：1接近，高约13.7、宽约18厘米。

　　Y7②：3：位于Y7②：2下侧，为"外轮廓敲凿法"制作的线条式图像。该图像造型为一个圆圈带四个顺时针的旋翼，圆圈中间有一点，具体指代不明。图像高约8.8、宽约7.5厘米。

　　Y7②：4：位于Y7②：3下侧，为"外轮廓敲凿法"制作的线条式圆圈状图像，具体指代不明。图像高约13.1、宽约13.4厘米。

　　Y7②：5：位于Y7②：4北侧斜下处，为"通体敲凿法"制作的剪影式动物图像，可能为牛或羊。图像高约6.2、宽约5.7厘米。

　　Y7②：6：位于Y7②：4下部，采用敲凿法制作而成，可能为动物图像。图像高约7.3、宽约11.3厘米。该图像下侧还有一处凿痕，内容不明。

　　Y7②：7：位于Y7②：2北侧斜下处，为"通体敲凿法"制作的剪影式动物图像，可能为狗或羊。图像高约8.2、宽约7.9厘米。

　　Y7②：8：位于Y7②：7下侧，为"通体敲凿法"制作的剪影式牦牛图像。图像高约9.8、宽约12.7厘米。

　　Y7②：9：位于Y7②：8下侧，为"外轮廓敲凿法"制作的线条式人骑马图像。图像高约15.4、宽约9.1厘米。

　　Y7②：10：位于Y7②：9斜下侧，为"通体敲凿法"制作的剪影式图像，具体内容不明，可能为动物。图像高约15.6、宽约9.8厘米。

　　Y7③位于Y7②北侧斜下处，有4个图像（图二二；图版六，3、4）。

　　Y7③：1：位于该画面上部，为"通体敲凿法"制作的剪影式图像，具体指代不明，可能为动物。图像高约8.6、宽约6.4厘米。

　　Y7③：2：位于Y7③：1下侧，为"通体敲凿法"制作的剪影式图像，具体指代不明，可能为狗一类的动物。图像高约24.4、宽约18.7厘米。

　　Y7③：3：位于Y7③：2北侧斜下部，为"外轮廓敲凿法"制作的线条式人骑马图像。图像高约10.2、宽约7.6厘米。

0　　　　　10厘米

图二二　　2017DCY7③岩面

　　Y7③：4：位于Y7③：2下侧，为敲凿法制作的动物图像。图像高约9.7、宽约9.5厘米。

　　Y7④位于Y7②南侧斜下处，有6个比较明确的图像（图二三；图版七，1、2）。

　　Y7④：1：位于该画面的南上角，为敲凿法制作的藏文佛教咒语，可能为"ༀ"或"ༀ"。图像高约16.7、宽约13.1厘米。

　　Y7④：2：位于该画面中部，为"通体敲凿法"制作的剪影式人骑马图像，马上人物双手展开。图像高约9.2、宽约16.6厘米。

　　Y7④：3：位于Y7④：2下侧，为敲凿法制作的动物图像，可能为马。图像高约4.1、宽约12.4厘米。

　　Y7④：4：位于Y7④：2北侧，为敲凿法制作的图像，具体指代不明，可能为动物。图像高约10.2、宽约11.7厘米。

　　Y7④：5：位于Y7④：4下侧，为"通体敲凿法"制作的剪影式人骑马图像。图像高约10.1、宽约15.1厘米。

　　Y7④：6：位于Y7④：5北侧，为"外轮廓敲凿法"制作的线条式圆圈状图像，具体指代不明。图像高约4.8、宽约8.2厘米。

　　此外还有若干密集的凿痕，但不成形状。

　　Y7⑤位于Y7④斜下部，有4个图像，均采用敲凿法制作而成（图二四；图版七，3）。

　　Y7⑤：1：位于该画面上部，内容不明。图像高约21.6、宽约12.4厘米。

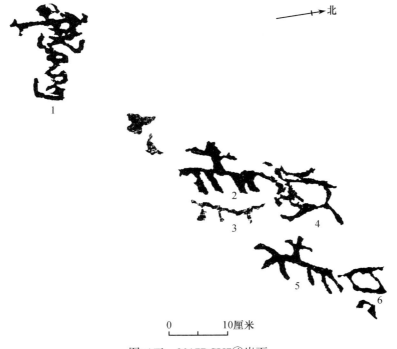

图二三　　2017DCY7④岩面

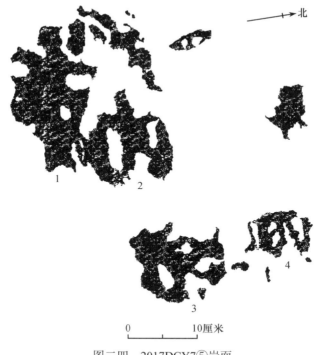

图二四　2017DCY7⑤岩面

Y7⑤：2：位于Y7⑤：1斜下侧，似为藏文，但不清晰。图像高约14.4、宽约12厘米。

Y7⑤：3：位于Y7⑤：2下侧，似为藏文，但不清晰。图像高约12、宽约14厘米。

Y7⑤：4：位于Y7⑤：3北侧，似为藏文"ས"字。图像高约7、宽约9.7厘米。

该画面上还有少量凿痕，但不成形状。

Y7⑥位于Y7③下侧，有3个比较成形的图像，均采用敲凿法制作而成（图二五；图版七，4）。

Y7⑥：1：位于该画面上部，图像具体内容不明，可能为动物。图像高约13.4、宽约9厘米。

Y7⑥：2：位于Y7⑥：1下侧，图像具体内容不明，应该为动物。图像高约9.8、宽约10.6厘米。

Y7⑥：3：位于Y7⑥：2斜下侧，图像具体内容不明，似为人形。图像高约11.7、宽约13.7厘米。

Y7⑦位于Y7⑥斜下侧，处在该岩面最下部，有5个比较明确图像，均为"通体敲凿法"制作的剪影式图像（图二六；图版八）。

Y7⑦：1：位于该画面的北上角，可能为日、月图像。图像高约6.8、宽约11.7厘米。

Y7⑦：2：位于Y7⑦：1下侧，图像为雍仲符号（亦称万字符号），在雍仲符号的四个旋翼内各有一个圆点。图像高约9.4、宽约14.4厘米。

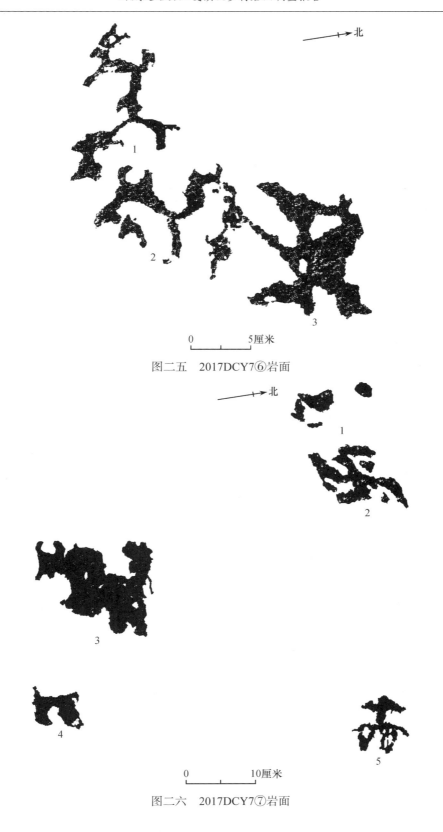

图二五　2017DCY7⑥岩面

图二六　2017DCY7⑦岩面

Y7⑦：3：位于该画面南侧中部，从角及尾等特征推断其应为牦牛图像。图像高约14、宽约16.8厘米。

Y7⑦：4：位于Y7⑦：3下侧，为动物图像。图像高约6.3、宽约7.4厘米。

Y7⑦：5：位于该画面的北下角，为人骑马图像。图像高约8.5、宽约8.3厘米。

三、结　　论

次多村岩画是目前西藏定结县境内第一处系统报道的古代岩画，有助于填补该区域岩画资料的空白。从制作技法来看，次多村岩画采用了敲凿法、剔地浅浮雕法和线刻法，以敲凿法为主，其下又可细分为通体敲凿法和外轮廓敲凿法。剔地浅浮雕法和线刻法使用较少，仅见于部分藏文佛教咒语和器具的制作。从内容来看，次多村岩画包含了狩猎、畜牧、动物、佛教等题材，具体有人骑马、动物、人物、文字、器物、符号等图像。其中以人骑马图像为主，造型整体接近，包括剪影式图像和轮廓式图像，以前者为多；动物图像次之，包括马、牦牛、鸟和狗等。文字包括藏文和汉文，其中藏文主要为佛教咒语，汉文甚少，应该为现代新刻。人物图像少见，包括持盾人物等。符号、器物亦甚少，其中符号有雍仲符号（即万字符号）、亚字形符号等；器物仅见与佛教有关的油灯。

根据制作技法、图像内容与风格、凿痕色泽和风化程度的不同，可以将次多村岩画中的图像分为三组：第一组包括Y2上的汉字和鸡（鸟）图像，Y4①幅画面中的藏文六字真言和油灯图像，以及Y6①幅画面中的3个藏文。这组图像凿痕较新，采用敲凿法、剔地浅浮雕法和线刻法制作而成，应为现代新刻。第二组包括Y4①幅画面中的1、2号图像，Y7④幅画面中的1号图像以及Y7⑤幅画面中的4个图像，这些图像均采用敲凿法制作而成，包括动物、人骑马和藏文等内容。其中Y4①幅画面中的第2号图像为外轮廓线条式人骑马图像，细部刻划较好，表现手法显得较为成熟，与其他人骑马图像在风格上差异明显。此组Y7⑤幅画面中的图像很可能是藏文字母"ཥ"比较原始的符号形态，象征神鸟[3]。第三组的内容最为丰富，包含了本处岩画的大部分图像，这些图像的制作技法和风格比较原始和简约，均采用敲凿法制作而成，包括人骑马、动物、人物和少量符号。上述三组图像应该分别代表了次多村岩画三个时期的内容。

目前，西藏地区虽然已经发现了较多的岩画并形成了不少的研究成果，但学界关于西藏古代岩画的年代认识却仍然比较模糊和宽泛，通常根据制作技法、图像内容与风格、藏文或佛教因素的有无等标准来进行岩画的分期和断代，形成了两期分法[4]和三期分法[5]这两种主流意见。基于上述认知，目前西藏发现的各处古代岩画基本都被对应放置到了相应的阶段之中[6]，未能再做进一步细分。从现有材料来看，次多村岩画的年代判定也难以突破上述框架。总体来看，次多村岩画第二组图像中出现了藏文和刻划比较细致的人骑马图像，符合西藏晚期岩画的特征，可将该组岩画的年代判断为吐蕃及以后。次多村岩画第三组图像具有西藏早期岩画的特征,与邻近定日县门吉地点发现的两处岩画在制作技法、图像内容和风格等方面均比较一致[7],二者年代应该相当。根据汤惠生等先生的研究,他们将青藏高原的古代岩画分为四期,其中定日县门吉岩画被归为第一期,年代为公元前1000~前500年[8]。据此,我们将次多村岩画第一组的年代判断为公元前1000~前500年,属于西藏前吐蕃时代的遗存。

次多村岩画早期阶段的许多图像主题在青藏高原广泛存在,以次多村岩画中最主要的人骑马图像为例,还见于西藏日土县鲁日朗卡岩画[9]、革吉县盐湖岩画[10]、尼玛县文部夏仓岩画[11]、定日县门吉岩画[12]、那曲县加林山岩画[13]、当雄县纳木错扎西岛涂绘岩画[14]、贡嘎县多吉扎岩画[15]、拉萨墨竹工卡孜孜荣岩画[16]等地点,同样在北方草原地带也有存在[17]。次多村岩画中的动物图像如马、牦牛和狗,符号如雍仲符号、亚字形符号等亦常见于青藏高原各地的岩画之中[18]。从制作技法、图像风格和内容来看,次多村岩画与邻近定日县境内的门吉岩画之关系最为密切,这不仅说明二者年代应该接近,而且还反映出两处岩画背后的人群可能有一定关系。值得注意的是,无论是次多村岩画,还是门吉岩画,均未出现青藏高原许多岩画中常见的鹿图像,这可能与青藏高原内部岩画的区域性差异有关,或者是时代上的差异造成。次多村岩画早期阶段的内容显示出浓厚的草原文化特征,这符合岩画所在区域的自然环境以及当地以牧业为主的生业方式,应该是该区域古代社会生活的真实写照。

附记:2017年南亚廊道考古调查队由四川大学霍巍、霍大清、熊文彬、杨锋、杨清凡、卢素文、李帅,西藏大学夏吾卡先等组成,熊文彬、卢素文和李凯于2018年进行了补充调查。

本文得到了西藏自治区文物局、日喀则地区及定结县文化广电和旅游局等单位的支持,在此致谢。

执笔: 李 帅　卢素文　熊文彬

拍照: 卢素文

制图: 李 帅

注 释

[1] 定结县扎西岗乡之前被报道有一处岩画,但非常简略,其内容与次多村岩画有较大差异。参见王蔚,余小洪.喜马拉雅考古调查记——日喀则篇[J].大众考古,2015(10).

[2] 2018年的调查显示该岩画点因公路扩建而遭到了严重破坏,其下部的大部分岩画已经消失,因此更有必要将这处岩画及时刊布出来。

[3] 张亚莎.青藏岩画藏文ꞏ字符与ꞏꞏ图形关系考证——由青海玉树一幅岩画引发的思考[J].中国藏学,2015(4).

［4］　　a. 西藏文物管理委员会. 西藏岩画艺术［M］. 成都：四川人民出版社，1994：9.

　　　　b. 盖山林. 中国岩画学［M］. 北京：书目文献出版社，1995：62.

［5］　　李永宪. 西藏原始艺术［M］. 石家庄：河北教育出版社，2000：185-186.

［6］　　a. 西藏文管会文物普查队. 西藏日土县古代岩画调查简报［J］. 文物，1987（2）.

　　　　b. 西藏自治区文管会文物普查队. 西藏纳木错扎西岛洞穴岩壁画调查简报［J］. 考古，1994
　　　　（7）.

　　　　c. 西藏自治区文管会文物普查队. 西藏定日门吉岩画调查报告［C］. 南方民族考古（第4辑）.
　　　　成都：四川科学技术出版社，1994：65-69.

　　　　d. 四川大学考古学系，西藏自治区文物局. 西藏日土县塔康巴岩画的调查［J］. 考古，2001
　　　　（6）.

　　　　e. 洛桑扎西. 那曲尼玛县夏桑、加林山岩画调查简报［J］. 西藏研究，2002（3）.

　　　　f. 西藏自治区文物保护研究所. 西藏工布江达县色沃岩画调查简报［J］. 考古与文物，2014
　　　　（6）.

　　　　g. 何伟. 西藏墨竹工卡县孜孜荣岩画调查简报［C］. 藏学学刊（第19辑）. 北京：中国藏学出
　　　　版社，2018：1-21.

［7］　　同［6］c.

［8］　　a. 汤惠生，高志伟. 青藏高原岩画年代分析［J］. 青海社会科学，1996（1）.

　　　　b. 汤惠生，张文华. 青海岩画——史前艺术中二元对立思维及其观念的研究［M］. 北京：科
　　　　学出版社，2001：167.

［9］　　同［4］a：47，48，图2，4.

［10］　　同［4］a：104-107，图97，98，100，101，103.

［11］　　同［4］a：112，115，116，图111，112，118，122，123.

［12］　　同［6］c.

［13］　　同［4］a：124，125，130，131，图140，141，142，154，157.

［14］　　同［4］a：142，144-146，148-151，图175，177，181，183，185，189-191，193.

［15］　　同［4］a：160，图212.

［16］　　同［6］g.

［17］　　a. 陈晨. 内蒙古地区岩画中的骑马人形象研究［D］. 郑州大学，2012：11-16.

　　　　b. 任萌. 天山东、中部地区突厥时期典型岩画分析［J］. 西域研究，2012（4）.

［18］　　a. 同［6］a.

　　　　b. 同［4］a：66，113，138，159，图28，29，114，115，168，170，211.

　　　　c. 青海省文物考古研究所，四川大学考古学系，成都文物考古研究所. 2012年青海省玉树州
　　　　治多县登额曲岩画群调查简报［C］. 藏学学刊（第16辑）. 北京：中国藏学出版社，2017：
　　　　41-62.

Report on the Investigation of Ciduo Village Petroglyphs in Jiangga Town, Dingjie County, Tibet

Ciduo Village petroglyphs are located in Ciduo Village, Jiangga Town, Dingjie County, Tibet, which are the first ancient petroglyphs reported systematically in Dingjie County. The petroglyphs here were produced by the "hammering method", "bas-relief method" and "line carving", including hunting, animal husbandry, animals, Buddhism and other subjects. According to the different production techniques, image content and style, chisel color and weathering degree, the images of Ciduo Village petroglyphs can be divided into three groups, of which the first group is modern new carving. The second group of images includes animals, human riding horses, and Tibetan texts. The age is Tubo period and later. The third group of images has the characteristics of early rock paintings in Tibet, all made by "hammering method", including human riding horses, animals, figures and a few symbols, dating from 1000 to 500 BC. The image themes of the early stage of the petroglyphs of Ciduo Village existed widely on the Tibet Plateau, showing strong grassland cultural characteristics, which is of great significance for the study and understanding of ancient petroglyphs in central and southern Tibet.

吉林省汪清县满台山城调查简报

吉林省文物考古研究所

汪清县文物管理所

满台山城位于吉林省延边朝鲜族自治州汪清县与图们市交界处的满台山上，距离汪清县城直线距离约25千米，嘎呀河三面环绕，城址依山而建，地势险要，易守难攻（图一）。

2019年，吉林省文物考古研究所对城址展开了调查和勘探工作，通过调查和勘探，基本了解了城址城墙形态和城址内遗迹分布情况（图二）。调查过程中，采集到大量不同材质的遗物，基本明确了城址的年代属性问题。现将调查结果介绍如下：

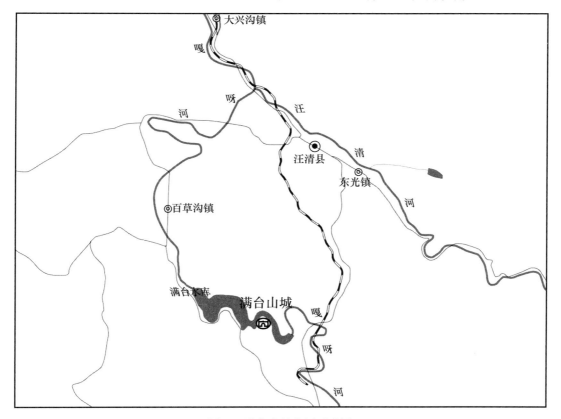

图一　满台山城位置示意图

一、城　　墙

满台山城城墙依山势而建，平面呈不规则的凸字形，城墙总长度约2900米。城墙蜿蜒起伏不平，多依托山势修建，墙体宽窄不一，部分墙体可见堆砌有石块。城墙上分布有城门、角楼以及依据山势设置的平台及分布于城墙内侧的防御性房址等遗迹。

1. 东城墙

城址东城墙起自南端侧的角楼，截止至北城墙拐角处，全长约733米，城墙蜿蜒起伏不平，该段多数为依托山体修建，墙体外侧陡直深峻。内侧坡度较缓，墙体为黄砂土堆筑，保存较为完好，东侧墙体外为较为深峻的山谷，因此东城墙墙体的附属设施较少。

东城墙南端角楼下方开辟有城门一处，地表可见明显凹陷迹象，无砖瓦类遗存，凹陷处两端散布有石块。城门内地势比较平坦，有一条道路联通城内主居住区，城门外道路出城右转，沿山脊而行。

东城墙上依托山脊地势还开辟有3个平台，这些平台地势较高，顶部平坦，可起到瞭望警戒之用，部分平台下方城墙内侧辟有台地，台地上修建有房屋（图三）。

2. 南城墙

南城墙东端通过一处角楼与东城墙相连，截止于西端另一处角楼与西墙相连，城墙长约475米，城墙依托山脊修建，地势较高，墙体宽窄不一，部分墙体可见堆砌有石块。城址外侧地势较陡，其下为嘎呀河河道，河岸较平缓可通行，因此，南城墙上防御性设施较多。计有城门1处，大型平台5处，城墙内侧有依托城墙的房址12处。

南城墙上城门位于城墙西部，角楼左下方，勘探结果显示满台山城南墙南城门体量较小，两侧未见墩台类遗迹，在门道两侧底部各发现有一排石块，在城门两侧的墙体上也见有石块，可能城门存在包石情况，门道底部分布有踩踏面，门道宽约3.8米（图四）。

城门东部墙体内侧有一大型平台，与城墙相连。城门西部墙体内侧有一人工修建的台地，其上有房址一座，编号F23，地表可见残存的墙体隆起，房址平面呈方形，边长约4.5米。

城门内外可见道路痕迹，城内道路沿山势向东南行，与东城门内道路会合，通往城内主居住区，向外道路出城后沿城墙及山势向西行。

南城墙上的平台类设施可分为两类，一类平台分布于地势较高的山脊上，平台顶部平坦，面积稍小，可以起到瞭望警戒作用，此类平台有2处（图五）。另一类平台分布于地势较为平坦处，台地面积较大，平台顶部或周边修建有房址，可起到驻扎戍守作用，此类平台有3处（图六）。在城墙的内侧还有大量人工修建的台地，台地上分布有房址。在这些遗迹内采集到大量铁甲片、铁剪刀、铁斧等遗物。

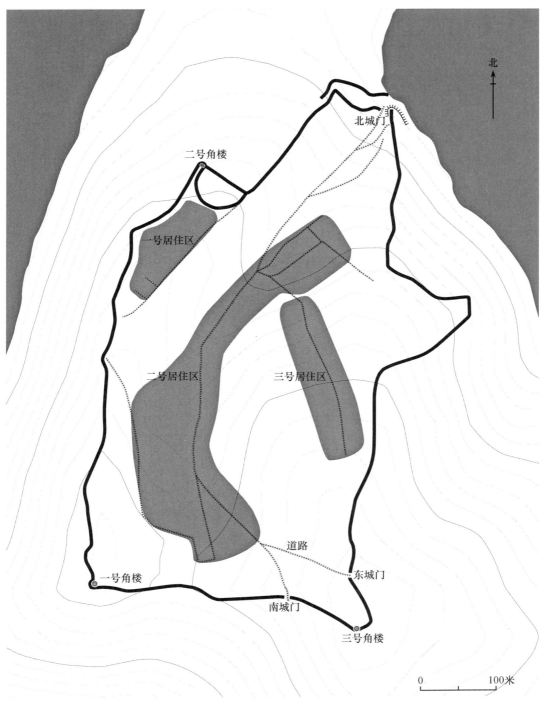

二号角楼

北城门

北

一号居住区

二号居住区

三号居住区

道路

一号角楼

东城门

南城门

三号角楼

0 100米

图二 满台山城遗迹分布图

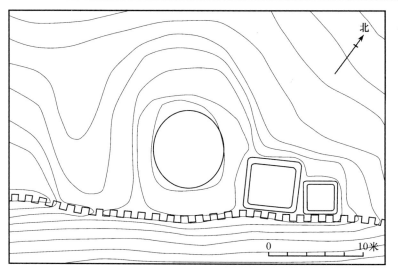

图三　东城墙上平台与房址分布图

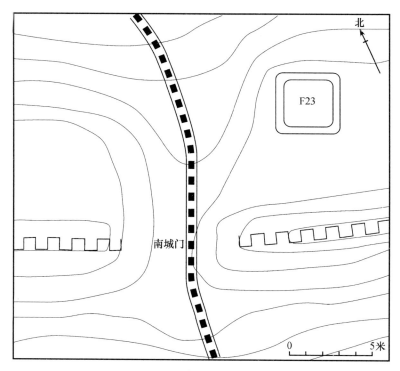

图四　南城门平面图

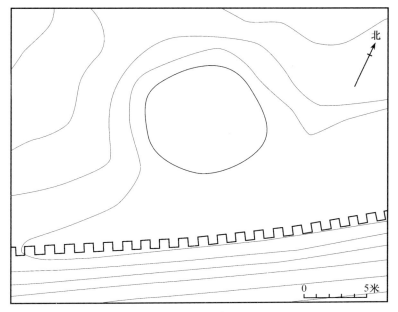

图五 警戒类平台平面图

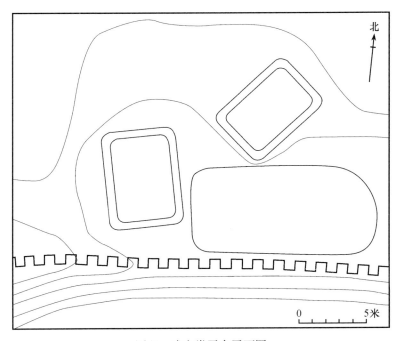

图六 戍守类平台平面图

3. 西城墙

西城墙南端通过一处角楼与南城墙相连，截止于与北城墙相交的角楼，城墙全长约655米，城墙大部分布于山脊之上，城墙外侧山势较陡，山下为嘎呀河，部分墙体为平地起建，墙体保存较为完好。平缓地段平地起建的墙体外侧有防御性的壕沟。该段城墙未见城门，发现各类平台7处，其中警戒类平台4处，戍守类平台3处，城墙内侧有依托城墙的房址9处。

通过对城墙自然冲毁豁口的清理剖面可知，满台山城西城墙利用自然地势人工修建而成，解剖显示该段城墙为夹砂黄土堆筑而成，无明显夯层及夯窝，城墙下有较厚一层铺垫土，形成较为平整的奠基层。墙体外侧有壕沟，城墙宽约2.5米（图七）。

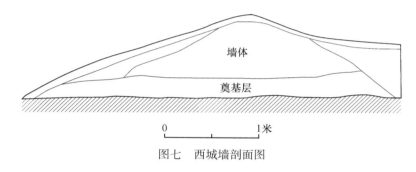

图七　西城墙剖面图

西城墙北端与北城墙相连接处形成角楼一处，形制略呈圆角方形，其上平坦，见有大量石块堆积，未见建筑类遗迹及遗物。其外侧有环绕角楼的壕沟（图八）。

4. 北城墙

北城墙西段起自与西城墙连接的角楼，东段止于东城墙北端拐角处的平台，多数墙体位于山体的中部，其下西北部是深入嘎呀河的舌形台地，东北部为嘎呀河畔山崖。地势险峻，交通不便，因此北城墙上附属建筑较少，仅见城墙豁口1处，平台类设施2处，警戒类和戍守类各1处，依附于城墙的房址2座。

该段城墙横跨多道山脊与山谷，因此城墙结构不一，既有依托山体修建的土筑城墙，也有横跨山脊的铲削式护坡墙，还有在山谷沟口堆石成形的墙体。在城墙的西段内侧，增建有一段弧形的墙体，与北城墙西段形成闭合的类似于瓮城的空间，该区域无城门类通道，且区域内地势低洼，未见任何遗迹遗物，推测应与城址水资源相关。

北城墙中部为自然山谷，在山谷沟口处未见城墙，该处受流水冲蚀严重，可能有城门类设施，沿沟口东侧有道路可通城内主居住区。在北城墙中部沟口的东侧山脊上，有戍守类和警戒类平台各1处，2处平台各有1条护坡墙式的道路南向与北墙沟口东侧主路会合。在该处豁口东侧城墙外侧，增建有一道石块堆砌的墙体，该墙体独立存在，并不与北城墙相连。

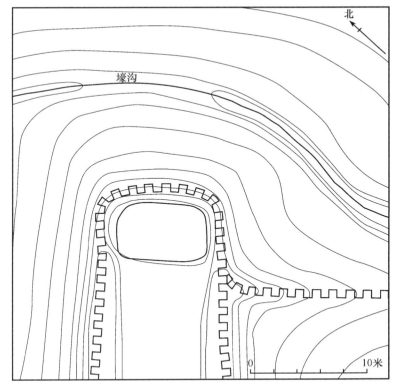

图八　西城墙北端角楼平面图

总体而言，满台山城多依托山势而建，就地取材，山势较为平缓和易与外界联通处的城墙，多建有各类平台及防御性房址等设施，尤其是3号角楼，地势最高，规模大，可同时控守东、南两个方向上的城门。同时，因城址所处山地地势崎岖，这些城墙顶部多平坦可供通行，还承担了一部分交通功能，与城内道路多有联通，构成了城址内的道路通行网络。

二、居 住 区

城址内地势崎岖不平，在山谷内和部分坡度平缓的向阳坡地上，有大量房址分布，形成了规模不等的三个主要居住区，分别编号为一、二、三号居住区。

1. 一号居住区

一号居住区位于城址西部，坐落于一处西向的平缓坡地上。其西侧为西城墙，东侧依托山脊上南北走向的道路北向经城墙与城内主居住区联通。居住区内分布有院落、房址、道路、窖穴等遗迹，本次调查在一号居住区内共发现院落3处、房址5处（不含院落内房址）、水井（窖）2处。

　　一号居住区南部分布有南北向的三个人工修葺的台地，台地东侧为沿山脊修建的南北向道路，道路与台地之间有人工修建的排水沟渠。三阶台地上均修建有院落，院落规模不等，院落之间有道路相隔。院落内可见有数量不等的房址。

　　其中一处院落，编号J1Y2，位于一号居住区南部的一处人工修葺的台地上（图九），地势南高北低，院落呈正方形，边长约25米。院墙残高0.6～1.2米，宽1.5～2米。院落东临南北向通道，南与另一处院落以道路相分隔。院落内有两处房址。其中编号J1Y2F1的房址位于院内东南角，依院墙而建，正方形，边长约7米，残墙高0.5～1米，未见明显门道。编号J1Y2F2的房址位于院落中部西侧，门址开于东墙中部。房址长约10米，宽约7米，墙残高0.8米，宽1～1.5米。

　　一号居住区北部较为平坦，也可见数个呈南北向分布的人工修葺的台地，台地上散落有房址、水井。地表可见一条东西向道路与居住区东侧南北向通道相连。该区域采集到大量盗扰丢弃的铁刀、铁锅、铁犁等遗物。

　　编号为J1F3的房址位于一号居住区西北部，房址周围已被人为铺垫形成平台，东北西南向，地表可见残墙，东墙中部有一豁口应为门道。房址长约6米，宽约4米，墙残高0.4～0.6米，宽1.2～1.5米。

　　编号为1号的水井（窖）位于一号居住区中北部，西距J1F2约10米，整体呈圆形，地表可见一圈石砌的环状墙体，外径约2.5米，内径约1米，应为一处水井（窖）。

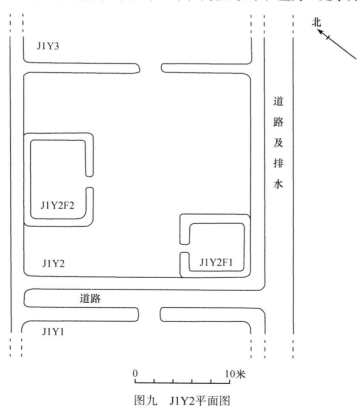

图九　J1Y2平面图

2. 二号居住区

二号居住区位于城内中心山谷内，是城址内的主居住区。山谷南高北低，谷底形成有季节性溪流，小溪东侧是一条贯穿全城连接南北城门的主干道路，主路两旁集中修建了较多院落。居住区西侧有道路连接西城墙通往一号居住区，居住区北部，有东向道路通往三号居住区。二号居住区内遗迹以院落、房址为主，本次调查在二号居住区内共发现院落35处，房址17处（不含院落内房址），水井（窖）2处、作坊类遗存1处。

二号居住区内部可区分为西部、中部和北部三个部分，整个居住区位于山谷内溪流西侧山坡上，这一区域地势比较狭长，遗迹多沿山势呈南北向分布，在这些遗迹的西侧山坡上，有一条南北向道路，向北环绕该区域后于居住区内南北主干道相通，向南通道西城墙中部平台上。该区域内主要的遗迹为院落和房址。

该区域内人工修葺的大型台地较少，多为小型台地，其上院落较多，多为两两成组分布的房址，中南部有4处院落，但是多数院落内未发现房址迹象。

该区域内编号J2F4、J2F5的房址位于山谷南部西坡上，两处房址南北相邻，共用一墙，西侧为南北向道路，东侧是狭小的空地。J2F4，平面形状呈长方形，在东墙见有一门址。房址南北长约8米，东西宽约5米，墙残高约0.5米，宽约1米，J2F5形制与F4相同。

二号居住区中部区域是居住区内房址院落的主要分布区域，该区域为山谷底部，西侧有溪流，中部有南北向主干道路。道路两侧南北向鳞阶而建多个台地，台地上分布有院落，院落内建有数目不等的房址，在该区域南部近山不易取水处，还修建有水井（窖）1处。

该区域内遗迹以院落为主，其中编号J2Y24的院落，位于二号居住区中部，J2Y22北部，其东侧为居住区内主干道路。院落平面形状呈方形，与其南北部院落共用部分墙体。边长约24米。院落内西部南北并排分布房址2座，分别编号F1和F2，F1平面形状呈方形，边长约4.5米，F2平面形状呈长方形，长约6米，宽约4.5米。

编号J2Y25的院落与J2Y24隔路相对（图一〇），院落平面形状呈不规则四边形，部分院墙利用台地边缘山体。并与其南北部院落共用部分墙体。院落内东北部有房址一座，编号F1。F1平面形状呈长方形，长约7米，宽约4米。

二号居住区北部院落、房址分布比较稀疏，道路分布较为密集，除主干道路从该区域西侧通过外，该区域中部还有一条东西向道路连接主干道路与三号居住区，该区域的各台地之间还有道路相通。

二号居住区北部东侧与二号居住区相通，其上散落有房址，仅见一处院落，院落外东北部有水井（窖）一处。该区域北部自山谷向东分布数个阶地，第一阶地较为狭窄，其上未发现任何遗迹，第二阶地上较为平坦空旷，仅在北端有一处大型院落，该院落为城址内保存最好的院落址，编号J2Y34，院落平面形状呈方形，边长约22米。院

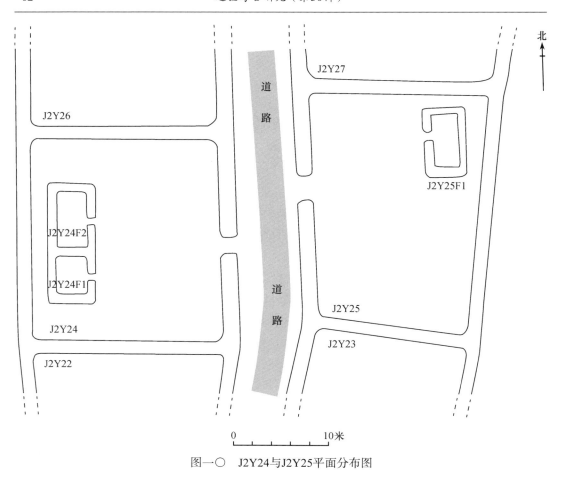

图一〇　J2Y24与J2Y25平面分布图

落内有房址多处，可辨认的有2座，编号F1、F2。F1和F2平面形状均呈长方形，长约6米，宽约4.5米。该院落墙体规模较大，保存较好，应该是城内重要的建筑址。

　　阶地南部较为平旷处地表采集到铁砧，可能为铁器作坊区，该阶地东部山上还有3~4阶人工修成的阶地，但其上没有发现遗迹现象。可能是围绕院落J2Y34的特殊功能区。

3. 三号居住区

　　三号居住区位于满台山城中部偏东，一条南北向地势较平缓山谷内，山谷内地势南高北低，沿山势修葺有多个小台地，台地上鳞阶分布有院落及房址。这些台地的东侧修建有道路，向北转东连接主居住区，向南连接东城墙。道路东侧山谷较为陡峭，建有挡水墙一条，地表可见该墙长约230米，宽1.5~2米，高0.5~1米。在挡水墙上形成的小台地上还有少量零散的房址，挡水墙南端有院落一处。该区域遗迹以院落、房址为主，本次调查共发现院落9处，房址8处（不含院落内房址）。

三号居住区内编号J3F5的房址，位于三号居住区中部偏南，道路东侧的挡水墙上部的狭小台地上，房址用地铲削山体，地势较高。房址平面形制呈长方形，西墙中部见门道，房址长约7.5米，宽约4.5米（图一一）。

三号居住区内编号为J3Y5的院落，位于三号居住区南部，道路西侧，南墙与J3Y4共用。院落平面形状呈正方形，院落东墙见门址，边长约25米，院落墙体残高0.4～0.8米，宽1.5～2米。院落内发现房址2处，一处位于院落西北角，编号J3Y5F1，F1南侧并列分布J3Y5F2。F1平面形状呈长方形，东墙见门址。房址长约8米，宽约5米。F2平面形状呈正方形，与F1共用北墙，边长约5米。

满台山城内受地形限制，居住区较为分散，且主要居住区距离城墙城门有一定距离，不便于守卫，因此，在城墙上及内侧，还零星分布有可供驻守的房址。

满台山城居住区内的房址因地形所限，都需事先平整土地，修建好台地，在此基础上新建房屋，房屋可分为两大类，一类是或独立存在或两三分组的房址，另一类是由

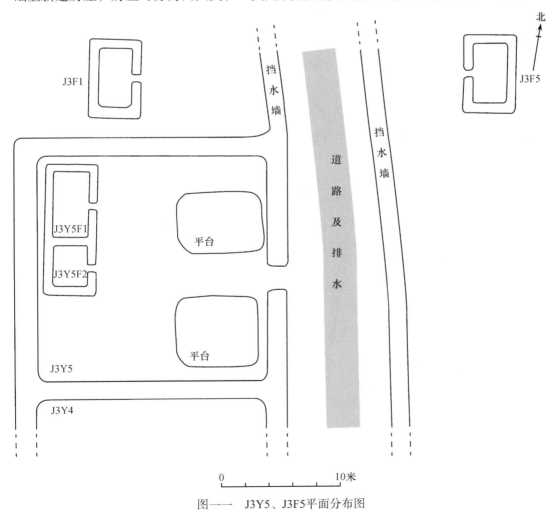

图一一　J3Y5、J3F5平面分布图

房址和院墙构成的院落。这两类房址形制规模差距不大，都未发现砖瓦类建筑材料。两者之间的差别应该不是等级差别，唯院落的防御性能要强于散落的房址。

三、遗　　物

满台山城地处深山之内，未有后世沿用迹象，远离现代居民区，受人类活动影响较小，地表植被茂密，地表可见遗物较少，本次调查采集到的遗物以被盗掘抛弃的铁器为主，兼有少量陶瓷片。现简要介绍如下。

1. 铁器

本次调查采集到的铁器主要有兵器、生活用具和生产工具三大类，其中兵器类主要有铁甲片、铁斧等，主要出土于城墙之上。铁甲片采集到19片，铁斧2件。

铁甲片　标本2019满采：3，部分区域残损，整体呈长方形，中部微弧，一端两长边边缘相对各有5个穿孔，另一端长边边缘相对各有3个穿孔，靠近中间2个穿孔残损，顶端中间1个穿孔。长约7.8厘米，宽约2厘米（图一二，1）。标本2019满采：5，部分区域残损，整体呈长方形，中部微弧，一端两长边边缘相对各有5个穿孔，另一端长边

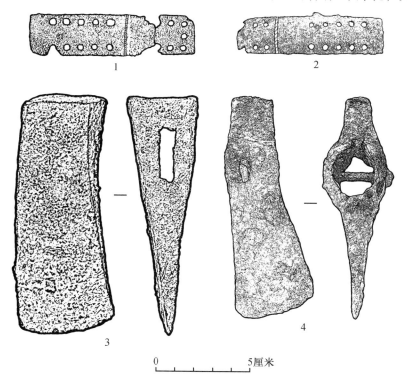

图一二　满台山城采集铁兵器

1、2. 铁甲片（2019满采：3、2019满采：5）　　3、4. 铁斧（2019满采：20、2019满采：21）

边缘相对各有3个穿孔，靠近顶端两个穿孔残损。长约7.8厘米，宽约2.1厘米（图一二，2）。

铁斧　2019满采：20，保存较完好，侧视形状为带弧形长条状，俯视形状为三角形，中部带一长方形銎孔，刃部稍宽，钝端呈方形略外鼓。长约13.2厘米，钝端宽约3.8厘米，厚约3.4厘米，刃宽约5.2厘米，銎孔长约1.6厘米，宽约0.45厘米（图一二，3）。2019满采：21，保存较完好，侧视形状为不规则四边形，中部带一圆形銎孔，銎部外鼓，中部尚存一铆钉。刃部稍宽，钝端较窄而厚。长约12.2厘米，钝端宽约3.9厘米，厚约1.5厘米，刃宽约4.3厘米，銎孔直径2.5～3厘米（图一二，4）。

生活用具类的铁器主要有铁剪刀、铁刀、三足铁锅等，主要出土于城址内的居住区，多数出土于各个房址之内。

铁剪刀　2019满采：22，保存较完好，整体由两片剪身经中部轴体连接而成，直刃，刃端尖，刃尾较宽，柄部为圆柱状，中部外鼓，尾端渐细而外卷。剪身通长约16.2厘米，最大宽约5.3厘米，刃长约5.8厘米（图一三，5）。

铁刀　2019满采：23，保存较好，一体锻造而成，背部较厚略窄，刃部薄微外弧，接一銎状刀柄。铁刀全长约19.6厘米，宽约6.8厘米，刃长约11厘米，刀柄长约8.8厘米，銎孔内径约2厘米（图一三，3）。

三足铁锅　2019满采：24，保存较好，一体铸造而成，锅体底部中间留有浇注口痕迹。锅身整体呈圆柱状，下接三个矮柱状足，口沿下斜接一圆柱状柄，柄尾端渐增粗，锅身一侧有较短的槽状流。锅身通长约38.4厘米，器身高约20.4厘米，锅口径约23.6厘米，深约15.5厘米，三足高约4.4厘米，柄长约14厘米（图一三，6）。

铁钉　2019满采：29，保存较好，锻造而成，器身呈柱状因使用而变弯曲，尖端因锈蚀呈圆钝状，钉帽较小可见捶打痕迹。器身长约4.3厘米（弯曲状态）（图一三，4）。

铁环　2019满采：31，保存较好，器身柱状，整体呈不规则圆形。器身直径约0.5厘米，直径7～8.1厘米（图一三，1）。

铁枢　2019满采：32，铸造而成，整体呈环状，器身外侧铸有五个齿。器身高约0.8厘米，厚约0.8厘米，直径约4.6厘米（不包含齿长），齿长约0.7厘米（图一三，2）。

生产类的铁器主要有铁砧、铁犁、铁镰刀、铁铲等，此类工具部分出土于居住区房址内，部分集中成组出土，可能存在统一放置的情况。

铁砧　2019满采：50，保存较好，整体呈立方体状，底部不平整，一侧中部凸起，顶部平整略呈弧状，可见重力捶打留下的痕迹。顶长约16厘米，宽约15厘米，底长约17.9厘米，宽约17厘米，高约10.1厘米（图一四）。

铁镰刀　2019满采：51，保存较好，内刃，圆弧状刀首，刀身呈长条弧状，后皆一窄柄。刀身长约16.8厘米，宽约4.6厘米，刀柄长约8厘米（图一五，1）。

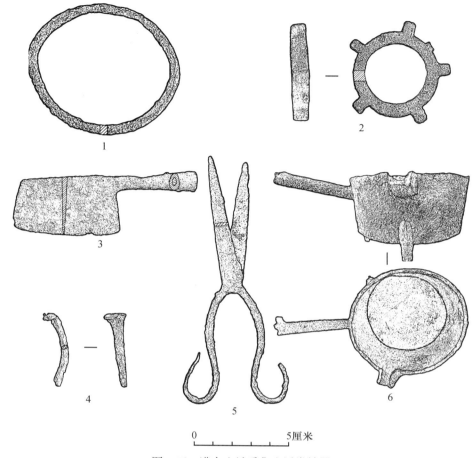

图一三　满台山城采集生活类铁器

1. 铁环（2019满采：31）　2. 铁枢（2019满采：32）　3. 铁刀（2019满采：23）　4. 铁钉（2019满采：29）

5. 铁剪刀（2019满采：22）　6. 三足铁锅（2019满采：24）

图一四　满台山城出土铁砧

铁铲　2019满采：55，保存较差，铲身呈五边形，上接一内卷成槽状銎孔。铲身长13.7厘米，宽约10厘米，銎部长约5厘米，内径约2.6厘米（图一五，2）。

铁铡刀　2019满采：59，保存较好，一体锻造而成，弓背较厚，直刃，刀头呈斜方形，上有一突起，中部有一穿孔，刀柄为柱状，由连接处至尾端逐渐变粗。全长约24.6厘米，宽约7.3厘米，刃长约14.8厘米，刀柄长约6.2厘米，刀头穿孔直径约0.7厘米（图一五，3）。

铁犁　2019满采：61，保存较好，铸造而成，整体呈船状，犁尖呈舌状，犁尾不平整，犁底较平，中下部有一三角形孔，犁背隆起，中下部有梯形豁口。长约28.4厘米，宽约22.4厘米，犁背高约7.2厘米（图一五，4）。2019满采：62，保存较好，铸造而成，整体形状不规则，犁尖呈舌状，犁尾不平整，犁底较平，中下部有一三角形孔，犁背隆起，中下部有梯形豁口。长约31.5厘米，宽约23.6厘米，犁背高约5.8厘米（图一五，5）。

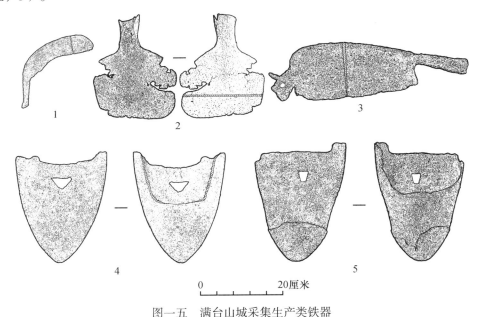

图一五　满台山城采集生产类铁器
1. 铁镰刀（2019满采：51）　2. 铁铲（2019满采：55）　3. 铁铡刀（2019满采：59）
4、5. 铁犁（2019满采：61、2019满采：62）

铁犁镜　2019满采：65，保存较好，铸造而成，整体形状不规则，器身略外弧，内壁中部有两个纽状耳，外壁较平滑。器身长约31.5厘米，宽约23.6厘米，犁背高约5.8厘米（图一六，6）。

除此之外还出土了其他类的铁器及钱币。

铁器　2019满采：72，整体形状不规则，器身整体呈圆柱状，一端呈扁铲状，铲跟部有一穿孔，器身中部装有一平面呈三角形的柱状铁块。器物总长约48厘米（图一六，7）。

铜钱　2019满采：75，保存较好，铸造而成，圆形方孔，正面有外郭，内铸有"嘉祐元宝"四字，顺读，光背。直径约2.2厘米（图一六，3）。

2. 陶瓷器

本次调查采集的陶瓷器数量较少，只有少量陶器口沿残片和瓷片，陶器皆为泥质灰陶，火候较高。现简要介绍如下。

陶罐口沿　2019满采：76，泥质灰陶，卷沿，鼓腹（图一六，1）。2019满采：77，泥质灰陶，直口，大卷沿，鼓腹（图一六，2）。

瓷器底　2019满采：80，灰色粗瓷胎，酱釉，圈足，外壁近底无釉，内壁有涩圈（图一六，4）。2019满采：81，灰色细瓷胎，圈足，乳浊天蓝色釉，釉面开片（图一六，5）。

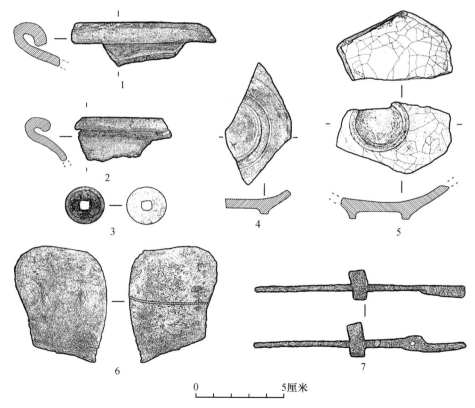

0　　　　　　5厘米

图一六　满台山城采集的遗物

1、2. 陶罐口沿（2019满采：76、2019满采：77）　3. 铜钱（2019满采：75）　4、5. 瓷器底（2019满采：80、2019满采：81）　6. 铁犁镜（2019满采：65）　7. 铁器（2019满采：72）

四、结　语

汪清满台山城地处吉林省东部，从汉魏时期的东团山山城[1]，到高句丽时期的通化自安山城[2]，渤海时期的通肯山城、萨其城[3]，该区域一直有依山筑城的传统。辽金时期，多沿用此前修建的山城，如磨盘村山城[4]。在金代末期，战乱频繁，除沿用早期山城外，还新修建了一批山城，满台山城内出土的器物风格均为金代，调查中未发现早期文化层及遗物，也未见金代以后的遗存，因此，满台山城应该是金代修建和使用的诸多山城之一。

金代末年，金朝将领蒲鲜万奴自立为王，建东夏国，吉林省东部区域尽在其控制范围内，图们市磨盘村山城被认为是东夏国南京所在，考古资料也证明磨盘村山城确实存在金代晚期遗存[5]，汪清满台山城与磨盘村山城空间距离较近，年代一致，且使用时间较短，因此，汪清满台山城应该是东夏国所兴建的诸多山城之一。

执笔：孟庆旭　魏佳明

　　　杨国荣　闫家海

照相：王浩宇

绘图：董伟佳　谭晓明

注　释

［1］　王聪，王晓明等.吉林省吉林市丰满区东团山汉魏及辽金时期遗址［C］.中国考古学年鉴
　　　（2016）.北京：中国社会科学出版社，2017：216-217.

［2］　王志敏，王鹏勇等.吉林省通化市自安山城调查报告［J］.北方文物，2010（3）.

［3］　安文荣，梁会丽.图们江流域渤海遗存调查报告［J］.地域文化研究，2017（1）.

［4］　李强，张恒斌.吉林省图们市磨盘村山城2013～2015年发掘简报［C］.边疆考古研究（第24
　　　辑）.北京：科学出版社，2018：53-72，381-385.

［5］　李强，张恒斌等.吉林省图们市磨盘村山城东夏国城址［C］.中国考古学年鉴（2016）.北
　　　京：中国社会科学出版社，2017：224.

Brief Report on Archaeological Investigation of Mantaishan City in Wangqing County, Jilin Province

In 2019, the Institute of Cultural Relics and Archaeology of Jilin Province conducted an archaeological investigation on Mantaishan City in Wangqing County, Jilin Province. The investigation recorded the shape and structure of the city wall and various defensive auxiliary facilities on the city wall. In addition to the defense function, the city wall was also connected to the city road. After investigation, it was found that there are three residential areas of different sizes within the city site. The main remains in the residential area are courtyards and scattered houses. A large number of irons are collected in the city site, among which the weapons are mainly collected on the city walls and in the auxiliary facilities. The production and living irons are collected in the residential areas of the city. According to the analysis of the relics and remains in the city, Mantaishan City should be a city of the late Jin Dynasty.

中国北方旧石器时代的文化交流与人群迁徙[*]

杜水生

（北京师范大学历史学院，北京，100875）

随着"一带一路"考古的广泛开展，研究中国古代与西伯利亚、中亚地区的文化联系越来越受到学界的重视。在旧石器时代考古中，这和我们一贯重视的早期人类迁徙路线、尼安德特人与中国早期智人之间的关系以及现代人扩张过程等重大学术问题具有共同的学术诉求。

关于早期人类究竟是从北路还是南路进入中国，自从在格鲁吉亚的德玛尼斯发现距今180万年前的匠人（直立人）化石[1]以及中国泥河湾盆地发现160万年前的早期人类生活面[2]，早期人类从北方进入中国北方地区的可能性被提起[3]。但由于时代久远，遥远的东西方之间仍然需要更多的证据才能弄清具体的传播过程，早年在巴基斯坦发现的三件石片[4]，以及俄罗斯科学家在西伯利亚发现的早期人类活动记录[5, 6]很好地填补了这个空白，但是对这两处地点石制品的人工属性或地层都存在一些质疑。近些年关于"莫维斯线"的讨论，越来越倾向于中国大陆存在手斧；但中国早期手斧主要出现在中国南方地区，无论是百色盆地[7, 8]、丹江口地区[9]还是洛南地区[10-12]，都有几十万年的考古记录；丁村遗址是靠北分布的一个地点[13, 14]，有学者据此认为手斧的扩散过程是在中国的第二级台阶上由南向北扩散[15]，如果此说成立，那么以手斧为代表的中西方交流通道应该在中国南部而非北部。

田园洞人的遗传学研究显示，最早进入中国的现代人与当代中国人之间的遗传关系小于与美洲以及新西兰土著之间的联系，这表明中国北方地区曾经存在现代人多次侵入和迭代[16]，因此，真正意义上代表中国北方地区和西伯利亚之间文化交流的最早考

* 本文得到国家社科基金重大项目（20&ZD257）的资助。

古证据应该上溯到旧石器中期之末或晚期之初。本文的目的是根据最近几年来中国旧石器考古的最新成果，从考古学角度探讨旧石器时代中期以来古人类向中国北方地区扩散的过程（图一）。

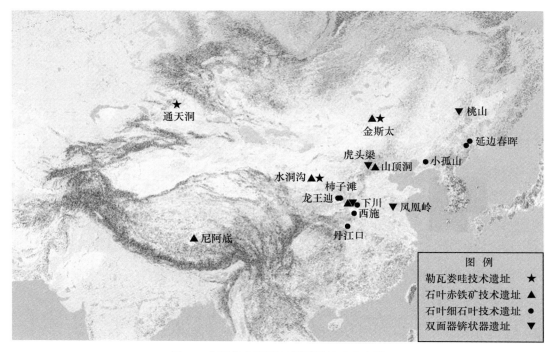

图一　中国北方不同时期石器技术分布图

一、西方技术因素在中国北方地区的发现

1. 勒瓦娄哇技术

　　勒瓦娄哇技术最早发现于巴黎郊区的勒瓦娄哇地区，在旧大陆西侧，虽然不是所有的莫斯特文化都包含勒瓦娄哇技术，但勒瓦娄哇技术确实是旧石器中期莫斯特文化的标志性特征之一[17]；而在欧洲和西亚地区莫斯特文化一般和尼安德特人相关[18, 19]。俄罗斯科学家在阿尔泰地区卓越的工作显示这样的对应关系也出现在阿尔泰地区[20]。

　　中国是否存在勒瓦娄哇技术也一直是考古学家关注的问题之一。就中国北方地区而言，最早记录勒瓦娄哇技术的是北京周口店15地点，根据裴文中的描述，出土的三角形石片具有勒瓦娄哇技术特征[21]，此后这一观点在中外学术界被广泛引用。但高星的研究认为，所谓的勒瓦娄哇石片可能是与盘状石核有关而与勒瓦娄哇技术无关，周口店15地点不存在勒瓦娄哇技术[22]。

　　山西陵川塔水河也曾先后报道具有勒瓦娄哇技术的石核[23, 24]，但笔者经过研究认为，所谓的勒瓦娄哇石核也只是外形相似，并不具备勒瓦娄哇技术的预制与剥片过程。而且这种类型的石核仅有一件，同周口店15地点一样，也不存在真正的勒瓦娄哇技术[25]。

真正可以和西方莫斯特文化对比的第一个遗址是水洞沟遗址，水洞沟遗址是一个延续时间较长、文化性质多样的旧石器晚期文化遗址，但第1地点的文化性质具有鲜明的勒瓦娄哇技术风格[26]。

近年来在新疆发现的通天洞遗址对于我们认识勒瓦娄哇技术在中国北方的传播具有重要意义，通天洞遗址的年代为距今4.5万年，初步研究认为其是典型的勒瓦娄哇-莫斯特文化，石制品类型包括勒瓦娄哇石核、盘状石核、勒瓦娄哇尖状器、各式刮削器以及莫斯特尖状器等[27]。除此之外，新疆地区也发现了大量的具有勒瓦娄哇技术的石制品，虽然由于其特殊的地理环境，这些石制品的年代还不好确定，但应当和阿尔泰地区的同类制品相差不多[28, 29]。

内蒙古金斯泰遗址的第7、第8文化层是一处具有勒瓦娄哇技术的旧石器时代中期遗址，其第8层的年代为距今47034～43720年和44289～42306年，第7层的年代为距今39690～37825年和40286～38664年。文化遗物中除了1件勒瓦娄哇石核外，还有21件盘状石核、6件勒瓦娄哇石片、3件勒瓦娄哇尖状器以及2件勒瓦娄哇石叶。工具类型中包括各式刮削器30件、锯齿刃器27件、凹缺刮器13件、少量的锥钻类工具以及权宜性工具[22]。

2. 石叶、骨器、艺术品与赤铁矿

这里所说的石叶技术是指典型的从锥状石核上剥取的石叶技术。勒瓦娄哇石叶、呼而玛石叶以及中国小石器工业中经常出现的石片石叶（长宽之比大于等于2的石片）不在讨论范围之内。虽然说在旧石器文化的发展史上，石叶技术曾经被不同地区的人类多次发明，我们很难把某种古人类和石叶技术严格对应起来，但有两个基本事实还需要引起关注，一是石叶技术的普遍流行发生在旧石器晚期，因此把石叶技术的出现作为现代人出现的标志在一定范围内具有指示意义。其次，在中国旧石器文化发展过程中，虽然也经常出现两侧平行、长宽之比大于2的石片，但严格地讲，这些"石叶"只是生产普通石片时的偶然产品，并不具备技术的稳定性。

中国的石叶技术最早发现于水洞沟遗址，年代在3万～4万年前之间[24]，最近几年相当于这个阶段的发现还有新疆通天洞遗址[25]、内蒙古金斯泰遗址[22]、青藏高原尼阿底遗址[30]。

水洞沟遗址的石叶制品主要发现于第1地点，在1980年发掘的材料中，石叶石核73件，占总数的48.3%，石核类型有柱状、锥状、楔状等，从石核的片疤看，石片的形态应是长条柳叶状，84.9%的台面经过修理，利用砾石面打片和素台面打片的石核分别占5.5%和8.2%。发现完整石叶238件，石叶近端、中段、远端分别为453件、275件、191件。制作石叶的原料主要为白云岩，其次为石英砂岩。

青藏高原尼阿底遗址发现大量棱柱状石核和石叶制品，年代在3万～4万年前之间，和水洞沟遗址石叶制品的年代基本相当。通天洞遗址和金斯泰遗址中也发现有石叶制品，因材料尚未完全公布，从已发布的材料来看，其年代应当与水洞沟遗址相当。

除了石叶技术外，与石叶技术几乎同时出现在中国北方地区的还有骨器、艺术品和赤铁矿。山顶洞遗址的最新测年为3.3万～3.5万年前，虽然遗址中伴出的石制品为简单的石英石片，但出土的大量艺术品和骨器表明其所代表的文化特征和中国传统的简单的石核石片文化具有明显差别，最新的解释认为这些文化遗物出现的华北地区可能与阿尔泰地区的现代人类扩张有关，换句话说，这些文化遗物很可能不是在本地制作，而是人类在迁徙过程中从遥远的阿尔泰地区携带而来，出土的十多件石制品类型简单，只是权宜性工具，不代表山顶洞人制作石器的最高水平[31]。

赤铁矿的生产使用也在同一时期多个遗址中有所发现。除了山顶洞遗址墓葬中使用赤铁矿外，水洞沟遗址第二地点也发现了被铁矿石染红的鸵鸟蛋皮，校正后的年代应在距今4万～3万年之间[32]。2014年在对山西下川遗址富益河圪梁地点发掘时发现地层中有多处赤铁矿粉末，发掘者认为伴出的石磨盘可能与加工赤铁矿粉有关，校正后的年代也在距今4万～3万年之间[33]。

3. 石叶-细石叶技术

笔者曾经将中国的细石叶文化分为两个类型，其中一个为下川类型，其主要特征是细石核类型众多，包括锥状石核、半锥状石核、柱状石核、楔形石核、船形石核。端刮器和雕刻器是最具代表的两种工具，楔形析器有一定数量。但近几年的发掘显示，下川遗址最主要的特征是石叶和细石叶共同出现，虽然石叶的数量并不多，但技术特征十分典型，部分刮削器和雕刻器以石叶为毛坯。大量的数据显示，下川的石叶-细石叶遗存可以划分为两个阶段，其中早期年代为距今2.7万～2.5万年。

西施遗址位于河南省登封市大冶西施村，地处洧水上游，属于嵩山东麓的低山丘陵地带。石制品中石叶石核或石叶石核的断块占绝大部分。石叶石核多呈柱状或板状，以一个固定的台面连续向下剥离石叶，石核工作面上多可看到连续的石叶片疤；工具类型包括端刮器、边刮器、雕刻器、尖状器等，且以端刮器为主。工具多以石片、石叶或残片为毛坯，修理方式以正向加工为主。另外还有数件柱状细石核及一些细石叶的发现[34]。

在东北长白山一带，陈全家等发现了许多以黑曜石为原料的石叶-细石叶文化遗址，如延边和龙石人沟、和龙柳洞，吉林赉丹岱镇大坎子，延边珲春等，和小白桦圪梁地点一样，这些遗址中均出土了数量不等的锥形石核、半锥形石核、楔形石核和船形石核，石器类型中有圆头刮削器、雕刻器、边刮器、琢背小刀、钻器等。其中船形石核和楔形石核均以厚石片为毛坯，和小白桦圪梁地点技术工艺完全一致。不同的是小白桦圪梁地点船形石核数量较多，长白山地区锥形和楔形石核较多，石器中小白桦圪梁地点较多的楔形析器在长白山地区很少出现。小白桦圪梁地点细石叶数量明显多于石叶数量，而长白山地区石叶以及用石叶制作的工具更为普遍[35]。

吕梁山地区最近几年也有距今2.6万年的细石叶技术被发现，在陕西的龙王参遗址[36]以及与之隔河相望的山西吉县柿子滩遗址[37]，石制品中石叶数量较少，主要为细石叶遗存，和下川小白桦圪梁地点的文化性质最为相似，细石核中楔形石核、船形石核为主要类型，石器也以圆头刮削器、雕刻器、边刮器为主要类型。

泥河湾盆地的油坊遗址，是一个石叶和细石叶遗址共存的遗址，最新的年代数据为距今2.9万~2.6万年[38]。

与石叶-细石叶技术同时扩张的还有磨制骨器和艺术品。辽宁海城小孤山遗址年代为距今3万~2万年，石制品虽然主要由脉石英制作，标本中仍不乏形状比较规整的长石片，而且发现了双排倒钩鱼叉1件，标枪头1件，骨针3件，穿孔牙齿完整116个、残破9个，穿孔蚌壳1件。在加工这些工具时除了采用刮、磨等技术外，钻孔技术还采用了两边对钻和先挖后钻等工艺，和山顶洞同类器物相比，加工方法要先进一些[39]。

2011年有关单位在丹江口库区发掘时，在墓葬的填土中发现大量石叶-细石叶遗存，研究者认为其技术特征和西施遗址出土的石叶属于同类产品[40]。

4. 小型双面器和锛状器

以楔形石核为主要特征的虎头梁遗址年代为距今1.7万~1.6万年。发达的双面器是虎头梁遗址最主要的特征，并由此衍生出多种类型的楔形石核；形制规整的锛状器虽然数量不多，但技术特征明显，因此本文作者将小型双面器和锛状器作为虎头梁遗址最主要的特征[41]。东北地区黑龙江伊春市桃山遗址属旧石器晚期到新石器早期过渡阶段，其中第4文化层的年代为距今1.9万~1.7万年，最近几年也出土了两面加工的器物，原研究者定为两面器毛坯。应该和虎头梁文化有一定的关系[42]。

二、外来技术因素对中国北方本土旧石器文化的影响

距今5万年以来，中国北方地区发生过四次来自西伯利亚及蒙古地区的文化侵入，对中国固有的旧石器文化产生了影响。

1. 4.5万年前后勒瓦娄哇技术的影响

近年来在内蒙古赤峰的三游洞、甘肃环县楼房子发现一些具有莫斯特文化因素的石制品，其主要特征是陡刃刮削器和叠层状疤痕的莫斯特刮削器。但这些遗址中均不含勒瓦娄哇技术制品。因此基本可以确定，以勒瓦娄哇技术为代表的莫斯特文化在中国北方地区的影响十分有限，可能仅局限于中蒙边境和长城沿线的中西部地区，东北、华北以及西北大部分地区还没有确凿的证据。

2. 3.5万年前后的文化扩张

距今3.5万年前石叶、骨器、艺术品和赤铁矿在华北以及青藏高原出现。由于这两个遗址中的石叶、磨制骨器与艺术品都不是中国北方传统旧石器文化的文化因素，故原作者认为它代表着阿尔泰地区现代人向中国北方的扩张。

但是，与此同时，我们也看到与这两个大约同时的遗址中所表现出的传统因素和进步特征。峙峪遗址的石料有脉石英、硅质灰岩、各种颜色的石髓和黑色火成岩等，其原始形态主要是河滩砾石。在用锤击法打片时，贾兰坡等注意到"……首先打出一个平面，然后沿台面多次剥落石片。剥落的石片疤痕都较浅，其中窄而浅的疤痕与细石器文化中的石核上所见到的很相似，台面和劈裂面的夹角多在90°左右；石核不甚规则；打击泡阴痕扩散，打击点有时不清楚或看不见，可能是用骨锤和木槌打击的。从石核上遗留的石片疤来看石核被充分地利用过……这种多面石核在我国旧石器早期很不多见"。从石片来看，"有修理台面的疤痕……这类石片较长、较薄，台面角一般约90°"。"小长石片：打击点有的不清楚，台面非常小，打击泡小而圆凸，横断面呈梯形或三角形……这种小石片是用间接法打制的"[43]。

新庙庄遗址的石料中火成岩占多数，包括辉绿岩、凝灰岩等，锤击法是主要的打片方法，砸击法极少。锤击石核大小相差悬殊，一般长宽在60毫米左右，有单台面、双台面和多台面之分，其中漏斗状石核和盘状石核较为典型。锤击石片较规整，虽然宽型石片多于长型石片，但长型石片的台面较小，两侧近平行或向远端收缩，背面有一条纵脊，横断面呈三角形，从描述来看原作者描述的这种长型石片相当于石叶，根据笔者对出土标本的观察，这种石片有一定的数量，看来新庙庄人已学会了利用台面背脊控制石片的形状[44]。

神泉寺遗址的石料和许家窑遗址十分相似，以脉石英为主，玉髓为次，石英岩居第三位，硅质灰岩、火山角砾岩和水晶等用量很少。打片主要使用锤击法，砸击法偶尔使用。在锤击石核中有修理台面的标本[45]。

山西陵川塔水河遗址的文化性质仍然属于华北简单的石核-石片传统。但塔水河人已经初步了解如何利用石片背脊控制石片的形状，修理台面虽然存在但使用不多，从石片的背脊来看，塔水河人似乎已经懂得如何利用石核上的已经具有的棱脊作为石片的背脊来控制石片的形状，锤击法作为生产石片和修理石器的主要技术，偶尔使用砸击法，没有发现明显软锤技术和压制技术打片的例证[46]。

河南郑州老奶奶庙遗址出土的石片分析显示石器打制者有利用背脊连续生产石片的能力，并且对石片的形态有稳定的控制能力，多开发平坦开阔的主台面连续生产单向的两边近平行的石片，并且在剥片过程中有似更新维护剥片工作面的行为。这些现象共同显示出老奶奶庙遗址石器工业向系统性剥片发展的趋势[47]。

不难发现，和山顶洞与尼阿底遗址不同，上述遗址所表现出的进步性与真正的石叶技术存在一定的差异，虽然新庙庄遗址和塔水河遗址中符合石叶特征的长石片数量已经不少，但这些长石片也仅仅是利用石核上已存在的棱脊，由于技术有限，在同一个工作面上连续剥片的能力有限；虽然峙峪遗址和塔水河遗址、神泉寺遗址中已有调整台面迹象，但无论数量和质量都和真正石叶技术中连续、随时修理出符合要求的台面角不同。这种现象很难确定是中国传统旧石器文化发展到这个阶段后的必然结果，还是受到石叶技术的影响后传统的简单石核-石片技术发生了变化。

3. 2.6万年前后石叶-细石叶技术的扩张

不同于前两次技术扩张，2.6万年前后石叶-细石叶技术的扩张，完全改变了中国北方旧石器文化发展的进程。至少在华北地区，石叶-细石叶技术成为主体，此前的简单石核-石片文化基本退出华北地区。而且，石叶-细石叶的出现具有明显的同时性，不仅华北地区的下川遗址、龙王辿遗址、柿子滩遗址、西施遗址、油坊遗址，东北地区石叶-细石叶遗存也是在2.6万年前后出现，日本列岛最早的细石叶遗存发现于2.6万年的北海道[48]、朝鲜半岛在2.6万年前也不存在真正的石叶遗存[49, 50]。即使在阿尔泰地区石叶-细石叶技术同时出现在2.6万~2.3万年的阿奴依-2遗址中[51, 52]，蒙古地区的Selenge河流的Tolbor4和Tolbor15遗址中[53]，也是在2.6万年前细石叶技术开始流行起来。不仅如此，石叶技术曾经发现于长江流域，虽然这些石制品的原生地层和年代不好确定，但从技术特征来看，学界多认为其和2.6万年前石叶-细石叶的这次扩张有关。

当然，华北地区石叶-细石叶遗存和阿尔泰、蒙古、东北地区相比，确实存在一些自身的特点，比如石叶不发达，而细石叶极为发达，以至于以前我们仅仅关注其中的细石叶遗存而忽视了石叶技术的存在，但是无论石叶还是细石叶在技术内涵上并不存在质的差异，根据本文作者的调查，这主要源于当地缺乏大块的优质原料，不适宜于打制石叶，而适宜于制作细石叶。实际上，细石叶就是小型化了的石叶，距今2.6万年前后不同地区的遗址中，石叶多一些还是细石叶多一些，在不同遗址中并不存在一个固定的比例。

4. 以小型双面器和锛状器为代表的扩张

下川遗址流水腰地点石叶-细石叶文化层年代为距今1.7万~1.6万年，出土一件两面加工的石镞和一件半成品，可以得知，这种石镞是用厚石片加工而成，显然两面加工的双面技术应该与虎头梁文化的双面器有关。牛路地点还发现一件锛状器，与虎头梁同一类器物十分相似，器身一面保留砾石面[54]。山东地区以凤凰岭为代表的细石器地点群年代大约为距今1.6万~1.3万年，近年来也发现了数量不等的石镞[55]。

三、文化传播方式

1. 少量游团侵入与人群交流

根据前面的描述，我们可以看出每一次文化交流都存在一个"跳跃"式的突进过程，即个别游团侵入到本土文化的内部。其中比较明显的是距今3.5万年的这次扩张，无论是山顶洞遗址的骨器、艺术品还是尼阿底遗址的石叶，都原汁原味地保留了其母文化特征而又出现在简单石核石片文化的圈内。与此类似，以水洞沟遗址为代表的勒瓦娄哇技术的扩张也属于这种类型，勒瓦娄哇技术主要分布在以阿尔泰地区为中心的西伯利亚地区，中国的新疆地区也应当是其分布中心之一，虽然新疆的材料常常缺乏年代资料，但技术特征明显属于勒瓦娄哇技术传统的区域，水洞沟遗址和金斯泰遗址远离中心区域而突入到简单石核-石片文化区。距今2.6万年前石叶-细石叶技术的传播过程中，石叶-细石叶技术在华北地区广泛分布，但个别游团可能侵入到长江流域。至于泥河湾盆地以虎头梁为代表的细石器工业，其表现出的特异性，与周边下川型细石器明显不同，应该也属于这种情况。

这种"跳跃式"的文化侵入，很难用观念传播来解释，其背后一定是人群迁徙，因为观念传播应该由中心向周边逐次展开，很难跨越一个地区传播到另一个地区。

2. 观念传播与文化渗透

根据前面的论述还可以看出，同历史时期一样，中国北方地区旧石器时代晚期每一次人群迁入，都带来了新的技术。这些新的技术进入中国以后，对当时中国旧石器文化产生了不同程度的影响，概括起来可以划分为两种类型，一种为外来人群适应了当地资源后，创造出一种新的适应策略；另一种情况为当地居民接受了外来的观念后，引发一些技术调整和行为变化。

在距今3.5万年石叶、磨制骨器、艺术品和赤铁矿粉的扩张中，山顶洞遗址和尼阿底遗址均原汁原味地保留了入侵者文化的特征，但从中国北方旧石器整体情况来看，虽然这一时期石器生产技术出现了明显的进步特征，但并没有改变其属于简单石核-石片技术范畴的特点，甚至在山顶洞遗址中也还权宜性地使用这种石器技术。而同一时期，物化着原始宗教观念的赤铁矿粉从中国西北地区的水洞沟到山顶洞和王府井均有使用，在下川遗址富益河圪梁地点甚至出现了专门生产赤铁矿粉的现象，表明中国北方可能存在赤铁矿粉的交易网络。原始宗教观念的流行和石器生产技术的滞后，似乎说明观念的传播要比石器技术的传播容易得多，复杂的石器技术可能不仅需要通过人与人之间的直接学习获得一定技能，也需要寻找到适合的原料资源才能流行起来。

相比之下，距今2.6万年前后石叶-细石叶技术在中国北方的出现，虽然在原来的石叶技术的基础上出现了一些变异，比如船形石核技术的大量出现以及细石叶技术占有主导地位，但这可能只是由于中国北方地区缺乏大块的优质原料而引起的技术变异，事实上，在东北地区以长白山区黑曜岩分布范围内的石叶-细石叶技术中石叶比例明显占有优势，船形石核数量也很少见到。换句话说，它们在本质上属于同一技术传统。因此距今2.6万年的这次技术扩张，意味着不仅可能有异域人口涌入到黄河流域，而且他们还结合本地石料的特点，调整石器生产技术，出现了以船形石核、锥形石核、半锥形石核为特征的下川型细石叶技术。

四、结 语

旧石器中期以来，中国北方存在四次来自西伯利亚和蒙古地区西方文化因素的渗透和人群流动，即距今4.5万年前后以勒瓦娄哇技术为代表的莫斯特文化，距今3.5万年前后的石叶、磨制骨器、艺术品和赤铁矿石技术，距今2.6万年的石叶-细石叶技术和距今1.7万~1.5万年的小型双面器和锛状器技术。这四次文化入侵从西北向东南逐渐扩展，最远抵达长江流域。每次交流的过程都是先有个别游团突入，继以大规模的文化渗透或人群迁徙。如第一次突入到中蒙边界和长城地带，第二次突入到青藏高原和北京周口店，第三次突入到长江流域，第四次突入到泥河湾盆地；每一次突入后都对本土旧石器文化产生一定影响，但方式又有所不同，第一次影响范围和深度很小，第二次从赤铁矿的分布来看，原始宗教观念在中国北方黄河以北地区具有明显的表现，但石器制作技术并未发生实质性改变，说明并没有大规模的人群移动；第三次是影响最大的一次，外来人群可能大规模侵入到黄河流域，彻底改变了中国北方旧石器文化格局。第四次在侵入到泥河湾盆地后，其发达的小型双面器技术可能影响了同一时期各遗址中石镞的出现并把中国北方狩猎-采集技术推向巅峰。

注 释

[1] Rightmire, G. P., M. S. Ponce de Leon, D. Lordkipanidze, A. Margvelashvili, C. P. E. Zollikofer. Skull 5 from Dmanisi: Descriptive anatomy, comparative studies, and evolutionary significance [J]. *Journal of Human Evolution*, 2017, 104: 50-79.

[2] Zhu, R. X., R. Potts, Xie F., K. A. Hoffman, Deng C. L., Shi C. D., Pan Y. X., Wang H. Q., Shi R. P., Wang Y. C., Shi G. H., Wu N. Q. New evidence on the earliest human presence at high northern latitudes in northeast Asia [J]. *Nature*, 2004, 431: 559-562.

[3] Bar-Yosef, O., A. Belfer-Cohen. Following Pleistocene road signs of human dispersals across Eurasia [J]. *Quaternary International*, 2013, 285: 30-43.

[4] Dennell, R. W., H. M. Rendell, E. Hailwood. Early tool-making in Asia: two million-year-old artefacts in Pakistan [J]. *Antiquity*, 1988, 62: 98-106.

［ 5 ］ Shchelinsky, V. E., M. Gurova, A. S. Tesakov, V. V. Titov, P. D. Frolov, A. N. Simakova. The Early Pleistocene site of Kermek in western Ciscaucasia (southern Russia): Stratigraphy, biotic record and lithic industry (preliminary results)［ J ］. *Quaternary International*, 2016, 393: 51-69.

［ 6 ］ Derevianko, A. P., M. V. Shunkov. Early Paleolithic of Altai［ C ］. Early Paleolithic of Eurasia: New Discoveries. International Conference, Krasnodar-Temriuk. Rostov-on-Don: SSC RAS Publishes, 2008: 127-129.

［ 7 ］ Hou, Y. M, R. Potts, B. Y. Yuan, et al. Mid-Pleistocene Acheulean-like stone technology of the Bose Basin, South China［ J ］. *Science*, 2000, 287: 1622-1626.

［ 8 ］ Wang, W., C. J. Bae, Huang S. M., et al. Middle Pleistocene bifaces from Fengshudao (Bose Basin, Guangxi, China)［ J ］. *Journal of Human Evolution*, 2014, 69: 110-122.

［ 9 ］ Li, H., Li C. R., K. Kuman, et al. The Middle Pleistocene Acheulean site of Shuangshu in the Danjiangkou Reservoir Region, central China［ J ］. *Journal of Archaeological Science*, 2014, 52: 391-409.

［10］ 王社江，沈辰，胡松梅等. 洛南盆地1995—1999年野外地点发现的石制品［ J ］. 人类学学报，2005，24（2）：87-103.

［11］ 王社江. 洛南盆地的薄刃斧［ J ］. 人类学学报，2006，25（4）：332-342.

［12］ 王社江. 洛南盆地的大型石刀［ J ］. 人类学学报，2007，26（1）：26-33.

［13］ Yang, S. X., Huang W. W, Hou Y. M., et al. Is the Dingcun lithic assembly a "chopper-chopping tool industry", or "Late Acheulean"?［ J ］. *Quaternary International*, 2014, 321: 3-10.

［14］ Yang, S. X., Zhang Y. X., Zhu T. Q., et al. Provenancing hornfels in the Dingcun industry: the exploitation of the vicinity source［ J ］. *Quaternary International*, 2017, 434: 138-147.

［15］ Li, H., K. Kuman, Li C. R. Re-examination of the morphological variability of East Asian handaxes from a comparative perspective［ J ］. *World Archaeology*, 2014, 46: 705-733.

［16］ Melinda, A. Y., Gao X., T. Christoph, T. Haowen, Ayinuer Aximu-Petri, N. Birgit, S. Montgomery, M. Matthias, P. Svante, K. Janet, F. Qiaomei. 40,000-Year-Old Individual from Asia Provides Insight into Early Population Structure in Eurasia［ J ］. *Current Biology*, 2017, 27: 3202-3208.

［17］ Klein, R. G. *The Human Career* (third ed.)［ M ］. Chicago: Chicago University Press, 2009.

［18］ Bar-Yosef, O., B. Vandermeersch, B. Arensburg, A. Belfer-Cohen, P. Goldberg, H. Laville, L. Meignen, Y. Rak, J. D. Speth, E. Tchernov, A. M. Tillier, S. Weiner. The excavations in Kebara Cave, Mount Carmel［ J ］. *Current Anthropology*, 1992, 33: 497-550.

［19］ Shea, J. J. Transitions or turnovers? Climatically-forced extinctions of Homosapiens and Neandertals in the Mediterranean Levant［ J ］. *Quaternary Science Reviews*, 2008, 27: 2253-2270.

［20］ Derevianko, A. P., S. V. Markin. The Mousterian of the Altai in the context of the middle Paleolithic culture of Eurasia［ C ］. *The Definition and Interpretation of Levallois Technology*. Madison: Prehistory Press, 1995: 473-484.

［21］ Pei, W. C. A preliminary study on a new Paleolithic station known as Locality 15 at Choukoutien ［J］. *Bull Geol Soc China*, 1939, 19 (2): 147-187.

［22］ 高星. 周口店第15地点剥片技术研究［J］. 人类学学报，2000，19（3）：199-215.

［23］ Tung. C., Chen Z. Y. Observation on the lower Paleolithic industries of the Tashuihe rockshelter site, Shanxi province, north China ［L］. *The East Asia Tertiary/Quaternary Newsletter*, 1990 (11): 75-87.

［24］ Li, F., S. L. Kuhn, Chen F. Y., et al. The easternmost middle Paleolithic (Mousterian) from Jinsitai Cave, north China ［J］. *Journal of Human Evolution*, 2018, 114: 76-84.

［25］ 杜水生，陈哲英. 山西陵川塔水河遗址石制品再研究［J］. 考古与文物，2007（4）：85-93.

［26］ 宁夏考古研究所. 水洞沟——1980年发掘报告［R］. 北京：科学出版社，2003.

［27］ 于建军，何嘉宁. 新疆吉木乃通天洞遗址发掘获重要收获［N］. 中国文物报，2017-12-1（8）.

［28］ Derevianko, A. P., Gao X, J. W. Olsen, et al. The Paleolithic of Dzungaria (Xinjiang, northwest China) based on materials from the Luotuoshi site ［J］. *Archaeology, Ethnology and Anthropology of Eurasia*, 2012, 40 (4): 2-18.

［29］ 高星，裴树文，彭菲，张铁男，冯兴无，陈福友，张乐，张晓凌，阿普都热苏勒·伊第利斯. 2004年新疆旧石器考古调查简报［J］. 人类学学报，2004（1）：1-11.

［30］ Zhang, X. L., B. B. Ha, Wang S. J., Chen Z. J., Ge J. Y., Long H., He W., Da W., Nian X. M., Yi M. J., Zhou X. Y., Zhang P. Q., Jin Y. S., O. Bar-Yosef, J. W. Olsen, Gao X. The earliest human occupation of the high-altitude Tibetan Plateau 40 thousand to 30 thousand years ago ［J］. *Science*, 2019, 362: 1049-1051.

［31］ Li, F., C. J. Bae, C. B. Ramsey, Chen F. Y., Gao X. Re-dating Zhoukoudian Upper Cave, northern China and its regional ［J］. *Journal of Human Evolution*, 2018, xxx: 1-8.

［32］ 高星，王惠民，裴树文，陈福友. 水洞沟：2003—2007年度考古发掘与研究报告［R］. 北京：科学出版社，2013.

［33］ 杜水生，王益人. 山西下川遗址发掘获重要进展［N］. 中国文物报，2015-2-11.

［34］ 王幼平，汪松枝. MIS3阶段嵩山东麓旧石器发现与问题［J］. 人类学学报，2014，33（3）：304-314.

［35］ 李有骞. 东北地区末次冰期以来旧石器遗存的分期、类型及相关问题［J］. 中原文物，2009（3）：25-35.

［36］ Zhang, J. F., Wang X. Q., Qiu W. L., G. Shelach, Hu G., Fu X., Zhuang M. G., Zhou L. P. The Paleolithic site of Longwangchan in the middle Yellow River, China: chronology, paleoenvironment and implications ［J］. *Journal of Archaeological Science*, 2011, 38: 1537-1550.

［37］ 柿子滩考古队. 山西吉县柿子滩旧石器时代遗址S14地点2002—2005年发掘简报［J］. 考古，2013（2）：3-17.

［38］ Nian, X. M., Gao X., Xie F., Mei H. J., Zhou L. P. Chronology of the Youfang site and its implications for the emergence of microblade technology in North China［J］. *Quaternary International*, 2014, 347: 113-121.

［39］ 傅仁义，黄慰文. 小孤山——辽宁海城史前洞穴遗址综合研究［M］. 北京：科学出版社，2009.

［40］ 刘吉颖，汪俊，黄永梁，陈虹，宋国定. 丹江口库区燧石遗存调查简报［J］. 江汉考古，2011（2）：3-16.

［41］ 盖培，卫奇. 虎头梁旧石器时代晚期遗址的发现［J］. 古脊椎动物与古人类，1977，15（4）：287-300.

［42］ 岳健平，侯亚梅，杨石霞，常阳，张伟，李有骞，郝怀东，王雪东，仇立民. 黑龙江省桃山遗址2014年度发掘报告［J］. 人类学学报，2017，36（2）：180-192.

［43］ 贾兰坡，盖培，尤玉柱. 山西峙峪旧石器时代遗址发掘报告［J］. 考古学报，1972（1）：39-58.

［44］ 谢飞. 泥河湾盆地旧石器研究新进展［J］. 人类学学报，1991（4）：324-332.

［45］ 杜水生，陈哲英. 山西阳高神泉寺遗址石制品的初步研究［J］. 人类学学报，2002（1）：50-58.

［46］ 杜水生，陈哲英. 山西陵川塔水河遗址石制品再研究［J］. 考古与文物，2007（4）：82-93.

［47］ 陈宥成，曲彤丽，张松林，顾万发，汪松枝，王幼平. 郑州老奶奶庙遗址石核类型学初步研究［J］. 人类学学报，2018，38（2）：200-210.

［48］ Akira Ono, Hiroyuki Sato, Takashi Tsutsumi, Yuichiro Kudo. Radiocarbon dates and archaeology of the late Pleistocene in the Japanese islands［J］. *Radiocarbon*, 2002, 44 (2): 477-494.

［49］ Lee, H. W. Current observation of early late Paleolithic in Korea［J］. *Quatenary international*, 2013, 316: 45-58.

［50］ Kidong, B. Origin and patterns of the Upper Paleolithic industries in the Korean Peninsula and movement of modern humans in East Asia［J］. *Quaternary International*, 2010, 211: 103-112.

［51］ 阿·潘·杰列维扬科著，王春雪，赵海龙，李有骞译，陈全家，方启，张靖靖校. 东亚地区石叶工业的形成［C］. 边疆考古研究（第6辑）. 北京：科学出版社，2007：1-38.

［52］ Sergei, A. G., J. W. Olsen, A. V. Tabarev, A. J. T. Jull. The upper Paleolithic of Mongolia: recent finds and new perspectives［J］. *Quaternary International*, 2012, 28: 36-46.

［53］ Gladyshev, S. A., J. W. Olsen, A. V. Tabarev, Y. V. Kuzmin. Chronology and periodization of upper Paleolithic sites in Mongolia［J］. *Archaeology Ethnology & Anthropology of Eurasia*, 2010, 38 (3): 33-40.

［54］ 杜水生. 连续与断裂：重新认识下川遗址在中国旧石器文化研究上的意义［J］. 第四纪研究，2021，41（1）：153-163.

［55］ 孙倩倩. "山东临沂凤凰岭文化国际学术研讨会暨凤凰岭细石器考古成果新闻发布会"会议纪要［Z］. 微信公众号"山东考古"，2018-11-30.

Cultural Communication and Population Migration in North China During the Paleolithic Age

DU Shui-sheng

The spatial and temporal distribution of levallois technology, blade technology, blade and micro-blade technology, small biface and adz technology, bone tools and artworks in north China are discussed in this paper.

There have been four waves of western cultural permeation and population migration from Siberia and Mongolia since the middle Paleolithic age. The first was Mousterian culture (represented by levallois technology) at ca. 450,000 B.P.; the second was accompanied by blades, formal bone tools, artworks and hematite technology in ca. 350,000 B.P.; the third was blade and micro-blade technology in c.a. 260,000 B.P.; and the fourth was small biface and adz technology from ca. 170,000 to 150,000 B.P.

These cultural diffusions invaded from northwest to southwest, furthest to the reaches of Yangtze River. The communication was started by some small advanced groups and then by massive population migration. In the beginning, the influx of immigrants arrived at the Sino-Mongolian boundary and the Great Wall zone; and next to the Qinghai-Tibetan Plateau and Beijing Zhoukoudian; after that to the Yangtze River Valley; finally, to the Nihewan Basin.

Each wave of the disseminations exerted different influences on the aboriginal Paleolithic cultures. The influences of the first wave was small; so was the second, with which the technology of the artefacts were not substantially changed, and the primitive religious concepts still played a notable role in north China, as represented by the use hematite. The biggest incursion of the large-scale population migration, happened during the third wave, which might have reached the Yellow River range and led to the altering of the entire pattern of the Paleolithic cultures of North China. The fourth wave might have led to the appearance of the arrowheads in the sites around Nihewan site, and have pushed the hunter-gathers strategies to the peak in this area.

山西吉县柿子滩细石器遗址发掘与研究进展[*]

朱之勇　唐　睿　王潇玉　王　赫

（西北大学文化遗产学院，西安，710069）

柿子滩遗址位于山西省吉县西南30千米的黄河支流清水河畔，西距黄河2千米，最初发现、发掘于1980年。2000年，山西省考古研究所、山西大学考古系和吉县文物管理所组成的柿子滩考古队，重新对清水河下游进行了大规模考察，核查和新发现旧石器地点25处。自2000至2010年连续对S9地点、S14地点、S24地点、S5地点、S29地点和S12地点等进行了发掘（图一）。发掘、研究表明，这是我国北方一处地层清楚、文化遗存埋藏丰富、分布范围广的细石器原地埋藏遗址群，其中S29地点是目前华北地区为数不多的经过系统发掘、遗物搜集严谨、文化演变序列明确、测年数据丰富的细石器遗址，是一处难得的可以作为华北地区细石器遗存研究参考标准的遗址。对柿子滩遗址长期不断地发掘与研究，将对探讨我国细石器文化发生、发展，早期现代人流动及农业起源等学术课题产生至关重要的意义。截至目前，除S24地点外，其余各地点均发表了发掘简报，公布了基本的材料信息，有学者还对相关问题进行了专门性研究。柿

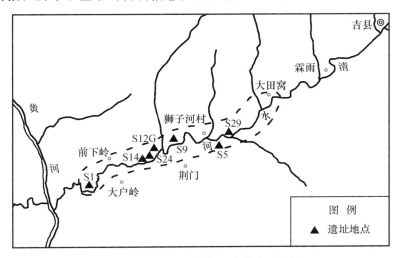

图一　柿子滩遗址发掘地点分布示意图

* 本文系国家社科基金西部项目（项目编号：2015XKG001）成果。

子滩遗址发掘、研究已有近40年的历史，本文即是对这段时期内该遗址发掘、研究状况的一次梳理。

一、发　　掘

1. S1地点

S1地点位于吉县城关西南30千米的清水河畔，前下岭村西南2千米，西距黄河2千米。该地点发现于1980年3月，试掘于4～8月，试掘面积100平方米，是柿子滩遗址最早发现、发掘的一处地点。S1地点的地层自上而下为：第1层，耕土层；第2层，黑垆土层；第3层，灰黄色土层；第4层，灰褐色粉砂土层；第5层，底砾层。根据石器风格的不同，研究者将出自底砾层的文化遗存称为下层文化，将出自底砾层之上的第2～5层中的文化遗存称为上层文化。绝大多数文化遗物发现于底砾层之上的第2～4层之中，包括石制品、动物骨骼及2件蚌器，仅12件粗壮石器和1块槽形砾石出自底砾层中。此次发掘共获得石制品1807件，包括石核（17件）、石片（566件）、细石核（208件）、细石叶（545件）、工具（471件）。石核剥片效率比较高，有些可能是细石核的预制阶段。石片中长大于宽者占大多数，有些似可归入石叶类中。细石核不仅数量多，且类型丰富，包括楔形、船底形、锥形、漏斗形等类型，从细石核自身的规范程度及细石叶的剥落状况来看，细石叶工艺水平已达到比较高的程度。受时代所限，此次发掘没有收集断块及碎屑。工具类型丰富，包括石锤、砍砸器、刮削器、端刮器、尖状器、雕刻器、石镞、石锯、石钻、琢背刀、磨石、磨盘等。小型工具占绝大多数，刃部基本采用压制法精细修理，形制也比较规范。在这些小型工具中又以刮削器、端刮器占绝对比例，特别是端刮器数量最多，形制也最为规范，所划分的4种类型均各有其稳定的特征，特别是圆形圆刃端刮器数量最多，达125件，且加工精致、形制规整、器形稳定。尖状器、石镞等工具器形规整，对称性强，其中有多件采用单面器和两面器为毛坯者，从报告线图来看，似乎以单面器者居多。石锯、琢背刀等也都富有特色，某种程度上讲，这些器物都可作为富有时代、地域特色的典型器物来看待[1]。1980年柿子滩遗址S1地点的发掘获得了一批重要的文化遗物及动物化石，为后续的发掘、研究奠定了基础。通过对文化层中动物骨骼样品的^{14}C年代测定，S1地点的绝对年代在距今14720～10490年[2]。

2. S14地点

S14地点位于山西省吉县东城乡西角头村南1千米，黄河的支流清水河北岸，东经110°32′40″、北纬36°2′11″，海拔655米，东北距吉县县城约25千米。2000年，山西省考古研究所、山西大学考古专业和吉县文物管理所组成的柿子滩考古队在此处进行了试掘。试掘采用阶梯式探沟发掘方法，发掘面积32平方米，清理出面积约2.5平方米的用火遗迹。文化遗存均出自该遗迹内，包括石制品和"骨制品"两大类。因是一次小规模的试掘，发现的石制品类型非常简单，亦缺乏多样化的工具组合和具有时代、地域风格的典型石器。"骨制品"保存状况不好，多数标本小而易碎。标本中没有工具、没有牙齿、没有关节端材料，甚至连一件残存的局部管状肢骨都没有，但1/3左右的标本上有烧烤过的痕迹[3]。为进一步探明遗址和用火遗迹的规模及古人类的生存方式，柿子滩考古队分别于2002、2003、2005年继续对S14地点进行了三次正式发掘。发掘一直清理到基岩，总计发掘深度约10米，发掘面积为25平方米，清理出古人类用火遗迹17处。S14地点经过四次发掘，总计出土文化遗物4421件，其中石制品有1643件，占所有出土遗物的37.16%；动物化石2776件，占所有出土遗物的62.79%；另外还有残蚌片2件。石制品石料以燧石、石英岩和脉石英为主，还有少量蛋白石、玛瑙和砂岩。石器打片技术以锤击法为主，偶用砸击法，第二步加工主要使用压剥技术。石制品类型包括石核（3件）、石片（433件）、细石核（27件）、细石叶（110件）、断块（片）（213件）、碎屑（805件）和工具（52件）。细石核形制不甚规范，所表现出的细石叶工艺水平较为初级。工具类型组合有刮削器（29件）、尖状器（7件）、端刮器（8件）、琢背刀（3件）、磨盘（4件）和残石器（1件）等，以刮削器为主，刃缘修理较为精致，但整体形状均不稳定。出土的动物化石多破碎且风化严重，可鉴定种属的有：偶蹄类牛科羊属、偶蹄类鹿科、偶蹄类牛科、奇蹄类马科及啮齿类等。根据北京大学对3个文化层中出土烧骨样品的^{14}C测试结果，并经树轮校正，S14地点第2文化层的年代为距今18611～17901年；第3文化层的年代为距今21150～19550年；第4文化层的年代为距今23021～22353年。3个连续沉积的文化层的年代数据表明，S14地点古人类的活动期间当在距今23000～18000年[4]。

3. S9地点

S9地点位于吉县柏山寺乡高楼河村南约150米，清水河下游右岸的二级阶地上。地理坐标东经110°32′40″，北纬36°2′11″，海拔688米±5米。该地点于2000年调查时发现，经过2001、2002、2005年三次连续发掘，发掘厚度4.55米，发掘面积随地形变化逐渐扩大，由最初的13平方米扩展到25平方米。地层自上而下可分为8层：第1层，灰褐色黑垆土层；第2层，黄褐色砂质黏土层；第3层，灰褐色黑垆土层；第4层，黄褐色砂质黏土层（含粗砂岩块）；第5层，黄褐色砂质黏土层（含球状黏土块）；第6层，粉砂层；第7层，砂砾层；第8层，砾石层。发掘过程中发现用火遗迹1处。文化遗物主要出土于第1、3～5层中，包含筛选品在内共7285件，包括石制品2046、动物骨骼5210、蚌制品17、鸵鸟蛋壳11、骨制品1件（骨管装饰品，断面有磨圆痕迹）。石制品原料以燧石为主，石英岩为辅，多数石制品表面残留着砾石面。打片技术以锤击法为主，偶用砸击法。细石核包括锥状、柱状、楔形等类型，剥片效率较高，有的核身上遗有11条细石叶疤痕。细石叶中有长达2.5厘米者，有的经过显微镜观察有明显的使用痕迹。工具以小型石片类工具为主，类型主要包括刮削器、端刮器、尖状器和砍砸器，而刮削器和端刮器占所有石器总数的88.9%。工具的加工和修理主要为压剥法，且以正向加工为主。S9地点的文化遗物虽出自不同层位，但在文化面貌方面还难以区别开来。各层之间，除石制品的组合之间有所差别外，在石器技术与整体文化面貌方面未见显著的不同，因此可视为同一人群的遗留[5]。

动物骨骼普遍破碎，其中烧骨有3733件，占骨骼总量的72%。根据个别的牙齿和关节大致判断属哺乳类的啮齿目（中华鼢鼠）、兔形目、食肉目和偶蹄目（羚羊属），属鸟类的有鸵鸟等。有68件骨骼上有划痕，性质有待于进一步的分析研究。还发现1件鸟类肢骨的骨管装饰品，断面有磨圆痕迹。17件蚌制品中，有3件穿孔的饰品。11件鸵鸟蛋壳，均见于筛选遗物中，且只见于第4层，除1件经火烧破碎外，其余厚度均为0.21厘米，最大宽不超过0.6厘米[6]。

根据文化遗存的种类及分布状况来看，S9地点是一处原地埋藏遗址，其绝对年代在距今13800～8500年[7]。

4. S12G地点

S12G地点位于山西吉县高楼河沟与清水河交汇处，清水河右岸的二级阶地最上部，地理坐标东经110°33.101′，北纬36°2.472′，海拔688米。该地点属于S12地点群中海拔高度最高的一处[8]，于2005年5～8月发掘，发掘面积6平方米，发掘深度1.9米。地层堆积从上而下依次为：第1层，坡积土层；第2层，灰褐色砂质黏土层（黑垆土层）；第3层，粉砂、砂质黏土与砂砾层交互沉积层；第4层，灰褐色砂质黏土层；第5层，灰褐色黏土层；第6层，砾石层；第7层，基岩。出土文化遗物1772件，类型包括石制品（1130件）、动物化石（640件）、蚌壳片（1件）和鸵鸟蛋壳装饰品（1件）。石制品原料主要为燧石，石英岩次之，还有个别石英和玛瑙。石料种类丰富，颜色各异，表面多残留着砾石面。打片技术主要为锤击法，砸击石片只有零星发现。细石核共8件，均为楔形石核，细石叶剥落技术较为成熟，处于制作、剥片和废弃的不同阶段。工具以小型石片石器为主，类型包括刮削器、端刮器和尖状器等。工具的加工和修整主要使用压剥法，且以正向加工为主，偶见反向和错向加工者，加工程度浅，片疤短，有的呈断续分布。动物化石中有近1/3者有明显的火烧痕迹，呈现灰白色或灰黑色。化石破碎，绝大多数呈细小骨片，可鉴定的只有11件臼齿，均属于牛科羊属。1件蚌壳碎片，种属不可鉴定。1件鸵鸟蛋壳制品，呈圆形，中心穿孔，表面光滑圆钝，钻孔和器身修整的痕迹不甚清楚，判断是1件装饰品。S12G地点埋藏于上覆土状堆积中，其黑垆土层与S9地点堆积相同，同属于柿子滩遗址较晚阶段的堆积。S9地点的测年数据为距今13800～8500年，推测S12G地点的年代也应该在这个范围内[9]。

5. S5地点

S5地点位于山西省吉县东城乡狮子河村东约300米的清水河左岸，地理坐标东经110°35′17″，北纬36°2′50″，海拔719米。S5地点于2010年4～5月进行了正式发掘，发掘面积约800平方米，发掘深度4米。地层堆积自上而下可分为5层，依次为：第1层，现代更土层；第2层，河流相沉积，呈灰黄色粉砂土和细砂层交互堆积；第3层，河流相沉积，呈灰黄色粉砂土和砂砾层交互堆积；第4层，砾石层；第5层，基岩。发掘者将包含文化遗物的地层分为4个文化层，第1文化层埋藏于第2层，其余文化层均埋藏于第3层。此次发掘共清理出人类用火遗迹3处，出土石制品和化石等遗物1813件，其中包括人类牙齿化石1枚。3处用火遗迹分别埋藏于第2文化层和第3文化层中，结构简单，出露时平面均大致呈圆形，直径0.5～0.8米，但不见清晰的边缘轮廓。烧土呈黑褐色，集中分布，剖面中心厚、边缘薄，底部均不见红烧土。烧土内含有较丰富的木炭屑和直径约1厘米的木炭块。用火遗迹的周边均分布着较为丰富的文化遗物。石制品共1606件，石料以燧石为主，占所有石制品的83.13%，其余为石英岩和石英。类型以石片、断片（块）和碎屑为主，占石制品总量的94.83%，其余类型包括石核、细石核、细石叶和工具等。打片技术以锤击法为主，偶用砸击法。细石核均以燧石为原料，包括漏斗形（1件）和船形（9件）两种类型。漏斗形细石核发现于第1文化层中，台面与底面均为节理面，台面不见修理痕迹；船形细石核则发现于第2～4文化层中，这些船形细石核均以较厚的石片为毛坯、破裂面为台面、石片远端为剥片面进行细石叶剥制。从细石核特征来看，S5地点的细石叶剥离技术较为原始。工具类型简单，仅砍砸器、刮削器、端刮器和雕刻器4种。工具多以石片为毛坯，单面正向或两面加工而成，加工技术娴熟，压剥技术为主要加工手段。S5地点是目前柿子滩遗址群中唯一一处出土人类化石的地点。这枚人类门齿是柿子滩遗址首次发现的人类化石，也是目前中国距今2万年左右的露天遗址中少见的人类化石，它的特征表明"柿子滩人"处于晚期智人进化的较晚阶段。

从遗迹、遗物特征来看，S5地点属于一处原地埋藏的临时性营地。通过对文化层中出土化石和木炭的[14]C测定，第一文化层的年代为距今10430～10288年，其年代大致介于S9地点的第3～4文化层之间；而第2～4文化层的年代为距今约2万年，与柿子滩遗址S14地点和S12地点的年代相当[10]。

6. S29地点

S29地点位于山西省吉县柏山寺乡狮子河村东约500米清水河右岸，与S5地点隔河相望，地理坐标为东经110°35′22″，北纬36°2′54″，海拔723米。S29地点的田野发掘工作于2009年3月一直持续到2010年10月，发掘区域总面积约1200平方米，清理剖面深度15米。地层堆积自上而下可分为4层，依次为：第1层，现代耕土层；第2层，河流相沉积，主体呈灰黄色粉砂土和细砂层交互堆积；第3层，黄土堆积层；第4层，砂砾石层。

发掘者将包含文化遗物的地层分为8个文化层，其中第1～6文化层为河相沉积，各文化层厚0.3～1.8米；第7～8文化层为黄土沉积，厚均为2米。此次发掘共清理出旷野类型用火遗迹285处，出土文化遗物8万多件。用火遗迹集中分布于第1～7文化层中，每层分布3～94处，分布状况因层而异，在有些文化层内，分布无规律；在有些文化层中则表现出相似的埋藏和保存状况。用火遗迹多为一次性使用形成，遗迹面的面积一般不超过1平方米，但也有4平方米左右的用火遗迹。研究者将这些用火遗迹分为四类：①平地用火遗迹，共265处（占总量的92.98%），是柿子滩遗址中最常见的遗迹类型。②也为平地用火遗迹，但遗迹的单边或周边简单地围以砂岩石块，共13处（占总量的4.56%）。③圆坑状用火遗迹，共5处（占总量的1.76%）。④底面铺石的用火遗迹，共2处（占总量的0.7%）。

S29地点共出土遗物80527件，其中石制品74735、动物骨骼化石5749、蚌制品23、鸵鸟蛋壳质穿孔装饰品20件。石制品原料以燧石为主，石英岩、石英和砂岩次之；打片技术主要为锤击法，砸击法也占一定比例。工具加工以压剥法为主，工具刃缘的加工以单向或单面加工为主，工具类型以刮削器和端刮器为大宗，两面加工的尖状器从第3文化层开始出现，数量不多，但较为典型。除此之外，还有雕刻器、石钻、琢背刀、磨石、磨盘等类型，但都比较少。原研究者认为S29地点的石器工业经历了两大发展阶段：第一阶段为石核-石片工业，属于该工业类型的仅第8文化层。第二阶段为细石核-细石叶工业，第1～7文化层均属于该工业类型，时代从距今2.6万～1.3万年，细石核由早到晚有由半锥状细石核向船形细石核发展的迹象。在第7文化层的下部出土了一定数量的石叶，在上部出土大量的细石叶（这应该是目前东亚地区出土最早的，有可靠测年的细石叶，绝对年代为距今2.6万～2.4万年），细石叶采用压制法生成，细石核在预制之前很有可能经过热处理（heat treatment）。从生成机制和原料利用来看，细石叶技术与第8层的石核-石片技术没有传承关系，相较于以往，它是一种外来的技术，与石叶技术之间应具有一定的继承关系[11]。S29地点出土了大量的哺乳动物骨骼，经计数的仅是每个用火遗迹表层出露时按坐标提取的5749件。还有相当数量的骨骼因呈细小的碎屑状，而没有计数。可鉴定的动物骨骼761件，分属于七种食草类动物：普通马、蒙古野驴、原始牛、普氏原羚、麝牛、河套大角鹿和一种中型鹿类。动物组合显示柿子滩遗址当时处于山地和平原交错、草原与森林共存的生态环境中，属北温带半湿润-半干旱的大陆性季风气候。蚌制品共23件，包括饰材和饰品两类。饰材为不同种属的没有任何人工加工痕迹的蚌壳残片，共22件；剩下的则是1件穿孔的蚌饰品。鸵鸟蛋壳制品共20件，均为中心穿孔的成品饰品。

S29地点文化层深厚，所含遗迹、遗物丰富，尤其是集中分布的285处用火遗迹，均为一次性使用形成，表明该地点属于一处原地埋藏的临时性营地遗址。S29地点共测得41个^{14}C数据，测年样品分别来自每一个文化层的木炭或骨头。测年结果显示其文化堆积大致距今2.9万～1.3万年[12]。

二、研　究

柿子滩遗址各地点目前均未发表详细的发掘报告，所能看到的资料均是以简报的形式所呈现，全面、系统、综合性的研究成果还没有披露，但从目前发表的成果来看，研究者已进行了一系列的专题性研究，具体情况如下。

1. 微痕与残留物研究

研究者对S9地点出土的2件石磨盘和2件石磨棒进行了研究，通过残留淀粉粒的提取和鉴定，结合使用实验和微痕分析，推测S9地点的石磨盘具备多种使用功能，它除主要用于野生谷类、块茎和坚果的加工外，还兼用于颜料的研磨和饰品的制作，由此可看出柿子滩遗址中的石磨盘和石磨棒已经表现出工具功能的复杂性[7, 13]。而且该地点中还浮选出了野生谷类的种子，这在某种程度上也证明了上述研究结论的客观性[14]。通过对S14地点中3件石磨盘的微痕与残留物研究，亦得出类似的研究结果[15]。同样的研究方法被应用于来自S29地点和S5地点的42件石制品中（其中S29地点40件，S5地点2件），这些石制品除磨盘、磨棒外，还包括细石叶及普通石片。结合年代数据与环境资料，研究者恢复了柿子滩遗址距今2.8万～1万年，不同阶段古人类对植物利用的状况[16]。

2. 石料产源地研究

2000～2015年，研究者对遗址所处的黄河及其支流清水河流域做了多次大规模的石料调查工作，调查范围最早为清水河中下游两岸二级阶地以上部分的出露基岩，后来向东扩展到清水河上游区段，向西扩展到了黄河两岸、大致以清水河入口为中心的南北30千米范围内。调查结果显示，柿子滩遗址的石英岩石料采集于当年的黄河河漫滩，而这些石英岩砾石的地质来源为清水河入黄河口处上游的上三叠统须家河组顶部、下侏罗统珍珠冲组和中下侏罗统自流井组底部地层。对现代黄河河漫滩砾石的地质采样分析认为，燧石石料的稀缺使得石英岩成为石制品制作中必要的石料补充[17]。

3. 工艺复原研究

研究者对S9、S12A及S29等地点中的8件穿孔蚌饰品的制作工艺进行了研究。研究表明，这些蚌饰品的穿孔有"钻孔"和"磨孔"两种方式。钻孔有将蚌片经周边打琢，然后中间钻双孔的；也有先将蚌片周边磨光做成长椭圆形或菱形的毛坯，然后在其长径的一端进行两面钻孔的。磨孔则是直接在完整扇形贝壳铰合部位的顶部磨制成孔[18]。除蚌饰品外，柿子滩遗址中还发现了鸵鸟蛋壳质和骨质的饰品。从饰品制作工艺看，三种材料的饰品都表现出相同的制作程序和穿孔技术，并表现出一致的制作理念[19]。研究者还专门对S9、S12G、S12A、S24及S29等地点中出土的30件穿孔饰品的穿系方式进行了研究。通过对穿孔位置和表面绳索压磨痕迹的观察分析，饰品可以明确识别出单绳单孔、单绳双孔、双绳单孔和多绳单孔四种穿系方式，相应形成以串饰和坠饰为目的的多种穿系方式的组合[20]。通过考古实验，结合微痕分析与遗址中出土的相关遗物证据，研究者对S29地点中出土的一件残损的骨针进行了复原研究[21]。

4. 细石核的操作链研究

柿子滩遗址各地点文化遗存中均含有细石叶工艺产品，各类细石核的存在为探讨文化性质提供了重要依据。有学者重点对S1、S9、S12G及S12A\C-F等地点中出土的97件楔形细石核进行了操作链分析。研究表明所有楔形细石核的预制都是按照先确定台面后修整楔状缘的方式进行的，处于预制、剥片、中止和废弃阶段的细石核类型均有，但以剥片和中止两阶段的细石核较多，这应该与当地石料易于获得有较大关系[22]。

5. 其他研究

通过土壤微形态研究（soil micromorphology）、花粉孢粉研究（the pollen spectrum）与非花粉孢粉形态研究（non-pollen palynomorphs），结合放射性年代测定，研究者对S29地点的环境进行了重建研究。研究表明，S29地点是一处被古人类多次重复利用的遗址，在其经历的1万余年时间内，环境曾发生了不同程度的波动[23]。

柿子滩遗址最初发掘S1地点时，在该地点西北部的岩棚下，发现了两幅红彩岩画，报告将其作为与遗址同属于中石器时代的文化遗迹来看待，认为它反映了当时人们的信仰崇拜，表明他们已懂得用绘画艺术的形式反映自己的心理与信仰[1]。但也有学者根据岩画的特征和内容分析，认为这两幅岩画应与同农业生产有密切关系的原始祈年巫术仪式有关，因此怀疑它们的时代并不与中石器时代遗址同时，而很可能属于新石器时代或其以后的遗存[24]。

三、小　　结

中国细石器的发现与研究已有100多年的历史[25]，在此期间发现了无数的细石器遗存，也发掘了众多的细石器遗址，其中亦不乏典型者。但在进行对比研究的时候，我们发现真正可用的资料并不是很多。大多数资料都属地表采集，缺乏地层根据。很大一部分经过发掘所得的资料，由于受到时代的限制，往往搜集不够全面，有的还掺入了采集品，给后来的研究带来诸多的不便。近年来学术界已注意到这方面的问题，在发掘的时候开始全面采集出土遗物，将采集品与发掘所得进行严格的区分，将筛选出来的文化遗存与发掘所得进行严格区分，并对出土遗物进行分层研究。因此出现了诸如宁夏灵武水洞沟遗址[26]、河南新密李家沟遗址[27]、山西吉县柿子滩遗址这样的经典发掘。但相比较而言，像山西吉县柿子滩遗址这样，包含地点多、分布面积大、堆积深厚，内涵丰富，更重要的是能够连续不断进行发掘的遗址可以说是少之又少。因此我们期待该遗址的详细报告能够早日出版，对我国细石器若干问题的研究，对旧石器时代向新石器时代过渡等问题，必将起着积极的推动作用。

致谢：感谢柿子滩遗址发掘领队宋艳花老师提供英文文献。

注　释

［1］　山西省临汾行署文化局.山西吉县柿子滩中石器文化遗址［J］.考古学报，1989（3）.

［2］　原思训，赵朝洪，朱晓东，阎金铸，阎雅枚.山西吉县柿子滩遗址的年代与文化研究［J］.考古，1998（6）.

［3］　柿子滩考古队.山西吉县柿子滩旧石器时代遗址S14地点［J］.考古，2002（4）.

［4］　柿子滩考古队.山西吉县柿子滩旧石器时代遗址S14地点2002～2005年发掘简报［J］.考古，2013（2）.

［5］　王幼平.李家沟、大岗与柿子滩9地点的地层及相关问题［C］.考古学研究（九）——庆祝严文明先生八十寿辰论文集.北京：科学出版社，2012.

［6］　柿子滩考古队.山西吉县柿子滩遗址第九地点发掘简报［J］.考古，2010（10）.

［7］　Liu, Li, Wei Ge, Sheahan Bestel, Duncan Jones, Jinming Shi, Yanhua Song, Xingcan Chen. Plant exploitation of the last foragers at Shizitan in the Middle Yellow River Valley China: evidence from grinding stones［J］. *Journal of Archaeological Science*, 2011, 38 (12): 3524-3532.

［8］　赵静芳.柿子滩遗址S12地点发现综述［C］.考古学研究（七）——庆祝吕遵谔先生八十寿辰暨从事考古教学与研究五十五年论文集.北京：科学出版社，2008.

［9］　柿子滩考古队.山西吉县柿子滩遗址S12G地点发掘简报［J］.考古与文物，2013（3）.

［10］　柿子滩考古队.山西吉县柿子滩旧石器时代遗址第五地点发掘简报［J］.考古，2016（4）.

［11］　Song, Yanhua, Stefano Grimaldi, Fabio Santaniello, David J. Cohen, Jinming Shi, Ofer Bar-Yosef. Re-thinking the evolution of microblade technology in East Asia: Techno-functional understanding of the lithic assemblage from Shizitan 29 (Shanxi, China)［A］. PLOS ONE\https://doi.org/10.1371/journal.pone.0212643, February 25, 2019.

［12］　山西大学历史文化学院，山西省考古研究所.山西吉县柿子滩遗址S29地点发掘简报［J］.考古，2017（2）.

［13］　宋艳花，石金鸣，刘莉.从柿子滩遗址S9地点石磨盘的功能看华北粟作农业的起源［J］.中国农史，2013（3）.

［14］　Bestel, Sheahan, Gary W, Crawford, Li Liu, Jinming Shi, Yanhua Song and Xingcan Chen. The evolution of millet domestication, Middle Yellow River Region, North China: Evidence from charred seeds at the late Upper Paleolithic Shizitan Locality 9 site［J］. *The Holocene*, 2014, 24 (3): 261-265.

［15］ Liu, Li, Sheahan Bestel, Jinming Shi, Yanhua Song, and Xingcan Chen. Paleolithic human exploitation of plant foods during the last glacial maximum in North China［J］. *PNAS Early Edition*，2013, 110 (14): 5380-5383.

［16］ Liu, Li, Maureece J. Levin, Michael F. Bonomo, Jiajing Wang, Jinming Shi, Xingcan Chen, Jiayi Han, Yanhua Song. Harvesting and processing wild cereals in the Upper Palaeolithic Yellow River Valley, China［J］. *Antiquity*, 2018, 92 (363): 603-619.

［17］ 宋艳花.柿子滩遗址石英岩石料产地调查和研究［J］.华夏考古，2016（3）.

［18］ 宋艳花，石金鸣，沈辰.山西柿子滩旧石器遗址蚌饰品制作工艺研究［J］.人类学学报，2011（2）.

［19］ 宋艳花，石金鸣.山西吉县柿子滩旧石器时代遗址出土装饰品研究［J］.考古，2013（8）.

［20］ 宋艳花，石金鸣.柿子滩遗址穿孔饰品的穿系方式研究［J］.中原文物，2013（1）.

［21］ Liu, Li, Wei Ge, Sheahan Bestela, Duncan Jones, Jinming Shi, Yanhua Song, Xingcan Chen. Bone needle fragment in LGM from the Shizitan site (China): Archaeological evidence and experimental study［J］. *Quaternary International*, 2016, 400: 140-148.

［22］ 任海云.柿子滩遗址楔型细石核工艺流程研究及相关问题探讨［J］.中国国家博物馆馆刊，2016（1）.

［23］ Song, Yanhua, David J. Cohen, Jinming Shi, Xiaohong Wu, Eliso Kvavadze, Paul Goldberg, Shuangquan Zhang, Yue Zhang, Ofer Bar-Yosef. Environmental reconstruction and dating of Shizitan 29, Shanxi Province: An early microblade site in north China［J］. *Journal of Archaeological Science*, 2017, 79: 19-35.

［24］ 叶茂林.山西吉县柿子滩遗址岩画辨疑［J］.考古，1992（5）.

［25］ 安志敏.中国细石器发现一百年［J］.考古，2000（5）.

［26］ 宁夏文物考古研究所，中国科学院古脊椎动物与古人类研究所.水洞沟——2003～2007年度考古发掘与研究报告［R］.北京：科学出版社，2013.

［27］ 北京大学考古文博学院，郑州市文物考古研究院.河南新密李家沟遗址发掘简报［J］.考古，2011（4）.

Advances in Excavation and Research of Shizitan Microlithic Site in Ji County, Shanxi Province

ZHU Zhi-yong   TANG Rui   WANG Xiao-yu   WANG He

Shizitan Site is located by the Qingshui River 30 km southwest of Ji County of Shanxi Province, which is a branch of the Yellow River. It is 2km away from the Yellow River to the west and was first found and excavated in 1980. In 2000, a large-scale excavation in the lower reaches of Qingshui River was conducted by the Shizitan archaeology team composed of Shanxi Provincial Institute of Archaeology, Department of Archaeology of Shanxi University and Cultural Relic Management Institute of Ji County, and 25 Paleolithic locations were inspected and newly discovered. S9, S14, S24, S5, S29 and S12 and other localities have been excavated in succession from 2000 to 2010. It is found out through explorations and studies that, Qingshui River Site is the group of historic microlith sites in north China with the largest coverage area, the thickest piling and the richest cultural connotation from the upper Paleolithic Age and even the transition period from the Paleolithic Age to the Neolithic Age. Especially, the S29 locality, is one of the few existing microlith sites that have been through systematically unearthed, scrupulously collection of remains, unambiguous sequence of cultural evolution and abundant dating data in the entire North China region, and a rare historic site that can be regarded as a criteria for study of microlith remains in North China. The long-term excavation and study of the Shizitan Site is of great significance to the research and discussion on the academic issues including emergence, evolution, and movement of early modern human mobility and origin of agriculture. Up to the present, all localities except for S24 locality have been provided with brief reports on excavation and public basic information on materials and special studies on relevant issues by scholars. It has been 40 years since the Shizitan Site was first excavated and studied, this paper gives a summary of the excavation and research status of the site during the period.

查海遗址聚落形态新论[*]

陈　醉

（吉林大学考古学院，长春，130012）

　　查海遗址位于辽宁省阜新蒙古族自治县沙拉乡查海村西南，一处漫丘的南坡台地之上，总面积约1.25万平方米。1982年，阜新市文物干部进行文物普查时发现该遗址，采集到的有肩宽刃铲形石器和之字纹直腹罐极具特色。1986年，辽宁省文物考古研究所等多家单位对查海遗址进行了首次试掘[1]，之后又开展六次不同规模的发掘工作[2]。概言之，查海遗址已揭露7525平方米，发现新石器时代房址55座、灰坑59个、墓葬16座、堆石遗迹3处、壕沟2段。出土遗物丰富，陶器、石器、玉器共1万余件。2012年，文物出版社出版的《查海——新石器时代聚落遗址发掘报告》[3]，系统地报道了该遗址历次发掘的全部出土材料。

　　查海遗址作为辽西地区新石器时代早期兴隆洼文化聚落址，保存完整，经大规模揭露，聚落形态引人关注，相关研究成果较为丰富，所得认识也基本一致。查海遗址由居住区、墓地、祭祀遗迹构成。居住区面积大，房址数量多，东西成排，南北成行分布，门向大致相同。房址附近有储存食物的窖穴，有些窖穴成排分布在房址的一侧，有些零散分布在房址旁边。聚落中心为墓地，墓地西北侧为大型堆石遗迹（龙形堆石），东南侧为祭祀坑。根据层位关系和出土遗物，查海遗址可分为三个发展阶段。早期房址主要集中在聚落西北部，中部也有零星分布。中期房址主要位于聚落中部，其中某些打破早期房址。晚期房址大多分布在聚落东南部，并发现打破中期房址的现象。总之，查海遗址由西北向东南随着慢坡台地逐步扩建而成[4]。

　　上述观点有两点不足之处。一是，研究者对房址布局的认识很大程度上秉承着房址成排单向排列是兴隆洼文化典型特征的惯性思维模式，未全面考察查海遗址的实际情况。二是，研究者将查海遗址分为三个阶段，以此为基础分析聚落的历时演变。该分期结果可进一步细化，有些单位的年代需重新调整。因此，查海遗址的聚落形态有必要进行重新梳理与分析。

---

* 　基金项目：本文为国家社会科学基金青年项目（19CKG008）系列成果。

一、聚落遗存的共时性

聚落考古是以聚落为单位进行的考古学研究[5]，一个聚落通常指的是由一系列遗迹构成的聚落遗址。在聚落遗址中，只有同时存在的遗迹单位才会发生直接关系，所以要了解其内部结构与平面布局，关键是要甄别同一时间、同一空间平面上的遗存，解决共时性问题。离开这一维度，将不同时间遗存混杂在一起，对它们之间关系作功能性解释及探讨社会组织结构将变得毫无意义。共时性的确定一般从层位学、类型学入手，将聚落址分为不同期别。虽然原则上还不能把同一期别的遗存视为同一时间平面上共存的遗存[6]，但这确是依据层位学和类型学所能得到的考古年代学最小时间刻度，在现有条件下不妨视为聚落的"共时"。

查海遗址地层堆积较为简单，第1层为表土层，第2层为红褐土泥流层，第3层为生黄土层，第4层为黄岗岩基岩层。已发掘的大部分房址开口第2层下，第1层下数量不多，以墓葬为主。其间既存在叠压打破关系，又出可供比较陶器的单位共有7组，这些层位关系可作为聚落共时性研究的地层依据。具体情况是：F38→F29；H25→F32；F27、F37→F28；F30→F24；F47、F48、F52、F55→F49；F34①→F34；M2→M1。除此之外，遗址内6座房址的居住面之下各叠压着1座居室墓，其中F7M、F21M、F43M随葬陶器，各自对应F7→F7M、F21→F21M、F43→F43M三组层位关系。这10组层位关系就是聚落遗存共时性分析的主要依据。

根据陶器器形、纹饰的变化，查海遗址出土材料可分为四个阶段[7]。第一阶段陶器均为夹砂红褐陶，器形以筒形罐为主。筒形罐敞口，口沿外侧贴附一周堆纹，形成厚叠唇，唇上饰压斜线纹，腹部斜直，器表多素面，少数器物饰窝点纹。第二阶段陶器以夹砂红褐陶为主，另有少量的灰褐陶。器形以敞口、斜直腹筒形罐居多，另有少量直腹罐、鼓腹罐。新出现了钵、杯类陶器。大多数器物表面满饰纹饰，种类纷繁，以草划交叉纹、网格纹为主，另存在少量的人字纹、弦纹、几何纹、戳点纹和斜线纹，且常常是两三种纹饰并用于同一件器物，素面器仅占很少比例。第三阶段以夹砂灰褐陶为主，红褐陶次之。器物组合以罐、钵、杯最为常见。筒形罐多为喇叭口斜直腹，器表纹饰种类多样，呈"三段式"分布。此时新出现了不太规整的刻划之字纹，并占有一定的比例。这种潦草的之字纹同其他种类的纹饰均势存在，特征鲜明。第四阶段陶器的陶质、陶色、器物组合、纹饰分布与第三阶段基本一致，该阶段最大特点是之字纹多为压印而成，非常规整，所占比例大大超过了其他种类的纹饰（图一）。据此，查海遗址很多遗迹的年代可以得到确认（表一），未出土陶器的遗迹年代不明，暂未列入表中。

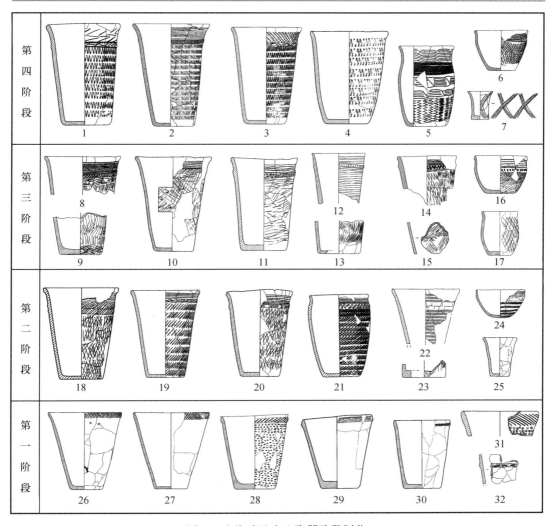

图一　查海遗址出土陶器阶段划分

1. F48：1　2. F54：1　3. H14：4　4. H13：1　5. F30：116　6. F21：18　7. F4：3　8. F42：16　9. F28：26
10. H11：1　11. H11：2　12. F40：36　13. F28：24　14. F28：20　15. F28：32　16. F22：1　17. F24：11
18. F19：1　19. F40：57　20. F38：31　21. D3：2　22. H24：2　23. F50：21　24. F51：8　25. D3：3
26. F26：33　27. F34：43　28. F34：48　29. F34：14　30. F35：15　31. F29：16　32. H23：3
（1～4、8～15、18～23、26～32. 筒形罐；5、17. 鼓腹罐；6、16. 小鼓腹罐；7、25. 小杯；24. 钵）

表一　查海遗址遗迹期段划分表

阶段	房址	墓葬	窖穴	其他遗迹
第一阶段	F26、F29、F34、F35	M1、M2	H23	
第二阶段	F9、F19、F25、F32、F33、F38、F40、F43、F49~F51		H24	D3
第三阶段	F12、F22、F24、F28、F42		H11、H26	
第四阶段	F1~F8、F10、F11、F13~F18、F20、F21、F23、F27、F30、F31、F36、F37、F39、F41、F44~F48、F52~F55		H2、H5、H13、H14、H34、H25	G1、G2

二、房址研究

查海遗址发现房址、灰坑、墓葬、堆石遗迹、壕沟五种聚落构成要素，其中房址数量多，遗物丰富，是各要素中最复杂、最能反映社会面貌的一类遗迹，因此是本文重点研究对象。

查海房址直接挖凿于生土或基岩之上，为半地穴式建筑。平面以圆角长方形为主，还有一些圆角方形。未见明显外凸的条状门道，但部分房址南侧偏东的穴壁有一个半圆状弧出，可能为出入口。穴壁局部外弧，稍加修整，壁面斜平。居住面四周略高，中部略低，表面有2~15厘米厚的黑灰色垫踏土，坚硬起层，内含红烧土、烧灰等遗物。房址中部设灶址，一般仅有1座，个别设有2座。以圆形土坑灶为主，还有1座地面支石灶。灶址保存状况良好，灶面经火烧后呈暗红色，有的灶壁抹泥，灶底铺垫石块与石器。各房址柱洞数量不一，间距不等，平面形状有圆形、椭圆形、不规则形，剖面形状有柱状、锥状。柱洞内外两圈分布，外圈紧靠房穴四壁及四角，内圈围绕着灶址，或位于灶址四角外侧。除此之外，在12座房址中发现了22个窖穴，其中第一阶段1个、第三阶段5个、第四阶段16个。6座房址的居住面之下各叠压着1座居室墓，其中窖穴第二阶段2座、第四阶段4座（表二）。

查海遗址南缘被一条东西向的冲沟破坏，F10与F37的大部分被冲毁，面积难以计算。剩余53座房址保存状况良好，平均面积约41.14平方米，彼此面积差异显著，F46最大，达到157.32平方米，F51最小，仅10.24平方米。根据这种差异，可以划分出多个面积级别。为避免主观意识的不利影响，按房址面积绘制频数分布图（图二），依据图中部分数据之间因缺少样本而出现的明显低谷或间隔，划分出特大型房址（＞100平方米）、大型房址（55~80平方米）、中型房址（30~54平方米）、小型房址（20~30平方米）、次小型房址（＜20平方米）5个面积级别，每级各有2、8、24、11、8座房址。从历时性角度看，第一至第二阶段，房址平均面积变大，面积级别增多，新出现特大型房和次小型房；第三阶段房址变小，面积级别减少，没有特大型房和大型房；第四阶段房址面积剧增，面积级别增多，大型房、中型房、小型房数量大幅增加（表三）。

表二　查海遗址房址窖穴、居室墓统计表

遗迹类型	房址	阶段	窖穴数量
窖穴	F35	第一阶段	1座
窖穴	F9	第三阶段	4座
窖穴	F42	第三阶段	1座
窖穴	F1	第四阶段	3座
窖穴	F6	第四阶段	1座
窖穴	F8	第四阶段	2座
窖穴	F14	第四阶段	2座
窖穴	F15	第四阶段	2座
窖穴	F16	第四阶段	1座
窖穴	F18	第四阶段	2座
窖穴	F45	第四阶段	2座
窖穴	F55	第四阶段	1座
居室墓	F19	第二阶段	1座
居室墓	F43	第二阶段	1座
居室墓	F7	第四阶段	1座
居室墓	F16	第四阶段	1座
居室墓	F18	第四阶段	1座
居室墓	F21	第四阶段	1座

表三　查海遗址不同阶段房址面积统计表

阶段	特大型房址	大型房址	中型房址	小型房址	次小型房址	平均面积（平方米）
第一阶段		1	1	2		38.92
第二阶段	1	1	6	1	2	43.06
第三阶段			1	1	3	22.94
第四阶段	1	6	16	7	3	44.03

　　查海遗址不同面积级别的房址出土了数量丰富、种类多样的陶、石器。经统计，各阶段房内遗物的情况不同，器物组合有明显差异。第一阶段房址的居住面上有陶器29件，其中Ⅰ式斜腹罐（7件）、Ⅰ式直腹罐（4件），数量相对更多，前者在此阶段4座房址中均有发现，后者分布于F26、F29和F35中。石器96件，其中石料、铲形石器各有42、22件，在本阶段每座房址中均有发现。

　　第二阶段11座房址共发现陶器131件，除8座房址发现的54件Ⅲ式直腹罐外，其余器物数量少。石器共212件，石料（61件）、铲形石器（45件）、敲砸器（35件）、磨棒（17件）、砺石（14件）数量较多，各自发现于8座甚至更多的房址之中。

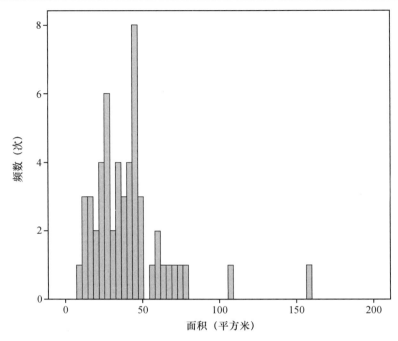

图二　查海遗址房址面积频数分布图

第三阶段5座房址仅有31件陶器，以Ⅲ式直腹罐为主，在3座房址中发现20件。石器36件，石料和敲砸器相对更多，在4座房址内分别出土了10、9件。

第四阶段35座房址中出土陶器567件，其中Ⅲ式、Ⅳ式、Ⅴ式直腹罐各有45、139、95件，它们发现于20、31、30座房址之中。石器共1097件，按统计数量排序，敲砸器有301、石料有219、铲形石器有148、砺石有127、磨棒有98、磨盘有77、石斧有60，其余器物均不足20件。发现上述7种器物的房址分别有33、22、31、27、30、27、25座，超过此阶段房址总数的60%。

值得注意的是，在第二至第四阶段的17座房址中发现29件陶钵，12座房址中发现21件陶杯。这两种器物作为人们每天都要使用的饮食器，使用量大，使用价值高，但因为器物较小，在遗址废弃时会被人们随身携带离开，因而聚落内这两种器物的数量不多。所以，陶钵与陶杯应该是查海遗址第二至第四阶段的常用器物。

综上，查海遗址各个阶段陶器、石器组合有一定变化。在陶器组合方面，第一阶段有Ⅰ式斜腹罐、Ⅰ式直腹罐两种器物，第二、三阶段陶器组合为Ⅲ式直腹罐、陶钵、陶杯，第四阶段又新增了Ⅳ式、Ⅴ式直腹罐。在石器组合方面，第一阶段为石料、铲形石器，第二阶段新增敲砸器、磨棒和砺石，第三阶段器物种类减少，仅有2种，第四阶段石器种类增多，共计7种（表四）。

表四 查海遗址各阶段器物组合统计表

阶段	陶器组合	石器组合
第一阶段	I式斜腹罐、I式直腹罐	石料、铲形石器
第二阶段	III式直腹罐、陶钵、陶杯	石料、铲形石器、敲砸器、磨棒、砺石
第三阶段	III式直腹罐、陶钵、陶杯	石料、敲砸器
第四阶段	III式直腹罐、IV式直腹罐、V式直腹罐、陶钵、陶杯	敲砸器、石料、铲形石器、砺石、磨棒、磨盘、石斧

查海遗址陶器、石器组合中均为人们日常生活中经常使用的器物，各自具有一定的使用功能，所以器物功能分析能够帮助我们了解聚落内的生活生产情况。

查海遗址发掘者在分析陶器类型时，依据器类、形体、腹部特征的不同划分型。然后依据各型的口部、腹部、纹带、纹饰的变化划分式。由于类型学分析的目的是判断遗存相对年代早晚关系，建立遗址相对年代序列，所以"式"之间的形态差异反映了器物所属房址的年代不同，而不能体现器物功能的差异。陶器组合中筒形罐的表面未见磨耗、烟炱等明显使用痕迹，除大器套小器的现象外，筒形罐腹腔内未见其他遗物，所以根据已有现象难以确定器物功能。在缺少直接证据的情况下，有学者认为它们属于生活用具的组成部分[8]，也有人界定为储存器和加工食物器具[9]。这些看法是有道理的。但是查海遗址筒形罐腹腔较深，陶胎质地疏松，厚约1厘米，器物导热能力有限，所以器体尺寸与容积直接影响食物加工效率，从而造成筒形罐功能的差异，即用于炊煮食物的筒形罐的容积应该有限，而器物容积越大，重量越大，不易搬动，储存功能的指向性越明显。

查海第一阶段、第三阶段的陶器组合中完整筒形罐少，参考价值不高。第二至第四阶段完整III式直腹罐的数量也不多，所以将三个阶段一并进行统计。经计算，III式、IV式、V式直腹罐的平均尺寸、平均容积依次增大，尺寸的极差、容积的极差与标准差也有相似现象，说明数据离散程度变高，两极分化明显（表五）。据此推测，III式、IV式、V式直腹罐的储存能力依次变强，第四阶段IV式、V式直腹罐可能有专门性储存功能。

从第一至第四阶段，查海遗址石器组合虽有变化，但都不外乎是敲砸器、石料、铲形石器、砺石、磨棒、磨盘、石斧7种器物的任意组合。

敲砸器选用多棱角圆形、椭圆形脉石英质料的自然石块，未经加工，直接使用，敲砸痕迹多集中在棱角处。按照集中部位的不同，可分为尖端敲击、两端敲击、周缘敲击、棱角敲击4种类型[10]。敲砸器尺寸较小，长、宽、厚不超过10厘米，便于把握，有限的尺寸说明加工对象个体不大且不会太坚硬。查海遗址发掘中采集了少量炭化植物标本，其中发现了胡桃属、榛子等外壳坚硬的果实，所以敲砸器可能大多用于敲砸坚果。除剥食坚果类食物外，敲砸器还能用于锤捣一些根茎类植物提取淀粉和利用树皮等加工纤维织物。

表五　陶器组合中筒形罐尺寸、容积平均值、极差、标准差统计表

型式	阶段	完整器（件）	平均口径（厘米）	平均底径（厘米）	平均器高（厘米）	平均容积（升）	口径极差（厘米）	底径极差（厘米）	器高极差（厘米）	容积极差（升）	容积标准差
I 式斜腹罐	第一阶段	3	27.48	13.13	29.29	11.14	12.9	2.2	12.1	11.41	4.76
I 式直腹罐	第一阶段	1	16.6	11	22.2	3.57	8				
III式直腹罐	第二至四阶段	20	22.89	12.51	26.12	6.12	27.7	13.5	31.5	19.93	5.22
IV式直腹罐	第四阶段	75	22.41	13.15	29.53	8.35	25.3	14.44	43.2	43.87	6.53
V式直腹罐	第四阶段	75	22.94	15.54	30.77	9.5	31	14.5	42.2	46.39	7.64

铲形石器采用石料主要是页岩、细砂岩、花岗岩等，器物通体打制，扁平体，除少量双孔盘状铲形石器外，其余皆束腰。刃部略弧，偏锋，一侧有明显的使用痕迹[11]。推断其装柄使用，运动轨迹为弧线，应该是一种适宜挖掘的攫土工具，可以在修建房址等遗迹时用来取土，也可能在农业生产中用于耙草平地[12]。

砺石选用花岗岩等自然有形的石块，未经加工，直接使用，表面磨痕明显，磨面下凹，可分单面磨、双面磨和多面磨三种类型[13]。此种器物大小不一，大者超过25厘米，小者仅有4厘米，磨蚀痕迹分布的位置较为随意，推测其加工对象的种类也较为多样，可能与不同材质工具的制作有关。

除上述3种石器外，学界对于石料、磨棒、磨盘、石斧的使用方式与功能已形成相对统一的认识。石料与石器制作有关。磨盘与磨棒是两种配合使用的研磨工具，主要用来加工植物性食物。石斧作为一种常见的砍斫工具，通常与木材加工有关。

查海聚落址中的房址形制基本一致，居住面略经加工，室内设有灶址，应该都用于居住。居住者使用不同的器物进行生产、生活，所以单座房址代表了聚落内最基本的生产和消费单位，应该也是聚落内最基本的社会单元，单元内居住者可能具有亲密的血缘关系。从历时性角度看，随着房址形制、基本器物组合的变化，人们的生产、生活也发生了相应演变。第一至第三阶段房址内窖穴数量不多，说明房址储存功能并不突出。基本陶器、石器组合的种类相对单一，主要生产活动有工具制作、食物加工、遗迹修建或农业生产等。第四阶段房址中窖穴数量变多，陶器种类丰富，在新增的IV式、V式直腹罐中，可能存在着专门的储存器。生产工具种类多样，其中食物加工工具种类多、数量大，敲砸器、磨棒、磨盘共占石器总数的43.39%，这说明食物来源的广谱性，另外

也反映植物性食物生产的重要性。总之，第四阶段房址储存功能更加突出，陶器组合完整，工具门类齐全，说明人们生活水平的提高和自给自足能力的增强。

查海遗址第四阶段房址之间石器数量有明显差距，F30最多，达71件，F13最少，仅有5件。由于房址都用于居住，不同面积级别房址反映了居住人口数量差异，很可能影响房内遗物数量与种类，即大房址居住人口多，使用器具更为丰富，反之则相反，所以这种现象可能与房址面积的差异有关。但是石器总数突出、同一面积级别中石器数量相对更多的房址可能反映彼此功能的差异，应予以特别关注。F16、F30、F46、F54石器平均数量约73.5件，其余房址仅25.9件。各房址中有一种或多种石器数量丰富，F16出土敲砸器58件，F30出土石料24件，F46出土石料23、敲砸器14件，F54出土石料28件。另外，中型房址F39有55件石器，其中石料14、敲砸器12件；小型房址F15有34件石器，其中敲砸器19件，F48有石器32件，其中石料11件；次小型房址F52有25件石器，其中敲砸器12件（表六）。这四座房址石器总数多于同面积级别其他房址，敲砸器、石料数量也远超同级别的平均值。由于石料和敲砸器选用的是自然石块，容易获取，流动价值低，人们在撤离时没有必要携带离开，所以上述现象表明F46、F30、F39、F48的居住者重点参与石器制作活动，F46、F16、F54、F39、F15、F52的居住者重点参与食物加工活动。需要注意的是，本阶段F1、F3～F6、F10、F11、F13～F15、F17、F18、F20十三座房址未见石料，房内成员不制作石器，所以第四阶段石器生产方面可能存在着分工现象。

表六 查海遗址第四阶段房址石器数量差异统计表

面积级别	房址	石器总数	石器类型	数量	同一面积级别房址平均数
特大型	F46	70	石料	23	
特大型	F46	70	敲砸器	14	
大型	F30	71	石料	24	7.43
大型	F16	85	敲砸器	58	14.57
中型	F54	68	敲砸器	28	7.43
中型	F39	55	石料	14	6.31
中型	F39	55	敲砸器	12	7.94
小型	F15	34	敲砸器	19	5.57
小型	F48	32	石料	11	2.14
次小型	F52	25	敲砸器	12	3.67

查海遗址有2座特大型房址。F9属于第二阶段，面积达107平方米。房内灶址北侧1米，有1个长方形沟槽，内部分布着3个成排排列的柱洞。室内窖穴共计4座（J1～J4），大小不一，带有明显的脚窝与脚踏台面。F46属于第四阶段，面积达157.32平方米。房内出土70件石器，是遗址中石器数量较多的3座房址之一。其中2件铲

形石器（F46：47、F46：121）的长度超25、刃宽近30厘米，远超其他同类器，可能不具备实用功能[14]。这两座房址面积庞大，营建过程需要耗费大量的人力、物力，也需要聚落成员的统一协作，因此性质应该较为特殊。根据二者的形制或出土遗物的特殊性推测，F9可能是第二阶段的中心性储物房，F46可能是聚落举行公共活动时的集会场所。

三、聚 落 布 局

在分析了查海遗址的共时性和房址的基础上，我们可以考察该遗址四个阶段聚落布局的特征与演变情况。下面分别加以讨论。

1. 第一阶段

第一阶段有房址4座、墓葬2座、灰坑1座（图三）。房址位于遗址西北部，其中F26、F34、F35由东北向西南呈排分布，F29分布在此排房址东南约8.5米外。F26和F34的西南壁偏东处略有突出，可能是房址出入口，F35、F29虽未见相似现象，但各穴壁与F26、F34同位置的基本平行，所以此阶段房址均门向西南。H23位于F26东北部，平面呈椭圆形，口大于底，壁面修整斜平，穴底中部低，四周高，近穴壁一周有4个柱洞。出土1件饼形器、1件敲砸器，还有一些残碎陶片与石块。从形制与遗物看，H23应该是一个储物窖穴，穴内原有支撑柱，上有顶棚。在H23西南部还有十余座形制类似的窖穴，绝大多数没有遗物，阶段不明。它们分布在F26、F34、F35和F29之间约7米宽的"长廊"中，除H27→H16外，其余窖穴彼此有一定距离。根据有序的布局特征推断，其中某些属第一阶段，它们于两排房址之间构成了一个储存区。M1、M2两座墓葬位于F29东南约28米之外。

本阶段房址可分为3个面积级别，F26为大型房，F34为中型房，F29、F35为小型房。房内遗物数量不多，陶器以Ⅰ式斜腹罐、Ⅰ式直腹罐为主，各房址平均2.75件。石器以石料、铲形石器为主，各房址平均16件。除此之外，砺石（5件）、磨棒（4件）、磨盘（3件）、敲砸器（3件）数量不多。查海遗址经过长期反复利用，人口不断迁入，聚落规模扩大，可分为四个大的发展阶段。在反复搬迁的过程中，铲形石器作为一种用于遗迹修建的石质工具，磨盘、磨棒作为两种配合使用的食物加工工具，使用价值高，但尺寸大，较为厚重，不便于携带，通常会被留置于房内。敲砸器、石料、砺石均为自然石块，容易获取，没有随身携带的必要，也会被遗留在房中。所以，上述石器的数量差异能够说明石器制作、遗物修建是此阶段主要生产活动，食物加工居于次要地位。

总之，查海遗址第一阶段聚落规模小，房址数量少，成排分布，排列之间为储存区，墓葬位置远离房址。此时房址居住面上的器物组合单一，缺少生活必需的饮食器和食物加工工具，聚落成员很难长期稳定地生活下去，推测此阶段聚落具有不稳定性特征。

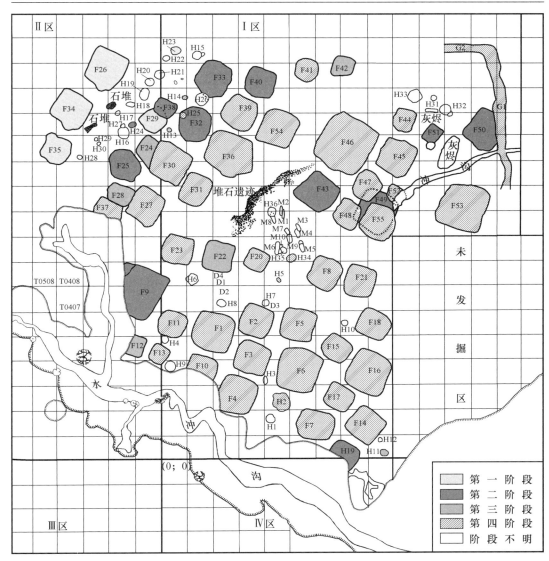

图三　查海遗址聚落平面关系示意图

（由《查海——新石器时代聚落遗址发掘报告》图三改绘）

2. 第二阶段

第二阶段有房址11座、灰坑1座、柱洞1个（图三）。F33、F40、F38、F32、F25、F9位于遗址西半部，F38、F25与第一阶段的F29组成一排，F32、F33地处第三排的北部，F40、F9位于第四排的南北两端。其余5座房址分布在聚落东半部，F19在遗址东南，F43、F49、F51、F50则位于遗址东北部。F25的东南壁中部、F33和F50的西南壁中部略微外凸，应该是房址出入口，其余房址各条穴壁与F33、F50同位置的基本平行，推断此阶段房址的门向以西南为主，仅F25门向东南。H24位于聚落西北部，恰处第一阶段储存区东南侧。其为椭圆形，壁面修整平直，底部较平整，出土直腹罐口沿、铲形石器各1件。从形制和遗物看，应该是一座窖穴，这说明储存区沿用至第二阶段。D3位于遗址东南部，周围没有其他同阶段遗迹，洞内木柱的性质很难做出合理解释，可能用于悬挂物品。

本阶段房址可分为5个面积级别，特大型房1座、大型房1座、中型房5座、小型房2座、次小型房2座。人们使用的陶器以Ⅲ式直腹罐、陶钵、陶杯为主，各房址出土5.82件。石器除了石料和铲形石器外，还有敲砸器、磨棒、砺石，这5种工具在各房址平均数量为15.64件。与第一阶段相比，房址数量增加，意味着聚落人口规模扩大。房内陶器数量增多，出现陶钵、陶杯类饮食器。石器组合中新增敲砸器、磨棒两种食物加工工具，所占比例达到30.23%，说明该活动成为本阶段重要的生产活动。

总之，查海遗址第二阶段聚落规模扩大，房址数量增多，分布位置不仅局限在西北部，开始向东南、东北方发展。窖穴仍然位于西北部储存区之中。此时聚落中居住人数增多，日用器具丰富，尤其是饮食器的出现和食物加工工具的增多，提升居住者的自给自足能力，延长居住时间，因此第二阶段聚落的不稳定性有所减弱。F9作为具有中心性储物房，面积庞大，营建难度高，没有统一的组织和计划，不能完成此项工作，所以此时聚落人群的集体性和凝聚力有所增强。

3. 第三阶段

第三阶段有房址5座、灰坑2座（图三）。F24、F28位于聚落西北部，与第二阶段F25组成一个排列。F42、F12坐落在聚落北端与西南端，F22在遗址的中部，三座房址相距较远，大致处于一条东北—西南向的直线上。H11、H26的形制和遗物与第一、二阶段的窖穴相似，功能应该也相同。这两座窖穴分别在聚落东南端和西北部。

本阶段房址可分为3个面积级别，F22为中型房，F28为小型房，F12、F24、F42为次小型房。房址中陶器组合为Ⅲ式直腹罐、陶钵、陶杯，各房址平均数量为5件，石器组合为石料、敲砸器，各房址平均3.8件。与第二阶段相比，陶器组合相同，但数量略有减少，石器组合种类单一，未见铲形石器、磨棒、砺石。

上述现象表明，查海聚落第三阶段聚落规模缩减，房址数量变少，但依旧成排分布，也延续了由西北向东南的发展趋势。室外窖穴不仅坐落在西北部的储存区中，在聚落边缘位置也有发现。此阶段聚落居民所用的器物组合单一，特别是食物加工工具种类变少，这削弱了人们的定居能力，可能意味着此阶段聚落的使用时间缩短，变为与第一阶段相似的不稳定性聚落。

4. 第四阶段

第四阶段遗迹数量多，有房址35座、灰坑6座、壕沟2条（图三）。房址遍布整个聚落，又以南部偏东最为密集，但彼此之间未见任何叠压打破关系。灰坑中H2、H5、

H13、H14、H25的形制、出土遗物与之前的窖穴相似，功能也相同。其中H14、H25、H13位于聚落西北部，距离储存区不远。H2、H5分别坐落在F6的南部、F8的西南部，可能是房址的附属设施。另一座灰坑H34为斜直壁、平底，底中部偏北有一椭圆形圜底小坑，坑内含较多灰烬和火烧猪骨。从形制和遗物看，H34不是窖穴，应该是一座祭祀坑。它分布在聚落中部，北侧即是墓地。墓地中除第一阶段M1、M2外，其余墓葬未见陶器，阶段不明。但从布局情况看，墓地东南有祭祀坑，西北有堆石遗迹。堆石遗迹用红褐色石块堆摆而成，全长19.7米，东北—西南向，造型酷似巨龙，因而发掘者称其为"龙形堆石"[15]。其规模巨大，位于聚落中部，应该是聚落中重要的祭祀遗迹。上述遗迹现象之间无层位关系，周围又分布着大量第四阶段房址，所以墓地可能是聚落重要组成部分，并与两侧的祭祀遗迹组成了一个专门的埋葬祭祀区。此阶段特大型房F46分布在埋葬祭祀区东北侧，紧邻"龙形堆石"。该房址西南壁偏中处略有突出，应该是出入口所在地。出入口正对的第二阶段房址F43的堆积层中未见第四阶段陶器，所以该房址早已废弃。因此，F46与埋葬祭祀区之间有大空地，这更突显了该房址在聚落公共生活中的重要地位。聚落东北部壕沟G1、G2也于此时修建而成，壕沟之外没有遗迹，所以二者是聚落的东北边界。

此阶段房址有5个面积级别，特大型房仅F46一座，大型房有F53、F36、F30、F6、F16、F1六座，中型房有F4、F54、F45、F55、F27、F39、F23、F5、F3、F2、F7、F21、F31、F8、F18、F14十六座，小型房有F47、F11、F7、F48、F15、F41、F20七座，次小型房有F18、F13、F52三座，F10与F37严重被毁，面积不明。房址分布密集，间距不等，根据彼此间距离远近，可以以埋葬祭祀区为中心，分为西北、东北和南部3个房组。西北组有房址8座，其中大型房2座、中型房4座、小型房1座、1座面积不明；东北组有房址8座，其中特大型房1座、大型房1座、中型房2座、小型房2座、次小型房1座、1座面积不明；南组有房址19座，其中大型房2座、中型房11座、小型房4座、次小型房1座、1座面积不明。各组的特大型、大型房较为特殊，主要体现在两个方面。

首先，在出土遗物上，西北组F30出土了猪牙、木炭、碳化物，F36有一些残碎猪骨；东北组F46有残碎猪的颌骨臼齿、鹿的颌骨臼齿及不明种属动物骨骼，F53有残碎猪的颌骨、臼齿，另外还有一些炭化杏核；南组的F1有马科动物的颌骨残块，F6有猪颌骨、牛下颌臼齿、碎骨块、木炭，F16有一些碎猪骨[16]。而各组的中型、小型、次小型房未见类似的动植物遗存。

其次，在分布位置上，西北组的F30、F36东西相邻，组内中型、小型房位列二者南北两侧；东北组F46、F53分布位于西北、东南部，其中F53与同组其他房址相距较远；南组F1、F6和F16大体分布在西北—东南向的中线上，各自的周围环绕着中型、小型或次小型房。

由此推断，这7座房址可能是猪、牛、马等哺乳动物和山杏等野生植物集中消费的场所。鉴于特大型房F46是整个聚落的公共活动房，剩余6座大型房可能是各个房组的中心性房。由于南房组中房址数量较多，每座中心性房的周围都环绕着一些小房子，因而南房组之下又能分为3个小房组。

此阶段房址居住面遗物数量和种类丰富。陶器组合为Ⅲ式直腹罐、Ⅳ式直腹罐、Ⅴ式直腹罐、陶钵、陶杯，5种器物在各房址平均数量为8.97件。石器组合为敲砸器、石料、铲形石器、砺石、磨棒、磨盘、石斧，各房址平均数量为29.43件。如前文所述，陶器组合中Ⅳ式直腹罐、Ⅴ式直腹罐可能是专门储存功能的器物，石器组合中食物加工工具种类多、数量大，这些现象意味着人们定居能力提高，居住时间延长。

综上，查海遗址第四阶段聚落规模扩大，构成要素增多，不同要素分布在不同位置，彼此之间叠压打破关系很少，形成了居住、储存和埋葬祭祀三个功能区。居住区的面积最大，有35座房址，房址内出土了数量较多的日用陶器和种类多样的生产工具，它们各自应该是最基本的生产和消费单位，也是最小的社会单元。其中F46还具有公共活动性质，与祭祀活动联系密切，是整个居住区的中心。根据房址之间距离远近，可分为西北、东北、南部三个房组，组内房址的分布更为密集。房组内大型房的位置特殊，遗物更为丰富，可能是动植物集中消费场所。南部房组又可细分为三个小房组。因此根据布局形态和出土遗物，可划分为聚落—房组—房址三个层级，房组和房址之间可能还存在一个层级——小房组。居住区西北为储存区，中心部位是埋葬祭祀区。此时的聚落应当是在统一规划和全面动员的情况下，在短期内修建起其中大部分房址和其他遗迹，从而变为一个长期使用的中心营地。这种有组织有计划的活动，意味着聚落群体意识较强，组织严密，彼此之间的关系可能依靠血缘纽带加以维系，特别是同一层级内的居住者应该具有更为紧密的血缘关系。

四、结　语

综上所述，针对查海遗址聚落形态的讨论，提出以下几点认识。

（1）查海遗址是辽西地区经过大面积揭露的史前聚落，年代可界定在公元前6200年以前～前5000年。通过聚落遗存的分析，该遗址历经了4个发展阶段，由一处使用时间不长的非稳定性聚落逐步演变为一处长期使用的中心性聚落。

（2）查海遗址房址数量多，面积差距大。不同面积级别房址的形制与遗物相似，都是用于居住的生产生活单位，是聚落中最小的社会单元。从历时角度观察，查海房址功能的演变主要体现在两个方面。一是，储存功能日渐突出，房内储存遗迹增多，出现储存性筒形罐；二是，房址功能差异日趋显著，第二阶段有中心性储物房，第四阶段出现集会性质特大型房、集中消费动植物的中心性房、重点进行石器生产和食物加工的房址。

（3）查海遗址由西北向东北、东南两个方向发展，遗迹数量增加，聚落规模扩大。人们在最初达到此地时，可能未对聚落布局进行整体规划，秉承兴隆注文化聚落传统，房址成排单向排列。窖穴集中分布于一处，形成供全体居民使用的储存区。第二、第三阶段房址数量增多，仍以线形排列为主要布局方式。储存区延续使用，并出现中心性储物房，说明储存仍然是以聚落单位的集体活动。第四阶段新出现埋葬祭祀区，祭祀活动可能已成为人们重要的日常活动。房址数量增多，可分为三个房组，有的还可细分为小房组。一些动植物消费行为在房组的中心性房集中进行。储存区继续使用，但更多的窖穴分布在房址内部或房址旁边。根据这些现象，查海遗址第四阶段聚落社会组织结构可分为聚落—房组（—小房组）—房址三（四）个层级。与之前各阶段相比，房组、房址分别在消费、储存活动中发挥着重要作用，可能意味着二者的独立性增强，聚落集体组织的凝聚力和血缘纽带的维系力有所松弛。

查海遗址第四阶段的房组以大房子为中心，小房子分布周围，这作为此阶段房址布局典型特征，在以往的研究中并未被识别出来。除了查海遗址，魏家窝铺遗址[17]、哈民忙哈遗址[18]、新乐遗址[19]和后洼遗址[20]等东北南部地区新石器时代聚落也发现了类似的聚落形态，它们分布在辽西、下辽河和辽东三个文化区，年代早至公元前5000年以前，晚至公元前3000年左右。由于查海遗址房组出现之前，聚落内房址成排分布，魏家窝铺、哈民忙哈遗址的房组以大房子为中心，周围小房子成排单向排列，所以房组可能是一种分布地域广、延续时间长，出现时间晚于房排，并与之有一定联系的布局形态。由此产生的房组形态特征与发展演变问题需要深入思考，对此我们将持续关注。

注　释

［ 1 ］　a. 辽宁省文物考古研究所. 阜新查海新石器时代遗址试掘报告［J］. 辽海文物学刊, 1988（1）.

　　　　b. 方殿春. 阜新查海新石器时代遗址的初步发掘与分析［J］. 辽海文物学刊, 1991（1）.

［ 2 ］　a. 方殿春, 辛岩. 辽宁阜新县查海遗址1987～1990年三次发掘［J］. 文物, 1994（11）.

　　　　b. 辛岩, 方殿春. 查海遗址1992～1994年发掘报告［C］. 辽宁考古文集. 沈阳: 辽宁民族出版社, 2003.

［ 3 ］　辽宁省文物考古研究所. 查海——新石器时代聚落遗址发掘报告［R］. 北京: 文物出版社, 2012.

［ 4 ］　a. 方殿春. 阜新查海新石器时代遗址的初步发掘与分析［J］. 辽海文物学刊, 1991（1）.

　　　　b. 辛岩, 方殿春. 查海遗址1992～1994年发掘报告［C］. 辽宁考古文集. 沈阳: 辽宁民族出版社, 2003.

　　　　c. 辽宁省文物考古研究所. 查海——新石器时代聚落遗址发掘报告［R］. 北京: 文物出版社, 2012.

　　　　d. 索秀芬, 李少兵. 兴隆洼文化聚落形态［C］. 边疆考古研究（第8辑）. 北京: 科学出版社, 2009.

e. 赵宾福. 兴隆洼文化的类型、分期及聚落结构研究［J］. 考古与文物，2006（1）.

［ 5 ］ a. 严文明. 聚落考古与史前社会研究［J］. 文物，1997（6）.

　　　　b. 张忠培. 聚落考古初论［J］. 中原文物，1999（1）.

［ 6 ］ 张忠培. 浅谈考古学的局限性［J］. 故宫博物院院刊，1999（2）.

［ 7 ］ 丁风雅. 中国北方地区公元前5000年以前新石器文化的时空框架与谱系格局研究［D］. 吉林大学，2017.

［ 8 ］ 索秀芬，李少兵. 兴隆洼文化聚落形态［C］. 边疆考古研究（第8辑）. 北京：科学出版社，2009.

［ 9 ］ 卢立群. 查海遗址的废弃过程研究［D］. 吉林大学，2015.

［10］ 辽宁省文物考古研究所. 查海——新石器时代聚落遗址发掘报告［R］. 北京：文物出版社，2012.

［11］ 辽宁省文物考古研究所. 查海——新石器时代聚落遗址发掘报告［R］. 北京：文物出版社，2012.

［12］ 杨宽. 辽西史前磨制石器研究［D］. 吉林大学，2016.

［13］ 辽宁省文物考古研究所. 查海——新石器时代聚落遗址发掘报告［R］. 北京：文物出版社，2012.

［14］ 陈继玲，陈胜前. 查海遗址陶器风格变化的功能视角［C］. 边疆考古研究（第18辑）. 北京：科学出版社，2015.

［15］ 辽宁省文物考古研究所. 查海——新石器时代聚落遗址发掘报告［R］. 北京：文物出版社，2012.

［16］ 辽宁省文物考古研究所. 查海——新石器时代聚落遗址发掘报告［R］. 北京：文物出版社，2012.

［17］ 段天璟，成璟瑭，曹建恩. 红山文化聚落遗址研究的重要发现——2010年赤峰魏家窝铺遗址考古发掘的收获与启示［J］. 吉林大学社会科学学报，2011（4）.

［18］ 刘国祥. 红山文化研究［M］. 北京：科学出版社，2016.

［19］ 沈阳市文物考古研究所，新乐遗址博物馆. 新乐遗址发掘报告［R］. 北京：文物出版社，2018.

［20］ 许玉林，傅仁义，王传普. 辽宁东沟县后洼遗址发掘概要［J］. 文物，1989（12）.

A New Study on Settlement Pattern of the Chahai Site

CHEN Zui

Chahai site is an important Xinglongwa cultural settlement of the early stage of the Neolithic Age in Liaoxi Area. The settlement form of Chahai site is selectively analyzed in this thesis based on the research on synchronicity of the settlement remains. It is believed that the site has gone through four development stages from an non-stable settlement which was used for a short term to central settlement which was used for a long term gradually. By developing from the northwest to the northeast and the southeast, the quantity of the settlement historic sites increased and the scale of the settlement expanded. As the minimized social units in settlement, house sites had increasingly significant functional difference from zero, with layout style from rowed and unidirectional arrangement of the first, second and third stage to blocking gathering distribution of the fourth stage.

上宅遗址新石器时代遗存辨析

贾　领

（吉林大学考古学院，长春，130012）

上宅遗址位于北京市平谷区上宅村西北，1984年文物普查时发现该遗址。北京市文物研究所和平谷县文物管理所（现北京市平谷区文物管理所）于1985～1987年对遗址进行了发掘，发掘面积共2860平方米，资料在《北京平谷上宅新石器时代遗址发掘简报》[1]上发表，其后又在《北京考古史·史前卷》[2]上公布了第3层和第8层部分陶器。由两次公布的材料可知，上宅遗址的文化堆积自上而下可以分为8层，其中第3～8层为新石器时代文化遗存，本文拟对这两次公布的材料作细致的分析，并结合以往的研究成果，对上宅遗址出土新石器时代遗存的性质、年代等问题进行讨论。

一、上宅遗址的分组

上宅遗址地层堆积较为简单，其中共有24个单位公布陶器，结合遗址的层位关系及出土陶器的特征，包括器形、纹饰、器物组合，可以将这24个单位依据年代早晚关系划分为三个小组。

第一组为遗址的第8层。陶器以筒形罐为主，筒形罐均为夹砂陶。器形多为敞口，厚圆唇，深腹，平底。装饰风格流行口沿下饰多道弦纹或者一周附加堆纹，主体纹饰为压印交叉纹或横向人字形压划纹（图一，21～26）。

第二组包括遗址的第4～7层。陶器有泥质和夹砂两种。器形有深腹罐、杯、勺、钵等。纹饰大部分为抹压条纹、刻划纹及之字纹组成的绞索纹、三角纹等（图一，10～20）。

第三组为遗址第3层。以细泥质红陶为主，其次为夹砂，还有少量的泥质灰陶。多素面，少量饰弦纹、刻划纹。器形有釜、碗等（图一，1～9）。

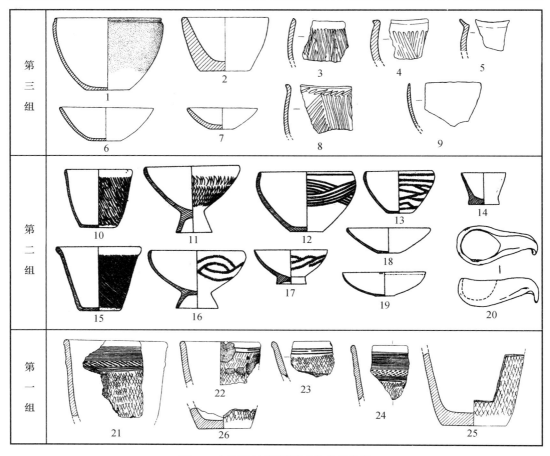

图一　上宅遗址新石器时代陶器分组

1～3、6、7、9.碗（T0207③：1、T0207③：4、T0207③：5、T0207③：2、T0207③：3、T0207③：7）

4、5、8.釜（T0308③：2、T0307③：1、T0207③：6）　10、15.深腹罐（T0707⑤：14、T0407⑦：5）

11、16.圈足钵（T0706⑤：1、T0407⑦：1）　12、13、18、19.钵（T0607⑦：1、T0406⑤：16、T0606⑤：2、

T0408④：8）　14.杯（T0308⑤：8）　17.圈足碗（T0308⑤：5）　20.勺（T0407⑤）　21～26.筒形罐

（T0907⑧：2、T1206⑧：3、T0907⑧：1、T1206⑧：2、T1206⑧：4、T0708⑧：1）

二、文 化 性 质

根据对上宅遗址出土材料分析，上宅遗址文化内涵丰富，至少包含三种从早到晚属于不同时期、不同性质的考古学文化或遗存。

从发表的陶器来看，上宅遗址第一组为主体饰交叉纹和人字纹的筒形罐。这种筒形罐与内蒙古克什克腾旗南台子遗址所见的筒形罐纹饰极为相似，二者文化性质应当相同（图二）。关于这类遗存的性质，以往将其纳入兴隆洼文化，因为其遗物具有自身的特点，故有学者将其单独命名为南台子文化[3]。根据这一认识，显然上宅遗址第一组的文化性质应为南台子文化。

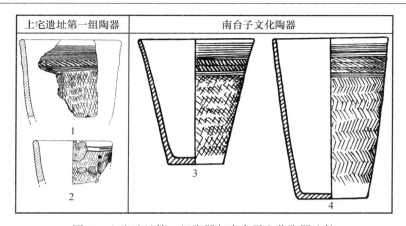

图二　上宅遗址第一组陶器与南台子文化陶器比较

1~4.筒形罐（上宅遗址T0907⑧：2、上宅遗址T1206⑧：3、南台子遗址F29：1、南台子遗址F16：3）

与上宅遗址第二组出土同类遗存的遗址还有北京市平谷区北埝头遗址[4]、河北省三河市孟各庄遗址[5]等。对于这类遗存的认识学界一直存在争议。第一种是将其作为上宅文化独立命名，但是对于具体的文化内涵界定还存在分歧[6]。第二种认为将上宅遗址为代表的遗存命名为独立的文化欠妥，认为可以将其归入赵宝沟文化，但是自身有明显的地方性特点，建议称其为赵宝沟文化安新庄类型[7]，或者赵宝沟文化上宅类型[8]。第三种认为这类遗存属于赵宝沟文化但不是地域性的差异，属于时间早晚不同的文化阶段，且应属于赵宝沟文化的早期阶段[9]。第四种认为根据青池遗址的发掘，可将其纳入青池一期文化、青池二期文化、青池三期文化的谱系之中[10]，也有学者将这类遗存单独命名为青池类型，认为其处于上承兴隆洼文化，下启后岗一期文化的发展谱系之中[11]。

"分布于一定地域、存在于一定时间、具有共同特征的人类活动遗存，在考古学上，一般称之为考古学文化"[12]，据此，我们建议将上宅遗址第4~7层这类遗存命名为上宅文化。理由如下：首先，由上宅遗址的层位关系，可知这类遗存介于南台子文化和第三组遗存之间，存在于特定的时期。其次，这类遗存分布在沟河流域上游，具有一定的分布地域。最后，这类遗存以深腹罐、圈足碗、勺、杯等特征遗物为陶器组合，具有自身的特征（图三）。基于此我们赞同上宅文化的命名。

与上宅遗址第3层出土陶器文化面貌一致的主要是河北省三河市刘白塔遗址[13]。刘白塔遗址位于河北省三河市刘白塔村东沟河南岸的台地上。该遗址1984年文物普查时发现，1991年，廊坊市文物管理所和三河县文物管理所（现三河市文物管理所）进行第一次发掘；2001年，廊坊市文物管理处进行了第二次发掘，两次发掘的文化遗存面貌大体一致。

关于这类遗存的文化性质，以及在整个燕山南麓、太行山东麓地区新石器时代文化中所处的位置，学界一直存在争论。1997年，孙祖初在《中原地区新石器时代中期向晚期的过渡》[14]一文中，将太行山东麓和燕山南麓这一时期的遗存视为下潘汪文化，

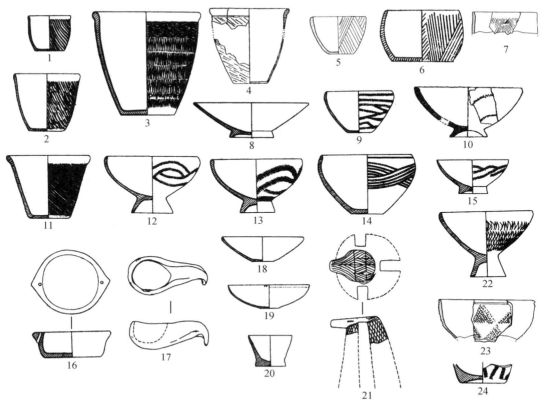

图三　上宅文化陶器

1、2、11. 深腹罐（F6：4、T0707⑤：14、T0407⑦：5）　3、4、24. 筒形罐（F5：1、T4②：5、F1：5）

5、9、14. 深腹钵（T4②：2、T0406⑤：16、T0607⑦：1）　6、7. 盂（H4：3、T5②：1）　8、10、15. 圈足碗
（F1：8、H3：1、T0308⑤：5）　12、13、22. 圈足钵（T0407⑦：11、F9：2、T0706⑤：1）　16. 双系杯
（F6：13）　17. 勺（T0407⑤）　18. 浅腹钵（T0606⑤：2）　19. 红顶钵（T0408④：8）　20. 杯（T0308⑤：8）
21. 鸟首支座（F6：14）　23. 浅腹杯（F6：5）

（1、3、8、13、16、21、23、24. 北埝头遗址；2、9、11、12、14、15、17~20、22. 上宅遗址；4~7、10. 孟各
庄遗址）

将其分为两个类型，分布在燕山南麓及滹沱河流域的为燕落寨类型，刘白塔遗址亦属于此；1999年，刘化成在《试论上宅文化》[15]中将刘白塔遗址出土的遗存和上宅遗址第3层，归入上宅文化，并且将其作为上宅文化的第四期；同年，《河北考古五十年》[16]将刘白塔遗址列入北福地文化系统；韩建业认为这类遗存属于仰韶文化下潘汪类型的刘白塔亚型[17]；新近有学者对于下潘汪文化的性质、文化特征进行分析，认为其应是"以泥质红陶为主，多素面磨光，少量弦纹、刺剔纹和线纹等，以'红顶式'碗钵为特色，另有夹砂弦纹罐、小口双耳壶、小口内折唇壶、小口细颈瓶、小平底釜、灶、甑，泥质红陶盆等"为特征，上承镇江营文化，下启后岗一期文化，同时认为刘白塔遗存与下潘汪文化差别明显，不宜纳入同一文化[18]。

这样，我们就需要对这类遗存性质进行重新审视。这类遗存分布于洵河东岸，陶器以泥质陶为主，红陶居多，器形多为碗、钵、盂、釜等，器表纹饰以划纹、压划纹为主，具有独有的特征（图四）。我们建议以上宅遗址第3层和刘白塔遗址所代表的这类遗存暂时称为"刘白塔遗存"。

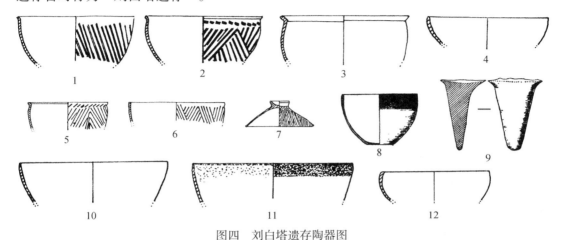

图四　刘白塔遗存陶器图

1~3、5. 釜（T1H2：1、T2④：2、T2H1：1、T2④：3）　4、10、12. 碗（T2H1：65、T1H2：36、
T2H1：32）　6. 盂（T1H2：3）　7. 器盖（T1H2：12）　8、11. 红顶钵（T3H1：10、T2④：15）
9. 鼎足（T3H1：9）
（均为刘白塔遗址）

三、分期与年代

上宅遗址出土南台子文化遗存没有可供参考的测年数据，结合以往对于南台子文化在整个"兴隆洼文化"系统中的发展阶段及年代研究，认为南台子文化草创网格纹和交叉纹一类遗存的年代约为公元前6200~前5600年[19]，这也就是南台子文化的绝对年代。上宅遗址南台子文化遗存也处在这个年代范围之内。

对于上宅文化的分期，有学者曾有过系统研究[20]，这为我们探讨上宅文化的发展阶段提供了启示。上宅遗址是上宅文化得以命名的基础，同时也是上宅文化地层堆积最为丰富的遗址。根据上宅遗址的地层关系及器物组合，可以将上宅遗址分为两组。第一组包括上宅遗址的第7层，出土遗物为平底、斜腹、敞口深腹罐，饰交叉宽带方格篦点纹组成的绞结纹的深腹钵，以及由之字纹组成的绞结纹的圈足钵等。第二组包括上宅遗址的第4~6层，出土遗物为饰压印之字纹的喇叭口形圈足钵，平底斜弧腹的敞口深腹罐，口沿下饰一周压印之字纹，腹部饰交叉状篦点纹的深腹钵、圈足碗等。

北埝头遗址F9：2（图三，13）圈足钵，敛口、高圈足，腹部饰之字纹组成的绞结纹，与上宅遗址第一组T0407⑦：11圈足钵（图三，12）造型相似，可将F9归入上宅遗址第一组。根据上宅遗址平底深腹罐的变化，可以看出平底深腹罐的演化规律为由敞口斜直腹，到近直口斜弧腹，根据这样的演化规律，观察北京平谷北埝头遗址F6所出的直口平底鼓腹的深腹罐（图三，1）应当晚于第一组和第二组，我们将北京平谷北埝头遗址F6所代表的遗存作为上宅文化的第三组。孟各庄遗址H3：1（图三，10）圈足碗，其篦纹与上宅遗址T0607⑦：1深腹钵（图三，14）同为篦纹，且与上宅遗址T0407⑦：11圈足钵（图三，12）器表复合纹饰大体一致，可以将其归入第一组。同时，根据上宅遗址所出的深腹钵从第一组到第二组，深腹钵由敛口向微敛口，同时腹部的复合纹饰由不规整到规整，根据这一变化规律，可以将孟各庄遗址T4②：2（图三，5）深腹钵，归入第三组，这样与其同出的T4②：5（图三，4）夹砂筒形罐也可归入第三组，同时T11H4：1与H1：13筒形罐与此器形和纹饰均一致，也可划归该组，北埝头遗址F5：1（图三，3）筒形罐与之器形一致，这样可以将北埝头遗址F5归入第三组。孟各庄遗址H4：3（图三，6）盂，以及T5②：1（图三，7）盂的纹饰与第三组的T4②：2深腹钵的纹饰一致，均为平行线三角纹纹，这样就可以将这几个单位归入第三组。这样改组为期，我们暂时可以将上宅文化分为三期。

第一期包括上宅遗址的第7层，北埝头遗址的F9，孟各庄遗址H3等单位；第二期包括上宅遗址的第4~6层；第三期包括北埝头遗址的F6、F5，孟各庄遗址的T4②、T5②、T11H4、H1等单位。

基于以上的分析，我们将具有分期意义的陶器排成分期图（图五）。各器物的演化规律为：深腹罐的腹部由斜直腹到斜弧腹再到斜鼓腹，口由敞口到微敞口到近直口；深腹钵由敛口到口微敛再到近直口，同时腹部由深变浅；圈足钵圈足由低到高，圈足碗

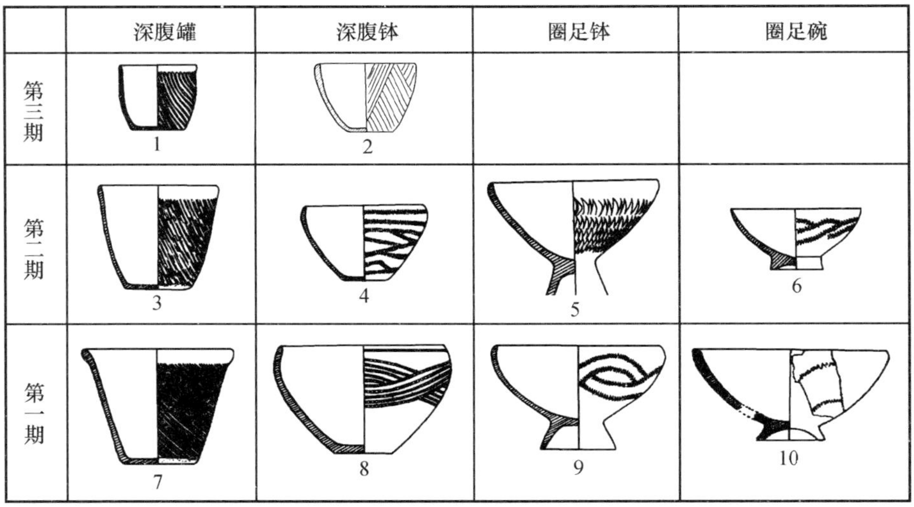

	深腹罐	深腹钵	圈足钵	圈足碗
第三期	1	2		
第二期	3	4	5	6
第一期	7	8	9	10

图五　上宅文化分期图

1、3、7. 深腹罐（F6：4、T0407⑤：14、T0407⑦：5）　　2、4、8. 深腹钵（T4②：2、T0406⑤：16、T0607⑦：1）　　5、9. 圈足钵（T0706⑤：1、T0407⑦：1）　　6、10. 圈足碗（T0308⑤：5、H3：1）

（1. 北埝头遗址；2、10. 孟各庄遗址；3~9. 上宅遗址）

由高到低，二者的纹饰都趋于规整，口部越来越敞。

另外，北埝头遗址的F2~F4、F8、F10及孟各庄遗址T4①等单位没有出土可供比较的陶器，其年代暂时不能确定。

根据上宅遗址的地层关系可知，上宅文化叠压在南台子文化之上，其相对年代应当不早于南台子文化，目前上宅文化的测年数据有4个[21]，包括上宅遗址3个和北埝头遗址1个，分别是：上宅遗址T1④测年为距今6340年±200年（校正为公元前5321~前4849年），T0706⑤测年为距今6000年±105年（校正为公元前4891~前4582年），T0309⑦测年为距今6540年±100年（校正为公元前5453~前5230年）；北埝头F2测年为6220年±110年（校正为公元前5200~前4802年）。综上，我们大致推断上宅文化的绝对年代应该为公元前5500~前4500年，下限可能略早。

关于刘白塔遗存的年代，有学者提出对刘白塔遗存年代的认识[22]，认为其较镇江营—北福地二期文化要晚，一段年代重叠于兴隆洼文化，较后岗一期文化、上宅文化—赵宝沟文化早期为早。根据上宅遗址的地层关系，我们可以修正与兴隆洼文化有一段重叠，早于上宅文化这一认识，很明显这类遗存应该不早于上宅文化。

根据上文上宅文化的分期研究，上宅遗址的遗存主要包含了上宅文化的第一、二期，该遗址的刘白塔遗存叠压在上宅文化第二期之上，同时刘白塔遗址所出的饰平行线三角划纹与上宅文化第三期一致，这样我们可以确定其年代不早于上宅文化二期，大致相当于上宅文化第三期或略晚。至于刘白塔遗存的年代下限没有确切的地层依据。有学者将镇江营文化到后岗一期文化陶器演化特征概括为"陶质上由夹砂夹云母陶为主，发展到以泥质为主；炊器上由釜和支脚相配演变到釜形三足鼎，红顶钵由敞口浅腹变至敛口或直口深腹，彩陶由无到有等[23]"，刘白塔遗存陶质以泥质陶为主，红顶钵多为直口或敛口，同时出土了圆锥形鼎足，不见彩陶，其年代表现出从镇江营文化到后岗一期文化的过渡性。刘白塔遗存钵的口部以近直口为多，其年代应略早于后岗一期文化或者与其早期同时。上文我们已经根据上宅文化的测年数据将其年代下限确定为公元前4500年或略早，同时根据对后岗一期文化的研究绝对年代为公元前4500~前4000年[24]。这样我们可以推测刘白塔遗存的年代大致为公元前4500年左右，或者略早。

四、文化来源与形成

就目前的研究结果来看，小河西文化、南台子文化、兴隆洼文化的谱系关系得到学界的普遍认可，从目前公布的材料来看，本地区缺少小河西文化遗存，而在燕山以北发现明确的小河西文化发展为南台子文化的谱系关系，这样我们可以推测，上宅遗址及整个燕山以南地区南台子文化应当不是本地产生的，应当是燕山以北南台子文化向南扩张的产物。

已经有学者指出，上宅文化应当来源于兴隆洼文化[25]，但是将南台子文化独立命名之后，具体的器物演化关系还有进一步探讨的必要。学界已经注意到南台子文化与上宅文化存在缺环，这种缺环的填补成为学界探索南台子文化发展到上宅文化的热点。有学者将北埝头遗址作为上宅第一期遗存和第二期遗存的过渡环节[26]，并且被部分学者接受[27]。根据我们对上宅文化的分期研究，北埝头遗址除部分单位处于上宅文化第一期外，大部分遗存处于上宅文化第三期，根据这样的认识，将其作为过渡，显然不妥。筒形罐应当是对南台子文化的继承，但是其具体的器物演变，还有待于材料的进一步公布。那么上宅文化的来源就应当是一个值得继续探讨的问题。

分析刘白塔遗存的来源，要从刘白塔遗存的器形和纹饰两方面来分析，刘白塔遗址的主要器形为饰刻划纹的釜，这种釜是镇江营文化的主要器形，而器表的主要纹饰为继承了上宅文化的刻划纹。我们可以推论，刘白塔遗存应当是镇江营文化的后裔接受上宅文化的影响而产生的。而且这种纹饰很可能被出现彩陶的后岗一期文化所继承（图六）。

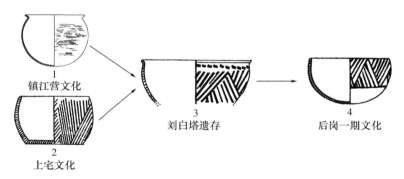

图六　刘白塔遗存源流陶器比较图

1.北福地遗址H80：49　2.孟各庄遗址H4：3　3.刘白塔遗址T2④：2　4.南杨庄遗址H25：2

五、结　语

通过对上宅遗址新石器时代遗存的分析，将上宅遗址划分为南台子文化、上宅文化、刘白塔遗存，对于认识燕山南麓新石器时代文化具有重要的意义。限于材料的公布，对于这几类文化遗存的认识还属于粗线条的，更清晰的认识期待更多材料的公布。

注　释

［1］　北京市文物考古研究所，北京市平谷县文物管理所上宅考古队.北京平谷上宅新石器时代遗址发掘简报［J］.文物，1989（8）：1-8，16，98-99.

［2］　郭京宁.北京考古史·史前卷［M］.上海：上海古籍出版社，2012：134-156，165-168.

［3］　丁风雅.中国北方地区公元前5000年以前新石器文化的时空框架与谱系格局研究［D］.吉林大学，2017.

［4］ 北京市文物考古研究所，北京市平谷县文物管理所北埝头考古队.北京平谷北埝头新石器时代遗址调查与发掘［J］.文物，1989（8）：9-16.

［5］ 河北省文物管理处，廊坊地区文化局.河北三河县孟各庄遗址［J］.考古，1983（5）：404-414.

［6］ a.索秀芬，李少兵.上宅文化初论［J］.考古与文物，2009（1）：28-31，88.
　　 b.刘化成.试论上宅文化［J］.华夏考古，1999（1）：18-25.
　　 c.赵宾福.东北石器时代考古［M］.长春：吉林大学出版社，2003：184-190.

［7］ 段宏振.燕山南麓新石器时代文化初论［J］.北方文物，1995（1）：17-22.

［8］ 韩建业.北京先秦考古［M］.北京：文物出版社，2011：64，74.

［9］ 陈国庆.试论赵宝沟文化［J］.考古学报，2008（2）：121-140.

［10］ 韩嘉谷，纪烈敏.论蓟县青池新石器时代遗存的混合型文化［J］.考古，2014（4）：63-72.

［11］ 赵雅楠，袁广阔.新石器时代中晚期北京北部文化谱系及其相关问题［J］.华夏考古，2018（3）：45-56，106.

［12］ 张忠培.研究考古学文化需要探索的几个问题［C］.中国北方考古文集.北京：文物出版社，1990：254.

［13］ a.廊坊市文物管理所，三河县文物管理所.河北省三河县刘白塔新石器时代遗址试掘［J］.考古，1995（8）：673-677，718，769.
　　 b.廊坊市文物管理处.河北三河县刘白塔新石器时代遗址第二次试掘［J］.文物春秋，2004（2）：38-49，54.

［14］ 孙祖初.中原地区新石器时代中期向晚期的过渡［J］.华夏考古，1997（4）：47-59.

［15］ 同［6］b.

［16］ 河北文物研究所.河北考古五十年［C］.新中国考古五十年.北京：文物出版社，1999：42.

［17］ 同［8］.

［18］ 卢瑞宇.下潘汪文化研究——兼论镇江营文化系［C］.边疆考古研究（第25辑）.北京：科学出版社，2019：181-206.

［19］ 杜战伟，韩斐.论兴隆洼文化的分期与年代［J］.考古，2019（3）：68-80.

［20］ 同［6］a.

［21］ 中国社会科学院考古研究所.中国考古学碳十四年代数据集（1965—1991）［M］.北京：文物出版社，1992：17-18.

［22］ 刘化成，陈卓然.浅析刘白塔遗存的文化特征及与周边文化的关系［J］.文物春秋，2012（1）：3-8.

［23］ 张渭莲，段宏振.中原与北方之间的文化走廊——太行山东麓地区先秦文化的演进格局［M］.北京：文物出版社，2015.

［24］ 王一夫.后冈一期文化陶器分期及渊源探讨［D］.辽宁大学，2014.

［25］ 同［6］c.

［26］　郁金城，郭京宁. 上宅遗址的发掘及上宅文化的若干问题［C］. 北京平谷与华夏文明：国际学术研讨会论文集（2005）. 北京：社会科学文献出版社，2006：165-170.

［27］　韩嘉谷. 谈上宅新石器遗存的考古学文化定位［J］. 北京文博文丛，2014（3）：1-15.

A Discussion of the Archaeological Remains From the Shangzhai Site Neolithic Age

JIA Ling

Shangzhai site (excavated from 1985-1987) is located at the Northwest of Shanzhai village, Pinggu District, Beijing. This article will conduct an analysis on the Neolithic remains of Shangzhai site from the perspective of potteries. Taking the typical archaeological findings of some related cultures as references, we distinguished three types of remains from the site, which can represent the cultures including Nantaizi, Shanzhai and Liubaita. Discussion of the origin and development of the site is also presented.

南宝力皋吐墓地出土玉石器研究

钟 雪

（吉林大学考古学院，长春，130012）

南宝力皋吐遗址位于内蒙古扎鲁特旗鲁北镇东南部，是大兴安岭南麓草原与科尔沁沙地的交会地。新石器时代遗存包括墓地和聚落两部分——墓地位于南宝力皋吐村西北的沙土高岗之上，由A、B、C三处地点构成[1]；聚落D地点位于南宝力皋吐嘎查南约1千米的沙土台地上，清理出的房址和灰坑等遗迹属哈民忙哈文化范畴[2]。该遗址出土的史前时期玉石器绝大部分发现于墓葬内，与出土的陶器意义不同的是，这批玉石器反映了东北地区细石器文化对科尔沁沙地史前文化的重要影响。本文现以南宝力皋吐墓地出土的玉石器为对象，从类型分析、埋藏性质、器物功能和治玉工艺等方面做出进一步的研究。

一、出土概况及分类与组合

南宝力皋吐墓地共计清理出墓葬395座，其中A地点231、B地点127、C地点37座[3]。根据目前已有资料，在发掘的近400座墓葬中，发表了43座墓葬出土的玉石器，约占墓葬总数的10.9%，发表玉石器数量达73件（组）。A地点最多，集中分布于该地点中心位置和东半部，有28座墓葬出土了43件（组）玉石器，分别约占发表玉石器墓葬和玉石器总数的65.1%和58.9%；B地点次之，较为分散地分布于该地点东、西两部，有10座墓葬出土22件玉石器，所占比例分别约为23.3%和30.1%；C地点最少，多发现于该地点南半部，有5座墓葬出土8件玉石器，分别约占11.6%和11%（图一）。

南宝力皋吐墓地出土的玉石器数量和种类不甚丰富，多数墓葬出土一两件（组），个别墓葬出土3件以上（含3件），出土玉石器数量最多的一座墓葬达9件之多。以实用器为主，另有极少数非实用器。这批玉石器都有明确的出土单位，因此可以在时空框架中确立与周邻相关遗存的互动关系，为探讨东北地区史前玉器的发展和玉器系统的完善提供了重要的参考资料。

目前可供研究的南宝力皋吐墓地玉石器多为照片，依器形可分为璧、环、璜、坠饰、管、珠、觿、锛、斧、牙璧、骨朵等11种，本文拟从玉器的功能和用途角度将上述

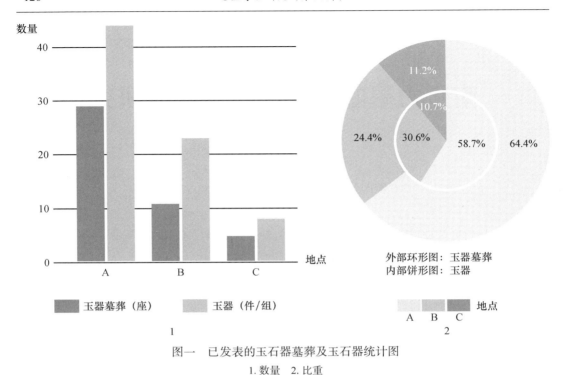

图一　已发表的玉石器墓葬及玉石器统计图
1. 数量　2. 比重

玉器分为装饰、工具和礼仪三大类进行分析和讨论。装饰类玉器包括璧、环、璜、坠饰、管、珠，工具类玉器包括斧、锛、觿，礼仪类玉器牙璧、骨朵。

1. 装饰类

（1）璧，16件，制作不甚规整，包括改制璧和非改制璧。

改制璧，13件。多是利用制作玉璧或环时切割下的内芯加工而成，大部分外侧边缘保留切割痕迹。中孔多采用两面对钻，孔径较小，一般在0.5厘米左右。标本BM5：8（1～9），有青玉和白玉两种，均残，外径1.6～2.9、孔径0.4～0.7、厚0.25～0.6厘米（图二）。

非改制璧，3件。中孔的成孔方式有钻孔和切割两种，两面加工，孔径在1厘米左右，制作不甚规整。标本AM46：2，白玉，璧孔两面切割而成，外径3.25～3.3、内径1.25厘米（图三，1）；标本AM178：3，青玉，璧孔两面对钻而成，外径1.4、内径0.5厘米（图三，2）。

（2）环，3件。BM114：1，青玉，环内、外均为两面切割，外径3.93、内径2.5、厚0.4厘米（图三，3）；AM20：1，白玉，有灰色纹理，孔近椭圆形，制作不甚规整，外径2.1、内径0.86～1、厚0.3厘米（图三，4）；AM199：6、AM199：7，白玉，出土时断成两半，断裂端各对钻一小孔，环内缘方圆、外缘圆弧，制作规整，打磨光滑，外径10.2、内径6.1、厚0.8、小孔径0.1～0.4厘米（图七，1）。

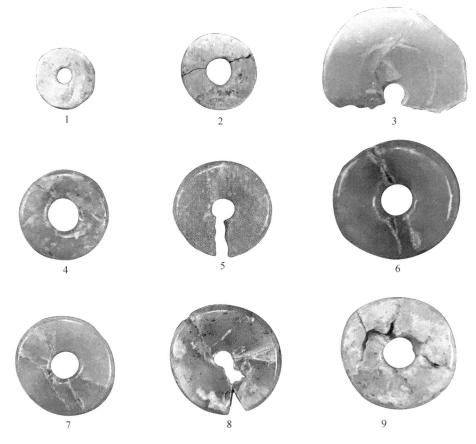

图二　BM5：8（1~9）改制璧

（3）璜，6件，包括改制器5件、非改制器1件，两端都钻有小孔。

改制璜，由玉璧和玉环的残断加工而成。标本BM120：9、BM120：10，白玉，玉环残断改制璜，环内孔可以观察到清晰的两面切割痕迹，外径3.1、内径2.1、厚0.3厘米（图三，5）；标本AM59：5，青白玉，对比AM20：1内缘下端中心的凹陷，推测应为形制相同的玉璧改制而成，外径3.6、内径2.03、孔径0.1~0.2厘米（图三，6）。

非改制璜，1件，片状。AM115：1，白玉，有青色纹理，月牙形，长2.4、宽0.65、厚0.2厘米（图三，7）。

（4）坠饰，30件，片状，按形状差别，分二型。

A型　3件，鱼形，鱼腹略鼓，头部都有一个穿孔，或对钻或单面钻。标本AM72：1，青玉，头部横穿一孔，尾部有一残列的纵穿孔，均两面对钻，长5.3、最宽2.25、孔径0.3、最厚1.05厘米（图三，8）；标本AM87：11，青玉，一面有一道纵向切割痕，头部钻孔为单面钻，长5.7、最宽3.3、孔径0.3~0.55、最厚0.35厘米（图三，9）。

图三　南宝力皋吐墓地玉石器

1、2. 非改制璧（AM46：2、AM178：3）　　3、4. 环（BM114：1、AM20：1）　　5、6. 改制璜（BM120：9、BM120：10、AM59：5）　　7. 非改制璜（AM115：1）　　8、9. A型坠饰（AM72：1、AM87：11）　　10. Ba型坠饰（AM32：1）　　11. Bb型坠饰（AM46：1）　　12. Bc型坠饰（AM28：7）　　13. Bd型坠饰（AM172：7）　　14. Be型坠饰（AM187：10）　　15. 管（AM88：3）　　16. 斧（BM102：1）　　17、18. 锛（AM129：1、AM160：1）　　19. 觽（AM39：1）

B型 几何形，上端都有一对钻小孔，按个体形态差别，又可分五亚型。

Ba型 13件，近梯形。标本AM32：1，青灰玉，圆角梯形，四边稍外弧，长4.55、上宽1.9、下宽2.9、孔径0.2～0.3、厚0.32厘米（图三，10）。

Bb型 9件，近长方形。标本AM46：1，青白玉，两侧边较直，上、下边斜弧，中部稍厚向边缘渐薄，长4.3、宽2.62、孔径0.3～0.5、最厚0.28厘米（图三，11）。

Bc型 2件，近三角形。标本AM28：7，青白玉，等边圆角三角形，中部稍厚向边缘渐薄，长4.15、宽3.45、孔径0.42～0.6、最厚0.35厘米（图三，12）。

Bd型 1件，长条形。AM172：7，柳叶形，一侧边略直，一侧边外弧，下端圆钝，长6.3、最宽1.35、孔径0.23～0.37、最厚0.4厘米（图三，13）。

Be型 2件，近方形。标本AM187：10，绿玉，残断，只存上端，上边圆弧，向下略宽、厚，上、下各对钻一个小孔，上孔有使用磨痕，残长1.85、最宽2.2、孔径0.12～0.3、最厚0.45厘米（图三，14）。

（5）管，9件，扁圆状，中部粗向两端稍细，中穿一孔，两面对钻。标本AM88：3，青灰玉，上、下边平直，两侧边外弧，长3.65、大径1.88、小径1、孔径0.5厘米（图三，15）。

（6）珠，3件（组）。CM35：13，半透明深绿色，扁平体，直径0.6、孔径0.2、厚0.4厘米（见图九，2）；CM35：1，绿玉，近圆柱体，两端内收，长0.75、直径0.45、孔径0.25厘米（见图九，3）；另有1组绿松石和叶蜡石的串珠，出土于AM61（图四）。

图四 AM61绿松石和叶蜡石串珠

2. 工具类

（1）斧，1件。BM102：1，青玉，近梯形，四边稍外弧，一面较平，一面圆弧，长8.6、顶宽2.4、刃宽4.7、最厚1.55厘米（图三，16）。

（2）锛，2件，平面呈梯形。AM129：1，青玉，两侧边稍外弧，刃斜直，长7.1、顶宽3.6、刃宽4.8、最后1.4厘米（图三，17）；AM160：1，青玉，有白色纹理，一面较平，一面圆弧，刃斜弧，顶部保留着切割痕迹，长6.65、顶宽2.95、刃宽3.95、最厚1.6厘米（图三，18）。

（3）觽，1件。AM39：1，青白玉，片状，长方形柄，一侧出一弯勾，中部稍厚向边缘渐薄，中上部对钻一大孔，一旁对钻一小孔，长5.35、宽3.6、大孔径0.7～0.85、小孔径0.18、最厚0.4厘米（图三，19）。

3. 礼仪类

（1）牙璧，1件。AM58：9，白玉，环外等距琢刻出三牙，其中一牙残缺，制作精良、打磨光滑，对角长5、孔径1.2～1.6、厚0.38厘米（见图七，2）。

（2）骨朵，1件。BM44：3，煤精，五角星形，上、下各有一五角台面，中部对钻一孔，中部的台面角间出菱形五角，五角的根部也有明显的切割痕迹，外径10.8、孔径2.2～2.8、厚4.3厘米（见图八，1）。

为了清晰表达南宝力皋吐墓地出土玉石器的组合关系，现将以上按器形分类的器物还原至相关墓葬中，如表一所示。

依上表可知，在出土玉石器的墓葬中，以AM61、BM5、AM36出土较多，AM58和CM35各出土3件，12座墓葬出土2件，多数出土1件（组）。在出土数量较多的几座墓葬中，按各类器形统计，B型坠饰、璧、管、环、璜的出土数量和出现频率最高，故可视为南宝力皋吐墓地玉石器的主要器物组合。至于A型坠饰、牙璧和骨朵，则表现出了明显的地域特征和文化特征：一般认为类似A型坠饰的仿鱼形玉器可能源于贝加尔湖沿岸的谢洛沃文化和基多伊文化的石质诱鱼具[4]，在我国境内也只发现于松嫩平原和科尔沁沙地地区；牙璧被认为起源于辽东半岛和山东半岛[5]，后来逐渐扩散，向北传播至西辽河流域，向西沿黄河传播到陕北地区，南达南阳盆地；骨朵经考证其原始形态是"环状石器"或"棍棒头"，直至新石器时代晚期逐渐演变为部分呈多角蒺藜状[6]，常见于多山地区，如我国的吉林东部、辽宁南部和朝鲜西北部地区[7]。这三种特殊器形的出土，对明确南宝力皋吐墓地文化因素的构成具有重要参考价值。

表一　南宝力皋吐墓地出土（发表）玉石器一览表

出土单位（地点墓葬）	发表数量（件/组）	璧 改制	璧 非改制	环	璜 改制	璜 非改制	坠饰 A	坠饰 B Ba	坠饰 B Bb	坠饰 B Bc	坠饰 B Bd	坠饰 B Be	管	珠	觿	锛	斧	牙璧	骨朵	资料来源
M20	2	1		1																《科尔沁文明——南宝力皋吐墓地》《内蒙古扎鲁特旗南宝力皋吐新石器时代墓地》《内蒙古扎鲁特旗南宝力皋吐新石器时代墓地C地点发掘简报》
M28	1																			
M32	1											1								
M34	1							1												
M36	7												7							
M39	1														1					
M46	2		1						1											
M49	1							1												
M58	3		1			1		1												
M59	2							1										1		
M61	1组													1组						
M72	1						1													
M82	1							1												
M87	1						1													
M88	2							1					1							
M89	2					1			1											
M115	1							1												
M129	1				1											1				
M149	1							1												
M152	1							1												

A

续表

出土单位（地点墓葬）		发表数量（件/组）	璧		环	璜		坠饰						管	珠	觿	锛	斧	牙璧	骨朵	资料来源
			改制	非改制		改制	非改制	A	Ba	Bb	Bc	Bd	Be								
A	M160	1															1				《科尔沁文明——南宝力皋吐墓地》《内蒙古扎鲁特旗南宝力皋吐新石器时代墓地》《内蒙古扎鲁特旗南宝力皋吐新石器时代墓地C地点发掘简报》
	M162	1																			
	M172	2								1		1									
	M177	1							1												
	M178	1		1																	
	M187	1									1										
	M199	2			1					1											
	M215	1											1								
B	M5	9	9																		
	M27	2						1													
	M30	1				1				1											
	M44	2	1																	1	
	M52	1									1										
	M102	1			1				1												
	M107	2								1								1			
	M114	1								1											
	M118	1								1											
	M120	2				2															

续表

出土单位（地点/墓葬）		发表数量（件/组）	璧 改制	璧 非改制	环	璜 改制	璜 非改制	坠饰 A	坠饰 B Ba	坠饰 B Bb	坠饰 B Bc	坠饰 B Bd	坠饰 B Be	管	珠	觿	锛	斧	牙璧	骨朵	资料来源
C	M7	1	1																		《科尔沁文明——南宝力皋吐墓地》《内蒙古扎鲁特旗南宝力皋吐新石器时代墓地》《内蒙古扎鲁特旗南宝力皋吐新石器时代墓地C地点发掘简报》
	M19	1												1							
	M23	2							2												
	M34	1								1											
	M35	3	1												2						
总计	43	73	13	3	3	4	2	3	13	9	2	1	2	9	3	1	2	1	1	1	

二、玉石器特征

南宝力皋吐墓地玉器的质地多为透闪石——阳起石类的软玉，颜色以青色、白色、青白色为主；此外还包括绿松石、叶蜡石、玛瑙石等类玉质地的美石及煤精制品；在琢玉工艺上涵盖了切割、穿孔、打磨抛光等技术[8]。

由于墓地出土的玉器大部分为片状薄刃器，故此推测解玉工序可能采用了片切工艺，片切的优点在于可以不用解玉砂直接进行切割[9]，操作起来比较简便。在已发表的70余件（组）玉石器中，除工具类的玉锛和玉斧，其余皆有一两个穿孔。最大的一件玉环AM199：6、AM199：7（见图七，1），孔径达6.1厘米；最小的一件珠CM35：13（见图九，2），孔径仅0.2厘米。由此可见南宝力皋吐先民大量使用穿孔技术于玉石器制作上，穿孔是玉石器加工过程中的重要一环，根据穿孔类型和工具的不同，可分为切割和钻孔两类。切割孔多为环、璧等环状器物的成形孔，两面切割，孔缘虽经打磨但切割痕迹明显；钻孔多为装饰孔，用于配饰上的坠线穿绳，以便随身佩戴或缀合在其他材质的器物上，也用于制作改制璧中间的小孔，多两面对钻，极少数单面钻，但由于该墓地尚未发现钻孔工具，因此还无法判断工具的材质和类型。值得注意的一个特殊现象是，在AM20：1（图三，4）、AM59：5（图三，6）、AM58：9（见图七，2）的内缘上发现了一个形近小半孔的痕迹存在，类似情况最初在哈民忙哈遗址的玉器上曾被发现——双联璧F37：2（图五，1）在上孔一面的下方可见一处稍前阶段施工未贯穿的钻孔，底部有实心钻的尖端钻痕；另一件双联璧F45：9（图五，2）一面下孔的上端，遗留了一处实心钻未贯穿钻孔半圆形的痕迹，有研究者称这种首先以实心钻开孔定位，再逐步扩孔直至完成穿孔，并采用琢击和旋转研磨等多种工艺组合的穿孔技术为

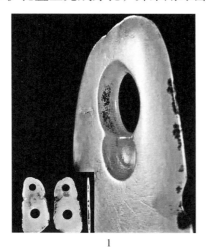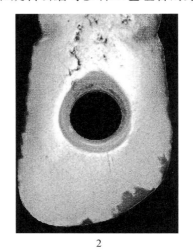

1　　　　　　　　　　　　　　2

图五　哈民式穿孔技术

1、2. 双联璧（哈民忙哈遗址F37：2、哈民忙哈遗址F45：9）

哈民式穿孔技术[10]。另外，墓地所发现的玉器全部素面无纹，表面比较光滑，对器物的孔缘、边缘、刻槽等虽也进行了打磨抛光，目的是去掉制作痕迹，但整体水平有限，仍未达到圆润而有弧度的水平，特别是切割孔的棱角处，制作痕迹清晰可见。

改制器占有一定比例，改制方法比较简单。从目前所发表的器物来看，基本上属于原器形断裂、破损，经再加工或恢复至本来器形的阶段，如AM199：6、AM199：7（见图七，1）原为玉环，断裂后在断茬处各钻一孔，因两个残断部分能够完美契合在一起，因此推测钻孔的性质应为铆孔，即用于穿连其他物质连接和修补玉环。或在原器形的基础上改制成其他形制的玉器，但会受原器形外形等因素的制约，具有两种外形特征，如AM149：4（图六，2）由玉璧的残断部分加工而成，断茬处规整并经过打磨处理，似人为截断；BM120：9、BM120：10（图三，5），BM27：4（图六，1）由玉环的残断部分加工而成，断茬虽经打磨但不自然，应为非人为截断，是为了修复破损器物而被迫采取的改制。还有一部分是利用治玉废料制作而成，如BM5：8（1~9）（图二）及AM 20：3（图六，3）、CM7：1（图六，4）、CM35：12（见图九，1）、BM44：1（见图八，2），推测是由制作环、璧时的玉芯改制而成，改制璧的外缘还保留着明显的切割痕迹，内孔较小，多为钻孔，其中BM5：8（3）（图二，3）和BM44：1的中心尚有一处两面切割但未割透的打孔痕迹。

除上述人工制品，还出土了2件自然形成的鸟形玛瑙石饰，虽未经加工但有使用痕迹（图六，5、6），这也从侧面反映出南宝力皋吐墓地治玉的原始性和玉器发展的缓慢性。

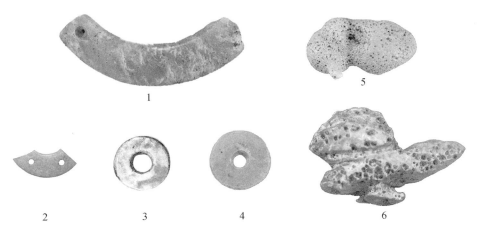

图六　改制器及自然形成的鸟形饰
1、2.璜（BM27：4、AM149：4）　3、4.璧（AM20：3、CM7：1）　5、6.鸟形饰（AM166：3、BM25：7）

三、埋藏性质与功能

南宝力皋吐墓地三个地点的墓葬大体沿西北—东南向呈带状分布，墓葬方向统一朝向东南，彼此之间极少存在叠压打破关系，多单人土坑竖穴墓，很少双人葬和三人葬，葬式以仰身直肢葬为主，还发现俯身直肢葬、侧身直肢葬、二次葬和无头葬等[11]。随葬品有陶器、石器、玉器、骨器、蚌器等，玉器和类玉美石多出土于成年单人墓中，也在个别儿童墓中发现随葬玉石串珠的现象。

AM58，男性单人葬，出土3件玉石器，包括璧、绿松石坠饰等，以及蚌珠串饰散落在墓主周身（图七，左）。

AM61，儿童单人葬，出土1组绿松石和叶蜡石串珠，单体数量在19个左右，松散地环列在随葬的陶罐残片的一侧（图四）；AM199，单人葬，出土1件玉环，断成两半，分置墓主头部两侧（图七，右）。

BM44，单人葬，出土1件残玉璧，发现于墓主头周附近，另有1件煤精骨朵发现于墓主头顶（图八）。

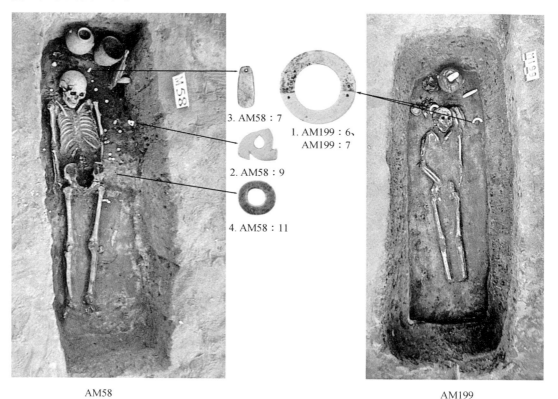

3. AM58：7

1. AM199：6、
   AM199：7

2. AM58：9

4. AM58：11

AM58

AM199

图七　A M58（左）、AM199（右）埋藏情况
1. 环　2. 牙璧　3. 绿松石坠饰　4. 璧

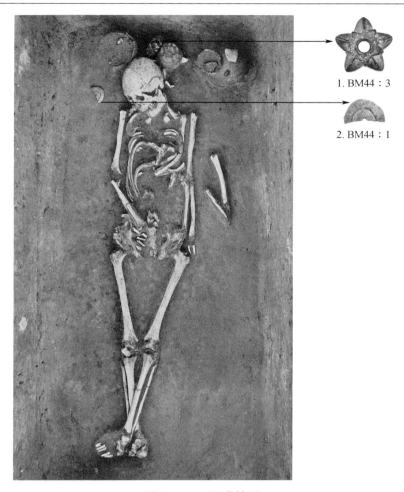

1. BM44：3

2. BM44：1

图八　BM44埋葬情况

1. 骨朵　2. 璧

　　CM35，男性单人葬，出土3件玉器，其中1件玉珠见于胸上，另1件玉珠和1件玉璧置于头端[12]（图九）。

　　从上述几座墓葬出土玉石器的位置——多见于人骨的头部两侧、胸前或散落在周身，可知其性质应为墓主生前随身佩戴的装饰品，而非类似红山文化玉器所具有的宗教祭祀和礼仪功能。结合另一处与南宝力皋吐墓地文化内涵相似的昆都岭遗址，据发掘者描述，墓葬中出土的环、匕等玉饰件一般在墓主的头部和胸部[13]，可以推测作为装饰品的玉石器多是下葬时就已佩戴在墓主身体的不同部位。除装饰品外，斧、锛等工具类玉器也都有使用痕迹，说明南宝力皋吐先民更加注重玉石器的实用性。另外，在所发现的70余件（组）玉石器中，仅有1件牙璧作为礼器随葬——牙璧出土于AM58，墓主是一位成年男性，该座墓葬几乎位于A地点的居中位置，与之伴出的还有陶壶、陶罐、玉璧、蚌珠串饰、绿松石坠饰、石斧、骨梗石刃刀及骨锥等，随葬品种类和质量

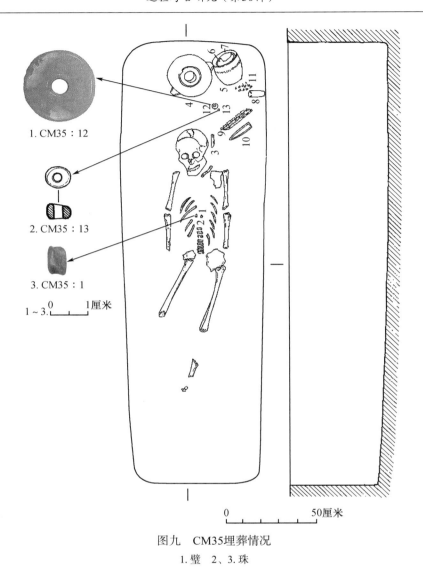

1. CM35：12

2. CM35：13

3. CM35：1

1～3. 0 1厘米

图九　CM35埋葬情况

1. 璧　2、3. 珠

相当优越，凡此种种都表明该墓主生前应为A地点这个氏族或家族中的重量级人物，随葬牙璧或许有一丝"藏礼于玉"的意味；这些墓葬中的人骨不乏断头（AM26）、腰斩（AM187）、身首异处（AM126）和创痕累累（BM125）的迹象，这类墓葬内随处可见大把锋利的箭镞、骨刀、骨剑和石球等杀伐武器，不难推测出这一时期战争的频繁和残酷，出土于BM44的骨朵似可视为象征军事权威的礼器[14]。

四、与其他考古学文化玉器的关系

对于备受珍视的新石器时代玉器，古代先民们寄予了比这一阶段的陶、石、骨、蚌等其他材质的遗物更为丰富的含义。南宝力皋吐墓地玉石器与其前后不同阶段及周邻地区同时期考古学文化玉器的关系，主要表现在两个层面：一是形制、工艺、审美等方面的外在表现，二是精神、文化等方面的内涵提示。

（一）与红山文化和小河沿文化玉器的关系

红山文化是辽西地区重要的新石器时代考古学文化之一，年代距今6500～5000年[15]，继承了本地区兴隆洼文化以玉器为思想观念载体的文化传统，并因精美的玉器闻名于世。将两者同类器进行比较后，很难看出南宝力皋吐墓地玉石器对红山文化玉器的继承或受其治玉风格的影响，而且该墓地出土的玉石器种类中不见红山文化玉器的特殊器类和动物造型玉器；从治玉技术上观察，红山文化玉器已经具备非常完善的工艺，在开料时采用片切和砂绳切割两种方法，管钻、实心钻和多重实心钻掏膛开孔等多种钻孔技术配合使用，打磨抛光技术更为发达[16]，南宝力皋吐墓地玉石器所表现出的工艺技术显然逊色于此；在埋藏性质和功能上，红山文化玉器集中发现于与祭祀遗迹有关的单位，可以确定是非实用器的礼仪类玉器，"唯玉为葬""唯玉为礼"是红山文化玉器的一个重要特征，南宝力皋吐墓地玉器则更偏向于实用功能。

小河沿文化是继赵宝沟文化之后，与红山文化晚期并行发展的一支分布在西辽河流域的考古学文化，年代在公元前3500～前2000年[17]。该文化玉器发现极少，仅在大南沟墓地出土了小型玉锛（M51：4）和玉管（M56：6）各1件[18]，而出土数量较多的则是形制相同的石质（大理石、滑石、绿松石、玛瑙石等）璧、环、镯、璜、珠等器物，绝大部分出土于墓葬中，作为随葬的装饰品佩戴于墓主的颈部、胸前和手臂上[19]。与南宝力皋吐墓地相比，小河沿文化玉石器不仅数量少，种类更为单调，而且质地很差，做工简单，显然不属同一玉器系统，这与两个文化遗存出土陶器风格相似的情况截然不同。

（二）与黑吉地区史前玉器及哈民忙哈文化玉器的关系

黑吉地区的史前玉器出现时间非常早，据最新考古发现和研究表明，小南山文化出土的玉管、璧、斧、珠年代可早至距今9000年左右[20]，左家山[21]、长岭腰井子[22]、新开流[23]、刀背山[24]、小南山M1[25]、亚布力[26]等遗址出土的史前玉器年代也早至距今7500～5500年。从出土玉器形态上看，小南山文化玉器明显更为原始，其早期墓葬遗存出土的小玉璧与旧石器时代晚期流行的鸵鸟蛋壳钻孔串珠非常相似[27]；而黑吉地区下一阶段出土的玉器多为器体扁薄、外形不甚规整、边缘呈刃状、剖面似柳叶形的不规则刃边形器。

哈民忙哈遗址是迄今为止科尔沁沙地发现的规模最大的史前聚落遗址，处于科尔沁沙地东北地区新石器考古学文化发展序列的第四个阶段[28]，年代在公元前3500～前3000年[29]。经2010～2012年的连续考古发掘，共计出土遗物千余件，其中玉器54件，发表45件，除个别见于房址盗坑和填土内，绝大部分发现于居住面上，器形主要有璧、异形璧、联璧、勾云形器、匕、璜、瓦棱纹器、坠饰、珠、斧、钺等，以圆形璧、圆角方形璧、联璧、匕和璜为主要器物组合[30]。

在器类表现上，南宝力皋吐墓地与哈民忙哈文化和黑吉地区的璧、璜、坠饰等都表现出了强烈的相似性（图一〇）：造型比较单一，几乎都是几何形器，特别是器体较小、制作不甚规整的扁薄刃边形器和仅在松嫩平原和科尔沁沙地发现的鱼形坠饰，而且大多素面无纹；在器物功能上，礼器类玉石器的数量很少，以实用功能为主，包括作为随身装饰品的璧、环、璜、管、珠、坠饰和作为生产工具的斧、锛、钺等；在治玉技术上，朱永刚先生在比较了黑吉地区圆形璧、圆角方形璧、方形璧和联璧的钻孔位置和形状后发现都与哈民式穿孔特点相同，说明两者制作工艺基本一致，应该属同一技术体系[31]，本文也叙述到南宝力皋吐墓地出土的玉璧的成形孔缘大多不规整，而且还在3件玉器上发现了类似定位开孔的半圆形痕迹；另外也都存在对残断玉器的改制行为这一特殊文化现象。由此说明南宝力皋吐玉器相较于红山文化和小河沿文化，与哈民忙哈文化和黑吉地区的史前玉器更具趋同性。但这里要说明的一点是，这一史前玉器系统在发展到新石器时代末期的过程中，某些器形不可避免地会发生一些变化，如流行于黑吉地区和哈民忙哈文化的圆角方形璧、长方形璧、异形璧和联璧，在下一阶段的南宝力皋吐墓地玉器中就未曾发现，还有前一阶段流行在肉上的钻孔也不见于下一阶段的玉璧上。

（三）与哈克文化玉器的关系

哈克文化是分布在内蒙古呼伦贝尔地区海拉尔河中上游的一支细石器文化，年代约为距今6000～5000年[32]。截至目前，已公布的哈克文化玉石器大致可以分为两批：一批是在1979～2008年出土及采集到的15件玉器，包括璧、环、片、坠饰、斧、锛、人面像和绿松石珠等[33]；另一批是1986年捐赠所得的11件玉璧，现藏于故宫博物院[34]。

哈克文化的玉器种类比较简单，以工具类为主，有些装饰类，并出现了礼器；形状多呈几何形，除一件人面像外，未见动物造型玉器，器表也很少施加纹饰。值得一提的是该文化的玉璧，内外壁边缘渐薄，剖面呈柳叶形，形状不甚规则，这与黑吉地区出土的史前玉璧存在着许多相似之处：如滕家岗遗址Ⅱ式璧[35]（图一〇，14）和长岭腰井子遗址玉璧（图一〇，15），相较于哈克遗址玉璧（图一〇，10）只是肉上无孔、器形较小。如此看来，哈克文化玉璧与南宝力皋吐墓地玉璧相似度更高。工具类的锛也表现出了明显的趋同性：个体都不大，长度为5～7厘米、顶宽为1.5～3.5厘米、刃宽为2.5～5厘米，只是哈克文化的玉锛更偏厚和细长（图一〇，12）；有使用痕迹，制作比较精致，推测同时也可作为兵器使用。

综上所述，南宝力皋吐墓地玉石器在治玉工艺、埋藏性质和功能上与辽西地区红山文化和小河沿文化玉器相去甚远，而表现出与本地区哈民忙哈文化及其以北的哈克文化和黑吉地区同期玉器高度一致的相似性，可视为同一玉器系统。这一亚系玉器所搭载的实用功能，明显区别于兴隆洼文化和红山文化以玉器为思想观念载体的辽西地区史前玉器。若将其所在的科尔沁沙地置于整个东北——紧邻松辽分水岭，介于松嫩平原和辽西地区之间，可将该地区作为东北史前玉器的又一重要分布区，同黑吉地区一并成为研究东北史前玉器的重要材料。

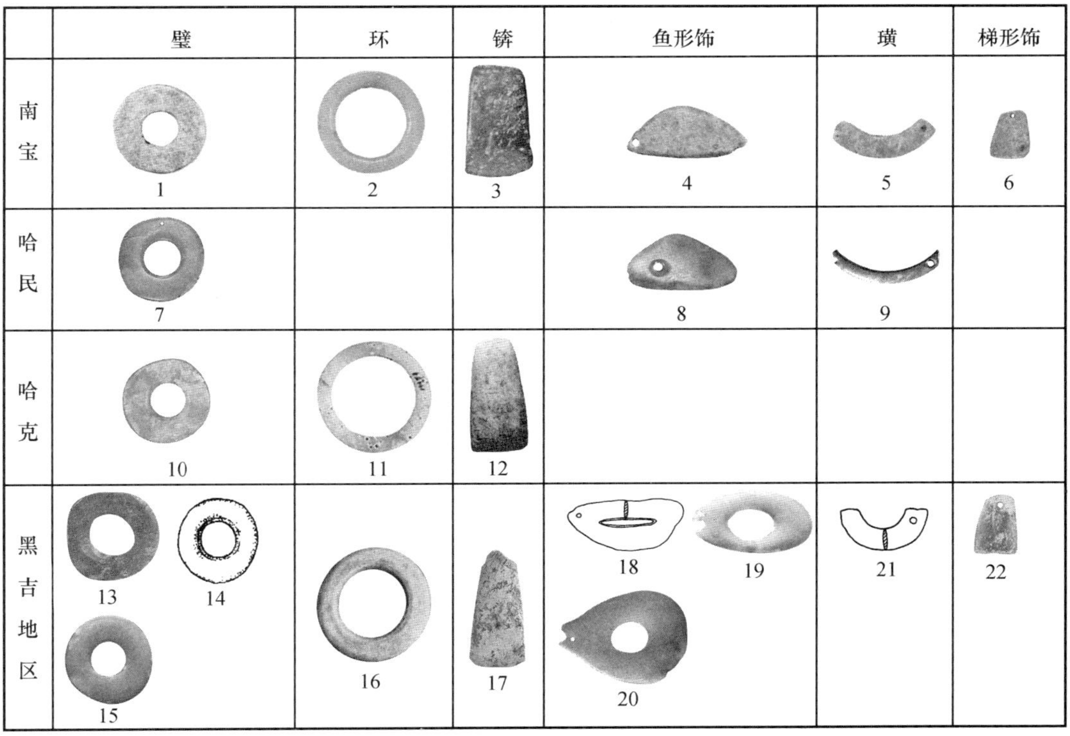

	璧	环	锛	鱼形饰		璜	梯形饰
南宝	1	2	3	4		5	6
哈民	7			8		9	
哈克	10	11	12				
黑吉地区	13 14 15	16	17	18 19 20		21	22

图一〇　南宝力皋吐墓地与哈民忙哈、哈克及黑吉地区史前同类玉器比较

1～6. 南宝力皋吐墓地（AM46：2、BM114：1、AM160：1、AM72：1、BM27：4、CM23：4）　7～9. 哈民忙哈遗址（F46：1、F40：1、F45：16）　10～12. 哈克遗址M2采（器物编号10038、10036、10040）　13～22. 黑吉地区史前玉器（黑龙江东翁根山采：6、黑龙江滕家岗83ATM1、吉林长岭腰井子采：09、吉林镇赉采：16、黑龙江火烧嘴子山采：5、吉林长岭腰井子F2：3、吉林长岭腰井子86采、黑龙江李家岗M1采：5、吉林通榆大岗古墓葬、黑龙江莲花泡采：6）

五、小　　结

　　南宝力皋吐墓地是一处地处科尔沁沙地北缘的新石器时代晚期遗存，从地缘关系上看，科尔沁沙地地处下辽河、辽西、松嫩平原之间，是中国东北地区乃至东北亚地区各史前文化交流与融合的汇集地带，很容易受到来自辽东北、辽西、嫩江下游、第二松花江流域及贝加尔湖周围地区新石器时代考古学文化的影响。在文化旋涡中生存的南宝力皋吐先民，或主动吸收或被动接受形成了属于自身独特风格的文化面貌，作为一种文化类型跻身于这一文化交会区域。通过以上梳理，本文在全面收集资料的基础上，对南宝力皋吐史前墓地出土的玉石器进行了详细的类型分析，主要取得了以下三点认识。

　　第一，南宝力皋吐墓地玉石器全部为发掘品，出土单位清晰。这一发现的意义在于，不仅完善了科尔沁沙地东北部地区查海时代[36]至龙山时代的文化发展序列，而且还填补了该地区史前玉器的发展缺环。

　　第二，这批玉石器在墓葬中的位置比较固定，据出土时的位置摆放，应多是死者生前随身佩戴的装饰品和日常实用器；以璧、管、环、璜、坠饰等小型制品为基本组合，另有少量生产工具和礼器；普遍具有刃薄、轻便的特征，造型简洁古朴，器表留有明显的使用痕迹，且绝大多数都有穿孔，但制作工艺水平不高，技法较为原始。

　　第三，从器形特征、实用功能和技术体系等方面考虑，将南宝力皋吐墓地玉石器划分至松辽分水岭以北的包括哈克文化玉器在内的黑吉地区史前玉器系统，提高其在东北史前玉器系统[37]中的地位至与辽河流域并重，作为原生型玉器发源中心和在发展过程中一直保留鲜明地区特征的玉文化传统。

注　　释

［1］　　a. 内蒙古文物考古研究所. 2006年扎鲁特旗南宝力皋吐墓地的发掘［J］. 内蒙古文物考古，2007（1）：15-20.

　　　　b. 内蒙古文物考古研究所，科尔沁博物馆，扎鲁特旗文物管理所. 内蒙古扎鲁特旗南宝力皋吐新石器时代墓地［J］. 考古，2008（7）：20-31.

　　　　c. 内蒙古文物考古研究所，扎鲁特旗文物管理所. 内蒙古扎鲁特旗南宝力皋吐新石器时代墓地C地点发掘简报［J］. 考古，2011（11）：24-37.

［2］　　内蒙古文物考古研究所，扎鲁特旗文物管理所. 内蒙古扎鲁特旗南宝力皋吐遗址D地点发掘简报［J］. 考古，2017（12）：21-38.

［3］　　内蒙古自治区文物考古研究所，扎鲁特旗人民政府. 科尔沁文明——南宝力皋吐墓地［M］. 北京：文物出版社，2010.

［4］　　冯恩学. 我国东北与贝加尔湖周围地区新石器时代文化交流的三个问题［J］. 辽海文物学刊，1997（2）：72-77，19.

［5］　栾丰实.牙璧研究［J］.文物，2005（7）：69-81.

［6］　陈永志.骨朵形制及相关诸问题［J］.内蒙古文物考古，1992（Z1）：55-62，54.

［7］　王培新.吉林延边出土的环状石器及其用途［J］.文物，1985（4）：65-68.

［8］　同［3］.

［9］　张敬国，张敏，陈启贤.片状工具开料之初步试验——玉器雕琢工艺显微探索之三［C］.中国玉文化论丛·四编.北京：文物出版社，2006：295-303.

［10］　邓聪，吉平.从哈民玉器谈玉器穿孔南北的体系［C］.澳门黑沙史前轮轴机械国际会议论文集.澳门：澳门民政总署文化康体部，2014：120-127.

［11］　同［3］.

［12］　简报图六CM35平、剖面图中称有一件编号为12的玉环，根据下文遗物描述，推测应为器物号为CM35：2的灰白色石环。

［13］　塔拉，张亚强.内蒙古昆都岭遗址发掘取得重要收获［N］.中国文物报，2008-11-26（2）.

［14］　同［3］.

［15］　赵宾福.东北石器时代考古［M］.长春：吉林大学出版社，2003：219.

［16］　邓聪，刘国祥.牛河梁遗址出土玉器技术初探［R］.牛河梁——红山文化遗址发掘报告（1983—2003年度）（中）.北京：文物出版社，2012：536-540.

［17］　杜占伟.中国东北南部地区新石器文化的时空框架与谱系格局研究［D］.吉林大学，2014.

［18］　辽宁省文物考古研究所，赤峰市博物馆.大南沟——后红山文化墓地发掘报告［R］.北京：科学出版社，1998：17，45.

［19］　赵宾福.关于辽西史前玉器的几个问题［C］.玉魂国魄——中国古代玉器与传统文化学术讨论会文集.北京：北京燕山出版社，2002：146-160.

［20］　黑龙江省文物考古研究所，饶河县文物管理所.黑龙江饶河县小南山遗址2015年Ⅲ区发掘简报［J］.考古，2019（8）：3-20.

［21］　吉林大学考古教研室.农安左家山新石器时代遗址［J］.考古学报，1989（2）：187-212.

［22］　吉林省文物考古研究所，白城地区博物馆，长岭县文化局.吉林长岭县腰井子新石器时代遗址［J］.考古，1992（8）：673-688.

［23］　黑龙江省文物考古工作队.密山县新开流遗址［J］.考古学报，1979（4）：491-518.

［24］　武威克，刘焕新，常志强.黑龙江省刀背山新石器时代遗存［J］.北方文物，1987（3）：2-5.

［25］　佳木斯市文物管理站，饶河县文物管理所.黑龙江饶河县小南山新石器时代墓葬［J］.考古，1996（2）：1-8.

［26］　黑龙江省文物考古研究所.黑龙江尚志县亚布力新石器时代遗址清理简报［J］.北方文物，1988（1）：2-7.

［27］　王春雪.鸵鸟蛋皮串珠：不止于装饰［M］.北京：社会科学文献出版社，2018.

［28］　朱永刚，郑钧夫.科尔沁沙地区东北部地区新石器时代遗存初探［C］.边疆考古研究（第12辑）.北京：科学出版社，2012.文中将这一地区新石器时代考古学文化的年代序列划分为五

个阶段，分别为兴隆洼文化、赵宝沟文化、左家山二期文化和红山文化西水泉期、哈民忙哈文化、南宝力皋吐类型。

［29］　郑钧夫，朱永刚，吉平. 试论哈民忙哈文化［C］. 边疆考古研究（第16辑）. 北京：科学出版社，2014.

［30］　a. 内蒙古文物考古研究所，吉林大学边疆考古研究中心. 内蒙古科左中旗哈民忙哈新石器时代遗址2011年的发掘［J］. 考古，2012（7）：14-30.

　　　　b. 内蒙古文物考古研究所. 内蒙古科左中旗哈民忙哈新石器时代遗址2012年的发掘［J］. 考古，2015（10）：25-45.

［31］　朱永刚. 哈民忙哈史前玉器研究［C］. 边疆考古研究（第22辑）. 北京：科学出版社，2017.

［32］　赵宾福，丁风雅. 海拉尔河流域四种新石器文化遗存辨析［J］. 中国国家博物馆馆刊，2018（10）：6-14.

［33］　a. 刘景芝，赵越. 呼伦贝尔地区哈克文化玉器［C］. 中国玉文化玉学论丛·三编. 北京：紫禁城出版社，2005：372-381.

　　　　b. 中国社会科学院考古研究所，内蒙古自治区文物考古研究所，内蒙古自治区呼伦贝尔民族博物馆，内蒙古自治区呼伦贝尔市海拉尔博物馆. 哈克遗址——2003～2008年考古发掘报告［R］. 北京：文物出版社，2010.

［34］　徐琳. 故宫博物院藏哈克文化玉石器研究［J］. 故宫博物院院刊，2012（1）：67-80.

［35］　马利民，项守先，傅维光. 黑龙江省齐齐哈尔市滕家岗遗址三座新石器时代墓葬的清理［J］. 北方文物，2005（1）：1-4.

［36］　赵宾福. 新中国考古学70年的成就与贡献［J］. 河北学刊，2019（5）：69.

［37］　黄翠梅. 中国新石器时代玉器谱系初探［J］. 史评集刊，2002（1）：6-16.

A Preliminary Study on Jade of Nan Baoligaotu Cemetery

ZHONG Xue

Nanbaoligaotu cemetery is a late Neolithic remains located in the northern edge of Horqin sandy land. It is famous for a group of unique jades including *bi*, ring, semi-annular, pendant, and a small amount of production tools and sacrificial vessels were excavated, too. It is quite different from Hongshan Culture and Xiaoheyan culture in terms of burial property, utensil function and manufacture technique, and shows a high degree of similarity with Haminmangha Culture in this area, Hake Culture in the north and jade in the same period in Heilongjiang and Jilin area. Different from the pottery found in Nanbaoligaotu Cemetery, the excavation of these jades reflects the important influence of the microlithic culture in Northeast China on the prehistoric culture of Horqin sandy land.

环太湖地区后良渚时期的文化动态

赵 今

（吉林大学考古学院，长春，130012）

1936年浙江省余杭县（现余杭区）良渚遗址的发现与发掘正式拉开了环太湖地区考古工作的序幕，从马家浜文化、崧泽文化再到良渚文化，该地区考古学文化的发展基本框架早已建立。其中，良渚文化将该地区推向了史前发展阶段的顶峰，一度超越了同时代其他地方的发展水平，直至被后来青铜时代的马桥文化所取代。而从良渚文化结束后到马桥文化开始前的这一段时间，即为本文所谓的"后良渚时期"。直到21世纪初，钱山漾文化和广富林文化被辨识并区分出来，至此良渚文化和马桥文化之间的缺环才被连上。"后良渚时期"这一概念的有效性限于环太湖地区范围内，这个概念的使用有利于更准确地描述其特定的地域性文化特点。

钱山漾文化主要分布在太湖南部，是以弧背鱼鳍形足垂腹釜形鼎和细颈袋足鬶为代表的一类遗存。钱山漾文化陶器以夹砂红陶为主，多素面。典型器物还包括舌形足鼎、鸭嘴状凿形足鼎、侧扁足鼎、高柄豆、折沿罐、乳钉足壶、大口缸等。而广富林文化主要分布在太湖东部和南部，是以侧装三角足罐形鼎和捏口平底鬶为代表的一类遗存。广富林文化陶器以夹砂灰、黑陶为主，另外还有粗泥陶和印纹陶，多素面。典型器物还有大口罐形鼎、广肩瓮、折沿凹口罐、钵形釜、喇叭形柄豆、直口朝天流鬶等。考古遗物作为考古学文化的物质载体，其材质、器形、工艺、装饰等均能反映自身独特的文化内涵、特定时代的文化特征及文化之间的关系，本文从各文化的器物入手，将后良渚时期的考古学文化作为参照点，从横纵两个视角去审视环太湖地区与其他文化的关系。

一、后良渚时期考古学文化的纵向关系

环太湖地区后良渚时期前后的考古学文化分别为良渚文化和马桥文化，在钱山漾和广富林遗址中均有明确的地层学证据，提供了钱山漾文化晚于良渚文化而早于广富林文化，广富林文化又早于马桥文化的相对年代关系的证明[1]，下文将通过对比来梳理环太湖地区这四个考古学文化的亲疏关系（图一）。

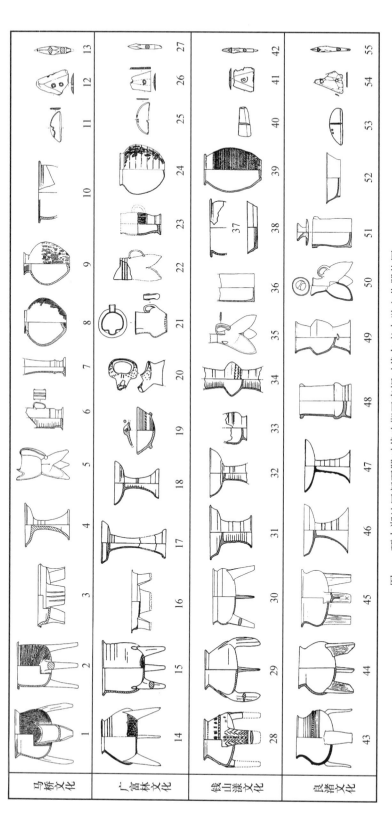

图一　环太湖地区新石器时代晚期至青铜时代各考古学文化器物图

马桥文化：1、2.鼎（H89：10，H14：3）　3.盘（T1002④B：5）　4.豆（H80①：18）　5.鬶（H107：9）　6、7.杯（H79：9，T403⑤：8）　8、9.罐（H102①：9，H16：3）　10.缸（H209①：31）　11.石刀（H201④：6）　12.石犁（T0902④：1）　13.石镞（H125：8）
（1～13.钱山漾遗址）

广富林文化：14、15.鼎（H43：1，T0802⑥C：3）　16.盘（T5033②b：7）　17、18.豆（H115：1，T1001⑤C：18）　19.釜（T0403⑥C：34）　20.盉（TD9：18）21、22.鬶（TD8：1，H43：2）　23.杯（T0546⑧：37）　24.罐（TD5：2）　25.石刀（T0802⑥C：14）　26.石犁（T1002⑥C：8）　27.石镞（T1003⑥A：6）
（14～24.广富林遗址；25～27.钱山漾遗址）

钱山漾文化：28～30.鼎（T03⑨A：15，H152：2，T0509④A：47）　31、32.豆（T03⑨A：14，T04⑫：24）　33.壶（T07⑦B：25）　34.尊（T03⑨A：13）35.鬶（T1001⑧：41）　36.杯（T0509④A：126）　37.缸（T04⑦A：41）　38.盘（T0503⑨：17）　39.罐（T1001⑨A：43）　40.石刀（Q1：1）　41.石犁
（T0802⑦B：6）　42.石镞（Q2：19）
（28～42.钱山漾遗址）

良渚文化：43～45.鼎（H110：13，M1：1，M22：8）　46、47.豆（M1：5，M65：93）　48.双鼻壶（M29：4）　49.尊（M15：8）　50.鬶（H1：1）51.杯（M126：17）　52.盘（M9：7）　53.石刀（T1②：94）　54.石犁（M81：16）　55.石镞（M73：33）
（43、47.福泉山遗址；44、52.卞家山遗址；45、48～51、54、55.新地里遗址；46.文家山遗址；53.城头山遗址）

（一）钱山漾文化与良渚文化

关于良渚文化与钱山漾文化的关系，本文认同学界的主流观点，即两个考古学文化存在明显的继承关系[2]。下面试从良渚文化尤其是其晚期文化和钱山漾文化的整体面貌、器物组合及器物发展演变来再次简述二者之间密不可分的传承关系。

二者整体的文化面貌相异，器物组合不完全相同，在典型代表器物上呈现出显著区别，另外良渚玉器在钱山漾文化中尚未发现，这是良渚文化与钱山漾文化内涵差异所在。然而，钱山漾文化早期多折腹侧扁足鼎，与良渚文化晚期的折腹鱼鳍形足鼎、T形足鼎的折腹釜形鼎身有相像之处。良渚晚期折沿束颈的圜底釜形鱼鳍足鼎，可以看作是钱山漾文化鱼鳍形足鼎的祖型。钱山漾早期高柄折腹豆与良渚晚期的整体形态相近，但豆盘上多了凸棱装饰。钱山漾文化中晚期的器物多为素面，装饰的竖向刻划纹、水波纹等与良渚文化一脉相承。继承方面还表现在器物的形态演变上，钱山漾文化的高柄豆、圈足盘、尊、细长颈鬶、罐、盆等均能在良渚文化中找到与之有渊源关系的器物。

钱山漾文化是在良渚文化灭亡后，于当地产生的本体文化。在继承传统文化的同时，还受到了北方外来文化及一小股南方早期印纹陶文化的影响，从而形成了钱山漾文化独特的文化内涵。时间上两文化前后衔接，地域上钱山漾文化处于良渚文化的分布区内，文化面貌上既有质的区别又有内在联系，二者无可置疑同属一脉。

（二）钱山漾文化与广富林文化

至于钱山漾文化和广富林文化，一种观点认为它们是环太湖地区继良渚文化后同时存在的考古学文化，另一种观点认为是前后相继的两支文化。以两支文化命名的主要遗址——广富林遗址和钱山漾遗址的地层中均有明确的叠压打破关系，虽然两个文化的分布范围不甚相同，但在时间上先后相继，文化上也有传承的因素。因此本文更倾向于第二种看法，广富林文化是继钱山漾文化之后的考古学文化，不是并行发展的两种文化。

广富林文化与钱山漾文化的内涵特征差异较大，它是由钱山漾文化遗存中的次要文化因素壮大、发展起来的，仅占整体内涵的一小部分，并不作为广富林文化的主要成分。整体审视广富林文化，其文化面貌更多地受到了其北方的南荡文化和王油坊类型文化的影响。然而不可忽视的是，广富林文化和钱山漾文化存在差异性的同时，也含有传承的文化因素。侧扁足鼎、泥质罐、圈足盘、尊、石镞等器物的造型，足跟有凹窝、足尖有按捺的制作风格等均是自钱山漾文化继承而来。

总的看来，广富林文化主要是在受到北方和南方外来文化的强烈作用下形成自己独特的面貌，虽与钱山漾文化的传承性稍显微弱，却也存在文化上的继承。

（三）广富林文化与马桥文化

马桥文化与广富林文化的器物种类、陶器的陶质陶色、装饰技法及纹饰风格等相似度极高，鼎、豆、罐、盉等形态相像的器物是马桥文化直接继承广富林文化部分因素的有力证明。除了对本地区传统文化的继承，马桥文化因素的构成还包括两部分。一是北方文化及中原夏商文化和岳石文化因素，包括陶豆、陶盆、陶鬹、石镞等遗物的造型。二是浙西南的几何印纹陶文化，印纹陶是中国东南地区新石器时代晚期至春秋战国时期考古学文化基本特征之一。广富林文化与马桥文化在几何印纹陶上存在很大的共性，广富林文化的印纹陶是西南印纹陶文化直接影响的结果。马桥文化的印纹陶就是在保留广富林文化因素的基础上，继续接受同时期西南地区的传播影响发展而来的。以上的衔接发展，是文化在这一时期持续传承的表现。

整体来看，本地的广富林文化无疑参与了马桥文化的形成。马桥文化有当地的文化因素，甚至从部分遗物中依然能看到良渚文化的影子。

（四）后良渚时期的环太湖地区文化序列

环太湖地区新石器时代的考古学文化序列已经基本确立：马家浜文化—崧泽文化—良渚文化—钱山漾文化—广富林文化。由上文分析可知，环太湖地区的考古学文化之间存在阶段性差异却又自然衔接，始终是一脉相传的承袭关系。

经对文化间关系的梳理来看，从良渚文化到钱山漾文化发展的这一序列上，钱山漾文化在各方面都落后于良渚文化，尤其表现在玉器、高等墓葬和大型祭祀场所的缺失上，这是因为目前属于钱山漾文化的遗址均为一般性聚落遗存，无法与良渚文化高等级的遗址相比。可以确定的是，良渚文化晚期与钱山漾文化有着不可分割的关系，属于同一族群在环太湖地区的延续。随后环太湖地区遭受到外来文化更猛烈的冲击，在文化间的碰撞和融合中，广富林文化顺势而生，并改变了环太湖地区土著文化的面貌。虽是如此，但并无确切证据表明此时该地区经历了"人群置换"，广富林文化仍然上承传统文化，它呈现出的文化面貌差异可认为是时代性特征。

二、后良渚时期考古学文化的横向关系

环太湖地区后良渚时期考古学文化包括以浙江北部为中心的钱山漾文化和以上海地区为中心的广富林文化，后良渚时期也因此分早晚两阶段，与周边地区呈现不同的文化互动情况。环太湖地区东面临海，与之交流的北邻主要是黄淮和宁镇地区，西面为长江中游地区，南方为东南沿海的赣闽地区。

（一）环太湖地区与其北邻地区的文化互动

环太湖地区北接苏皖江淮区域，两地之间的往来不断。无论是在较近的宁镇抑或稍远的皖北地区，均能从遗物表现出的共同特征中窥得彼此的联系（图二、图三）。

1. 钱山漾阶段

皖北地区与钱山漾文化分布区隔江而望，此阶段该地的考古学文化多为大汶口文化、龙山文化的地方类型。尉迟寺类型是大汶口文化晚期的一个地方类型，在亳州尉迟寺遗址中出土了与钱山漾文化早期遗物相似的器物陶平底瓮、陶豆、陶鬶、陶筒形杯等[3]，由此可推测尉迟寺类型对钱山漾文化的形成产生了微弱的影响。蚌埠禹会村遗址所代表的文化遗存被认为是龙山文化中晚期的一个独特的地方类型，称作龙山文化禹会类型。禹会村遗址第三段的整体文化面貌与钱山漾文化相同，还存在不少具有特征相似、造型无二的遗物[4]。遗址中的A型陶盉即为钱山漾文化的典型器物细颈袋足鬶，足见二者关系的亲密。

牛头岗类型文化分布在江淮地区的滁河流域，钱山漾遗址发掘者认为牛头岗早期遗存与钱山漾文化年代相当，在尚未发表具体材料的情况下，根据牛头岗遗址考古队给出的信息，知道遗址中出土了鱼鳍形足、凿形足、罐形鼎和袋足鬶等遗物[5]。

宁镇地区毗邻环太湖地区，两地区在这一阶段明显有过往来。南京北阴阳营遗址中第四期以H2为代表，单位中的大口缸、细长颈鬶，以及第四期地层和墓葬中的釜形鼎、凿形足、罐、杯等器物均呈现出与钱山漾文化相同的特征与风格。报告认为这一时期大致处于良渚中期，受到来自北方和东南太湖地区的影响[6]。除此之外，还能在南京太岗寺遗址[7]、薛城遗址[8]，安徽当涂的窑墩遗址[9]等寻到些许痕迹。

2. 广富林阶段

环太湖地区在广富林时期继续受到了来自江淮地区的持续影响，进一步丧失本土传统文化的特性，北方强劲的势头直接促进了广富林文化的形成，为其注入了新的文化因素。

在禹会村遗址第三段遗物中不仅发现部分具有钱山漾文化特征，还能看到与广富林文化相似的遗物，如朝天流的袋足鬶、鼓腹罐、圈足豆等[10]，此外陶鼎的三角形侧扁足足底有捏窝这一特征与广富林文化的鼎一模一样，但龙山文化禹会类型对广富林时期的影响与钱山漾时期相比变得微弱。此时对环太湖地区影响占主导地位的是黄淮平原地区的王油坊类型文化，二者在出土遗物的陶质陶色、纹饰风格、器物造型等各方面都展现了较大的一致性[11]。

这一时期的宁镇地区作为黄淮平原地区文化南下的途经之地，在多个遗址中发现

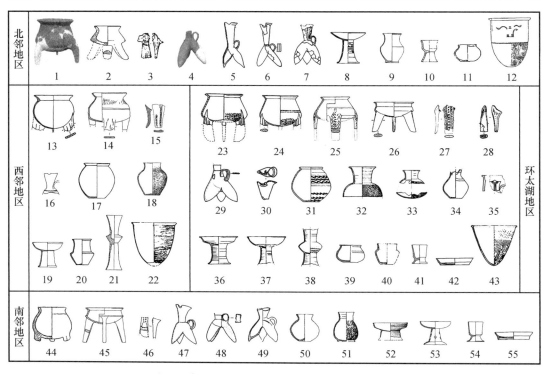

图二　钱山漾阶段环太湖地区与周邻地区器物图

北邻地区：1、2.鼎（未发表、M61：8）　3.鼎足（T47④）　4~7.鬶（未发表、M67：11、SJK5：1、
H2：2）　8.豆（M67：10）　9、11.罐（JSK4：10、M180：11）　10.杯（M64：4）　12.缸（H2：1）
（1、4.牛头岗遗址；2、3、7、10~12.北阴阳营遗址；5、8.尉迟寺遗址；6、9.禹会村遗址）

西邻地区：13、14.鼎（H434③：17、H434③：16）　15.鼎足（H419：1）　16.鬶（H434③：14）
17、18、20.罐（H56：80、H56：80、AT1907⑥：1）　19.豆（H427：7）　21.壶形器（H69：56）
22.缸（H183：7）
（13~22.肖家屋脊遗址）

环太湖地区：23~26.鼎（T1001⑨A：27、T1001⑨B：49、T1101⑦A：44、T0509④A：50）
27、28.鼎足（T1101⑧：99、T0902⑩：43）　29、30.鬶（T1001⑧：41、T1001⑦B：37）　31~34、39、
40.罐（T1001⑨A：43、T1101⑧：19、T0902⑧：16、T0902⑩：15、T01⑫：16、Q2：23）　35、43.缸
（T0509④A：51、T01⑧：17）　36、37.豆（T03⑨A：14、T04⑫：24）　38.尊（T03⑨A：13）　41.杯
（TS1⑧：4）　42.盘（T0503⑨：17）
（23~25、27~34、36~40、42、43.钱山漾遗址；26、35.三亩里遗址；41.茅草山遗址）

南邻地区：44、45.鼎（78T10⑦、M8：5）　46.鼎足（T6⑤）　47~49.鬶（M49：19、M9：13、
78T7④：91）　50、51.壶（78T8⑥：93、M4：4）　52.圈足盘（M10：5）　53.豆（M72：8）
54.杯（M27：6）　55.盘（T1613④B：1）
（44、49、50.樊城堆遗址；45、47、53、54.好川墓地；46、51、55.社山头遗址；48、52.牛鼻山遗址）

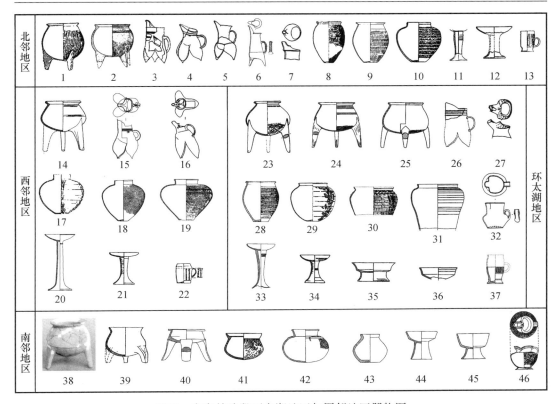

图三　广富林阶段环太湖地区与周邻地区器物图

北邻地区：1、2.鼎（H38∶11、T6②∶2）　3～5.鬶（T24⑤C∶24、H1∶9、HG4∶2）　6、7.盉（.JSK1∶2、
T25⑤∶3）　8～10.罐（H27∶23、T2003④∶1、T7②∶16）　11、12.豆（T7③∶30、H1∶13）　13.杯
（H38∶18）

（1、3、7、8、13.王油坊遗址；2、4、10～12.南荡遗址；5、6、9.禹会村遗址）

西邻地区：14.鼎（T15③∶2）　15、16.鬶（H70∶48、H63∶68）　17～19.罐（T12⑤∶47、H70∶29、
H26∶1）　20、21.豆（H538∶15、H4∶8）　22.杯（T17③∶16）

（14、21.茶店子遗址；15、16、18～20.肖家屋脊遗址；17、22.白庙遗址）

环太湖地区：23～25.鼎（TD9∶5、M1∶3、T1001⑤A∶10）　26、32.鬶（H43∶2、TD8∶1）　27.盉
（TD9∶18）　28～31.罐（T1001⑤C∶21、T25⑤∶3、T1338③∶36、TD9∶13）　33、34.豆（H77∶4、
T1001⑤c∶18）　35、36.盘（T1001⑤C∶22、T1003⑥C∶28）　37.杯（T0546⑧∶37）

（23、26、27、29～33、37.广富林遗址；24、25、28、34～36.钱山漾遗址）

南邻地区：38～40.鼎（M149∶10、M83∶4、M32∶3）　41.釜（H118∶56）　42、43.罐（M28∶8、
M16∶1）　44、45.豆（M45∶3、M15∶6）　46.鬶（M82∶3）

（38、41.昙石山遗址；39、46.石峡遗址；40、42～45.好川墓地）

同样的文化因素。镇江马迹山遗址中有颈部饰弦纹的罐形鼎、足跟带按捺窝的侧装鼎足、细高柄凸棱豆及半月形石刀等器物[12]，同样风格的器物也发现在南京朝墩头遗址第二期遗存中[13]。

（二）环太湖地区与其南邻地区的文化互动

环太湖地区以南与之有互动的主要是赣江中下游和闽浙赣交界这两块区域，到后期甚至向南沟通到了曲江流域，利用考古学文化中的相似因素可以佐证这些地区曾发生过的交流（图二、图三）。

1. 钱山漾阶段

赣江中下游地区的樊城堆文化年代早于钱山漾文化且文化面貌相异，但在其晚期依然出现了罐形鼎、有领罐、袋足鬶等与钱山漾文化因素相似的器物[14]。

赣东北地区的社山头类型文化源于樊城堆文化，社山头遗址下层堆积的前两期多夹砂红陶，流行釜形鼎，还有袋足鬶、圈足罐、大口缸、鸭嘴状凿形鼎足等钱山漾文化的典型器物[15]。好川文化属于浙西南地区新石器时代晚期的考古学文化[16]，虽然好川墓地出土的折腹鼎、弧腹豆、细长颈鬶、圈足杯等表现出些许与钱山漾文化的相同点，但彼此间的影响十分有限。

闽西北地区的牛鼻山类型文化与钱山漾文化的面貌并不相似，但晚期的鬶和豆在形态造型上与钱山漾文化的同类器一样[17]，说明这两个地区、两种文化虽然对彼此文化面貌的形成与发展未产生较大作用，但也曾发生过交往。

2. 广富林阶段

随着龙山时代末期文化交流跨度的增大，环太湖地区广富林时期的文化影响半径进一步变大，通过浙闽地区继续往南可达粤北地区。

广富林文化的印纹陶器有南方的印纹陶文化因素。好川文化中有印纹陶[18]，纹饰简单，应该是广富林文化印纹陶的来源之一。社山头类型文化前两期与钱山漾文化面貌接近，而第三期多印纹硬陶和罐形鼎，出现叶脉纹、席纹等，更接近广富林文化[19]。闽江下游昙石山文化的釜及釜形鼎均为侈口束颈、沿面内凹、折腹或弧腹的圜底造型[20]，与广富林文化的釜、釜形鼎相像。更为关键的是，昙石山文化的印纹陶成为广富林文化中重要的影响要素。

广东曲江石峡遗址中曾出土的印纹硬陶与浙南闽北地区乃至环太湖地区的印纹陶纹饰风格相同，器物中的釜鼎、圈足鬶与广富林文化风格接近[21]。这些与广富林文化相似的因素，即使不能证明二者发生过交流互动，但也能够说明新石器时代末期各地区文化之间的间接影响。粤北地区并没有直接与环太湖地区发生文化往来，而是将闽江流域和浙西南地区作为一个个桥梁，连接了距离遥远的两地。

（三）环太湖地区与其西邻地区的文化互动

环太湖地区西边是长江中游地区，两地在整个后良渚时期一直都保持着文化上的往来，且对双方的影响深刻，不断丰富着彼此的文化内涵（图二、图三）。

1.钱山漾阶段

长江中游地区的石家河文化与钱山漾文化时期相当，长江为两地的沟通提供了极大的便利。石家河文化分布范围大，遗址众多，形成了颇具规模的遗址群，其中心聚落由邓家湾、肖家屋脊、土城等数十处遗址组成。仅就其中肖家屋脊遗址中的鼎、鬶、罐、缸、杯及石器等与钱山漾遗址的相同遗物进行对比，便发现了众多的相像之处，其中不乏钱山漾文化的典型代表器物[22]。

2.广富林阶段

长江中游地区到了后石家河时期与环太湖地区的互动愈发紧密，二者的互动关系依然体现在出土的同类遗物上。仍以肖家屋脊遗址为例[23]，遗址的罐、弧腹豆、袋足鬶、敛口钵、袋足盉与广富林文化风格无异。后石家河时期的文化面貌、器物组合、器物造型均和广富林文化的特征相近，再次证实了此阶段两地之间的密切联系。

（四）后良渚时期的环太湖地区的文化互动

环太湖地区多丘陵地貌，但水系发达，为它与其北、西、南三个方向地区的往来提供了便利的自然条件。不同于良渚时期的封闭状态，后良渚时期的环太湖地区文化波动较大，此时该地呈现开放的状态，与周边地区也不断地进行各方面的互动，在影响着其他文化内涵的同时，也丰富了自身的文化成分。

通过分析后良渚时期考古学文化与其周边文化在遗存上的共性，能够清晰地看出环太湖地区新石器时代末期的局势情况。这一时期相似的器物风格在各地的流行无疑与所处的时代背景有关，龙山时代下的环太湖地区也在逐渐丧失其独特性。新石器时代晚期，各地区文化势力猛涨，新兴文化突增，环太湖地区随着良渚文化的衰落，由主动向外输送文化变为被动接收外来影响。钱山漾文化阶段受到了来自北方的压力，但此时与周边地区基本还是平等往来的关系，彼此作用力不强。文化面貌仍以本地传统为主，弧背鱼鳍形的鼎足彰显其鲜明的地方特色。到了广富林文化阶段，北方龙山文化一路南下势不可挡，经江淮平原到达该地，呈现强势的"文化进攻"状态。环太湖地区在保留少量本地文化因素的情况下显露出强烈的"龙山时代性"，互动范围也有所扩大（图二、图三）。总之，后良渚时期北邻地区对环太湖地区单方面、持续地施加影响，直接造成了该地区文化面貌的改变，而它与其南邻和西邻区域属于互相作用、共同发展的关系。

三、小　结

环太湖地区的后良渚时期，无论是在时间纵轴上与前承的良渚文化时期、后继的马桥文化时期，还是从空间横轴上和同时期周边相比，均处于"落后"的状态，可谓是文明的低谷期。从区域上看，钱山漾文化、广富林文化分布的范围根本无法与良渚文化相提并论，与马桥文化也相差较远。不仅如此，两文化的遗迹和遗物的类型、数量均少，文化内涵乃至社会结构也相对简单。这是由于处在新石器时代末期的环太湖地区在此阶段遭遇了来自中原地区及周边的文化撞击，良渚文化从晚期开始，进入了龙山时代文化大激荡的时期，逐渐在自身衰弱和异族入侵的过程中，融合成新的文化后消逝，自此环太湖地区的辉煌不再。

钱山漾文化和广富林文化都仅持续了二三百年，期间受到周边许多文化的影响，虽然处于文化衰弱期，但却是环太湖地区发展的关键点，是该地区加入一体化这个时代大趋势的重要转变期。其重要的意义表现在，一方面作为环太湖地区新石器时代晚期文化和青铜文化的桥梁，后良渚时期的两文化在复杂的社会背景中依然坚持当地文化的延续。环太湖地区一脉相承的文化序列非但没有中止，还在完成"与时代接轨"后，带着传统文化因素继续迈向新的时代。另一方面后良渚时期属于环太湖地区的"文明过渡期"，钱山漾文化和广富林文化开启了当地一种全新的发展模式，为下一阶段的发展积蓄力量。从此该地区进入了与周边文化相互影响、彼此融合的状态，投入龙山时代全国范围内文化重组改化的大浪潮中。

注　释

[1]　a. 浙江省文物管理委员会. 吴兴钱山漾遗址第一、二次发掘报告 [J]. 考古学报，1960（2）.

　　b. 上海博物馆考古研究部. 上海松江区广富林遗址1999～2000年发掘简报 [J]. 考古，2002（10）.

　　c. 周丽娟. 广富林遗址良渚文化墓葬与水井的发掘 [J]. 东南文化，2003（11）.

　　d. 上海博物馆考古研究部. 上海松江区广富林遗址2001～2005年发掘简报 [J]. 考古，2008（8）.

　　e. 浙江省文物考古研究所，湖州市博物馆. 浙江湖州钱山漾遗址第三次发掘简报 [J]. 文物，2010（7）.

　　f. 浙江省文物考古研究所，湖州市博物馆. 钱山漾第三、四次发掘简报 [R]. 北京：文物出版社，2014.

[2]　a. 周丽娟. 广富林遗址良渚文化末期遗存 [C]. 浙江省文物考古研究所学刊（第八辑）. 北京：科学出版社，2006.

　　b. 许鹏飞. 宁镇地区及环太湖地区新石器时代考古学文化研究 [D]. 吉林大学，2015.

　　　　c. 曹峻. 钱山漾文化因素初析［J］. 东南文化，2015（5）.

　　　　d. 侯宁宁. 钱山漾文化研究［D］. 吉林大学，2016.

　　　　e. 郭梦雨. 环杭州湾地区新石器时代考古学文化研究［D］. 吉林大学，2018.

［ 3 ］　中国社会科学院考古研究所. 蒙城尉迟寺［R］. 北京：科学出版社，2001.

［ 4 ］　中国社会科学院考古研究所，安徽省蚌埠市博物馆. 蚌埠禹会村［R］. 北京：科学出版社，
　　　　2013.

［ 5 ］　华国荣，王光明. 南京牛头岗遗址考古发掘的主要收获［C］. 南京历史文化新探. 南京：南京
　　　　出版社，2006.

［ 6 ］　南京博物院. 北阴阳营——新石器时代及商周时期遗址发掘报告［R］. 北京：文物出版社，
　　　　1993.

［ 7 ］　江苏省文物工作队太岗寺工作组. 南京西善桥太岗寺遗址的发掘［J］. 考古，1962（3）.

［ 8 ］　a. 南京市文物局，南京市博物馆，高淳县文管所. 江苏高淳县薛城新石器时代遗址发掘简报
　　　　［J］. 考古，2000（5）.

　　　　b. 南京市博物总馆，南京市考古研究所，南京市高淳区文化广电局. 南京高淳薛城遗址2010
　　　　年发掘简报［C］. 南京文物考古新发现（第四辑）. 北京：文物出版社，2016.

［ 9 ］　中国国家博物馆，安徽省文物考古研究所. 安徽省当涂县姑溪河流域区域系统调查简报［J］.
　　　　东南文化，2014（5）.

［10］　同［ 4 ］.

［11］　商丘地区文物管理委员会，中国社会科学院考古研究所洛阳工作队. 1977年河南永城王油坊
　　　　遗址发掘概况［J］. 考古，1978（1）.

［12］　a. 镇江博物馆. 江苏镇江马迹山遗址第二次发掘简报［J］. 东南文化，2015（1）.

　　　　b. 镇江博物馆. 镇江马迹山遗址发掘报告［R］. 镇江台形遗址. 镇江：江苏大学出版社，
　　　　2015.

［13］　谷建祥. 高淳县朝墩头新石器时代至周代遗址［C］. 中国考古学年鉴（1990）. 北京：文物出
　　　　版社，1991.

［14］　江西省文物工作队，清江县博物县，中山大学人类学系考古专业. 清江樊城堆遗址发掘简报
　　　　［J］. 江西历史文物，1985（2）.

［15］　a. 江西省文物考古研究所，厦门大学人类学系，广丰县文物管理所. 江西广丰社山头遗址发掘
　　　　［J］. 东南文化，1993（4）.

　　　　b. 江西省文物考古研究所，厦门大学历史系考古专业，广丰县文物管理所. 江西广丰社山头
　　　　遗址第三次发掘［J］. 南方文物，1997（1）.

［16］　浙江省文物考古研究所，遂昌县文物管理委员会. 好川墓地［R］. 北京：文物出版社，2001.

［17］　福建省博物馆. 福建浦城县牛鼻山新石器时代遗址第一、二次发掘［J］. 考古学报，1996（2）.

［18］　同［16］.

［19］　同［15］.

［20］　a. 福建博物院，福建省昙石山遗址博物馆. 闽侯县石山遗址2004年考古发掘简报［J］. 福建文
　　　　　博，2010（1）.

　　　　　b. 福建省昙石山遗址博物馆. 2009年昙石山遗址考古发掘简报［J］. 福建文博，2013（2）.

［21］　广东省博物馆，曲江县文化局石峡发掘小组. 广东曲江石峡墓葬发掘简报［J］. 文物，1978
　　　　　（7）.

［22］　湖北省荆州博物馆，湖北省文物考古研究所，北京大学考古学系石家河考古队. 天门石家河
　　　　　考古发掘报告之一：肖家屋脊［R］. 北京：文物出版社，1999.

［23］　同［22］.

Cultural Dynamics in the Post-Liangzhu Period Around Taihu Lake Area

ZHAO Jin

The "Post-Liangzhu Period" in the area around Taihu Lake refers to the end of the Neolithic Age from Liangzhu Culture to Maqiao Culture, which includes the Qianshanyang Culture and Guangfulin Culture. This stage has an important link between the preceding and the following status. This paper examines the cultural dynamics around Taihu Lake from two perspectives: the archaeological cultures of the Post-Liangzhu period belong to the same vein as the kinship with their cultures before and after, which is based on the various cultures in the late Neolithic period in the Taihu area. The surrounding area of the same period is viewed horizontally, it can be seen that the interaction between the Taihu Lake area and other regions was strengthened in the Post-Liangzhu period, but in foreign exchange on an equal until reduced to a passive position. The area around Taihu Lake in the Post-Liangzhu period was most influenced by the north, and the area in the west and south direction interacted with each other and developed together.

建筑陶瓦起源与早期发展研究*

李亚利　　唐艺伟

（吉林大学考古学院，长春，130012）

从茅茨土阶到全面覆瓦是中国古代建筑早期发展史上的一大飞跃，瓦屋顶何时出现在目前的学术研究中仍莫衷一是。文献中对于瓦屋顶的记载有夏桀瓦室与周人瓦屋两种说法。然而，从考古发现来看，建筑上使用陶瓦可能要早到龙山时期。但早期陶瓦在屋顶如何使用，从局部用瓦到全面覆瓦的发展过程及其时间节点尚不明确。对考古遗址出土陶瓦的系统梳理和分析，是解决这些问题的前提和基础。

随着田野考古工作的不断推进，自20世纪50年代在西周遗址中发现陶瓦[1]开始，许多建筑遗址中的陶瓦信息被披露。受材料所限，当时学者认为陶瓦发明始于西周[2]。随着陶寺、芦山峁、石峁等遗址的发掘将陶瓦出现的年代向前推至龙山时代，开始有学者对早期陶瓦的相关问题展开讨论[3]。然而由于缺乏对陶瓦发展历史的整体观察，以往研究多集中于个别遗址或者特殊时代的分析，无法解决陶瓦从无到有、从局部覆瓦到全面覆瓦这个发展过程的研究。

本文通过对新石器时代到魏晋时代建筑陶瓦发现情况进行系统梳理发现，从龙山时代到西周晚期，是陶瓦起源及早期发展阶段，也是建筑屋顶从局部用瓦到全面覆瓦的重要阶段。本文将从陶瓦发现、形制、装饰及制作工艺分析，时空分布及发展等方面对上述问题展开阐述。

一、早期陶瓦的发现

目前发现有龙山时代陶瓦的遗址数量不多，主要地点有陕西延安芦山峁[4]、榆林石峁[5]、宝鸡桥镇[6]，甘肃灵台桥村[7]、蒋家嘴[8]、泾川俭头[9]，山西襄汾陶寺[10]等遗址。

发现夏商时期陶瓦的遗址较少，主要有河南郑州商城[11]（丝钉厂遗址点、河南中医学院家属院、河南省文物考古研究所郑州工作站等三处）、汤阴南故城等遗址[12]，

* 本文获得吉林大学校级基地项目（批准号：2017XXJD13）及吉林大学基本科研业务经费（批准号2017BS003）资助。

四川广汉三星堆遗址[13]，陕西淳化枣树沟脑先周遗存[14]。此外，在河南偃师二里头[15]曾发现4件陶水管，其中两件因与龙山时期发现陶筒瓦器形一致，本文在对陶瓦进行讨论时也将其一并纳入讨论范围，具体性质及用途将在后文中展开讨论。

到西周时期发现陶瓦的遗址数量大大增加，主要地点有陕西宝鸡石家桥[16]、西安丰镐[17]、扶风召陈[18]、扶风黄堆乡[19]、岐山凤雏[20]、扶风云塘-齐镇[21]、周原庄李铸铜作坊[22]、周原齐家制玦作坊[23]、扶风礼村[24]、扶风庄白[25]、长安客省庄、沣西冯村制骨作坊[26]、岐山周公庙[27]、凤翔水沟[28]、眉县东李村[29]、岐山孔头沟[30]、长安沣东古井和柿坡[31]、岐山流龙咀制陶作坊[32]、岐山赵家台[33]、彬县断泾[34]、凤翔劝读[35]、旬邑西头[36]，以及北京琉璃河[37]。此外，陕西淳化枣树沟脑为先周遗存，因相对商代陶瓦，该遗址与关中地区西周时期陶瓦关系更为密切，故将其纳入西周时期一并讨论。自西周晚期至春秋时期，陶瓦在建筑遗址中开始普遍出现。除了关中地区，在各诸侯国以及南土甚至更远地区均发现了陶瓦。为更好地考察陶瓦的发展与传播，本文将河南荥阳官庄[38]、洛阳王湾[39]，重庆涪陵石沱[40]、巫山双堰塘[41]，陕西澄城姬家河[42]；山东临淄齐故城[43]、章丘孙家东南[44]；湖北潜江龙湾放鹰台[45]、当阳磨盘山[46]、襄樊邓城[47]、麻城余家寨[48]，湖南宁乡罗家冲[49]等年代跨度在西周晚期至春秋早中期遗址出土的陶瓦也纳入查考范围。

对这些陶瓦出土地点的空间分布进行综合分析，可以看出早期陶瓦的分布相对集中，呈现出以黄河中游逐渐向外扩散的分布特点，龙山时代的陶瓦多发现于黄河中游地区的晋西南与陕北之间的黄河两岸以及关中西部地区。夏商时期陶瓦发现较少，仅在中原地区个别遗址可见。从西周早期开始，陶瓦分布地点逐渐增多，除了西周政治中心关中地区外，在各大诸侯都城内均发现了陶瓦，这一时期除发现有板瓦、筒瓦外，还发现了瓦当。可知西周时期是建筑用瓦在高等级建筑中开始普遍化的重要时期。

二、陶瓦的形制与工艺发展分析

下文将对龙山时代至西周晚期建筑陶瓦及相关器物进行类型学分析以便深入考察其形制及工艺发展过程。

1. 龙山时代

龙山时代发现陶瓦的遗址共发现有8处。芦山峁遗址发现筒瓦总数超过60件、板瓦总数超过70件；石峁遗址发现多处陶瓦弃置堆积，个体数量在13件以上；桥镇遗址陶瓦数量不清；泾川俭头遗址陶瓦为地面采集，仅1件；陶寺遗址出土"陶板"104件。其余遗址陶瓦发现总数不详。

龙山时代陶瓦可分为板瓦和筒瓦。

板瓦均为平板瓦，根据瓦身形状可分二型（图一）。

A型 槽形平板瓦，瓦身平直，两侧缘凸出于瓦身，状似簸箕（图一，1、3、8）。主要出土于龙山早期的芦山峁遗址，此外在宝鸡桥镇遗址龙山中期地层和龙山晚期的灵台桥村遗址中也有少量发现。器形较大，芦山峁的板瓦长约47厘米，宽约27.6厘米，厚约1.4厘米。

B型 梯形平板瓦，瓦身平直，平面呈直角梯形或等腰梯形（图一，4、5）。主要见于龙山中晚期的陶寺遗址，另外在桥镇遗址龙山晚期地层有少量发现，其出现晚于A型板瓦。器形略小，陶寺梯形平板瓦长约30厘米，宽约20厘米，厚0.8～2厘米。

筒瓦与板瓦出现时间相同，截面为半圆形，上端小下端大。芦山峁筒瓦可修复的完整器仅4例，最大的一件长38.5厘米、瓦头略宽，外径19.2厘米、内径13.7厘米、小头外径12.8厘米、内径11.9厘米。该遗址筒瓦大头边缘比器身略厚，筒瓦大头及器身边缘有泥条贴筑并做简单修整（图一，2），桥镇遗址所出筒瓦则为素面（图一，6），石峁遗址中的筒瓦则多在瓦身凸面施刻划纹（图一，7）。俭头遗址的筒瓦上可见经过粗略修整的子母口雏形（图一，9），桥村的筒瓦上已出现瓦钉（图一，10）。

这一时期的陶瓦以泥质灰陶为主，少量为泥质黄褐陶，基本不见夹砂陶，器形较大。板瓦有素面和饰绳纹、篮纹装饰，陶寺遗址出土平板瓦上还有用方框圆窝模具戳印

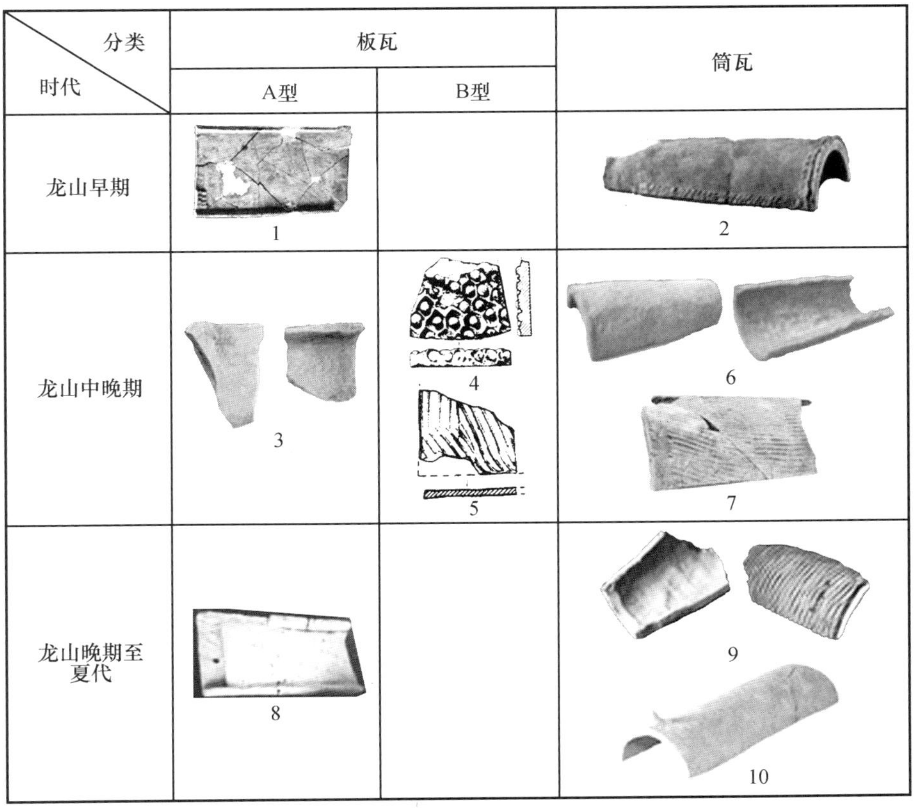

分类 时代	板瓦		筒瓦
	A型	B型	
龙山早期	1		2
龙山中晚期	3	4 5	6 7
龙山晚期至夏代	8		9 10

图一 龙山时期陶瓦

1、2.芦山峁 3、6.桥镇 4、5.陶寺 7.石峁 8、10.桥村 9.俭头

的乳钉纹以及在瓦面上贴饰小泥饼的做法，器形多不规整，瓦身可见明显的泥条痕迹，推测其制作工艺多为手制泥条盘筑法。芦山峁出土筒瓦瓦头及瓦身两侧边缘表面均饰有两道附加堆纹，其上有明显的指窝痕迹，内壁素面。两侧边上有明显的切割痕迹。

2. 夏商时期

夏商时期出土陶瓦及类似陶瓦的遗址共发现5座。考虑到区域与文化延续性，本文将枣树沟脑先周遗址中的陶瓦纳入先周至西周时期进行分析，夏商时期的陶瓦仅对郑州商城、汤阴南故城遗址的少量板瓦遗存，三星堆遗址的板瓦及筒瓦以及二里头遗址出土2件陶水管进行分析。

夏商时期的陶瓦仍以板瓦和筒瓦为主。其中板瓦可分二型。

A型　平板瓦，根据瓦身形状可分二亚型。

Aa型　槽形平板瓦（图二，2），仅见于三星堆遗址，其形制与龙山晚期桥镇、桥村等遗址出土的槽形平板瓦基本一致。

Ab型　梯形平板瓦（图二，2），发现数量不多，主要发现于郑州商城丝钉厂和商末至西周中期的重庆涪陵石沱遗址，形制与陶寺的梯形平板瓦一致，瓦面装饰大大简化，不见贴塑小泥饼，多用绳纹和麻点装饰。三星堆遗址中的平板瓦（图二，3）器身略弧，其弯曲方式与弧形板瓦不同，但应仍属于平板瓦的范畴。该类板瓦在近边缘处多有小孔，推测为以绳穿结之用。

B型　弧形板瓦（图二，5~7），从商代早期开始板瓦瓦身开始起弧，出现瓦唇和子母口，瓦面普遍饰以绳纹或素面无饰，内里经过修治，仍可见泥条盘筑痕迹和手指印痕，饰以麻点纹，至商代晚期弧形板瓦出现瓦唇（图二，6）。最早见于河南郑州商城丝钉厂。

这一时期筒瓦发现数量较少，其中，三星堆遗址所出（图二，4）基本可以确定为筒瓦，二里头出土的4件陶水管中，有2件器形非常大，截面近半圆形，最大的一件长约66.3厘米，宽约23.8厘米，厚1~1.4厘米（图二，1）。但从器形判断，与龙山晚期及略晚的三星堆筒瓦器形基本一致，应为同类器，是否为屋顶使用陶瓦尚不能确定。其中三星堆遗址出土一种瓦头呈锯齿状的筒瓦（图二，4），应为三星堆特有器形。

这一时期的陶瓦均为泥质灰陶或夹砂灰陶，陶色不纯。板瓦器形与龙山时期相似，筒瓦则更大。个别陶瓦上可见瓦孔。郑州商城丝钉厂、中医学院家属院等多处地点出土陶瓦上，在瓦的两面均有比较清晰的泥条痕迹，也可见泥条捏合形成的棱脊，瓦头有轮旋痕迹，部分切口可见细绳印痕，印痕两侧均留有叶麦状痕迹，可能与当时切割工具有关。此外，中医学院家属院的陶瓦上有发现板瓦两侧面切口系自上而下整体切割，内壁与侧面形成的棱脊被刮削，应是用刀具从器表切入。由此可知，夏商时期陶瓦制坯除泥条盘筑法外，开始使用轮制，有绳切和竹刀切割两种做法。

分类 时代	板瓦			筒瓦
	A型		B型	
	Aa型	Ab型		
二里头 四期				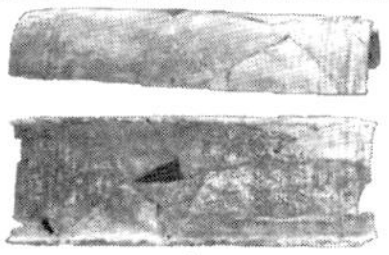 1
夏商之交	 2	 3		 4
商代早期			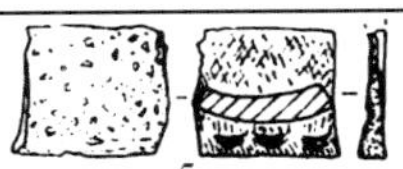 5	
商代中期			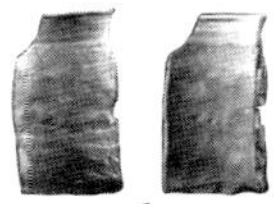 6	
商代晚期			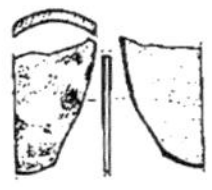 7	

图二　夏商时期陶瓦

1. 二里头2005VT111④A：1　2～4. 三星堆　5. 郑州丝钉厂97ZSC8ⅡT153④：117　6. 河南中医学院家属院
2000ZSCⅡT30421：1　7. 河南文物考古研究所郑州工作站86人头骨壕沟②：1

3. 先周至西周时期

先周至西周晚期发现陶瓦的遗址共有32处。黄堆乡采集陶瓦2件，齐家制块作坊陶瓦总数约40件，丰镐遗址陶瓦约有2000件，庄李铸铜遗址共出土板瓦15件、筒瓦4件，沣西冯村制骨作坊陶瓦总数约18件，岐山周公庙遗址发现6件，彬县断泾遗址采集1件，襄樊邓城遗址灰坑出土1件，巫山双堰塘遗址出土1件，其余遗址陶瓦总数不详。

先周至西周时期陶瓦仍有板瓦和筒瓦两类。

板瓦中不见平板瓦，弧形板瓦的形制与前一期基本相同（图三）。这一时期的板瓦背面或可见瓦环（图三，1）在瓦背面或沟面安有瓦钉（图三，3、7、8等），在瓦身凿孔穿洞成为普遍现象。这一时期板瓦分化出大中小三种器形：大型板瓦最大者长约56厘米，宽28～33厘米，高约11.5厘米，重2.2～2.5千克，普遍长47厘米以上，宽28厘米以上，厚1～2厘米（图三，1、13）。中型板瓦，长约45厘米，宽约20厘米，厚约1.5厘米（图三，3、7、8）。在西周早期镐京五号建筑基址、中期的扶风云塘骨器作坊、

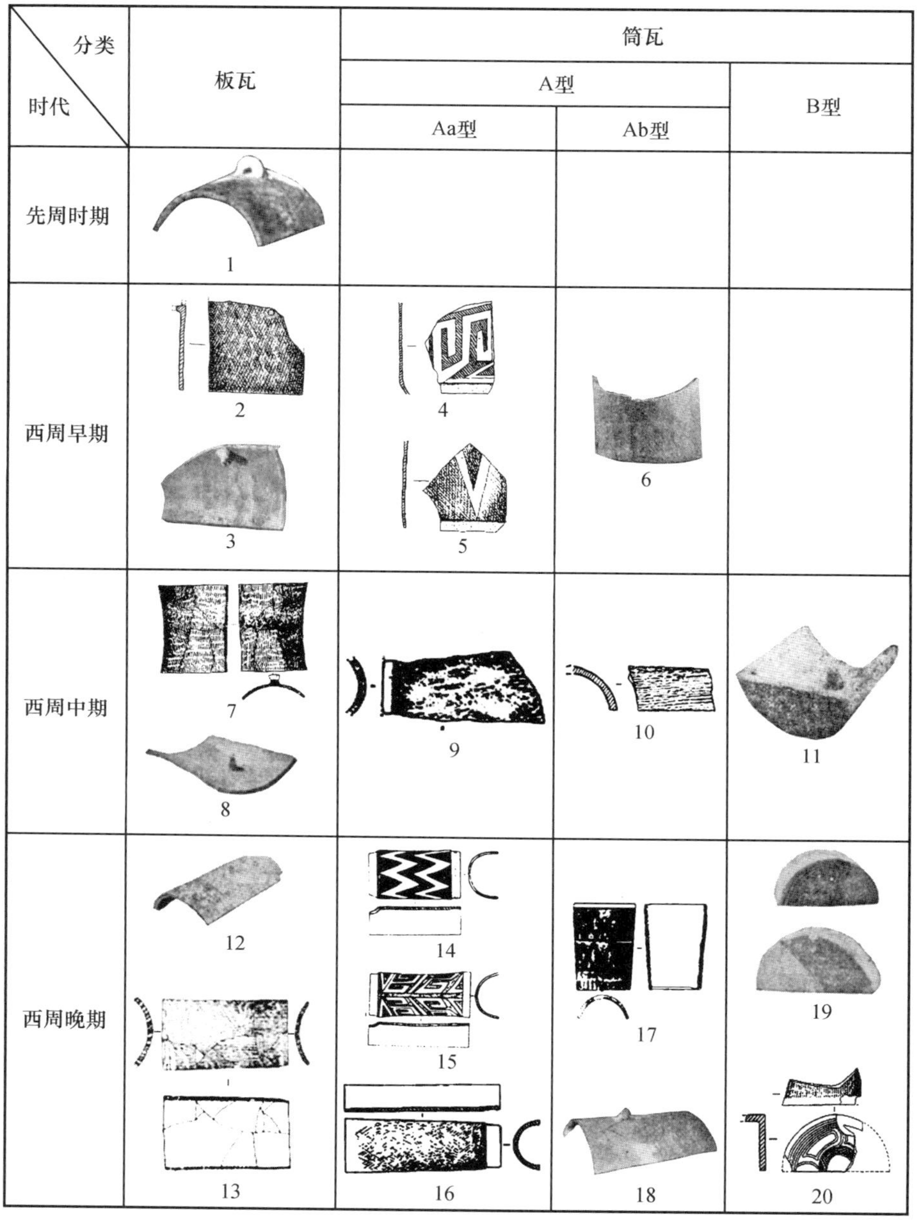

分类 时代	板瓦	筒瓦		
		A型		B型
		Aa型	Ab型	
先周时期	1			
西周早期	2 3	4 5	6	
西周中期	7 8	9	10	11
西周晚期	12 13	14 15 16	17 18	19 20

图三　先周及西周时期陶瓦

1. 枣树沟脑TW16S6G8：100　2. 流龙咀Y1：1　3、6. 凤雏　4. 流龙咀Y1：2　5. 流龙咀Y1：3　7. 云塘-齐镇H9①：16　8、11、12、19. 召陈　9. 房山琉璃河　10. 岐山柿坡　13. 云塘-齐镇H21：15　14. 云塘-齐镇H107②：1　15. 云塘-齐镇T0605③：1　16. 云塘-齐镇T0708④：9　17. 云塘-齐镇T0708④：7　18. 扶风庄白二号窖藏　20. 云塘-齐镇T1010③A：6

召陈遗址中晚期遗存中发现大量陶瓦残片，其中有许多厚0.8～1.5厘米的小型陶瓦（图三，11、12），因完整陶瓦发表极少难以获取小型板瓦完整器具体数据，残长多在20厘米以内，这一方面有小型陶瓦变小变薄易碎的缘故，也与西周晚期以后高等级遗址大量出土各类瓦件导致发掘者对板瓦重视程度不够有关。沟面多饰粗绳纹、篮纹等（图三，2），背面以素面和绳纹为主，几何纹饰较少。

西周时期发现了大量的筒瓦，据其在屋顶的使用位置不同可以分二型。

A型　屋面筒瓦，与檐头筒瓦的主要区别是屋面筒瓦使用位置更多，而檐头筒瓦仅用于檐口位置。根据是否有瓦唇可分二亚型。

Aa型　带瓦唇的屋面筒瓦（图三，4、5、9、14～16），见于岐山流龙咀、扶风云塘-齐镇等遗址，器形有大型与小型两类：在召陈遗址中出土的大型筒瓦长约47.6厘米，大头宽约24厘米，小头宽约18.4厘米；小型筒瓦长约27厘米，大头宽约17厘米，小头宽约14.5厘米，厚0.8～1.6厘米。Aa型多为泥质灰陶，小头背面有瓦唇，大头沟面有斜口，通过斜口与瓦唇衔接，可使瓦垄平整。该型多在瓦背施以刻画纹、绳纹等，也有波折纹、回纹等在西周青铜器上常见的几何纹饰，瓦背装饰有抹光和地纹填充等多种做法[50]，沟面多为绳纹和篮纹。

Ab型　不带瓦唇的屋面筒瓦（图三，6、10、17、18），瓦上下缘略有修整，器形大小与Aa型相似，数量相对较少，装饰也较为粗糙。见于岐山凤雏、扶风云塘等遗址。

B型　檐头筒瓦（图三，11、19、20），至西周中期在召陈遗址中出现了仅在屋檐和脊头使用的檐头筒瓦，其最大的特点就是带有半圆形瓦当，器形相对较小，与同时期A型中的小型筒瓦类似，有的沟面带短椎状瓦钉。

这一时期陶瓦的发展主要有三：一是器形的分化，无论是板瓦还是筒瓦尺寸均出现了大小之分，且小型陶瓦大量增加；二是筒瓦器类的丰富，出现了带瓦当的檐头筒瓦，其装饰风格也有了较大的发展；三是瓦钉、瓦环、瓦唇等陶瓦固定结构的大量出现和发展。筒瓦装饰以召陈遗址最为丰富，主要有两种：一种是背面饰细绳纹，一种是背面饰绳纹加双线半菱形的三角划纹，划纹以内的绳纹抹光。此外，在中、小型筒瓦背面以细绳纹充地，加刻划纹装饰的做法（最早见于召陈G1②层）。这一时期出现了用于檐口的带瓦当小型筒瓦。

三、早期陶瓦使用方式考察

在灵台桥村遗址采集到的凹槽形板瓦，尾端有一穿孔；陶寺遗址出土的板瓦也有穿孔。这种形制板瓦的用途可能是便于楔子的插入从而将陶瓦固定在屋顶。陶寺遗址出土了许多带贴塑小泥饼的平板瓦，因是手工贴塑导致瓦面并不平整。一般而言，板瓦多将朝上一面抹平或者沿水流方向饰以绳纹以利于快速排水，推测这种陶瓦应是贴塑面朝下，可以增加下滑阻力使陶瓦更好地固定在屋顶灰浆之上。

　　从夏商时期开始，板瓦的边缘出现钻小孔的做法（图二，3），推测其固定方式为将两侧有小孔的板瓦相邻排列时用绳子串联固定于屋面之上，可以压住茅茨屋面作为固定，同时也能起到防水的作用。而郑州商城出土的带瓦唇的板瓦，表明瓦件之间瓦唇瓦头两两搭扣固定的做法开始出现。

　　西周时期陶瓦上大量出现瓦环、瓦钉（图四）。先周时期就在陶瓦上使用瓦环（图三，1）和瓦钉（图四，1）。西周早期遗存中的板瓦发现有许多带蘑菇状圆帽的瓦钉[51]（图四，6）。这种瓦环和瓦钉便于用绳子将陶瓦扎结在屋顶之上固定。西周早期板瓦上还出现了短柱状、楔状的瓦钉（图四，5），到西周早期开始大量使用锥状瓦钉（图四，7），直接通过板瓦上的瓦钉将瓦插入房顶泥背中固定的黏结法，比绳系法有了很大进步。到西周中晚期，大型板瓦减少，中、小型板瓦大量增加，胎很薄，很多不用瓦钉、瓦环。推测到西周中晚期陶瓦器形变得更加轻薄，不需要瓦钉便可以黏结在屋顶上。

　　西周时期板瓦中，有瓦背做瓦钉（图三，7）和沟面做瓦钉（图三，8）两种，这表明西周时期板瓦或许已开始分仰瓦和覆瓦并结合做出合瓦屋面。西周中期以后中小型筒瓦大量出现，可能还与板瓦合用，扣在板瓦之间的脊缝上形成筒瓦屋面。西周中期的大型建筑遗址中柱础有加密加粗的趋势，作为加固立柱的磉墩、砾石柱础也开始使用，使得建筑木构架的承重能力大大增加，从技术基础上已能够支撑大型建筑屋顶实现全部覆瓦。也有学者根据瓦当的数量及种类估计西周中期的建筑上已经在檐头或至少在正面房檐上全部施瓦当[52]。考古发现，从西周早期开始，在有陶瓦的大型建筑附近有专门烧制砖瓦的陶窑以供建筑所需，也证实了这种发展[53]。

　　在召陈遗址西周中期遗存中的小型板瓦上，大量出现"巳""丁""丁二""三""四""五""六""七"等文字编号（图五），或与瓦在屋顶铺设位置及搭扣顺序有关。

　　龙山时期至夏商时期的筒瓦长度多在47厘米以上，器形相当于西周时期大型筒瓦。目前已经明确西周时期的大型筒瓦单件重量均在2.2千克以上，这些筒瓦若置于屋顶，则屋顶承重压力太大，而在建筑全面覆瓦以前，屋顶的主要防水措施是用灰浆和茅茨，需要一定的压力固定，因此将大型筒瓦瓦环用绳系以固定，作为扣脊瓦是十分合适的。中型筒瓦都为子母口，无瓦钉，以子母口相互套接来达到固定的目的，主要用于屋顶板瓦之间的天沟和容易漏水的拐角等。小型筒瓦多带瓦当且许多沟面带瓦钉，用于檐口位置，兼具保护和审美的功能。在齐家制块作坊发现一块横截面呈L形的板瓦残片（图四，8），或是用在特殊位置固定的板瓦，因尚未发现同类完整陶瓦，其余信息尚不清晰，无法断言。

　　此外，二里头遗址宫殿区内出土2件与筒瓦形制一致的陶水管，皆有子母口，由于器形较大，尚不能确定其是否能适用于屋顶之上，但其形制与龙山晚期筒瓦非常接近，且在西周时期遗址也见有超过50厘米长的筒瓦，实难明确断定其只是陶水管。而且在周

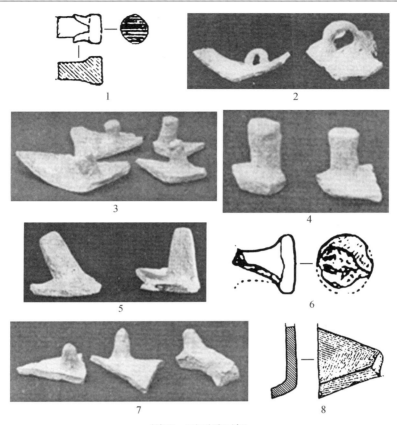

图四　瓦环及瓦钉

1. 枣树沟脑TW14S18②：7　2. 镐京五号建筑基址T11③　3. 镐京五号建筑基址T9③　4. 镐京五号建筑基址T12③
5. 镐京五号宫室建筑基址T9③　6. 齐家制玦作坊H8：49　7. 镐京五号建筑基址T10③　8. 齐家制玦作坊H8：45

图五　扶风召陈遗址板瓦陶文[54]

原、潜江龙湾、西汉杜陵许后陵园[55]等遗址发现有用陶筒瓦两两相扣作为排水管道的现象。因此，笔者更倾向于这是筒瓦同类器的一器多用，而非专门的陶水管。在郑州商城河南中医学院家属院 T304 的柱础（Z1）中发现柱洞内壁有一圈板瓦围护木柱基部防水防潮的做法[56]。河南省文物考古研究所郑州工作站发现 2 块板瓦残片，板瓦为人头骨堆积所叠压，或作为葬具使用。可以看出夏商时期陶瓦还不是专用于建筑屋顶上的构件，存在一器多用的现象，除屋瓦之外，还有水管、柱基、葬具等多种用途。

四、陶瓦源流分析

1. 起源分析

从目前资料来看，中国的早期建筑陶瓦主要发现于延安芦山峁、宝鸡桥镇、神木石峁、襄汾陶寺、泾川俭头、灵台桥村、灵台蒋家嘴等黄河中游地区。而陶瓦出现于这一地区的原因推测有二。

首先，黄河中游地区的制陶技术发展较早且到庙底沟二期已较为成熟，泥条盘筑、轮制均已出现，对陶质、陶色的火候把握也较为成熟。为陶瓦从制坯到烧制打下较好的技术基础。板瓦陶质从夹砂、泥质的灰陶、红陶与红褐陶到逐渐发展成仅用泥质灰陶也可以看出陶瓦在烧制技术上的发展轨迹。

此外，从半坡遗址、庙底沟遗址中房屋建筑从地穴、半地穴木骨泥墙建筑到地上土木建筑的发展可知，到仰韶晚期该地区建筑的屋顶与屋身已经有了明确的界限。屋身墙体主要做建筑支撑和避风之用，而屋顶在上述功能之外，还需要做好避雨防水以保护墙体和室内空间，这促使建筑屋顶铺设与墙体砌筑成为两套系统，从而导致所使用的建筑材料也有所不同。仰韶时期房屋普遍采用木骨泥墙上覆茅茨的做法已不能满足屋顶防水和稳定的需要，陶瓦正是在这一时期出现，成为屋顶防水的主要材料之一。陶瓦在屋顶上的使用一方面可以提高屋顶防水能力，另一方面也可以增加屋顶重量，改善茅茨屋顶防风及稳固性差的缺点。

其次，龙山时期的陶瓦主要分布在陕晋交界的黄河两岸、泾河中上游地区和关中西部宝鸡地区聚落或者重要城邑的大型建筑基址之中。到夏商时期，也仅在二里头、郑州商城、三星堆和汤阴南故城，以及泾河上游的淳化枣树沟脑先周遗址中有所发现。至西周时期除了在周原、丰镐两处西周都邑遗址集中发现陶瓦外，其余发现陶瓦的地点基本上为诸侯国都、采邑或者地方重要城市，如北京琉璃河遗址为西周燕国都城所在地，巫山双堰塘遗址是西周晚期巴人重要聚居区之一。

从龙山时期的陶瓦数量及其分布来看，陶瓦显然并不普及，到夏商时期也仅在二里头遗址、郑州商城和三星堆遗址、汤阴南故城等遗址有所发现，即使到西周时期陶瓦数量大量增加，但也主要在王城和诸侯国都发现。有学者提出新石器时代陶瓦主要用在普通建筑上，而到夏商周时期逐渐被高等级建筑垄断[57]。这一说法显然是有问题的。无论是芦山峁、石峁还是陶寺，这些遗址中发现陶瓦的建筑基址规模较大，且明显处于遗址的中心位置，显然不属于普通建筑级别。且从夏商周时期陶瓦多在宫殿区的主要建筑基址中使用的情况来追溯的话，这些遗址在当时的重要性显然还要更大。

2. 传播与流布分析

因早期陶瓦发表的信息太少，对其传播与流布的推断，很多仅能依靠考古学文化之间的交流和影响来推测，但可以肯定的是，这些遗址之间是存在密切的文化交流与影响的。

最早的陶瓦出土于芦山峁遗址庙底沟二期文化遗存中，虽无明确传播线索表明其向南传入关中西部，但其出土的槽形板瓦和筒瓦与关中西部龙山晚期陶瓦面貌极其相似。或有待更多资料的补充以探索这两个地区之间的文化联系。

关中西部陶瓦主要发现于龙山晚期宝鸡桥镇遗址、泾川俭头、灵台桥村，先周时期的淳化枣树沟脑遗址，以及西周时期以周原为中心的一系列遗址当中。桥镇属于客省庄二期文化遗址，俭头和桥村属于齐家文化遗址，这些文化对先周文化和西周文化的发展产生过影响[58]。从龙山晚期桥镇等遗址陶瓦的出现至商代在陕西淳化枣树沟脑遗址先周遗存中发现陶瓦，以及此后整个西周时期陶瓦在以周原为中心的关中地区大量出现来看，从龙山晚期、先周到西周时期，关中地区的陶瓦发展是连续的。

目前已有研究表明，龙山晚期黄土高原诸文化（如石峁、陶寺等）均对二里头文化的形成和发展产生过影响[59]。但单从陶瓦来看，尚不能明确二者的承继关系。随着二里头文化的强盛和扩张，向西南影响到了三星堆文化[60]。将二里头与三星堆遗址出土的陶瓦进行比较发现，二者所出的板瓦、筒瓦形制基本一致。二里头只出了2件筒瓦，制法均为泥条盘筑，推测二里头文化陶瓦技术对三星堆同样产生了影响，三星堆出土筒瓦虽因略残长度不清楚，但宽度多在18~22厘米，与二里头筒瓦宽度接近。但三星堆遗址出土陶瓦有异形瓦（瓦一端为锯齿状），也表明三星堆遗址制瓦技术在受到中原二里头文化影响的同时也有自己的独创。二里头遗址目前尚未发现槽形平板瓦，但三星堆遗址出土有槽形平板瓦，与泾川、灵台出土槽形平板瓦形制基本一致，推测三星堆遗址制瓦工艺还受到来自西北地区齐家文化的影响。

西周晚期到春秋时期在湖北当阳磨盘山、襄樊邓城，湖南宁乡罗家冲，重庆涪陵石沱、巫山双堰塘等地均发现了陶瓦。1949年以来经过几次大规模文物普查，在鄂东地区发现有商周堆积的古文化遗址300余处，仅麻城市就有68处，其中含西周文化堆积的遗址有63处，这说明西周文化在这一地区已经相当兴盛。鄂东地区包含有西周遗存的考古学文化虽不同程度地有着地方特点，可能是受到赣鄱地区具有土著特征的西周文化影响，但麻城地区西周遗存却与孝感、随州等滠水、澴水、涢水流域的西周遗存有着较强共性，它们同中原周文化表现出相当大的一致性，而鄂东所出的商周铜器均与中原周文化所见无异。这充分说明，西周王朝的政治势力确凿无疑地深入至今鄂东地区，即文献记载的"汉阳诸姬"。古、今本《竹书纪年》都记载有周昭王南征荆楚[61]，并且历年出土的同时期青铜器铭文也对昭王南征之事有详细记载，比如"安州六器"、曾公求编钟、史墙盘、过伯簋等[62]。今本《竹书纪年》还记载周宣王也曾伐楚，晋穆侯墓出土楚公逆编钟就是很好的例证[63]。这些文献记载和考古发现都可以作为西周晚期陶瓦通过湖北传入楚文化地域与西周晚期的政治扩张尝试存在关系的证据。因此，推测长江中游地区陶瓦可能是在西周晚期从中原地区传入。

总体来看，陶瓦的传播有两条线：一条是关中西部，陶瓦发展在这一地区有连续性，龙山晚期该地区的齐家文化对三星堆的影响也导致槽形板瓦在三星堆出现。到西周中期陶瓦在关中平原及周边地区开始大量出现，到西周晚期随着周王朝势力扩张陶瓦也传播至长江中游地区。另一条线索是从黄土高原地区的石峁、陶寺传播到二里头，随着二里头的扩张及其对三星堆的影响导致其也出现了与二里头形制相似的大型筒瓦，并出现了具有三星堆特色的锯齿形筒瓦。

五、结　　论

通过对早期建筑陶瓦的梳理与研究，我们可以得出如下新认识：

（1）从龙山时代到西周晚期陶瓦的发展过程

从陶瓦发展过程来看，从龙山早期开始，陶瓦就已经分化出板瓦和筒瓦两大体系。板瓦有平板瓦和弧形瓦二型，其中平板瓦又有槽形平板瓦和梯形平板瓦二亚型。槽形平板瓦出现时间较早，流行时间主要是龙山时期到商代早期，三星堆二期以后消失。龙山晚期出现梯形平板瓦，流行时间主要是龙山晚期至商代晚期，至西周早期消失。弧形板瓦出现于商代早期，商代晚期出现了带瓦唇的弧形板瓦。至西周时期取代了平板瓦成为板瓦的经典样式。筒瓦从龙山早期出现，至西周时期开始快速发展，到西周中期出现带瓦唇的屋面筒瓦和带半瓦当的檐头筒瓦两类，器形也分成大中小三类，小型筒瓦开始大量出现。

瓦的固定方式有楔子穿孔固定、绳系、黏结以及瓦唇与斜口套接等做法，在陶瓦结构上的体现包括，沟面贴塑泥饼或做粗糙纹饰，瓦上穿孔，瓦上做瓦环、瓦钉，瓦唇一端做斜口便于搭扣套接等。龙山时期陶瓦常见瓦身有小孔便于楔子固定的做法，固定构件发现较少，除了穿孔固定，多是依靠陶瓦与泥背和茅茨的黏结和捆扎进行固定。商代的陶瓦边缘可见小孔，可用绳子扎结固定于屋顶址上，至西周开始普遍使用瓦环和瓦钉，用于扎结的蘑菇状圆帽瓦钉，直接用于屋面泥背的楔状、柱状和锥状瓦钉开始大量出现。商代晚期带瓦唇板瓦和西周中期带瓦唇和斜口筒瓦的出现表明陶瓦不再仅依赖瓦钉固定。瓦的固定方式从早期的绳系、黏结发展到西周中期以瓦件相互套接为主，瓦钉辅助。此外，西周时期陶瓦器形开始分化，出现了大中小三种器形，到西周晚期小型瓦开始大量出现，随着瓦体越来越轻薄，不需要瓦钉也能将瓦固定在屋顶。

龙山时代陶瓦以夹砂和泥质灰陶为主，也有红陶和红褐陶，质地较为粗糙，多为泥条盘筑法手制，饰以篮纹、绳纹、附加堆纹等。至夏商时期红陶和红褐陶瓦逐渐消失，出现了轮制。这一时期板瓦的纹饰以绳纹、篮纹为主，筒瓦的纹饰则有了向更繁复方向发展的趋势。西周中期开始筒瓦背面经常使用波折纹、回字纹等青铜器上常见的几何纹饰。陶瓦在建筑上的装饰功能加强。

陶瓦随着陶瓦及建筑支撑结构的发展，瓦的使用范围不断扩大，从龙山至夏商时期仅在大型建筑屋顶局部使用至西周中期可能已实现高等级建筑全面覆瓦。且从召陈遗址带文字编号的陶瓦可以看出在屋顶覆瓦已经有一定的规范和顺序。

（2）陶瓦起源及其时空发展轨迹

总体来看，陶瓦的传播有两条线：一条是关中西部，从龙山时期到先周再到西周，陶瓦在这一地区有连续性发展。到西周时期陶瓦在关中平原及周王朝的主要封国都城大量出现，到西周晚期随着周王朝势力扩张陶瓦也传播至长江中游地区。另一条线索是从黄土高原地区的石峁、陶寺传播到二里头，随着二里头的扩张及其对三星堆的影响导致其也出现了与二里头形制相似的大型筒瓦，并出现了具有三星堆特色的锯齿形筒瓦，而龙山晚期关中西部的齐家文化对三星堆的影响也促使槽形板瓦在三星堆出现。

从使用陶瓦的建筑基址及其所在遗址规模来看，陶瓦从黄河中游地区出现后逐渐向其他地区自上而下地发展扩散应该是没有问题的。二里头、郑州商城、三星堆、周原、琉璃河等遗址中使用陶瓦的建筑均为王宫或者诸侯王宫来看，芦山峁、石峁、陶寺，包括商代晚期的汤阴南故城等遗址的重要性及级别可能比目前学术界的判断还要更高一些。陶瓦在建筑上使用的等级限制也是在夏商周时期逐步确立的。然而，目前由于考古材料发表时对于砖瓦等建筑材料的记述力度及精确度有限，诸如此类许多问题的深入探讨仍需要更多材料的全面披露。

注　释

［1］　彭小军. 史前陶瓦与窑洞式建筑的关联性蠡探［J］. 文物春秋，2020（6）.

［2］　岳连建. 西周瓦的发明、发展演变及其在中国建筑史上的意义［J］. 考古与文物，1991（1）.

［3］　a. 付海龙. 我国早期陶瓦发现概述［J］. 砖瓦，2017（4）.

　　　b. 付海龙. 西周陶瓦发现概述［J］. 砖瓦，2018（6）.

［4］　陕西省考古研究院，西北大学文化遗产学院，延安市文物研究所，延安大学历史学院. 陕西延安市芦山峁新石器时代遗址［J］. 考古，2019（7）.

［5］　陕西省考古研究院，榆林市文物考古勘探工作队，神木县石峁遗址管理处. 陕西神木县石峁城址皇城台地点［J］. 考古，2017（7）.

［6］　刘军社. 宝鸡发现龙山文化时期建筑构件［J］. 文物，2011（3）.

［7］　付海龙. 我国早期陶瓦发现概述［J］. 砖瓦，2017（4）.

［8］　中国社会科学院考古研究所.2013年达溪河流域考古调查报告［C］.西部考古（第12辑）.北京：科学出版社，2017：29-70.

［9］　高建峰.泾川发现新石器龙山时代陶瓦［Z］.平凉文物信息网，2014-7-4，http：//www.plwwj.com/Html/?873.html

［10］　严志斌，何驽.山西襄汾陶寺城址2002年发掘报告［J］.考古学报，2005（3）.

［11］　河南省文物考古研究所.郑州商城宫殿区商代板瓦发掘简报［J］.华夏考古，2007（3）.

［12］　赵伯芳.殷都文明与砖瓦业的发展［J］.砖瓦，1994（6）.

［13］　四川省文物考古研究院，三星堆博物馆，三星堆研究院.三星堆出土文物全记录——陶器·金器［M］.成都：四川出版集团·天地出版社，2009：318，452，453.

［14］　李成，钱耀鹏，魏女.陕西淳化县枣树沟脑遗址先周时期遗存［J］.考古，2012（3）.

［15］　中国社会科学院考古研究所.二里头（1999～2006）［R］.北京：科学出版社，2014：513.

［16］　北京大学中国考古学研究中心，宝鸡市考古研究所，北京大学考古文博学院，宝鸡市考古工作队.宝鸡市蒋家庙遗址考古调查报告［C］.古代文明（辑刊）（第9卷）.北京：文物出版社，2013：240-266.

［17］　a.郑洪春，穆海亭.镐京西周五号大型宫室建筑基址发掘简报［J］.文博，1992（4）.

　　　　b.郑洪春.西周建筑基址勘查［J］.文博，1984（3）.

［18］　陕西周原考古队.扶风召陈西周建筑群基址发掘简报［J］.文物，1981（3）.

［19］　林直寸.陕西扶风黄堆乡发现周瓦［J］.考古，1958（9）.

［20］　陕西周原考古队.陕西岐山凤雏村西周建筑基址发掘简报［J］.文物，1979（10）.

［21］　a.陕西周原考古队.陕西扶风县云塘、齐镇西周建筑基址1999～2000年度发掘简报［J］.考古，2002（9）.

　　　　b.陕西省考古研究所.陕西扶风云塘、齐镇建筑基址2002年度发掘简报［J］.考古与文物，2007（3）.

［22］　陕西周原考古队.周原庄李西周铸铜遗址2003与2004年春季发掘报告［J］.考古学报，2011（2）.

［23］　陕西省考古研究院，北京大学考古文博学院，中国社会科学院考古研究所，周原考古队.周原2002年度齐家制玦作坊和礼村遗址考古发掘报告［R］.北京：科学出版社，2010：29-71.

［24］　陕西省博物馆，文管会岐山工作队.陕西岐山礼村附近周遗址的调查和试掘［C］.文物资料丛刊2.北京：文物出版社，1978：38-44.

［25］　陕西周原考古队.陕西扶风县云塘、庄白二号西周铜器窖藏［J］.文物，1978（11）.

［26］　中国社会科学院考古研究所丰镐队.西安市长安区冯村北西周时期制骨作坊［J］.考古，2014（11）.

［27］　a.陕西周原考古队.2003年陕西岐山周公庙遗址调查报告［J］.古代文明（辑刊）（第5卷）.北京：文物出版社，2006：151-186.

　　　　b.凤凰山（周公庙）考古队.2004年夏凤凰山（周公庙）遗址调查报告［J］.古代文明（辑

刊）（第6卷）.北京：文物出版社，2007：273-324.

［28］ 同［27］.

［29］ 同［27］.

［30］ 同［27］.

［31］ 中国社会科学院考古研究所渭水流域考古调查发掘队.陕西渭水流域西周文化遗址调查［J］.考古，1996（7）.

［32］ 巨万仓.岐山流龙咀村发现西周陶窑遗址［J］.文博，1989（2）.

［33］ 陕西省考古所.陕西岐山赵家台遗址试掘简报［J］.考古与文物，1994（2）.

［34］ 中国社会科学院考古研究所泾渭工作队.陕西彬县断泾遗址发掘报告［J］.考古学报，1999（1）.

［35］ 周公庙考古队.陕西凤翔劝读遗址2004年调查与试掘简报［J］.文博，2018（3）.

［36］ 西北大学文化遗产学院，陕西省考古研究院，旬邑县文物旅游局.陕西省旬邑县西头遗址调查简报［J］.草原文物，2020（1）.

［37］ a. 北京大学考古系，北京市文物研究所.1995年琉璃河周代居址发掘简报［J］.文物，1996（6）.

b. 北京大学考古系，北京市文物研究所.琉璃河遗址1996年度发掘简报［J］.文物，1997（6）.

［38］ 郑州大学历史学院考古系，河南省文物局南水北调文物保护办公室.河南荥阳市官庄遗址西周遗存发掘简报［J］.考古，2014（8）.

［39］ 北京大学考古实习队.洛阳王湾遗址发掘简报［J］.考古，1961（4）.

［40］ 北京市文物研究所三峡考古队，重庆市涪陵区博物馆.涪陵石沱遗址发掘报告［R］.北京：科学出版社，2003：852-867.

［41］ 中国社会科学院考古研究所三峡工作队，巫山县文物管理所.巫山双堰塘遗址发掘报告［C］.重庆库区考古报告集·1999卷.北京：科学出版社，2006：95-159.

［42］ 西北大学文化遗产学院.陕西澄城县周代遗址考古调查简报［J］.西部考古，2018（2）.

［43］ 山东省文物考古研究所.临淄齐故城［R］.北京：文物出版社，2013：478.

［44］ 山东省文物考古研究所.山东章丘市孙家东南遗址的发掘［J］.华夏考古，2005（4）.

［45］ 潜江市博物馆.潜江市龙湾遗址群放鹰台第3号台试掘简报［J］.江汉考古，2001（1）.

［46］ 宜昌地区博物馆.当阳磨盘山西周遗址试掘简报［J］.江汉考古，1984（2）.

［47］ 襄樊市博物馆.湖北省襄樊市邓城遗址试掘简报［J］.江汉考古，2004（2）.

［48］ 湖北省文物考古研究所，黄冈市博物馆，麻城市博物馆.湖北省麻城余家寨遗址调查简报［J］.江汉考古，2006（3）.

［49］ 长沙市文物考古研究所，宁乡市文化旅游广电体育局.湖南宁乡罗家冲遗址1号建筑基址发掘简报［J］.中原文物，2020（4）.

［50］ 傅熹年.陕西扶风召陈西周建筑遗址初探——周原西周建筑遗址研究之二［J］.文物，1981

（3）．

［51］ 陕西周原考古队.扶风召陈西周建筑群基址发掘简报［J］.文物，1981（3）．

［52］ 戴彤心.《中国古代瓦当艺术》小议——兼论西周瓦的形制特征［J］.西北大学学报（哲学社会科学版），1988（1）．

［53］ 刘锐.黄河中下游地区周代陶窑研究［D］.西北大学，2013．

［54］ 陕西周原考古队.扶风召陈西周建筑群基址发掘简报［J］.文物，1981（3）．

［55］ 陕西省考古研究院，中国社会科学院考古研究所，西安市文物保护考古研究院.汉宣帝杜陵考古调查勘探简报［J］.考古与文物，2021（1）．

［56］ 河南省文物考古研究所.郑州商城宫殿区商代板瓦发掘简报［J］.华夏考古，2007（3）．

［57］ a.付海龙.我国早期陶瓦发现概述［J］.砖瓦，2017（4）．

b.付海龙.西周陶瓦发现概述［J］.砖瓦，2018（6）．

［58］ a.李峰.先周文化的渊源及其内涵探讨［J］.考古学报，1991（3）．

b.王巍，徐良高.先周文化的考古学探索［J］.考古学报，2000（3）．

c.雷兴山.先周文化探索［M］.北京：科学出版社，2010：228-299．

［59］ 董霄雷.龙山时代的黄土高原［D］.吉林大学，2019：405-424．

［60］ 孙华.四川盆地的青铜时代［M］.北京：科学出版社，2000：138-178．

［61］ 范祥雍.古本竹书纪年辑校订补［M］.上海：上海古籍出版社，2011：29．

［62］ a.林雪.西周金文所见昭王南征及相关问题研究［D］.吉林大学，2018．

b.湖北省文物考古研究所.曾公（田求）编钟铭文初步释读［J］.江汉考古，2020（1）．

c.裘锡圭.史墙盘铭解释［J］.文物，1978（3）．

［63］ 高西省.楚公编钟及有关问题［J］.文物，2015（1）．

Study on the Origin and Early Development of Terracotta

LI Ya-li   TANG Yi-wei

The occurrence time of terracotta and all covered tile roofs has become a pending question in academic researches for a long time. In this paper, the typological and functional analysis was used on terracotta found in archaeological sites from the Neolithic Age to the Western Zhou Dynasty, the early development of types, operations and spread traces of terracotta was investigated in this paper.

汉晋时期叉形器研究

张婕妤

（吉林大学考古学院，长春，130012）

东汉晚期至两晋时期虽然经历了频繁的社会动荡和政权更迭，但是汉文化传统并没有迅速消失，很多西晋时期墓葬的形制仍然与东汉时期的非常相似，西晋甚至东晋时期的墓葬仍然随葬一些汉式的器物，这使汉晋时期墓葬的断代很容易出现误判。因此，多子槅、釉陶小罐、牛车等只出现于两晋时期墓葬的器物，成为晋墓断代的重要依据。叉形器是从两汉之际一直延续到东晋时期的形制特殊的随葬品，在其流行时间内形状发生了明显的变化，分析其形制演变规律，对汉晋时期墓葬的断代有重要的参考作用。

叉形器的叉身为中空或镂空的长条形，两端的叉首有两齿、三齿或四齿（图一），长为11～22厘米，绝大多数为铜质，只有1件为银质。叉形器是学界最常用的名称，有的发掘报告也称其为架、饰件、三叉器、板形器、叉、发饰、盘龙铜饰、叉形饰、三子钗、山字形钗、三珠钗、三枝形器等，本文统一采用叉形器这一常用的名称。

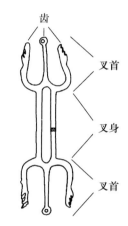

图一　叉形器各部位名称
示意图

一、类型学分析

目前有三位学者做过叉形器的分类研究。巩文根据叉形器的形制差别，将其分为三类，重点讨论了叉形器的出土位置、性别属性及功能，未作形制演变分析[1]。周梦圆对两晋时期的12件叉形器做了简单的类型学分析，分类相对较简略[2]。阎焰将叉形器分为两组四型，重点讨论了叉形器的功能[3]。可见目前学界对叉形器功能的研究关注较多，其次为分类研究，对其形制演变的分析非常薄弱。本文类型学分析包含两部分内容，第一是分类，第二是分析叉形器的形制演变规律并总结各时期叉形器的形制特征。

截止到2020年7月底，见于发表的叉形器共有44件（附表）。其中，南京市板桥镇杨家山西晋双室墓M1出土的1件[4]未发表图片且文字描述不详细，敦煌市祁家湾

M363B出土的1件[5]残损较重形制不明，本文只对其余42件发表了器物图的叉形器做类型学分析。

根据叉首部位齿的数量、叉身形状的差别，可将叉形器分为六型。

A型　叉首有两齿或三齿，叉身为纵向连环形。共11件。根据叉首形状、叉身形状的差别，分为四亚型。

Aa型　叉首为三齿，两外侧齿端作龙首状且向内弧，叉身形成三个椭圆形的镂孔，每个镂孔两侧各有一对穿透的小孔。仅旬阳市佑圣宫汉墓M1出土1件，年代为新莽至东汉初年[6]（图二，1）。

Ab型　叉首为两齿，齿端作龙首状且向内弧；叉身形成三个椭圆形的镂孔，每个镂孔两侧各有一对穿透的小孔。共4件。溧阳市蒋笪里汉墓M35出土1件，年代为新莽时期[7]（图二，2）。仪征市化纤M99出土1件，叉首略残，年代为东汉[8]（图二，3）。仪征市胥浦M99出土形制相同的2件，年代为东吴早期[9]（图二，4）。

Ac型　叉首为两齿，齿端作龙首状且向内弧；叉身一面似四条龙身相互缠绕成辫状，另一面有较多镂孔形状类似龙足。仅汉源县桃坪M1出土1件，年代为西汉晚期偏早[10]（图二，5）。

Ad型　叉首为两齿，齿端龙首相背向外弧。叉身分四节，有数量不等的镂孔。共5件。根据两齿间距的变化，分为二式。

Ⅰ式：两齿间距较大，与Ab和Ac型的相似。只有1件，出于连云港市东海郡龙苴城墓葬，年代为西汉晚期至东汉初期[11]（图二，6）。

Ⅱ式：两齿间距较小。共4件。偃师市华润电厂M53出土1件，年代为东汉晚期[12]（图二，7）。亳州市曹四孤堆M1出土1件，年代为东汉晚期[13]。瓜州县旱湖垴墓地M13出土1件，年代为魏晋时期[14]（图二，8）。姚安县阳派水库晋墓出土1件，年代为不早于278年的西晋时期[15]（图二，9）。

Ad型叉形器的演变规律为两齿的间距由大变小。

B型　叉首有四齿，叉身为长条形，内分两栏或四栏。共7件。根据叉身分栏情况、叉首齿端形状的差别，分为三亚型。

Ba型　叉身内有十字形梁将其分为四栏，齿端圆钝。仅洛阳市烧沟汉墓M1035出土1件，齿端有小圆孔，年代为东汉晚期[16]（图二，10）。

Bb型　叉身内有一梁将其分为两栏，齿端圆钝。共5件。根据齿形状的变化，分为四式。

Ⅰ式：齿向内弯曲程度大，形成三个近正圆形的半封闭环，齿端均有小圆孔。共2件。洛阳市烧沟汉墓M1037出土1件，年代为170年[17]。华阴市东汉司徒刘崎家族墓M2出土1件，年代为东汉晚期[18]（图二，11）。

Ⅱ式：齿向内弯曲程度稍变小，形成三个近椭圆形的半封闭环，齿末端均有小圆孔。仅安阳市曹操高陵M2出土1件，年代为曹魏时期[19]（图二，12）。

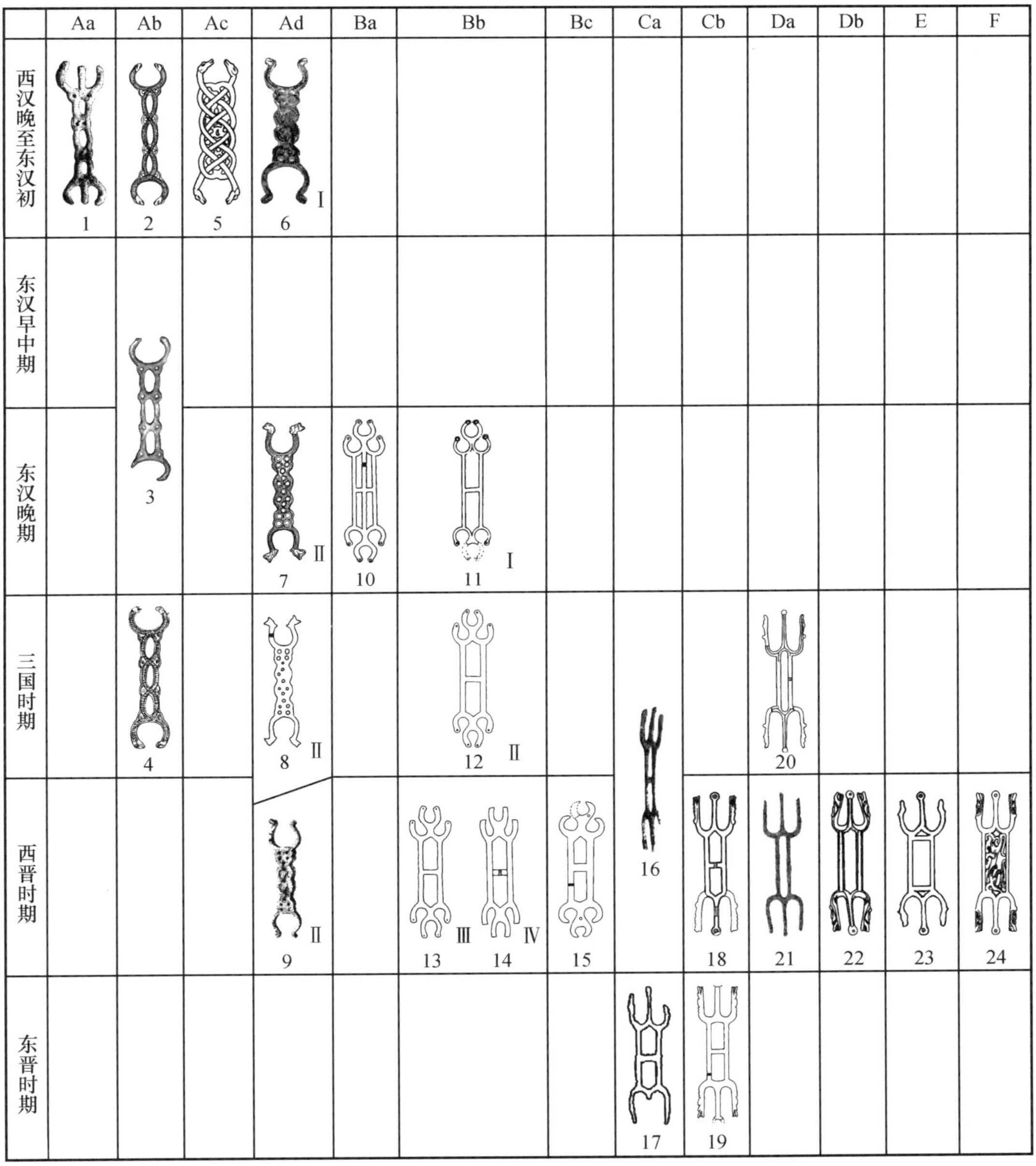

	Aa	Ab	Ac	Ad	Ba	Bb	Bc	Ca	Cb	Da	Db	E	F
西汉晚期至东汉初	1	2	5	6 Ⅰ									
东汉早中期		3											
东汉晚期				7 Ⅱ	10	11 Ⅰ							
三国时期	4			8 Ⅱ		12 Ⅱ		16		20			
西晋时期				9 Ⅱ		13 Ⅲ 14 Ⅳ	15		18	21	22	23	24
东晋时期							17	19					

图二　叉形器类型图

1. 旬阳市佑圣宫汉墓M1　2. 溧阳市蒋笪里汉墓M35：8　3. 仪征市化纤M99　4. 仪征市胥浦M99　5. 汉源县桃坪M1：7　6. 连云港市东海郡龙苴城墓葬　7. 偃师市华润电厂M53：21　8. 瓜州县旱湖垴墓地M13：31　9. 姚安县阳派水库晋墓　10. 洛阳市烧沟汉墓M1035：96　11. 华阴市东汉司徒刘崎家族墓M2：96　12. 安阳市曹操高陵M2：336　13. 洛阳市华山路西晋墓CM2349：31　14. 焦作市山阳北路西晋墓M2：3　15. 偃师市首阳山西晋帝陵陪葬墓六和饲料厂M4：7　16. 南京市尹西村墓葬　17. 马鞍山市马钢二钢厂谢沈家族墓M1：2　18. 鄂州市鄂城西晋墓M3051：10　19. 南京市雨花台区后头山东晋张迈墓M1：10　20. 鄂州市鄂城孙吴墓M4029：17　21. 北京市顺义区大营村西晋墓M4：14　22. 邳州市煎药庙西晋墓M7：11　23. 邹城市西晋刘宝夫妇墓M1：40　24. 巩义市站街晋墓M1：55

Ⅲ式：齿略向内弧，末端有小圆孔。仅洛阳市华山路西晋墓CM2349出土1件，年代为西晋中期[20]（图二，13）。

Ⅳ式：齿近平直，末端无小圆孔。仅焦作市山阳北路西晋墓M2出土1件，年代为西晋中期[21]（图二，14）。

Bb型叉形器的演变规律为叉首齿向内弯曲程度由大变小，最终近平直，齿端小圆孔从有到无。

Bc型　叉身内有一梁将其分为两栏，齿端较尖锐。仅偃师市首阳山西晋帝陵陪葬墓六和饲料厂M4出土1件，齿上有两个小圆孔，年代为西晋[22]（图二，15）。

C型　叉首有三齿，叉身为长条形且横分两栏。共8件。根据叉首中齿末端是否有小圆孔，分为二亚型。

Ca型　中齿末端无小圆孔。共3件。广州市西北郊M4出土1件，年代为不早于238年的吴至西晋时期[23]。南京市尹西村墓葬出土1件，年代为吴末至西晋初[24]（图二，16）。马鞍山市马钢二钢厂谢沈家族墓M1出土1件，年代为不早于332年的东晋时期[25]（图二，17）。

Cb型　中齿末端有小圆孔。外侧齿作龙首状。共5件。鄂州市鄂城西晋墓M3051出土1件，年代为西晋后期[26]（图二，18）。邹城市西晋刘宝夫妇墓M1出土1件，年代为301年[27]。南京市北郊东晋温峤墓M9出土1件，年代为不早于329年的东晋时期[28]。南京市人台山东晋兴之夫妇墓M1出土1件，年代为341年[29]。南京市雨花台区后头山东晋张迈墓M1出土1件，年代为东晋中期或略晚[30]（图二，19）。

D型　叉首有三齿，叉身为长条形，不分栏。外侧齿多作龙首状。共13件。根据叉首中齿末端是否有小圆孔，分为二亚型。

Da型　中齿末端无小圆孔。共4件。鄂州市鄂城孙吴墓M4029出土1件，银质，年代为孙吴前期[31]（图二，20）。北京市顺义区大营村西晋墓M4出土1件，年代为西晋初年[32]（图二，21）。偃师市华润电厂支伯姬墓M37出土1件，年代为300年[33]。扬州市邗江区甘泉公社六里大队墓葬出土1件，原文认为其年代为六朝时期[34]。

Db型　中齿末端有小圆孔。共9件。邳州市煎药庙西晋墓共出土3件，年代为西晋中晚期[35]（图二，22）。洛阳市衡山路西晋墓HM719出土1件，年代为西晋中晚期[36]。荥阳市苜蓿洼西晋墓M18出土1件，年代为西晋中晚期[37]。益阳市西晋李宜墓出土1件，年代为西晋晚期[38]。邹城市西晋刘宝夫妇墓M1出土1件，年代为301年[39]。宜兴市周处夫妇墓M1出土1件，年代为297年[40]。沈阳市伯官屯M1出土1件，简报认为其年代为魏晋时期[41]。

E型　叉首有三齿，长条形叉身两端各有一梁。仅邹城市西晋刘宝夫妇墓M1出土1件，两外侧齿作龙首状，中齿末端有小圆孔，年代为301年[42]（图二，23）。

F型　叉首有三齿，长条形叉身内有镂空龙纹或凤纹。共2件。巩义市站街晋墓M1出土1件，两外侧齿作龙首状，中齿末端有小圆孔，叉身内为镂空龙纹，年代为西晋中晚期[43]（图二，24）。安乡县西晋刘弘墓出土1件，叉身为镂空对凤纹，年代为公元306年[44]。

综合以上分析，可见叉形器在汉晋时期有明显的变化规律。虽然只有Ad、Bb型可进一步分式，但是大多数型和亚型的出现时间和数量表现出明显的阶段性差别。

叉形器出现于西汉晚期至东汉初年，此时只有叉首齿作龙首状、叉身分为若干连环状节的A型，叉身均有精致的装饰。此时叉形器形体普遍较大，尺寸为16～18.2厘米。

东汉早中期至东汉晚期，Aa、Ac型消失，Ad型Ⅰ式变为叉齿间距较小的Ad型Ⅱ式。新出现叉身仅用梁分隔、叉首齿端有小圆孔的Ba、Bb型。这一时期叉身装饰丰富的A型种类明显减少，新出现叉身和齿端装饰明显简化的B型。

三国时期，Ab型、Ad型Ⅱ式仍延续，Ba型消失，Bb型Ⅰ式演变为叉首齿内弧稍变小的Bb型Ⅱ式，新出现叉首齿变直、叉身装饰简化的Ca、Da型。总体来看，这一时期器身装饰简化的叉形器种类和数量都有所增加，叉齿略弯曲或变直的叉形器成为主体。

西晋时期叉形器的类型最丰富，数量也最多，是叉形器的繁荣期。此时叉形器的形体普遍较小，绝大多数尺寸为13～16厘米。器身装饰丰富的A型只保留了Ad型Ⅱ式，其余全部消失。Bb型Ⅱ式演变为叉首齿略向内弧的Bb型Ⅲ式、齿近平直的Bb型Ⅳ式，新出现了叉首齿末端较尖的Bc型。Ca、Da型仍流行，新出现了叉首中齿末端有小圆孔的Cb、Db型。新出现叉身两端有横梁的E型、叉身装饰镂空龙纹或凤纹的F型。这一时期，叉首三齿较直、叉身装饰简单的C、D、E型叉形器成为主流，不仅数量最多，而且形制也最丰富。此时叉身普遍装饰简化，但是两侧齿端流行装饰当时流行的龙首造型。此时叉身装饰复杂的叉形器所占比例极少。本期是叉身简化的三齿叉形器占绝对主体的时期，流行用龙首装饰外齿末端。叉首三齿、叉身简化、侧齿端装饰龙首成为本阶段的主流形制。

西晋以后，北方地区的叉形器突然消失，只在南方的东晋墓葬中发现少量的C型叉形器，形制与西晋时期的相同，尺寸进一步变小到11～12.7厘米。

总体上看，叉形器形体和装饰越来越简化，齿的弯曲程度越来越小，尺寸逐渐变小。西晋时期虽然少数叉形器仍然保持与汉魏时期相同的形制，但是新兴的形制简化、带龙首齿端的三齿叉形器一跃成为主流形制，形成明显区别于汉魏时期的新的时代特征。

二、2件叉形器的断代

根据本文对叉形器形制演变的认识，可以对2件原来断代较宽泛的叉形器做出更精确的断代。

扬州市邗江区甘泉公社六里大队墓葬出土1件Da型叉形器（图三，1），资料只在巩文《汉晋时期叉形器的考古学观察》一文，其共存器物、墓葬形制皆不详，巩文认为

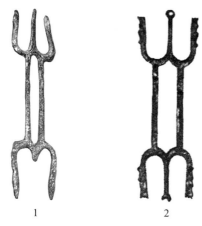

图三　叉形器断代举例

1. 扬州市邗江区甘泉公社六里大队墓葬

2. 沈阳市伯官屯M1

其年代为六朝。根据前文分析可知，叉形器从东晋开始走向衰落，东晋之后完全不见。目前发现的Da型叉形器的年代均在三国至西晋这段时期。可见这件叉形器年代为三国至西晋时期的可能性最大，最晚不会超过东晋。

沈阳市伯官屯M1出土1件Db型叉形器（图三，2），简报认为该墓葬年代为魏晋时期。通过本文的分析可知，Db型叉形器只流行于西晋时期，是西晋时期数量最多的一个亚型。据此，可将伯官屯M1的年代更精确地断为西晋时期。该墓葬的精确断代对东北地区魏晋时期墓葬的断代研究有重要参考价值。

三、分布地域的变化及反映的问题

汉晋时期叉形器的分布地域有明显的变化（表一）。西汉晚期至东汉初年叉形器开始出现，在陕西、四川、江苏均有发现，应是该时期新兴的汉文化器物。东汉晚期分布范围扩展到河南、安徽。三国时期进一步向南、北两个方向扩展，向南最远可能已达广州，向西北可能也已扩展到河西走廊。西晋时期分布范围最广，北方以洛阳地区为中心，分布最为密集，数量最多，向北达到北京、辽宁。此时在长江以南的分布范围也较三国时期明显扩大，在长江下游的南京地区及中游的湖北、湖南均有出现，向西南则远达云南。这一时期发现叉形器的数量和地点都明显增多，类型学分析也反映出此时叉形器的类型最丰富。因此，从分布范围和类型学两方面都反映出西晋时期是叉形器最繁荣的时期。东晋十六国时期，叉形器在北方地区突然消失，仅见于长江南岸的东晋墓葬中，数量明显减少，集中分布于南京及附近的马鞍山地区。

叉形器分布地域的变化一定程度上反映了汉晋时期文化的发展和人群的流动。从东汉晚期到东晋，叉形器分布的中心一直位于当时的文化中心，可见它应是一种体现先进的文化的器物。西晋时期分布范围有了极大的扩展，这应与西晋政治上统一局面的形成有关。西晋时期是叉形器最为繁荣的时期，在继承汉魏原有形制的同时出现了丰富的新类型，这与西晋墓葬反映出的对汉魏旧制的继承和创新是一致的。西晋时期，一方面在墓葬中得以保留相当数量的汉式器物种类和形制，墓葬形制也明显可见与汉墓之间的密切联系，同时又出现了明显区别于东汉晚期墓葬的墓葬形制和多子槅、牛车、铜鐎斗等一批新的随葬器物。西晋时期的叉形器从一个侧面形象地反映出汉、晋文化传统之间的继承和发展关系。十六国时期，北方民族大批南下中原，在长江以北先后建立多个民族政权，西晋政权瓦解。汉族社会上层纷纷南渡长江，在今南京地区建都，叉形器也随着南渡的中原人仍然在东晋统治中心区域延续。但是随着新葬俗的兴起，叉形器在东晋时期并没有得到进一步发展，很快退出了历史舞台。

表一　各时期叉形器出土地点统计表

年代	叉形器出土地点
西汉晚期至东汉初期	陕西旬阳市佑圣宫汉墓M1、四川汉源县桃坪M1、江苏溧阳市蒋笪里汉墓M35、江苏连云港市东海郡龙苴城墓葬
东汉时期	江苏仪征市化纤M99
东汉晚期	陕西华阴县东汉司徒刘崎家族墓M2、河南偃师市华润电厂M53、河南洛阳市烧沟汉墓M1035、河南洛阳市烧沟汉墓M1037、安徽亳州市曹四孤堆M1
三国时期	河南安阳市曹操高陵M2、江苏仪征市胥浦M99、湖北鄂州市鄂城孙吴墓M4029
三国至西晋时期	甘肃瓜州县旱湖垴墓地M13、广东广州市西北郊M4、江苏南京市尹西村墓葬、江苏扬州市邗江区甘泉公社六里大队墓葬
西晋时期	河南洛阳市华山路西晋墓CM2349、河南洛阳市衡山路西晋墓HM719、河南偃师市首阳山西晋帝陵陪葬墓六和饲料厂M4、河南偃师市华润电厂支伯姬墓M37、河南巩义市站街晋墓M1、河南荥阳市苕藚洼西晋墓M18、河南焦作市山阳北路西晋墓M2、山东邹城市西晋刘宝夫妇墓M1、北京市顺义区大营村西晋墓M4、辽宁沈阳市伯官屯M1、甘肃敦煌市祁家湾M363B、江苏邳州市煎药庙西晋墓、江苏南京市板桥镇杨家山西晋双室墓M1、江苏宜兴市周处夫妇墓M1、湖北鄂州市鄂城西晋墓M3051、湖南安乡县西晋刘弘墓、湖南益阳市西晋李宜墓、云南姚安县阳派水库晋墓
东晋时期	江苏南京市人台山东晋兴之夫妇墓M1、江苏南京市北郊西晋温峤墓M9、江苏南京市雨花台区后头山东晋张迈墓M1、安徽马鞍山市马钢二钢厂谢沈家族墓M1

四、功能和用法讨论

学界对叉形器功能有多种认识，归纳起来主要有五种。

最早的认识来自清代金石学家，《金石索》中称之为"太昊伏羲氏金币"[45]，这种观点因缺乏依据，早已被摒弃。

第二种观点根据叉形器置于砚台后，认为是与砚台配套使用的类似笔架的文具[46]。但是孙机先生否定了这一推测，他认为叉首相距太近，无法容纳一支笔杆；叉形器两端为对称的叉形，立不稳，不可能起到类似笔架的支撑功能[47]。

第三种观点认为叉形器是绕线板的可能性较大，其最早的原形是云南江川李家山墓地所出的二叉枝状蝴蝶形器，但是只提到两者形态相似，没有进一步论证，并且认为也有可能是女性发饰[48]。巩文认为叉形器与绕线板没有多少关系，但是没有提出否定这一观点的具体依据[49]。阎焰根据叉形器出土残留痕迹和状态分析，认为部分叉形器是绕线板，并进一步推测是专用的简册捆扎器[50]。

第四种观点认为叉形器是发饰[51]。孙机先生根据其出于女性头骨附近，提出它是女性的发钗[52]。巩文认为用于固定假发，男女通用[53]。也有人认为是固定发髻和额发的头饰[54]。

第五种观点认为叉形器是铜镜架[55]，肖宇否定了这一观点[56]，最近阎焰再次提出部分叉形器可能是镜架的认识[57]。

以上对叉形器功能的认识均为根据一座或者少数墓葬出土的叉形器材料做出的推测。分析叉形器的功能，除了器物形制，其原始的随葬位置是重要的判断依据。以下对未被盗墓葬的叉形器出土位置及墓主性别、叉形器的形制这两方面做全面分析，之后进一步推测叉形器的功能。

1. 根据出土位置推测

目前共发现15座未被盗的随葬叉形器的墓葬，叉形器的位置可分为四种情况（表二）。

表二　15座未被盗墓葬随葬的叉形器统计表

序号	墓葬中位置	叉形器类型	墓葬名称	墓主性别	墓葬年代
1	西室中部	不详	南京市板桥镇杨家山西晋双室墓M1		西晋
2	墓室北侧	BbⅣ	焦作市山阳北路西晋墓M2		西晋中期
3	墓室南侧	Ca	广州市西北郊M4		不早于238年的吴至西晋时期
4	后室	Ca	南京市尹西村墓葬		吴末至西晋初
5	墓室前部	Cb	鄂州市鄂城西晋墓M3051		西晋后期
6	墓室前中部	F	安乡县西晋刘弘墓	男	306年
7	前室	Ad	姚安县阳派水库晋墓		不早于278年的西晋时期
8	甬道与墓室相接处	Ca	马鞍山市马钢二钢厂谢沈家族墓M1		不早于332年的东晋时期
9	墓室东北角、西南角各1件	Ab	仪征市胥浦M99		东吴早期
10	后室女性棺内，头骨附近	Da	北京市顺义区大营村西晋墓M4	女	西晋初年
11	墓室西侧，石砚板旁	BbⅢ	洛阳市华山路西晋墓CM2349		西晋中期
12	男棺前部，可能与铜镜、石板同置于漆匣中	Cb	南京市人台山东晋兴之夫妇墓M1	男	341年
13	墓室前部，与铜镜、印章出土位置相同，应同盛于漆木盒内	Cb	南京市雨花台区后头山东晋张迈墓M1	男	东晋中期或略晚
14	墓葬前室，与骨簪、铁刀同置于石黛板上	Db	邳州市煎药庙西晋墓M8		西晋中晚期
15	后室男墓主棺内脚下漆盒中，漆盒内还有弩机、石砚板	F	巩义市站街晋墓M1	男	西晋中晚期

（1）位于墓室中或墓室与甬道相接处，摆放位置看不出特别之处，无法据此判断其功能。共8座墓葬。

（2）位于墓室中的特定位置。仅有仪征市胥浦M99一座墓葬，该墓随葬2件Ab型叉形器，分别置于墓室的西南角和东北角。

（3）位于墓主人头骨附近。只有1座墓葬，位于后室女性墓主棺内头骨附近。

（4）与文具、日用品、束发器、武器等邻近，或与其放在同一件容器内或同一件器物上。共5座墓葬。

根据原始出土位置，只能推测属于第二种情况的三国时期仪征市胥浦M99随葬的形态较早的Ab型叉形器，可能是具有镇宅辟邪等特殊功能的器物。虽然第三种情况说明西晋时期流行的叉形器可能用作女性的发饰，但肯定不会是女性特有的发饰，因为这一时期大多数出土叉形器墓葬的墓主人是男性。仅根据第四种情况，无法推测叉形器的具体功能，只能知道它与文具、日用品、束发器等都可能有关系。

2. 根据形制推测

（1）叉形器不可能为发饰

叉形器均为直的，其齿端穿孔的发展趋势是从齿端无孔变为有孔，再变为只有中间的齿端有孔或所有齿端均无孔。早期的叉形器长18厘米左右。这么长的直而无弹性的叉形器，不能像有弹性的发钗或发簪那样插入本身有弧度的贴近头颅的发髻内。早期叉形器不仅尺寸大，叉身上也有复杂的镂孔，这样的器物放在发髻上也很容易缠乱头发。所以，至少早期的叉形器不可能作为发饰使用。稍晚的B型叉形器叉首有8个齿且齿的前、后端不平齐，这也明显不适合插入头发。钗和簪等束发器都是器身向末端逐渐变细并且非常光滑，方便插入头发，而两晋时期流行的叉形器常在两侧齿端装饰轮廓曲折的龙首，中齿端有一圆形穿孔，可见叉形器一端的三个齿都不方便束发，也很明显不适合当发饰使用。所以，汉代以后的叉形器的形状也不适合束发。孙机先生列举的汉代画像石上的女性发髻上的束发器图像，只是描绘了束发器的轮廓，它完全有可能整体是板状的或有弧度的，只是外轮廓和叉形器相似。

（2）叉形器为绕线工具

叉形器两端宽，中间窄，其形状与近现代家庭手工缝纫用的绕线板有一定相似之处（图四，1），与云南江川李家山墓地战国末至西汉早期墓葬出土的绕线板也较为相似。李家山墓地出土7件绕线板，其中6件为铜质，1件为木质；一部分绕线板出于针线盒内，盒内还有针、线、小纺轮等缝纫用具。该墓地的铜质绕

图四　绕线板举例

1. 近现代家庭缝纫用绕线板（木质，图片来源于网络）　2. 云南江川李家山墓地出土铜质绕线板

线板两端无穿孔，器身上残留线绳，整体形状与A型叉形器类似（图四，2）。李家山墓地的绕线板两端各有两个向内弯曲的大齿，两端和器身中部各有两个小齿，可以看出主要是沿着与器身平行的方向纵向绕线，两个大齿起到固定线匣的作用。器身中部的两个小齿上也可以绕线，这说明这个绕线器是可以沿着相互垂直的两个方向绕线，其中纵向绕线是主体。

　　A型和B型叉形器大多数流行年代早，其形状也与李家山所出绕线板的轮廓最相似（除了西晋时期的Bb型Ⅲ式和Bb型Ⅳ式），叉齿向内弯曲，它们为绕线器的可能性也最大。A型叉形器绝大多数无中齿，可直接在两端绕线。B型每端的四个叉齿可区分出三个绕线空间，这样或者可以在一件叉形器上分别缠绕三种线绳而不至于混乱，或者可以将绳的末端缠在突出的两齿内方便找到线头。

图五　巩义站街晋墓出土叉形器照片（两端中齿两侧有线绳纤维痕迹）

目前发现3件出土的叉形器上残留线绳痕迹[58]，年代均为两晋时期。其中，巩义站街晋墓M1叉形器上绕线痕迹最清楚，残留的线绳纤维痕迹是纵向的，与叉身相平行（图五）。这说明线是纵向绕在叉形器上，在两端的中齿处往返绕线。纵向绕线要求三齿之间的间距大，齿的长度要超过绕过中齿的线绳堆积起来的线匣的高度，这与两晋时期的叉形器普遍两端的叉齿所占宽度变大、齿变长的情况正好相符。由此可知两晋时期的叉形器为纵向绕线工具的可能性非常大。

　　年代较早的A型、B型叉形器的齿均较短，用其绕线的匣数肯定要明显低于叉齿较长的两晋时期的叉形器。但是这两型的叉形器均为长叉身，每匣绕线的长度明显要长于两晋时期，所以虽然绕线的匣数少，但是绕线的总长度应该和两晋时期的基本相当。

　　由以上对叉形器形制及出土状态的分析，可以推测至少大部分叉形器应为绕线器。云南江川李家山墓地的绕线板与针、线、小纺轮等共出于针线盒内，很明显这里的绕线板是手工缝纫用的工具，墓主应为以纺织为业的女性。但是发掘出土的叉形器在男、女性墓葬均有发现，且男性墓葬所占的比例更高。所以叉形器虽为绕线器，但不一定是缝纫工具。目前共有5座未被扰动的两晋时期墓葬中出土的叉形器与铁刀（削）、印章、石砚板放置在一起，据此可以推论至少在两晋时期，所有或者部分叉形器应该是文具，是用来缠绕捆扎简册所用的线绳。

　　最近阎焰根据叉形器出土残留痕迹和状态等推测叉形器是绕书绳的文具[59]。本文从叉形器的形制、出土环境等方面的分析，也支持阎焰的推断。但是阎焰进一步推测叉形器在绕线的同时还具有捆扎简册功能，这一点与叉形器单薄的器身相矛盾。叉形器器身均较单薄容易折断，它只能用来缠绕用于捆扎简册的书绳，作为捆扎的工具则非常容易折断。

五、结　语

叉形器总体上经历了由形制复杂向简化、由细长向短宽的演变。通过本文的类型学分析可以看出，叉形器形制演变线索非常清晰，虽然学界常称其为汉晋时期的器物，实际上两晋时期的叉形器不仅数量比两汉三国时期的多了一倍以上，而且在形制上做了较多改造，分布地域进一步扩大，我们可以根据形制将其与绝大多数两汉和三国时期的叉形器区别开来。也正因如此，我们可将叉形器看作区分汉、晋时期墓葬年代的一种指示性器物。

叉形器的形制不适合做发饰，作为绕线器的可能性最大。两晋时期至少有一部分叉形器是缠绕捆扎简册的书绳用的绕线器，是一种文具。但是在特殊环境下，不排除有的叉形器也被赋予镇宅辟邪等象征性功能。

注　释

［１］　巩文. 汉晋时期叉形器的考古学观察［Ｊ］. 四川文物，2017（6）.

［２］　周梦圆. 两晋南朝金属簪钗研究［Ｄ］. 南京师范大学，2018.

［３］　阎焰. 从棘币、笔架、三子钗、镜架、假发穿饰到捆扎器——兼论汉魏晋墓出土叉形器的功用［Ｎ］. 中国文物报，2020-10-9（6）.

［４］　南京市博物馆，南京市雨花台区文管会. 江苏南京市板桥镇杨家山西晋双室墓［Ｊ］. 考古，1998（8）.

［５］　甘肃省文物考古研究所. 敦煌祁家湾——西晋十六国墓葬发掘报告［Ｒ］. 北京：文物出版社，1994：124，126.

［６］　a. 张沛. "三子钗"新证［Ｊ］. 文博，2003（4）.

　　　b. 旬阳县博物馆. 陕西旬阳汉墓出土的石砚［Ｊ］. 文博，1985（5）.

　　　c. 旬阳县清理墓［Ｚ］. 三秦游，2012-6-9. http://www. sanqinyou. com/wenwu/info/126912584423431. html. 此报道中提到"墓中随葬器物较多……有新莽货泉150枚……此墓约建于新莽至东汉初年"。综合以上资料可得，此墓年代应为新莽至东汉初年。

［７］　南京博物院，溧阳市博物馆. 江苏溧阳蒋笪里汉墓发掘简报［Ｊ］. 东南文化，2020（2）.

［８］　同［１］. 转引自此文.

［９］　江苏省文化局驻仪征化纤文物工作队. 仪征胥浦发现东吴墓葬［Ｊ］. 东南文化，1991（5）.

［10］　四川省文物考古研究院，雅安市文物管理所，汉源县文物管理所. 四川汉源桃坪遗址及墓地发掘报告［Ｊ］. 四川文物，2006（5）.

［11］　刘芳芳. 新见汉代铜叉形镜架［Ｎ］. 中国文物报，2020-7-10（6）.

［12］　a. 洛阳市文物考古研究院. 偃师华润电厂考古报告［Ｒ］. 郑州：中州古籍出版社，2012：

68，190.

　　b. 中国社会科学院考古研究所. 中国考古学·秦汉卷［M］. 北京：中国社会科学出版社，2010：399. 该墓为带长斜坡墓道的前堂横列式墓，为东汉晚期流行的墓葬形制，原报告将其年代定为东汉时期，不够准确，其年代应为东汉晚期。

［13］　亳州市博物馆. 安徽亳州市发现一座曹操宗族墓［J］. 考古，1988（1）.

［14］　甘肃省文物考古研究所. 甘肃安西旱湖垴墓地、窑址发掘简报［J］. 考古与文物，2004（4）.

［15］　孙太初. 云南姚安阳派水库晋墓清理简报［J］. 考古通讯，1956（3）.

［16］　洛阳区考古发掘队. 洛阳烧沟汉墓［R］. 北京：科学出版社，1959：183，186. 该墓地共出2件叉形器，分别为M1035：96、M1037：42，已发表的图片资料为第183页的线图及图版四十八的照片，两者的器物号均为M1037：42，但两者形制并不相同，其中一件器物号应有误。根据183页线图及比例尺推算该件叉形器长为17.3厘米，结合文字中对其尺寸的描述，此器物应为M1035：96. 图版四十八：13为M1037：42。

［17］　同［16］：186，图版四十八：13.

［18］　杜保仁，夏振英，呼林贵. 东汉司徒刘崎及其家族墓的清理［J］. 考古与文物，1986（5）.

［19］　河南省文物考古研究院. 曹操高陵［R］. 北京：中国社会科学出版社，2016：182-183.

［20］　洛阳市第二文物工作队. 洛阳华山路西晋墓发掘简报［J］. 文物，2006（12）.

［21］　焦作市文物工作队. 河南焦作山阳北路西晋墓发掘简报［J］. 文物，2011（9）.

［22］　洛阳市第二文物工作队，偃师市文物局. 河南偃师市首阳山西晋帝陵陪葬墓［J］. 考古，2010（2）.

［23］　广州市文物管理委员会. 广州市西北郊晋墓清理简报［J］. 考古通讯，1955（5）.

［24］　南京市博物馆. 南京市尹西村西晋墓［J］. 华夏考古，1998（2）.

［25］　马鞍山市博物馆. 马鞍山市马钢二钢厂东晋谢沈家族墓群发掘简报［J］. 江汉考古，2012（1）. 简报中提到“M1部分墓门砖上反书刻有‘咸和七年三月二日’铭文，‘咸和七年’即公元333年，表明M1下葬年代不早于东晋咸和七年（333年）”，这里的年代推断是错误的。“咸和七年”应是公元332年，所以M1的年代应不早于332年。

［26］　南京大学历史系考古专业，湖北省文物考古研究所，鄂州市博物馆. 鄂城六朝墓［R］. 北京：科学出版社，2007：247-248.

［27］　山东邹城市文物局. 山东邹城西晋刘宝墓［J］. 文物，2005（1）.

［28］　南京市博物馆. 南京北郊东晋温峤墓［J］. 文物，2002（7）.

［29］　南京市文物保管委员会. 南京人台山东晋兴之夫妇墓发掘报告［J］. 文物，1965（6）.

［30］　南京市考古研究所. 南京市雨花台区后头山东晋墓发掘简报［J］. 东南文化，2017（4）.

［31］　同［26］：260.

［32］　北京市文物工作队. 北京市顺义县大营村西晋墓葬发掘简报［J］. 文物，1983（10）.

［33］　a. 同12［a］：18，130，401.

　　b. 洛阳市第二文物工作队，偃师商城博物馆. 河南偃师西晋支伯姬墓发掘简报［J］. 文物，

2009（3）.

［34］ 同［1］.转引自此文。

［35］ 南京博物院，徐州博物馆，邳州博物馆.江苏邳州煎药庙西晋墓地发掘［J］.考古学报，2019（2）.

［36］ a.洛阳市第二文物工作队.洛阳新发现的两座西晋墓发掘简报［J］.文物，2009（3）.

　　b.杨晓芳，潘玲.东汉晚期至西晋时期洛阳地区墓葬形制研究［C］.辽宁省博物馆馆刊（2012）.沈阳：辽海出版社，2013.根据此文研究成果，方形主室四角砌筑角柱或角斗是西晋中晚期墓葬的典型特征，HM719方形主室四角用砖砌出角柱，该墓葬年代定为西晋中晚期。笔者认同这一看法。

［37］ 周口市关帝庙民俗博物馆，荥阳市博物馆.河南荥阳苜蓿洼墓地西晋墓M18发掘简报［J］.中原文物，2014（3）.

［38］ 益阳地区文物工作队，益阳县文化馆.湖南省益阳县晋、南朝墓发掘简况［C］.文物资料丛刊（第8辑）.北京：文物出版社，1983.

［39］ 同［27］.

［40］ 罗宗真.江苏宜兴晋墓发掘报告——兼论出土的青瓷器［J］.考古学报，1957（4）.

［41］ 沈阳市文物工作组.沈阳伯官屯汉魏墓葬［J］.考古，1964（11）.

［42］ 同［27］.

［43］ a.郑州市文物考古研究所，巩义市文物保护管理所.河南巩义站街晋墓［J］.文物，2004（11）.

　　b.同36［b］.根据此文研究成果可知，西晋中晚期洛阳地区主室平面为方形的墓葬开始出现四壁外弧的情况。巩义紧邻洛阳地区，巩义站街晋墓M1主室四壁外弧，很大可能是受洛阳地区影响，所以其年代应以西晋中晚期为宜。

［44］ 安乡县文物管理所.湖南安乡西晋刘弘墓［J］.文物，1993（11）.

［45］ （清）冯云鹏、冯云鹓辑.金石索·金索四.双桐书屋藏版，清道光十六年跋刊，1836.

［46］ 同［23］.

［47］ 孙机.三子钗与九子铃［J］.文物天地，1987（6）.

［48］ a.同［26］.

　　b.云南省博物馆.云南江川李家山古墓群发掘报告［J］.考古学报，1975（2）.

［49］ 同［1］.

［50］ 同［3］.

［51］ 同［32］.

［52］ 同［47］.

［53］ 同［1］.

［54］ 同［2］.

［55］ 同［11］.

［56］　肖宇.“铜叉形镜架”献疑［N］.中国文物报，2020-8-7（6）.

［57］　同［3］.

［58］　a. 同［29］. 出土叉形器圆孔上残留丝绳。

　　　　b. 同［35］. M7出土叉形器叉身残留细绳缠绕痕迹。

　　　　c. 同［3］. 巩义市站街晋墓M1所出叉形器叉身也残留细绳，简报中虽未介绍此情况，但此
　　　　文中的器物图片可清晰看到残留细绳痕迹。

［59］　同［3］.

附表　叉形器统计表

序号	地区	出土单位	数量	长度（厘米）	性别	原报告简报年代	本文年代	型式	出土位置	备注	资料出处
1	江苏	南京市板桥镇杨家山西晋双室墓M1	1	不详		西晋	同原简报	不详	西室中部	保存完好	[4]
2	甘肃	敦煌市郝家湾M363B	1	残长6.5	女	276~296年	同原报告	不详	不详	保存完好	[5]
3	陕西	旬阳市佑圣宫汉墓M1	1	18.2	男	新莽至东汉初年	同原报道	Aa	不详	被扰	[6]
4	江苏	溧阳市蒋笪里汉墓M35	1	18.1		新莽时期	同原简报	Ab	不详	被盗扰	[7]
5	江苏	仪征市化纤M99	1	19.8		东汉	同原文	Ab	不详	不详	[8]
6	江苏	仪征市胥浦M99	2	20		东吴早期	同原简报	Ab	墓室东北角、西南角各1件	塞壁被破坏	[9]
7	四川	汉源县桃坪M1	1	16		西汉晚期偏早	同原简报	Ac	不详	被盗扰	[10]
8	江苏	连云港市东海郡龙苴城墓葬	1	不详		西汉晚期至东汉初期	同原文	Ad I	不详	不详	[11]
9	河南	偃师市华润电厂M53	1	15.03		东汉	东汉晚期	Ad II	后室	被盗扰	[12]
10	安徽	亳州市曹四孤堆M1	1	15		东汉晚期	同原简报	Ad II	甬道	被盗扰	[13]
11	甘肃	瓜州县旱湖城墓地M13	1	15.1		魏晋	同原简报	Ad II	不详	保存完好	[14]
12	云南	姚安县阳派水库晋墓	1	15		不早于278年的西晋时期	同原简报	Ad II	前室	保存完好	[15]

续表

序号	地区	出土单位	数量	长度（厘米）	性别	原报告或简报年代	本文年代	型式	出土位置	备注	资料出处
13	河南	洛阳市烧沟汉墓M1035	1	17.3		东汉晚期	同原报告	Ba	不详	被扰	[16]
14	河南	洛阳市烧沟汉墓M1037	1	16.4		170年	同原报告	BbⅠ	不详	被扰	[17]
15	陕西	华阴市东汉司徒刘崎家族墓M2	1	16.7		东汉晚期	同原简报	BbⅠ	不详	被盗扰	[18]
16	河南	安阳市曹操高陵M2	1	15		曹魏时期	同原报告	BbⅡ	后室南侧室门口下部淤土中，又身有木朽残痕	被盗扰	[19]
17	河南	洛阳市华山路西晋墓CM2349	1	15.35		西晋中期	同原简报	BbⅢ	墓室西侧、石砚板旁	保存较好	[20]
18	河南	焦作市山阳北路西晋墓M2	1	14.6		西晋中期	同原简报	BbⅣ	器物均在墓室北侧	保存完好	[21]
19	河南	偃师市首阳山西晋帝陵陪葬墓六和尚料厂M4	1	14.1		西晋	同原简报	Bc	不详	被盗扰、残存遗物移位	[22]
20	广东	广州市西北郊M4	1	不详		不早于238年的吴至西晋时期	同原简报	Ca	墓室南侧	保存完好	[23]
21	江苏	南京市尹西村墓葬	1	15.2		吴末至西晋初	同原报告	Ca	后室	保存完好	[24]
22	安徽	马鞍山市马钢二钢厂谢沈家族墓M1	1	11		不早于333年的东晋时期	不早于332年的东晋时期	Ca	甬道与墓室相接处	墓顶被破坏	[25]
23	湖北	鄂州市鄂城西晋墓M3051	1	13.5		西晋后期	同原报告	Cb	墓室前部	墓顶被破坏	[26]

续表

序号	地区	出土单位	数量	长度（厘米）	性别	原报告或简报年代	本文年代	型式	出土位置	备注	资料出处
24	山东	邹城市西晋刘宝夫妇墓M1	3	14~16（M1：27）		301年	同原简报	Cb、Db、E	前室1件、案板旁；后室东、西侧各1件	被盗扰，随葬品位置有移动	[27]
25	江苏	南京市北郊东晋温峤墓M9	1	12.7		不早于329年的东晋时期	同原简报	Cb	墓室东侧	被盗扰、移位	[28]
26	江苏	南京市人台山东晋兴之夫妇墓M1	1	12	男	341年	同原简报	Cb	男棺前部、可能与铜镜、石板同置于漆匣中	保存完好	[29]
27	江苏	南京市雨花台区后头山东晋张迈墓M1	1	12.3	男	东晋中期或略晚	同原简报	Cb	墓室前部、与铜镜、印章出土位置相同、应同盛于漆木盒内	保存完好	[30]
28	湖北	鄂州市鄂城孙吴墓M4029*	1	15.5		孙吴前期	同原报告	Da	不详	不详	[31]
29	北京	北京市顺义区大营村西晋墓M4	1	15	女	西晋初年	同原简报	Da	后室女性棺内、女性头骨附近	保存较好	[32]
30	河南	偃师市华润电厂支伯姬墓M37	1	14.3	女	300年	同原简报	Da	墓室西北部	被盗扰	[33]
31	江苏	扬州市邗江区甘泉公社六里大队墓葬	1	15		六朝	三国至西晋时期	Da	不详	不详	[34]
32	江苏	邳州市煎药庙西晋墓	3	13.5（M7：11）		西晋中晚期	同原简报	Db	M8所出位于墓葬前室、与骨簪、铁刀同置于石黛板上。M7所出位于墓葬前室	M8保存较好	[35]
33	河南	洛阳市衡山路西晋墓HM719	1	13		西晋早期	西晋中晚期	Db	后室	被扰、随葬器物散乱	[36]

续表

序号	地区	出土单位	数量	长度（厘米）	性别	原报告或简报年代	本文年代	型式	出土位置	备注	资料出处
34	河南	荥阳市苜蓿洼西晋墓M18	1	15.8		西晋中晚期	同原简报	Db	不详	被扰、部分器物移位	[37]
35	湖南	益阳市西晋李宜墓	1	12	男	西晋晚期	同原简报	Db	后室，靠近铁削	被盗扰	[38]
36	江苏	宜兴市周处夫妇墓M1	1	13.3	男	297年	同原简报	Db	后室，与石板、铜刀、熨斗等共出	被盗扰	[40]
37	辽宁	沈阳市伯官屯M1	1	13.3		魏晋	西晋时期	Db	不详，收集品	被盗扰	[41]
38	河南	巩义市站街晋墓M1	1	14.1	男	晋代早期	西晋中晚期	F	后室男墓主棺内脚下漆盒中，漆盒内还有弩机、石砚板	保存完好	[43]
39	湖南	安乡县西晋刘弘墓	1	残长22	男	306年	同原简报	F	墓室前中部	保存较好	[44]

注："性别"指叉形器所属墓主的性别，"资料出处"的阿拉伯数字是本文注释的序号，*表示叉形器为银质

A Study on the Fork-shaped Utensils of Han-Jin Period

ZHANG Jie-yu

Fork-shaped utensils were a kind of peculiar burial goods arising between Western Han and Eastern Han period, and they further developed at the late Eastern Han Dynasty and the Three Kingdoms period. The Western Jin Dynasty was a prosperous period of fork-shaped utensils when the types and numbers increased obviously, and there was much innovation on their shape. Fork-shaped utensils disappeared from Northern China at Sixteen Kingdoms Period unexpectedly, and only left a few of them near the capital of the Eastern Jin Dynasty within the area of Southern China. They are important materials for the chronology study on the tombs of Han-Jin period, and reflect the development and evolution of cultural tradition of Han-Jin period as well. Most probably some fork-shaped utensils were stationery of winders, and few of them were assigned special symbolic function for guarding house against evil spirits.

靺鞨文化的斜口器[*]

武　松　冯恩学

（吉林大学考古学院，长春，130012）

　　靺鞨发源于古代的黑水流域，《隋书》始为靺鞨立传，记述靺鞨分为粟末、伯咄、安车骨、拂涅、号室、黑水和白山等七部[1]。唐朝李延寿在其私撰的《北史·勿吉传》中明确记述道："勿吉国在高句丽北，一曰靺鞨。"[2]《北史·勿吉传》合《魏书·勿吉传》与《隋书·靺鞨传》而成，所载勿吉七部即来自《隋书·靺鞨传》中的靺鞨七部。隋唐时期的靺鞨就是魏晋南北朝时期的勿吉，这已经是东北史学界的共识[3]。迄今在我国吉林省、黑龙江省，俄罗斯远东地区发现了较多该民族的考古遗存。在靺鞨文化[4]遗存中，常见一种被称为靺鞨罐的陶器，侈口、短颈、弧壁深腹、平底，常在口沿下饰齿状花边的附加堆纹，是辨识靺鞨文化遗存的重要依据。在一些靺鞨文化遗址中，还存在一种极具特色的陶器与靺鞨罐伴出，一般一侧口高一侧口低，学者多称其为斜口器。靺鞨文化斜口器主要分布于我国的三江平原、松花江源头的头道江流域，以及俄罗斯远东地区。在黑龙江省的三江平原绥滨县四十连遗址[5]、绥滨县同仁遗址[6]、佳木斯市郊凤凰山遗址[7]、勃利县马鞍山遗址[8]，吉林省头道江流域的白山市永安遗址[9]发现了斜口器。俄罗斯远东地区的犹太自治州的布拉戈斯洛文2号居住址[10]、兴凯湖西的库尔库尼哈居住址[11]、结雅河中游地区的河谷附近的乌拉洛夫卡村[12]、乔普洛姆岬上的古城遗址[13]、滨海边疆区的契尔良基诺-2遗址和克拉斯基诺古城址等遗址[14]均发现斜口器。靺鞨文化斜口器均出土于房址中，与靺鞨罐伴出，出土数量远少于靺鞨罐。笔者将根据搜集的靺鞨文化斜口器，对其形制、演变、来源与功能等方面进行系统梳理，以求教于方家。

一、形　　制

　　靺鞨文化斜口器均为夹砂陶质，手制，一般器身扁、敞口、椭圆形小平底，口部一侧较高，一侧较低形成斜口，斜口呈U形或心形，可立置亦可横放，学者一般称其为

* 本文得到吉林省社会科学基金项目（2020WG6）、教育部哲学社会科学研究重大委托项目（16JZDW004）的资助。

斜口器，也有学者称为箕形器、簸箕[15]。为便于行文描述，本文将斜口器各部位名称图示如下（图一）。靺鞨文化斜口器的口部由平口和斜口组成，斜口分为3段，分别是斜口左沿、斜口底沿、斜口右沿，腹部分为前腹、两侧腹、后腹。依其形态可将斜口器分三型。

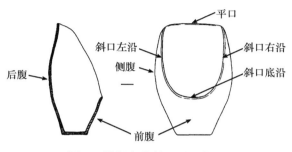

图一　靺鞨文化斜口器示意图

A型　侈口，束颈，鼓腹。此型斜口器似有颈罐。根据束颈、斜口底沿高低可分二式。

Ⅰ式：束颈明显，斜口呈半圆形，斜口底沿较高。四十连F2：2，器身扁圆，斜口底沿下饰带状附加堆泥条、上饰指按纹。口径20、最大腹径21.9、底径9、通高25.5、斜口底沿高约18厘米（图二，1）。

Ⅱ式：有微束颈痕迹，斜口底沿较低。布拉戈斯洛文F2斜口器，斜口呈倒梯形，斜口底沿下饰一条附加堆纹，器壁光滑，背部有轻微磨光痕迹。口径22、底径14、通高36、斜口底沿高约19厘米（图二，2）。

B型　敛口，无束颈，鼓腹。此型斜口器似敛口罐。根据斜口沿高低分四式。

Ⅰ式：斜口底沿较高，位于器身约3/5处。四十连F1：14，两侧微鼓腹，后腹部外凸弧明显，斜口底沿下面饰2厘米宽的泥条。口径23、底径8.5、通高31.5、斜口底沿高约19厘米（图二，3）。

Ⅱ式：斜口底沿位于器身约1/2处。凤凰山JJCLF：3，两侧腹上部鼓张，下腹部内收，斜口呈心形。整体较粗胖，器表经过磨光，在斜口底沿下有一段锯齿状附加堆纹。口部最大径20.8、底部长径9.6、底部短径7.2、通高30.4、斜口底沿高约14厘米（图二，4）。

Ⅲ式：斜口底沿较低，位于器身约2/5处。同仁F3：42，两侧微鼓腹，斜口呈U形。口径20、最大腹径24.3、底长轴11.7、短轴8.4、通高38.1、斜口底沿高约13厘米（图二，5）。

Ⅳ式：斜口底沿进一步降低，位于器身约1/5处。克拉斯基诺古城内建筑址上层出土1件完整的斜口器，口径15、通高24、底径10.6、斜口底沿高约4.3厘米（图二，6）。

C型　直口，无束颈，斜直腹。此型斜口器似平底筒形罐。根据斜口底沿高低可分三式。

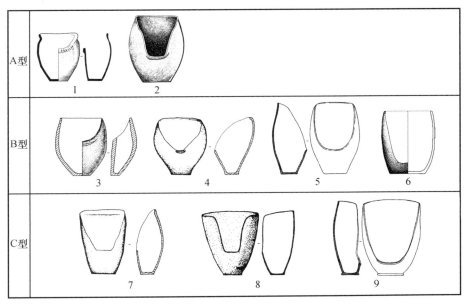

图二　靺鞨文化斜口器的分型与分期

1. A型Ⅰ式（四十连F2：2）　2. A型Ⅱ式（布拉戈斯洛文F2）　3. B型Ⅰ式（四十连F1：14）　4. B型Ⅱ式（凤凰
山JJCLF：3）　5. B型Ⅲ式（同仁F3：42）　6. B型Ⅳ式（克拉斯基诺古城）　7. C型Ⅰ式（凤凰山JJCLF：2）
8. C型Ⅱ式（永安F1：28）　9. C型Ⅲ式（同仁F2：22）

　　Ⅰ式：斜口底沿位于器身约2/5处。凤凰山JJCLF：2，斜口呈倒梯形，尖圆唇，后
腹壁凸出呈圆弧状，整体较瘦长，器表经过磨光。口部最大径24.8、底部长径12.8、底
部短径7.2、通高35.2、斜口底沿高约13厘米（图二，7）。

　　Ⅱ式：斜口底沿略低于凤凰山JJCLF：2。永安F1：28，斜口呈倒梯形，后腹壁较
平坦，器形略显不匀称，器表磨光，底部出现假圈足倾向。口长径30.4、底长径10、底
短径7.2、通高34.8、斜口底沿高约12.5厘米（图二，8）。

　　Ⅲ式：斜口底沿低于器身1/5处。同仁F2：22，后腹壁圆坦，外表拍印方格纹，底
部有假圈足。口径28.5、最大腹径30、底长径13.8、底短径9.3、通高40.2、斜口底沿高
约7厘米（图二，9）。

二、演　变

　　关于靺鞨文化斜口器的演变，谭英杰、赵虹光、林栋等学者都曾对其进行过研究[16]，
对其演变的认识基本一致，都认为斜口器逐渐变大，斜口增大，斜口底沿变低，晚期出
现假圈足。笔者同意以上学者关于斜口器演变趋势的看法。

　　从已发表的材料看，四十连遗址、同仁遗址、布拉戈斯洛文遗址中房址均有[14]C测
年，斜口器年代大致与房址相当，凤凰山遗址、永安遗址等则无[14]C年代，结合学界对

相关遗址的年代研究，可知出土斜口器的遗址年代（表一）。从表一有[14]C测年的单位可以看出，从四十连F2、四十连F1，到布拉戈洛斯文F2，再到同仁F3、同仁F2，从早至晚，对应的斜口高比例（斜口底沿高/器身高）分别为0.71、0.6、0.53、0.34、0.17，因此斜口器斜口底沿的演变趋势是由早至晚逐渐降低的[17]。

表一　靺鞨文化斜口器年代与斜口高统计表[18]

序号	遗址/单位	[14]C测年	年代	斜口器编号	斜口高比例	资料来源
1	四十连F2	2075年±85年，树轮校正2050年±100年	3~4世纪左右，上限为东汉，且F2早于F1	F2：21	0.71	注释[5]
2	四十连F1	1720年±80年，树轮校正1660年±90年		F1：14	0.6	
3	布拉戈斯洛文F2	1600年±20年	370年±20年	F2	0.53	注释[10]
4	凤凰山遗址房址	无[14]C测年	南北朝—隋唐	JJCLF：3	0.46	注释[7]
				JJCLF：2	0.37	
5	永安F1	无[14]C测年	靺鞨-渤海早期	F1：28	0.36	注释[9]
6	同仁F3	1420年±80年，树轮校正1380年±80年	599~684年	F3：42	0.34	注释[6]
7	同仁F2	990年±80年，树轮校正960年±80年	994~1186年	F2：22	0.17	
8	克拉斯基诺古城		渤海晚期	建筑址上层	0.18	注释[14]

凤凰山遗址发现疑似房址遗迹一处，出土2件斜口器和1件陶罐，原报告认为其年代在南北朝至隋唐之际[19]，凤凰山遗址斜口器共出的陶罐（JJCLF：1）与同仁F3陶罐（F3：49）形制基本一致，结合凤凰山遗址斜口器的斜口比例大于同仁F3斜口器，故其年代应与同仁F3大致相当或早一些，其年代应在6~7世纪。永安遗址F1属于永安遗址中的早期遗存，年代大致在靺鞨-渤海早期[20]，有学者指出永安遗址的年代可能仍在渤海政权建立之后的阶段[21]，因此永安遗址的斜口器很可能为渤海早期遗物。

根据斜口器的年代和器形特征，按其演变规律，可将斜口器大致分为早中晚三期（图二）。

斜口器均为手制，每件形制均不相同。早期斜口器似陶罐状，较矮小，束颈侈口和无颈敛口兼有，鼓腹，小平底，斜口底沿位置较高，斜口高比例在0.6以上，斜口底沿下有较宽的附加堆纹泥条，早期斜口器有A型Ⅰ式和B型Ⅰ式。中期斜口器器形变大，束颈不明显趋于消失，圆鼓腹或斜直腹，后腹壁变得圆坦，器底有假圈足倾向，斜口底沿位置较低，斜口高比例为0.3～0.6，斜口底沿下的附加堆纹变小，多数无附加堆纹，中期斜口器有A型Ⅱ式、B型Ⅱ式、B型Ⅲ式、C型Ⅰ式和C型Ⅱ式。晚期斜口器似簸箕，斜口更大，无束颈，两侧腹和后腹更加圆坦，底足出现小平台，形成假圈足，附加堆纹消失，晚期斜口器有B型Ⅳ式和C型Ⅲ式。

斜口器的演变脉络清晰，大致发展趋势为颈部退化，由"罐形"向"簸箕形"发展，斜口增大，两侧腹和后腹更为圆坦，小平底变为假圈足底，附加堆纹渐渐消失。

三、起　　源

斜口器最早发现于新石器时代早期的新乐遗址，随后在东北地区西南部广泛被发现，主要分布在辽河流域、第二松花江流域，以及洮儿河、霍林河流域等地区。已发现斜口器的史前文化有新乐下层文化、赵宝沟文化、左家山下层文化、红山文化、哈民忙哈文化、左家山中层文化和左家山上层文化，其存续时间为公元前5500～前2500年。史前斜口器的特征为敞口、斜壁、小平底，斜口多为U形，总体较扁呈簸箕状，学者多称其为斜口器，也有学者称其为偏口器、偏口罐、带流器、簸箕形器等[22]。

年代最早的史前斜口器是在沈阳市内的新乐遗址发现的，新乐遗址1973～1988年先后出土斜口器11件[23]，其中1980年出土的斜口器80F3：194，呈深腹筒形罐状，两侧腹部微鼓，斜口呈倒梯形，通体饰之字纹，与布拉戈斯洛文F2斜口器形制相近（图三，1、4）。赤峰市敖汉旗四棱山红山文化窑址中出土了2件斜口器[24]，其中四棱山Y6：8，敞口，斜直腹，器表有压印之字纹，与永安F1：28形态近似（图三，2、5）。内蒙古科左中旗哈民忙哈遗址出土了4件斜口器[25]，其中斜口器F21：1斜口呈心形，斜口底沿下有半圆状贴塑花边指甲纹，其心形斜口形状、附加堆纹与凤凰山斜口器JJCLF：3相似（图三，3、6）。

鞣鞨文化斜口器与史前斜口器，均一侧口低、一侧口高形成斜口，基于以上对比，可看出一些鞣鞨文化斜口器和史前斜口器形制确有相似之处。林沄先生曾根据红山玉的传布现象指出早在公元前四千纪，西辽河流域的文化因素就已经向东北扩散，并根据斜口器在辽河流域的史前遗址、黑龙江流域的早期鞣鞨遗址都出现过，而在黑龙江流域史前遗址中未发现过，提出黑龙江古代文化中可能有起源于南方古代文化的成分[26]。都兴智先生根据之字纹陶器的分布也认为距今5000年前或更早时候，黑龙江地区的先民就可能与辽河流域发生来往了[27]。笔者赞同上述关于辽河流域和黑龙江流域在距今5000～4000年存在文化交往的观点，鞣鞨文化斜口器有源于史前斜口器可能，即东北地区西南部的史前斜口器消失后，偏远闭塞的黑龙江流域的某支土著文化中还保留着，到鞣鞨时期再度发展起来。

实际上也存在另一种可能，即鞣鞨文化斜口器为当地人群创造，单独起源。首先，史前斜口器存在于公元前5500～公元前2500年，鞣鞨文化斜口器存在于1～10世纪，两者

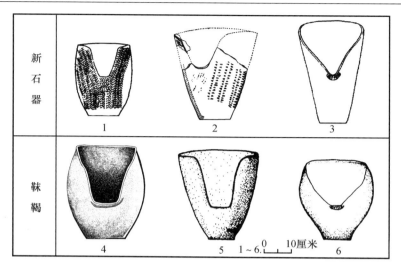

图三　新石器与靺鞨文化斜口器对比图

1.新乐80F3：194　2.四棱山Y6：8　3.哈民忙哈F21：1　4.布拉戈斯洛文F2　5.永安F1：28　6.凤凰山JJCLF：3

在时间上相距甚远，空间上分别主要位于辽河流域和三江平原，相距500～1500千米；其次，两者有各自的演变脉络，靺鞨文化斜口器和史前斜口器的演变趋势[28]均是由"罐形"变成"簸箕形"、器物变高、斜口越来越大，两者的演变趋势基本相同；再次，斜口器存在于史前与靺鞨遗存中，极有可能是因为两者所处地理环境、文化生态条件或者生计方式相似，所以成为不同时期人们趋同的选择，而非文化的影响与传播。史前斜口器和靺鞨文化斜口器均存在于冬季极其寒冷的东北地区，两者各自演变脉络上的起始点器物，如史前最早的斜口器新乐遗址80F3：194（图三，1）、靺鞨最早的斜口器四十连F2：2（图二，1）均像有缺口的陶罐，应是各自从陶罐演变而来。

两者的空间连接地带是松嫩平原，该地区的商周时期考古资料极为缺乏，有无斜口器不清楚，故靺鞨文化斜口器可能源自史前斜口器，也可能是当地人群创造，单独起源，目前尚无充足的考古证据下定论，还有待日后的考古发现来解决。

四、功　　能

斜口器形制独特，关于其功能，不同学者看法不同，靺鞨文化斜口器与史前斜口器多数均出土于房址中，且形制基本相同，那么靺鞨文化斜口器功能应与史前斜口器存在某方面共性。

关于史前斜口器的功能大致有六种观点：一是保存火种之器。内蒙古富河沟门遗址发掘者徐光冀先生根据斜口器发现在灶旁，推测其为保存火种之器[29]。二是"火簸箕"。卫斯先生认为斜口器是一种取种、载火、传火的专用工具[30]。三是烧烤或烘焙食物的器具。李仰松先生认为新乐遗址斜口器可能是用火灰（炭）烧烤食物的器皿，并推测为陶灶的雏形[31]，朱永刚先生认为是烘干、焙烤食物之器具[32]。四是盛放器。吉向前先生认为红山文化的斜口器是盛放器，在生活中有些东西要整理归置及存放取用，比如存放取用较短的棍棒、骨制鱼镖、木制陶拍等小件器物[33]。五是撮搂工具。刘焕民先生认为新乐遗址斜口器是用来清理灰烬和生活垃圾的撮搂工具[34]，都兴智先生亦认为斜口器是当"灰簸箕"撮垃圾用的[35]。六是一器多用。对于新乐遗址斜口器，周延忠先生肯定其是保存火种的容器，并提出其也可能作为澄滤器或者盛水器[36]，李婉琪、索秀芬先生认为斜口器主要功能是当簸箕分拣东西使用，次要用途为盛放器，撮子[37]。

史前斜口器从未发现于墓中，多出土于房址、地层中，在四棱山窑址[38]中也有发现。史前斜口器消亡后，在靺鞨遗存（房址）中又出现，斜口器既然有如此的生命力，当有实用的功能。靺鞨文化斜口器因发现少，故对其功能研究者不多，目前主要有四种观点：一是水器。《浑江市文物志》中认为永安遗址斜口器同黑龙江流域的斜口器一样，用途大概是舀水器皿[39]，谭英杰先生亦认为其当是水器[40]。二是簸箕。林秀贞先生认为靺鞨文化斜口器和史前斜口器功能一样，如同现代人使用的簸箕，应当正名为簸箕[41]，俄罗斯学者Я. E. 比斯卡列娃认为其功能应为筛选谷物种子的稻壳[42]。三是食物加工烘干、焙烤的专用器具，此种观点为朱永刚提出，其主要研究对象为史前的斜口器，在文末提出靺鞨时期的斜口器与史前斜口器相似，推测两者相似的原因时，提出"或是确有相同生活方式所反映的古老食物加工技术之必然"的推测，即认为靺鞨的斜口器在功能上可能与史前斜口器一致，为烘干、焙烤食物之器具[43]。四是一器多用。我们曾提出斜口器适合做火盆，可以做撮箕，是适合东北与远东寒冷气候的实用之器的设想[44]。

靺鞨文化斜口器整体较扁呈簸箕状，故可横放，横放时，原后腹变成底，原前腹变成了上沿，从图四可看出横放时斜口器后腹（底）均外凸呈弧形，前腹（上沿）较长（图四，1~7）。簸箕作为一种筛选谷物的农具，据文献考证至迟在商周时期已被发明，在春秋战国时期被广泛应用于农业生产[45]，汉代李尤《箕铭》载："箕主簸扬，糠秕乃陈。"[46]考古发现中，陶簸箕作为一种明器经常出现于历史时期的墓葬中，如南京窑上村汉墓中出土了一件陶簸箕明器[47]，平面呈扇形，握手处折起，穿一小孔，长9.6、宽11.2、高2.4厘米（图四，8）；隋代安阳张盛墓发现一件持簸箕的女陶俑[48]（图四，10）；河北宣化下八里辽金墓葬中发现多件陶簸箕明器[49]，其中M3：119平面呈梯形，外表光素，内饰竹编纹，长12.3厘米（图四，9）。从考古发现的陶簸箕明器可以看出簸箕底部整体是平坦的且没有上沿，簸箕在筛选谷物时，"其法篾织为圆盘，铺米其中，挤匀扬播。轻者居前，撰弃地下。重者在后，嘉实存焉"[50]。如果底部外凸的话，则居前的糠秕不会轻易弃于地下。靺鞨文化斜口器的底部均外凸故不利于簸扬，且早期斜口器前腹较长，使内里的谷物无法全部向外簸扬出去，即使簸出去一部分，但因口部较小也不利于接住谷物。因此，靺鞨文化斜口器的形制与簸箕不同，不适合簸扬筛选谷物。从材质来看，陶质的斜口器与植物编织的簸箕相比，重且易碎不耐

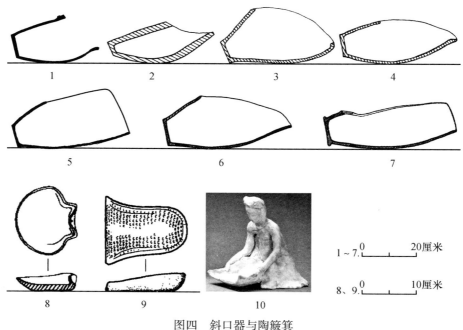

图四　斜口器与陶簸箕

1、2. 四十连斜口器（F2∶2、F1∶14）　　3、4. 凤凰山斜口器（JJCLF∶3、JJCLF∶2）　　5. 永安斜口器
（F1∶28）　　6、7. 同仁斜口器（F3∶42、F2∶22）　　8. 南京窑上村汉墓陶簸箕（M6∶19）　　9. 宣化下八里辽金
墓陶簸箕（M3∶119）　　10. 安阳隋墓持簸箕俑

用。作为实用器，植物应为做簸箕材料的首选，但是因不易保存发现较少。河北兴隆
县战国金矿遗址中发现了木条编织的簸箕[51]，北魏贾思勰《齐民要术》载："种箕柳
法：刈取箕柳……至秋，任为簸箕。"[52]元代《王祯农书》对当时南北所用簸箕及其
材料有较详细的记载："北人用柳，南人用竹，其制不同，用则一也。"[53]可见，植
物编织簸箕应是古人的首选，东北地区适合榆柳生长，应不乏做簸箕的原材料。综上，
笔者认为靺鞨陶斜口器不适宜做簸箕。

史前斜口器多出现在灶旁，且部分斜口器内有反复被火烧过的痕迹[54]，说明史前
斜口器应与火有关。从靺鞨文化斜口器出土的考古情景分析，笔者认为其应主要作为火
盆使用，也可作为扒灰罐或盛放器使用。

靺鞨遗存中同仁遗址F2房子是半地穴式木构建筑。由于火灾而崩塌，房子内的布
局保持生活时的原貌，房子内的木构部件大部分被火烧炭化后保留下来，对了解房子的
基本结构提供了较详细的资料，发掘者对其做了复原[55]（图五）。同仁遗址F2的斜口
器是横放在北边木床上，是室内冬天最冷的角落。与同仁遗址F2情况类似，在靺鞨遗址
发掘报告中有标注斜口器位置的房址中，同仁遗址F3、四十连遗址F1、四十连遗址F2
中斜口器均发现于房址北部或木床残迹旁[56]。可以想见，在冬季天寒地冻的黑龙江北
部、俄罗斯远东滨海地区半地穴式房子中，仅靠室内一个灶是无法满足日常的取暖需求

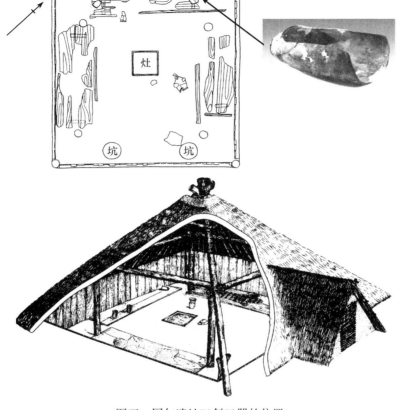

图五　同仁遗址F2斜口器的位置
（图片来自《黑龙江绥滨同仁遗址发掘报告》）

的，在室内再添置一个火盆，使其阴燃不冒烟，不仅可以持续增加室内温度，还可以在有需求的时候烤手脚或烘干湿气较重的衣服。

东北近现代曾经流行"火盆土炕烤爷太"的说法，反映了东北农村地区冬季曾普遍用火盆取暖的历史民俗[57]。笔者采访了一位在东北白城农村长大的老人，老人对火盆仍记忆犹新，据老人介绍，火盆为泥做的土盆，内放炭火，令其阴燃不冒烟，那时的冬天比现在雪大寒冷，室内北墙最凉，有时上霜，放火盆于北炕，可以持续增加室内温度。在寒风刺骨的寒冬，从室外回来，刮拨火盆内的浮灰，就裸露出红色炭火，烤手或脚，几分钟便使冻得麻木僵硬的手指或脚趾苏醒过来，恢复灵活。泥火盆的特点是壁厚，散热慢保暖性能好，炭火能保留时间长，而且人手不慎接触泥盆表面不会被灼伤。斜口器是夹砂陶质的，壁厚、耐火，具有泥盆的特点。偏斜的口，横向平放状如簸箕，便于从灶里扒炭火入火盆，然后横放或立置于床或炕上，横放时底部外凸，使斜口器平口部上翘，有利于兜住炭灰。从鞣鞨文化斜口器的演变来看，其斜口底沿越来越低，器身逐渐变高，而小平底则没有相对应的增大，早期器物低矮，应以立置为主，晚期器物高大相对较扁，应为横放为主，开口愈大，作为火盆其散热就越多，也反映了古人对于取暖的设备的不断改进。总而言之，靺鞨文化斜口器宜作火盆，是适合东北与远东寒冷气候的实用之器。

斜口器应具有一器多用之功能。在不需取暖的季节，闲置的斜口器可以作为扒灰罐或盛放器使用。其横放时类似撮子（图四，1~7），用木板或铲状工具可将灶坑内炭灰扒进斜口器，需要说明的是凤凰山斜口器JJCLF：3（图四，3）横放时平口部上翘几乎与地面垂直，不适合主动向前撮取生活垃圾，故笔者推测靺鞨文化斜口器可作扒灰罐而并不是向前撮取垃圾的撮子。另外，其作为盛放器也是合适的，生活中一些小物品比如陶纺轮、骨器、箭镞等需要及时归类盛放，斜口器的斜口使盛放或者取用小物品时都很方便。

五、斜口器功能的实验

为了验证斜口器功能，笔者于2017年4月23日~5月2日，在白城市德顺乡后胡力村进行了相关模拟实验。首先，以四十连F2：2、凤凰山JJCLF：3、同仁F2：22为原型，用泥条盘筑法，约等比例复原制作了3件靺鞨文化斜口器，分别编为陶器A、陶器B、陶器C，其代表了A型、B型、C型靺鞨文化斜口器，且分别处于靺鞨文化斜口器的早、中、晚三个阶段。其次，建造简易陶窑，用堆烧法将陶器A、B、C烧制出来（图六，1~3）。用烧制成的斜口器依次进行模拟撮箕、火盆、盛放器、簸箕、盛水器等实验。

模拟撮箕实验。以陶窑火塘为灶灰坑，双手捧持斜口器腹部，先后将陶器A、B、C的平口部伸进灶灰坑撮灰，发现只能撮取少量灶灰，且不易撮满，实验中陶器B因不慎触碰砖而碎裂（故之后的实验均使用陶器A、C进行）。改用一手托住斜口器底部，一手用小木板将灶灰扒进斜口器则很容易，且可以通过斜口判断是否盛满灶灰（图六，4、5）。实验表明，陶器A、B、C可以撮灰，但不如扒灰效率高，其更宜做扒灰罐。

模拟火盆实验。首先以陶窑火塘为灶坑，把树枝等木柴在灶坑中烧成木炭，待烧成后，将陶器A、C分别扒满木炭，与扒灰实验类似，撮取法并不能轻易将斜口器盛满木炭。盛炭后，捧持斜口器移动时并不烫手。陶器A可立置可横放，横放时木炭亦不外泄（图六，6~8），陶器C因斜口底沿较低，立置时仅能装取少量木炭，横放时可装更多。陶器A口较小，可供两三人同时烤手取暖。陶器C斜口较大，口部散出热量更多，可供四五人同时取暖。将装满木炭的陶器A立置，陶器C横放于室内，在木炭上覆盖一层炭灰，观察其阴燃时间，最终陶器A、C分别燃烧10小时、7小时，其间不需要添炭，表明其可作为火盆过夜使用。

模拟盛放器实验。将生活中常用的一些小件比如钥匙、笔等物品分别放进陶器A、

图六 模拟实验

1~3.陶器A、B、C 4.陶器A扒灰实验 5.陶器C撮灰实验 6~8.陶器A火盆实验

C后，通过斜口可以观察器物内，方便找到小件并将其取出来。但陶器C因底较小，且器身高，若放置较长较重的小件时，容易造成重心不稳，故更适合横放盛放生活中小件物品。

模拟簸箕实验。放稻谷和谷壳糠于陶器A、C中，双手捧持其腹部，向上簸扬筛选谷物，陶器A因开口较小很难筛选谷物，陶器C可以筛选谷物，但是因陶质沉重较费力气，且陶易碎裂，故两者均不适合做簸箕。

模拟水器实验。因笔者烧制的陶斜口器含沙量高，烧制温度较低，吸水严重，沾水时泥条盘筑衔接部位产生了裂纹，故不适宜做水器。虽然笔者烧制的斜口器与原斜口器在含沙量和火候高低上可能不同，但从模拟实验的结果可以推测，同为泥条盘筑、砂质陶的靺鞨文化斜口器可能也不适合盛水。

综上，靺鞨文化斜口器适合做火盆、扒灰罐、盛放器，不适合做簸箕、水器。

六、小　　结

靺鞨文化斜口器主要分布于我国的三江平原、松花江源头的头道江流域，以及俄罗斯远东滨海地区，存在于1～10世纪。其演变脉络清晰，器形逐渐变大，颈部退化，由"罐形"向"簸箕形"发展，斜口增大，两侧腹和后腹壁更为圆坦，小平底变为假圈足底，附加堆纹渐渐消失。

靺鞨文化斜口器可能源于史前，也可能是当地人群创造，单独起源，还有待更多的考古发现来论证。靺鞨文化斜口器与史前斜口器在功能方面存在一些共性，其均多发现于房址中，是实用器皿，与灶火有关。靺鞨文化斜口器应以取暖为主，在寒冷的东北冬季作为火盆，并在闲置时可作扒灰罐或盛放器。

附记：吉林省文物考古研究所馆员孟庆旭、吉林大学考古学院博士后赵里萌在制作陶窑、烧制陶器、模拟实验中给予了帮助，俄罗斯科学院远东分院远东民族历史·考古·民族研究所博士生何雨濛帮助翻译了俄文材料，谨致谢忱！本文投稿后曾在2020年的靺鞨渤海文化研讨会上宣读，刘晓东老师、李强老师均对拙文提出一些修改意见，在此一并表示谢意。

注　　释

［ 1 ］　（唐）魏徵，令狐德棻. 隋书［M］. 北京：中华书局，1973：1821.

［ 2 ］　（唐）李延寿. 北史［M］. 北京：中华书局，1974：3123.

［ 3 ］　范恩实. 靺鞨兴嬗史研究——以族群发展、演化为中心［M］. 哈尔滨：黑龙江教育出版社，2014.

［ 4 ］　靺鞨文化为苏联考古学家提出，并被中国考古学界所接受，考古学上的靺鞨文化存续时间比文献中靺鞨族存在时间跨度长。

［ 5 ］　a. 谭炜. 黑龙江省绥滨县四十连遗址发掘报告［J］. 北方文物，2010（2）.

　　　b. 冯恩学，马健. 黑龙江省绥滨县四十连遗址的年代与族属［C］. 边疆考古研究（第23辑）. 北京：科学出版社，2018：229-234.

［ 6 ］　杨虎，谭英杰，林秀贞. 黑龙江绥滨同仁遗址发掘报告［J］. 考古学报，2006（1）.

［ 7 ］　贺春艳. 佳木斯市郊凤凰山遗址调查［J］. 北方文物，2005（1）.

［ 8 ］　七台河市博物馆馆藏资料. 见刘晓东. 靺鞨文化的考古学研究［D］. 吉林大学，2014：44，270. 刘晓东先生认为马鞍山遗址斜口器器形与同仁遗址F3：42斜口器一致。

［ 9 ］　吉林省文物考古研究所. 吉林浑江永安遗址发掘报告［J］. 考古学报，1997（2）.

［10］　季娅科娃.苏联远东中世纪的陶器［M］.莫斯科：科学出版社，1984.转引自冯恩学.俄罗斯远东南古代艺术品与中国的联系［C］.艺术与科学（卷九）.北京：清华大学出版社，2009：11-20.

［11］　刘晓东.靺鞨文化的考古学研究［D］.吉林大学，2014：80，266.

［12］　C.B.阿尔金，A.B.格列兵希科夫，李明华译.阿穆尔河沿岸地区发现的一件罕见的靺鞨族陶器［J］.北方文物，2011（2）.

［13］　O.B.季亚科娃.滨海地区的靺鞨遗存［C］.东北亚考古资料译文集5.哈尔滨：北方文物杂志社，2004：158-292.

［14］　Я. Е. Пискарева. О назначении уникальных сосудов раннесредневековых памятников Дальнего Востока［J］. Россия и АТР, 2017 (4).

［15］　a.同［9］.
　　b.林秀贞.论同仁一期文化与奈费尔德类型的关系——兼谈陶斜口器的功能与名称［C］.探古求原——考古杂志社成立十周年纪念学术文集.北京：科学出版社，2007：302-319.

［16］　a.谭英杰，赵虹光.黑龙江中游铁器时代文化分期浅论［J］.考古与文物，1993（4）.
　　b.林栋.靺鞨文化陶器的区系探索［D］.吉林大学，2008.

［17］　斜口高的比例变小仅反映的是斜口底沿降低的一种演变趋势，但并不是绝对的，如永安遗址斜口器的斜口高比例稍高于同仁F3的斜口器，但年代却晚于同仁F3.

［18］　表中斜口高比例为：斜口底沿高/器物高，另库尔库尼哈遗址、马鞍山遗址、乌拉洛夫卡村遗址、乔普洛姆岬上的古城因斜口器相关尺寸不详，故未被统计在本表中.

［19］　同［7］.

［20］　同［9］.

［21］　乔梁.靺鞨陶器的分区、分期及相关问题研究［C］.边疆考古研究（第9辑）.北京：科学出版社，2010：170-187.

［22］　李婉琪，索秀芬等.斜口器初探［J］.北方文物，2017（1）.

［23］　a.沈阳市文物管理办公室.沈阳新乐遗址试掘报告［J］.考古学报，1978（4）.
　　b.沈阳新乐遗址博物馆，沈阳市文物管理办公室.辽宁沈阳新乐遗址抢救清理发掘简报［J］.考古，1990（11）.
　　c.沈阳市文物考古工作队.沈阳新乐遗址1982～1988年发掘报告［J］.辽海文物学刊，1990（1）.

［24］　a.李恭笃.辽宁敖汉旗小河沿三种原始文化的发现［J］.文物，1977（12）.
　　b.李恭笃等.内蒙古敖汉旗四稜山红山文化窑址［J］.史前研究，1987（4）.

［25］　a.内蒙古文物考古研究所，科左中旗文物管理所.内蒙古科左中旗哈民忙哈新石器时代遗址2010年发掘简报［J］.考古，2012（3）.
　　b.内蒙古文物考古研究所，吉林大学边疆考古研究中心.内蒙古科左中旗哈民忙哈新石器时代遗址2011年的发掘［J］.考古，2012（7）.

c. 阿如娜，李雪欣等. 内蒙古科左中旗哈民忙哈新石器时代遗址2012年的发掘［J］. 考古，2015（10）.

［26］林沄. 关于黑龙江流域的篦点之字纹问题［C］. 林沄学术文集. 北京：中国大百科全书出版社，1998：240-245.

［27］都兴智. 关于之字纹陶器的几个问题［J］. 北方文物，2006（4）.

［28］同［16］.

［29］徐光冀. 富河文化的发现与研究［C］. 新中国的考古发现和研究. 北京：文物出版社，1984：176-180.

［30］卫斯. 红山文化中的"火簸箕"［J］. 百科知识，2008（16）.

［31］李仰松. 新乐文化及其有关问题［Z］. 新乐遗址学术讨论会文集. 内部刊物. 1983：13-20.

［32］朱永刚. 见微知著：斜口陶器再研究［C］. 新果集（二）——庆祝林沄先生八十华诞论文集. 北京：科学出版社，2018：41-55.

［33］吉向前. 红山文化的斜口器是盛放器不是撮搂工具［J］. 中国文物报，2000-12-24.

［34］刘焕民. 新乐斜口异形器用途研究［Z］. 新乐遗址学术讨论会文集. 内部刊物. 1983：76-77.

［35］同［27］.

［36］周延忠. 浅谈新乐文化出土的斜口器［Z］. 新乐遗址学术讨论会文集. 内部刊物. 1983：81-82.

［37］同［22］.

［38］同［24］a.

［39］吉林省文物志编修委员会. 浑江市文物志［Z］. 内部刊物. 1984.

［40］同［16］a.

［41］同［15］b.

［42］同［14］.

［43］同［32］.

［44］冯恩学. 俄罗斯远东南古代艺术品与中国的联系［C］. 艺术与科学（卷九）. 北京：清华大学出版社，2009：11-20.

［45］a. 周昕. "簸箕"小考［J］. 农业考古，2001（3）.

b. 王星光，柴国生. 风能在中国古代农业中的利用［J］. 农业考古，2007（4）.

［46］（宋）李昉等撰. 太平御览（七）［M］. 上海：上海古籍出版社，2008：744.

［47］南京市博物馆，南京市江宁区博物馆. 南京市湖熟镇窑上村汉代墓葬发掘简报［J］. 东南文化，2009（4）.

［48］考古研究所安阳发掘队. 安阳隋张盛墓发掘记［J］. 考古，1959（10）.

［49］张家口市文物事业管理所，张家口市宣化区文物保管所. 河北宣化下八里辽金壁画墓［J］. 文物，1990（10）.

［50］（明）宋应星撰. 天工开物［M］. 北京：商务印书馆，1954：77.

［51］王峰. 河北兴隆县发现战国金矿遗址［J］. 考古，1995（7）.

［52］（北魏）贾思勰. 齐民要术（一）［M］. 上海：商务印书馆，1930：68.

［53］（元）王祯撰，缪启愉译注. 东鲁王氏农书译注［M］. 上海：上海古籍出版社，1994：658.

［54］如富河沟门遗址和新乐遗址斜口器. 见：

　　a. 同［27］.

　　b. 周阳生. 新乐文化遗址考古发现与发掘始末［C］. 新乐文化论文集. 沈阳：沈阳新乐遗址博物馆，2000：1-17.

［55］同［5］.

［56］同［5］［6］.

［57］高维生. 北方的泥火盆［C］. 触摸历史的细节. 呼和浩特：内蒙古文化出版社，2014：225-230.

The Mohe Culture Pottery

WU Song   FENG En-xue

The dustpan-shaped utensil of Mohe culture is mainly distributed in the Sanjiang Plain of China, the head of the Songhua River, and the Russian Far East coastal area, which exists in the 1st-10th century AD. Its evolution is clear, the shape gradually becomes larger, neck degradation, its shape develops from the "pot" to the "dustpan-shaped", oblique rim heightened, small flat becomes false ring foot at the end, additional stacks gradually disappear. There are some commonalities in the function of dustpan-shaped utensil of Mohe culture and prehistoric culture, which are found in the building foundations and are practical utensils. It should mainly provide heating in the cold northeast as a brazier in the winter, and it can be also used as a grilled cans or cash register when it lies idle.

我国境内发掘的高句丽无壁画封土石室墓[*]

魏存成[1]　孙　颢[2]

（1. 吉林大学考古学院暨吉林大学边疆考古研究中心，长春，130012；2. 北华大学历史文化学院，吉林，132013）

高句丽墓葬分为积石墓和封土墓两大类型，前者早，后者晚，它们交替演变的时间在四五世纪。封土墓分布于我国东北和朝鲜半岛北部之广大地区，其数量相当庞大。据1966年对集安洞沟高句丽墓葬的统计，它占总数的56%之多，超过了积石墓[1]。当然不排除这里面有的是属于高句丽政权灭亡之后的，比如1982年清理的集安上和龙6座封土石室墓，其中M4出土了方亚字形素面铜镜，该墓时代则属渤海[2]，但是这种墓葬数量很少。封土墓的外部结构，有学者又分为方坛封土、方坛阶梯封土、土石混封和以黄土为封四种[3]。其中前两种具有从积石墓向封土墓转化的过渡形式，而且其数量发现极少，作为一种类型划出，尚有不足。至于后两种，土石混封和黄土为封，从调查数量来看都不算少，但是它们是地理环境不同所致，还是代表等级和时代上什么意义，现在还说不清楚，不像积石墓外部之无坛、方坛和方坛阶梯那样是有比较明确的区别和意义，所以暂且不做两种类型划出，统称为封土。封土墓的内部结构，除个别为石棺（或石椁）外，绝大部分为石室，故封土墓又称为封土石室墓。当然，石棺（或石椁）也可包括在封土石室墓之内。封土墓的外部封土，中小型墓呈圆丘形，大型墓多呈覆斗形。在大型墓和少量中型墓的墓室四壁、顶部和甬道、墓道两侧，多绘以精美的壁画。多年来学界对壁画墓进行了多项调查发掘和研究，先后发表、出版的报告、论文、著作、图录等有几百篇（部）以上，而对数量众多的无壁画的中小型封土墓做的工作和研究比较少。这些墓葬是了解和探讨高句丽中下层社会生活诸方面的重要资料，要予以足够的重视。以下，本文将对我国发掘的此类墓葬加以介绍和分析。

一、类型结构

我国境内至今发掘的高句丽无壁画封土石室墓有几百座。笔者在1994年出版的《高句丽考古》中，以1976年集安发掘的两批墓葬为主[4]，对之前发表材料中的近200

---

* 基金项目：国家社科基金专项项目（18VGB004）。

座发掘墓葬及其形制结构分别列表进行了统计和归纳总结。在此期间，1984～1985年为配合集（安）—锡（林浩特）公路的建设，对禹山墓区进行了大面积的发掘，墓葬规模都不大，其中封土墓有70多座，发掘报告于1993年发表[5]。当时《高句丽考古》已结稿，未将此批材料收入。之后，在抚顺施家和沈阳石台子山城附近等地又陆续发掘了100多座此类墓葬[6]。经前后对照，1994年《高句丽考古》的归纳总结，基本上还是可行的。现根据原有的归纳总结和新的发现，将高句丽无壁画封土石室墓的类型结构划分为石棺（或石椁）、长条形石室墓、刀形石室墓、铲形石室墓几种。各类型中多为单室，少见双室，个别三室，顶有平盖顶、叠涩顶（穹隆叠涩和平行叠涩，下同）、抹角顶几种（抹角，亦可称抹角叠涩，本文简称抹角），个别见覆斗形四阿顶。各项综合在一起，如表一所示。

表一　无壁画封土石室墓类型结构统计表

平面　室顶　墓室	室顶结构	单室	双室		三室	备注
石棺或石椁	平盖顶	√				
长条形石室墓	平盖顶		√			很少
刀形石室墓	平盖顶	√	√			
	叠涩顶	√	√		一室叠涩，两室抹角	
	抹角顶	√	√			
铲形石室墓	平盖顶	√				很少
	叠涩顶	√	√	一室四阿加叠涩，		
	抹角顶	√	√	一室四阿加抹角		
备　注			另见长条形平盖顶和刀形叠涩顶双室		另见两室刀形叠涩顶和一室铲形叠涩顶三室	

（一）石棺（或石椁）

石棺墓在积石墓中已经出现，石砌四壁，平盖顶，而无门无墓道。一个石棺即是一座墓，还未发现双石棺或三石棺同封为一墓者。石棺内面积狭小，长2米左右，宽一般不超过1米，葬单人，只有个别发现木棺，其他皆不再使用木棺，发现木棺的可称石椁[7]。石砌四壁，多是四面一次筑成（图一，1、2），也有的是先筑三面，后筑另一面（图一，3）。有的论著将后一种称为长方形石室墓[8]，笔者在《高句丽考古》中也曾将其列为一种类型。现在看来，此类型墓数量不多，而且有时四壁是一次筑成还是两次筑成，不易区分，即使是两次筑成，筑后效果基本相同。所以，本次整理将其皆归为石棺（或石椁）。

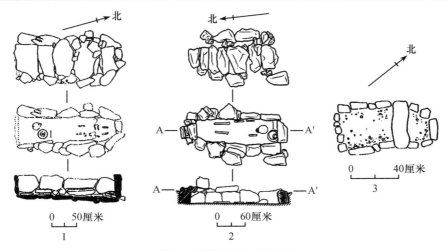

图一 石棺墓平、剖面图

1. 前屯M18　2. 石台子山城ⅢDM8　3. 东大坡M350

石棺（或石椁）墓以往在集安、桓仁地区发现的并不多，之后在石台子山城附近发现了多座，发掘的68座中有44座是石棺墓。发掘报告将其统称为长方形石室墓和梯形石室墓（看图接近长方形）[9]，本文统一改为石棺（或石椁）墓。

（二）长条形石室墓

该类型墓室内宽度与石棺（或石椁）相仿或略宽，而长度不仅长于石棺（或石椁），而且也长于以下刀形石室墓与大部分铲形石室墓。砌筑顺序是先筑三面，之后封堵另一面，顶为平盖顶。尸骨放置室内中后部，前部空出，比作墓道。此类型墓的数量很少，但将其与上述石棺（或石椁）和被弃用的长方形石室墓相比，皆有不同，所以单列为一种类型。

至今发现的长条形石室墓，分别见同为长条形的双室和与刀形叠涩顶石室墓同封的双室两种（图二）。

（三）刀形石室墓

该类型墓由墓室和墓道构成，墓道偏向一侧，故称刀形。墓室平面多为长方形，有的接近方形。室顶有平盖、叠涩和抹角三种，并且各有单室和双室（图三；本图所用例墓因为来自不同报告和论著，所以属于同一地点的墓葬，其名称中的地点表示会稍有差别，或者有的用汉字，有的用拼音，为了方便与引用处查对，则维持原名称不动，下同），同时还发现了同为刀形、一室叠涩顶和两室抹角顶同封的三室墓，以及两室刀形叠涩顶和一室铲形叠涩顶同封的三室（图四；其中图四的1，原报告介绍西室为叠涩顶，中室和东室为抹角叠涩顶）。

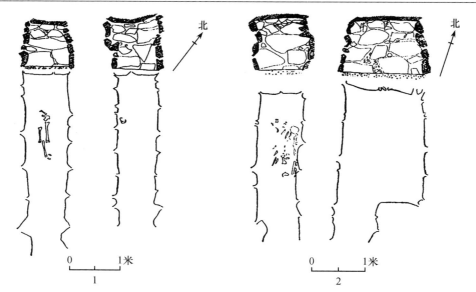

图二　长条形石室墓平、剖面图

1. 禹山M678　2. 禹山M733

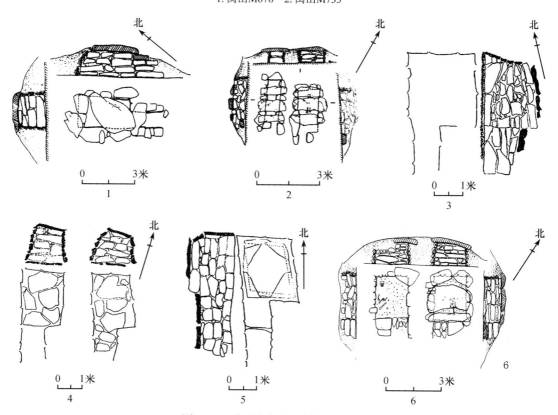

图三　刀形石室墓平、剖面图（一）

1. JYM328（平盖顶单室）　2. JYM742（平盖顶双室）　3. 麻线M1479（叠涩顶单室）　4. 禹山M711（叠涩顶双室）

5. 山城下M325（抹角顶单室）　6. JYM1758（抹角顶双室）

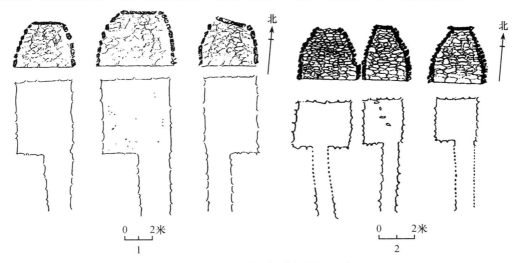

图四　刀形石室墓平、剖面图（二）

1.麻线M1447　2.麻线M1445

（四）铲形石室墓

该类型墓同样是由墓室和墓道构成，墓道位于一壁中间，故称铲形。墓室平面多呈方形，有的是长方形。墓顶，只见个别狭小单室使用平盖顶（图五，1），其余皆为叠涩顶和抹角顶，而且各有单室和双室（图五，2、3；图六，1、2），或者一室四阿加叠涩、一室四阿加抹角之双室（图六，3）。三室有铲形与刀形同封者，见上述刀形石室墓例墓。

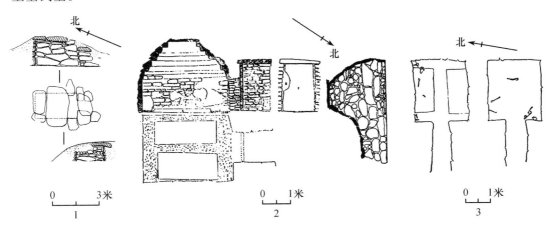

图五　铲形石室墓平、剖面图（一）

1.JYM2890（平盖顶单室）　2.东大坡M217（叠涩顶单室）　3.麻线M1440（叠涩顶双室）

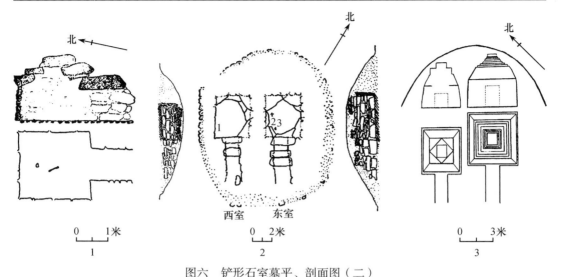

图六　铲形石室墓平、剖面图（二）

1. 洞沟M840（抹角顶单室）　　2. 考虑哨M1（抹角顶双室）　　3. 禹山M1897

二、等级和年代

上述不同类型墓葬，未见叠压打破墓例，所以它们之间的相互关系，可以从结构本身入手考察。先看墓室平面，石棺（或石椁）和长条形石室墓，皆为长方形，刀形石室墓多为长方形，有的接近方形，而铲形石室墓进一步接近方形或呈方形。室顶结构，石棺（或石椁）和长条形石室墓皆为平盖顶，刀形石室墓还见部分平盖顶，而铲形石室墓则只是个别的了，刀形、铲形石室墓墓顶结构的主体是叠涩顶和抹角顶。

与上述两种变化同步，墓葬的规模则随之增大。据统计，石棺（或石椁）一般长2米左右，宽不超过1米。长条形石室墓的宽也不超过1米，长3米多，是包括前部墓道部分在内的。刀形石室墓中，平盖顶的长度一般不超过2米，宽为1米余；叠涩顶和抹角顶的长度为2～3米，宽度可接近2米或略超过2米。铲形石室墓，个别平盖顶的小型墓除外，其余的边长都大于同样室顶结构的刀形石室墓，有的边长则超过3米，接近大型封土石室墓。

另据统计，在墓室石壁构筑技术和装饰方面，石棺（或石椁）和平盖顶刀形石室墓的石壁是直接用石块砌筑，叠涩顶和抹角顶的刀形石室墓和铲形石室墓出现了白灰勾缝，个别铲形石室墓还以白灰涂壁。关于随葬品，由于这些墓葬皆被毁坏或打开扰乱过，随葬品发现很少，即使如此仍能看出一些差别。石棺（或石椁）墓中只发现零星陶器和铁器，而刀形石室墓到铲形石室墓，则釉陶器和铜器、银器、鎏金器等贵重金属器逐渐发现与增多。

以上各项考察说明，这些无壁画的高句丽封土石室墓从石棺（或石椁）、长条形石室墓到刀形石室墓和铲形石室墓，尽管大都属于中小型，但是仍能看出比较明显的等级差别。石棺（或石椁）、长条形石室墓和平盖顶的刀形、铲形石室墓，应是一般平民的墓葬；叠涩顶、抹角顶的刀形和铲形石室墓，不排除部分仍属于一般平民墓葬，而多数应是富裕平民和一般贵族的墓葬，其中少数规模较大的铲形石室墓，其地位还要高一些，比如中高级贵族和中下层官吏等[10]。在使用时间上，这些墓葬应该是并存的。参照封土石室壁画墓的流行时间，其时间上限可到4世纪，下限可到高句丽政权灭亡或稍后。在此期间内，由于叠压打破关系和随葬品的缺失，还无法划分出阶段性的变化。但是对于墓顶结构比较规整的少数较大型墓葬，可以推测出它们的大致年代。下面以几座墓葬为例加以说明。

（1）集安山城下M1071，近方形双室墓。一室长3.5、宽3.4、高3.05米，四阿加平行叠涩加抹角顶，甬道左右开小型耳室。另一室长2.7、宽2.6、高3.1米，四阿加平行叠涩顶，底铺两个棺床，甬道一侧开小型耳室。两室及其甬道、耳室皆用白灰涂平。该墓类型结构与通沟12号封土石室壁画墓基本相同，只是其中一室顶部的抹角比较突出。该墓年代与通沟12号相当或稍晚，约在5世纪[11]（图七）。

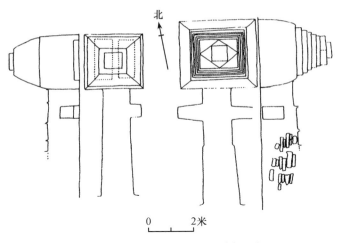

北

0　　　2米

图七　山城下JSM1071平、剖面图

（2）集安山城下东大坡M217，该墓在以上铲形石室墓插图中已经列出，铲形单室，长3.46、宽2.6、高2.8米，六层平行叠涩加两层抹角顶，室壁和棺床上皆涂4厘米左右厚的白灰，室底白灰面下还铺9厘米左右厚的木炭，木炭下面的地面经火烘烧。随葬品发现灰陶灶、铁镞、铁带卡、棺钉、棺环和鎏金桃叶形铁马饰（杏叶）等。墓葬年代，由于该墓位于所在墓地的山坡下部，墓地中部曾发现被推测为5世纪的封土石室壁画墓王字墓（M332），发掘报告推测M217年代在6～7世纪[12]。据该墓室顶之多层平行叠涩结构及出土器物来看，其年代在5～6世纪，到不了7世纪（图五，2；图八，9～15）。

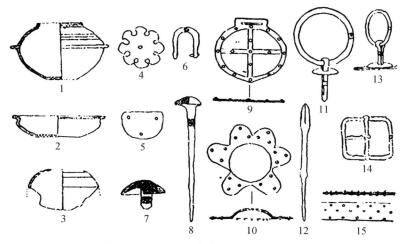

图八　JYM1897和东大坡M217出土遗物

1.黄釉陶釜　2.黄釉陶盆　3.灰陶罐　4.鎏金棺饰　5.鎏金铊尾　6.鎏金带扣　7.鎏金棺钉　8.铁棺钉
9.鎏金杏叶　10.鎏金马饰　11、13.铁棺环　12.铁镞　14.铁带卡　15.鎏金铁马饰
（1～8.M1897：9；9～15.M217出土）

（3）集安禹山M1897，双室墓，一室方形，边长3.8、高3.95米，四阿加平行叠涩顶，一室长3.4、宽2.8、高3.4米，四阿加抹角顶。两室内遍涂白灰。封土周长80余米，高约5米。墓内出土灰陶罐、釉陶釜、釉陶盆和鎏金饰片。墓葬年代，发掘报告将其与通沟12号封土石室壁画墓相比，推测为5世纪中叶前后[13]。该墓墓道不见通沟12号之耳室，其中一室室顶的抹角也比较突出，所以其年代有可能晚到6世纪（图六，3；图八，1～8）。

（4）集安七星山M65、M66，两墓同建在一座方坛阶梯积石墓之上，间隔3.1米，M65已坍塌，估计两墓应是一座异穴同封双室墓。M66铲形方室，边长3.3米，平行叠涩加抹角顶，四壁和顶部均涂白灰。发掘报告和以往研究推测该墓年代在5世纪中叶前后[14]。考虑到墓葬建立在一座方坛阶梯积石墓之上，中隔时间不会太短，而且M66的墓顶是大抹角，所以其年代应与禹山M1897相当或稍晚（图九）。

（5）集安禹山M1080，铲形抹角顶单室墓，长3.15、宽3.1、高2.95米，底铺三个石棺床，室壁白灰勾缝。封土周长约100米，高约10米。盗洞填土中发现一通小型石碑（石柱），墓内同样出土不少鎏金饰件。集安设立同类小型石碑（石柱）的墓葬还有山城下M1411，其他再无发现。M1080的年代，发掘报告推测为6世纪中后期是合适的[15]（图一〇）。

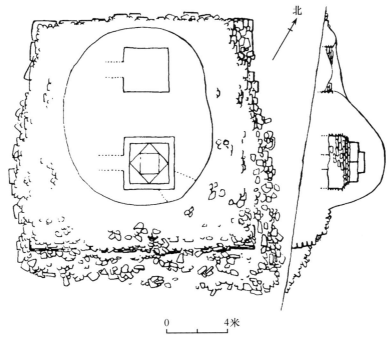

图九　七星山M65、M66平、剖面图

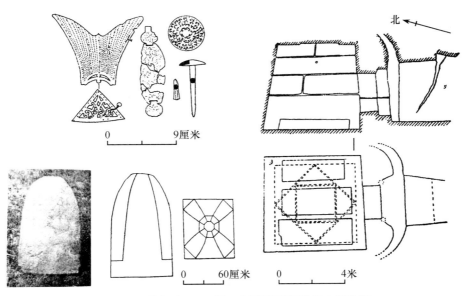

图一〇　禹山下M1080平、剖面及石碑和出土器物图

三、抚顺施家墓葬和沈阳石台子山城附近墓葬的特点

我国境内无壁画的高句丽封土石室墓，迄今发现的主要集中于其都城所在桓仁和集安，其中以集安为最多。近年在抚顺高尔山城附近的施家墓地和沈阳市东北石台子山城附近的墓地，发现并发掘了多座同类墓葬，其中抚顺施家墓地发现墓葬百余座，发掘41座（其中1座有壁画），石台子山城附近的墓地发掘了68座。两处墓地相距十几千米，墓葬类型结构都符合上述的总结，同时也具备一些共有的自身特点。

第一，墓葬的深浅。墓葬的深浅是指墓室相对于墓葬所在的地表而言的，通常表述为地上、地下、半地上（或半地下）。发掘时未做地层解剖或经解剖仍遗迹不清，一般只能以现地表为准。地上，是指墓室室底与地表平，推测墓葬是在地表上直接砌筑。地下、半地上（或半地下），是先挖墓圹然后砌筑石壁，而深浅不同，地下者是整个墓室位于地表下，半地上（或半地下）者则是墓室下半部在地表下，上半部在地表上。据介绍，桓仁、集安和抚顺前屯的墓葬，地上、半地上（或半地下）的多见，个别的是地下，而抚顺施家、沈阳石台子山城附近的墓葬，则是半地上（或半地下）和地下，趋势向下发展。

第二，多人葬和二次葬。此多人葬，是指一座墓中葬3人以上者。桓仁、集安地区封土石室墓中的人骨保存得很差，是否有多人葬和二次葬并不清楚，而抚顺施家、沈阳石台子山城附近的墓葬则不同。抚顺施家墓地发掘41座，除去不详的12座，其余29座中葬2人的10座，葬3人的5座，葬4～9人的14座。沈阳石台子山城附近的墓葬，发掘报告统计"单人葬33座，多人葬29座"。这29座中包括双人葬在内，发表的例墓多是3人以上。这类墓葬的等级并不多高，但墓室可以修得大一些。现从两处墓地各选一座墓介绍如下。

（1）施家M27，铲形，弧方形墓室，边长3.2米。靠北壁和西壁各砌筑一棺床。室内共发现人骨六具个体（一男五女），其中两个位于墓室中部，仰身直肢一次葬，其余多堆放在墓室的西北角（图一一）。

（2）石台子山城附近第三墓地西区M2，铲形，墓室长2.34、宽2米。室内中间摆放男女两具人骨，两侧还杂乱堆放三具个体。随葬品有铜耳坠、铜饰件和玛瑙珠各一件（图一二）。

判定一座墓中所葬个体的关系，双人葬大都是夫妇合葬，三人葬中有的也可能是夫妇合葬，有的则不是，超过三人的就很少再是夫妇合葬了，而应当是一个家庭或家族成员的墓葬。此种葬俗在桓仁、集安的同类墓葬中未曾发现。但是在集安发现的双室或三室异穴同封为一座墓的情况，在抚顺施家和石台子山城附近的墓葬中没有出现。在双室或三室中的一个墓室内，有的置放两个棺座，应是夫妇合葬，那么此两室或三室的异穴同封墓就应该是一个家庭或家族成员的墓葬。此种情况向上可以追溯到当地同为异穴

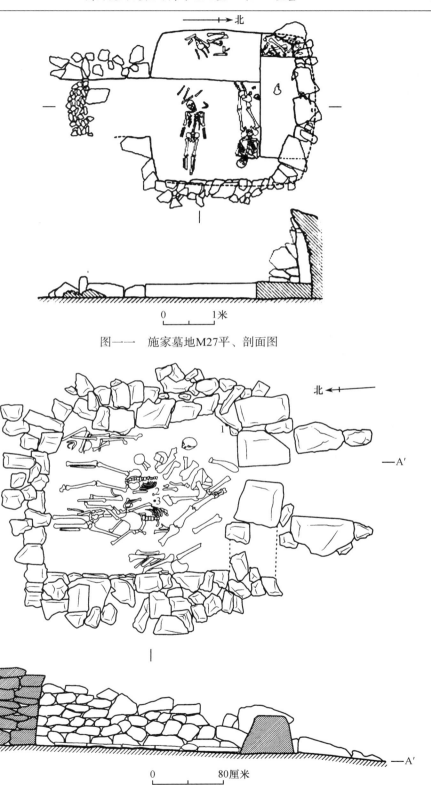

图一一 施家墓地M27平、剖面图

图一二 石台子山城ⅢXM2平、剖面图

同封（封石）的双室或三室的积石石室墓和双圹或多圹的积石石圹墓，以及积石墓中多座墓相连成串的"串墓"。

那么，为什么抚顺施家、石台子山城附近两处墓地与桓仁、集安地区相比有上述不同呢？从时间考虑，石台子山城是在5世纪初高句丽占领辽东以后修筑的，高句丽修筑抚顺高尔山城比此要早，而两处墓葬的类型结构和葬俗基本相同，其年代都应在5世纪以后，或者更晚一些。石台子山城附近第四墓地M3，铲形石室墓，出土铁马镫1件，柄极短，脚踏部扁宽，与高句丽中期流行的长柄马镫大不一样。施家M18，墓室几近方形，边长2.9米和2.96米，葬四男三女，出土两幅具有唐代风格的带具和两枚"开元通宝"（图一三）。由此说明这些墓葬的年代到了高句丽晚期或再晚。

抚顺、沈阳地区不属于高句丽中心地区，两处墓葬年代又较晚，所以不见中心地区积石墓中高句丽的某种原始葬俗，也说得通。该地区新发现的葬俗，是在桓仁、集安地区因保存不好而未发现，还是该地区新出现的变化，希望以后在桓仁、集安地区的调查发掘中加以注意。如果是抚顺、沈阳地区新出现的变化，那么只是因为地区不同而自然发生的，还是有其他什么因素和影响，也需要继续考虑和探讨。

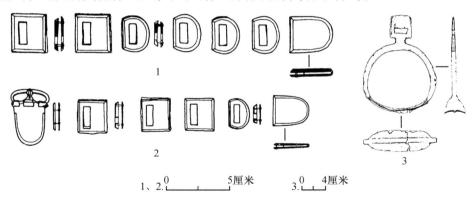

图一三　施家M18出土铜带具与石台子山城Ⅳ M3出土马镫

1. M18：3　2. M18：4　3. Ⅳ M3：1

注　释

［1］　李殿福.集安高句丽墓研究［J］.考古学报，1980（2）：表二"积石墓"，表中百分比合计43%，实算应是44%；而封土墓，表中百分比合计55%，实算应为56%。

［2］　集安县文物保管所.集安县上、下活龙村高句丽古墓清理简报［J］.文物，1984（1）.

［3］　李殿福.集安高句丽墓研究［J］.考古学报，1980（2）.

［4］　a.吉林省文物工作队，集安文管所.1976年集安洞沟高句丽墓清理［J］.考古，1984（1）.

　　　b.张雪岩.吉林集安东大坡高句丽墓葬发掘简报［J］.考古，1991（7）.

［5］　a.吉林省文物考古研究所，集安市文物保管所.集安洞沟古墓群禹山墓区集锡公路墓葬清理［C］.高句丽研究文集.延吉：延边大学出版社，1993.

b.孙仁杰.高句丽串墓的考察与研究［C］.高句丽研究文集.延吉：延边大学出版社，1993.

［6］ a.辽宁省文物考古研究所，抚顺市博物馆.辽宁抚顺市施家墓地发掘简报［J］.考古，2007（10）.

b.辽宁省文物考古研究所，沈阳市文物考古研究所.石台子山城［R］.北京：文物出版社，2012.

［7］ 石棺内发现棺钉之木棺遗迹的墓葬，有抚顺前屯M16。见王增新.辽宁抚顺市前屯、洼浑木高句丽墓发掘简报［J］.考古，1964（10）.

［8］ a.张雪岩.吉林集安东大坡高句丽墓葬发掘简报［J］.考古，1991（7）.

b.吉林省文物考古研究所，集安市文物保管所.集安洞沟古墓群禹山墓区集锡公路墓葬清理［C］.高句丽研究文集.延吉：延边大学出版社，1993.

［9］ 辽宁省文物考古研究所，沈阳市文物考古研究所.石台子山城［R］.北京：文物出版社，2012.

［10］ 有的地区，由于多人葬和二次葬也使用了墓室较大的刀形墓或铲形墓，但其等级并不明显升高。

［11］ 孙仁杰，迟勇.集安高句丽墓葬［M］.香港：香港亚洲出版社，2007.

［12］ 张雪岩.吉林集安东大坡高句丽墓葬发掘简报［J］.考古，1991（7）.

［13］ 张雪岩.集安两座高句丽封土墓［J］.博物馆研究，1988（1）.

［14］ a.林世贤.吉林省集安洞沟古墓群七星山墓区两座古墓的考察［J］.北方文物，1998（4）.

b.孙仁杰，迟勇.集安高句丽墓葬［M］.香港：香港亚洲出版社，2007.

［15］ 方起东，林至德.集安洞沟两座树立石碑的高句丽古墓［J］.考古与文物，1983（2）.

No Mural Goguryeo Stone-Chambered Earthen Mound Tombs Excavated in China

WEI Cun-cheng　SUN Hao

The no mural Goguryeo stone-chambered earthen mound tombs in China including some types: sarcophagus (stone coffin), strip, a knife-or-shovel-shaped plane, and the ceiling is in varied forms, either flat, vaulted or corbelled. This type of the tombs belongs to the common people, others belong to a higher stratum. The age is in the middle to the late stage of Goguryeo. It is an important data to comprehend and discuss the life of the lower classes. The tombs excavated nearby the Shijia of Fushun and the mountain city-site at Shitaizi have obvious characteristics of many people burial and secondary burial.

延边边墙及相关问题研究[*]

卢成敢[1] 王培新[1] 石晓轩[2] 于永喆[3]

（1.吉林大学考古学院，长春，130012；2.吉林省文物考古研究所，长春，130033；
3.公主岭市文物管理所，公主岭，136100）

吉林省延边朝鲜族自治州和龙、龙井、延吉、图们、珲春辖区内分布着三段以土石构筑方式为主的防御设施，学界一般称之为"长城"或"边墙"[1]。因基础考古学材料的严重束缚，学界一直缺乏对该遗迹年代及性质的明确认识，致使边墙的学术价值被长期忽视。

延边边墙修筑规模浩大，所防御区域为图们江流域西部的延吉盆地、中部的图们江干流河谷、东部的珲春盆地。图们江流域为渤海政权的核心区，鉴于该区现有的考古材料及相关的历史文献记载，已具备深入探讨延边边墙年代及性质问题的学术条件。本文以之作为学术切入点，并结合流域内所分布的城址、寺庙址与墓葬三类遗存，进一步考察早期渤海社会内部的发展状况，也对渤海政权早期政治中心位置的讨论提供有利线索。

一、延边边墙的考古调查与发掘

关于延边边墙所开展的考古工作，依据工作方式的不同，可分为两个阶段。

第一阶段自20世纪20～80年代，本阶段多为局部性的考古调查工作。20世纪20年代，历史地理学者魏声和对延边边墙珲春段做了初步调查，记录了边墙的起始与分布情况。20世纪80年代，和龙、龙井、延吉、珲春等县市文物部门分别调查了境内边墙遗迹。和龙段边墙始于土山乡东山村，向北延伸至龙井细鳞河乡，长约20千米。墙体多为土筑，亦有石筑、土石混筑，基宽5～7、顶宽1～3、高1～2.5米。另发现烽火台5座，均在边墙南侧[2]。龙井段边墙始于细鳞河乡，东折后终于长安镇。墙体土石混筑，周边有戍堡3座[3]。延吉段边墙西接龙井，中间穿越布尔哈通河，东至鸡林。墙体为土筑与石筑，于烟河村发现墩台1座[4]，墩台南侧发现少量渤海时期的陶片[5]。珲春段边墙西自哈达门乡，向东延伸至英安乡，长约25千米。墙体均为土筑，基宽约8、高

* 本文系国家社科基金项目"渤海都城规划布局与京府建制研究"阶段性成果（项目号：15@ZH007）。

1~1.5米。另发现8处烽火台，以及与墙体方向基本一致的城壕[6]。除文物部门进行的调查外，有学者以个人身份对延边边墙进行一次大规模调查，对之前的考古工作有一定的充实[7]。

第一阶段的考古调查工作并非针对性较强的专题性调查，因而仅发现和龙—图们段与珲春段两段边墙遗迹，边墙的分布情况、构筑方式、附属设施与基础数据等四项信息较为简略。关于该遗迹的时代及性质问题，中国学者之间存在截然不同的学术认识，有防御挹娄与沃沮说[8]、渤海中京卫城说[9]、金代防御王氏高丽说[10]、东夏（沿用渤海）防御蒙古说[11]、东夏防御耶律留哥说[12]及高丽长城说[13]等学术见解。

2010年3月，吉林省文物部门针对境内的长城资源进行了专题性的考古调查，前后历经数月的实地勘察，此为第二阶段的工作。本次的田野调查工作较为全面，基础统计数据翔实，最终确认延边边墙由和龙—图们段、窟窿山段与珲春段三部分构成，平面呈厂字形，全长约114千米。其中，和龙—图们段边墙的起点始自和龙市土山子镇东山村，终于布尔哈通河与嘎呀河的交汇处，全长约98000米。窟窿山段为本次新发现的一段边墙，始自凉水镇河西村，终于窟窿山顶，全长约1900米。珲春段始于英安镇关门咀子村，最终抵达哈德门镇涌泉村，全长约14000米。延边边墙多筑于山地、丘陵地带，前者长约69000米，后者长约45000米。墙体分为土墙、石墙、自然险阻三种类型，采用土筑、石筑、毛石干垒三种构筑方式。边墙除城墙（58段）部分之外，另发现壕沟、烽火台（86座）、关与堡（5座）、铺舍（3座）等大量附属设施。其中的烽火台以圆形为主（90.7%），土石混筑占绝大多数（97.7%）。关堡为长方形或方形，采用土石混筑或石块垒砌，周长多在百米以内，面积多不超过1000平方米。铺舍均为长方形，土石混筑或石筑，或独立而距边墙较近，又或一侧倚边墙而建。

2011年夏秋，为探究边墙的年代及构筑方式，延边文物部门对几处城墙、烽火台、关、堡进行了局部性的考古发掘。在图们长安镇水南边墙墙体中发现一件渤海时期陶器口沿（图一，2），水南关遗址地层出土一些陶器残片，水南关内的房址出土一件重唇深腹罐（图一，1）。延吉平峰山关出土少量青铜时代陶片，其余遗址则未见重大学术价值的遗迹或遗物。发掘者以水南关出土重唇深腹罐作为关键性证据，并结合边墙的分布、走向与建造方式，最终判定延边边墙修建于渤海早期，主要是为防止北部靺鞨部落的侵扰[14]。值得补充的细节是，调查所发现的5座关堡遗迹，均位于边墙南侧，且分布在北部边墙一线，此也间接证明边墙是以北部作为防御的重点。

延边边墙墙体及附属房址内均出土了渤海时期遗物，且未发现与高句丽、金或东夏相关遗物，判定边墙的修筑年代为渤海时期当无疑问，并几无金或东夏时期沿用的可能性。以发掘者提出的认识作为基础，目前仍有三个问题未获揭示，须做进一步的追问：其一，边墙的年代具体早至何时？其二，边墙在何时废弃？其三，边墙为何被废弃？因考古发掘材料尚未详细披露，针对上述三个问题的解答，可于历史文献视角下、渤海史的分析中管窥一二。

图一　水南关出土陶器
1. 水南关房址出土陶罐　2. 水南边墙墙体出土口沿

二、延边边墙的年代与性质

关于7世纪中后期东北地区的局势，史载"汩咄、安居骨、号室等部，亦因高丽破后奔散微弱，后无闻焉，纵有遗人，并为渤海编户。唯黑水部全盛，分为十六部，部又以南北为称"[15]。战争对东北地区的族群分布影响极大，无形中完成了一次巨大的族群整合。因此，渤海建立之初，已并入汩咄部、安居骨部、号室部，北部仅剩拂涅部、铁利部、虞娄部、越喜部及黑水部对渤海构成实质威胁。

渤海初所面临的外部局势十分险恶，外部强敌环伺，内部尚在恢复自身实力之中。虽然大祚荣于天门岭击败唐军，加之契丹又主动臣附突厥，造成"王师道绝，不克讨"的局面。但"不克讨"的表述，暗示唐对渤海的敌意暂时未能消除。大祚荣只得选择臣属后突厥汗国，并接受统一新罗的官职[16]，积极利用外部因素寻求自保。与此同时，拂涅、越喜、铁利等靺鞨部落却在大祚荣执政时期，频繁单独或共同向唐朝贡，分别朝唐8次、2次、3次之多[17]。这说明渤海在此阶段尚缺乏足够实力控制北部靺鞨部落，只得默认双方之间的交往。

上述状况至大武艺执政时期彻底发生改变，大武艺"斥大土宇，东北诸夷畏臣之"[18]。事件源于唐与黑水靺鞨的关系发生实质性进展，唐先于开元十年（722年）授予黑水部酋长倪属利稽勃利州刺史官职，后"开元十三年（725年）安东都护薛泰请于黑水靺鞨内置黑水军，续更以最大部落为黑水府……中国置长史，就其部落监领之"[19]。大武艺洞悉一系列举动背后所暗伏的危机，率先主动发兵攻击黑水靺鞨。虽然史籍未直接透露战后局势，但很长一段时间内，黑水靺鞨朝唐的记载远不如前期频繁[20]。《唐会要》卷九十六《靺鞨》也记载"其拂捏、铁利等诸部落……亦尝朝贡，或随渤海使而来”[21]。728年，大武艺致日本圣武天皇国书，提及自己“忝当列国，监总诸藩”事宜[22]。上述文献线索表明，渤海征讨黑水靺鞨之后已掌控区域主导权，握有“监总诸藩”的权力。732年，大武艺又遣军自海上入侵登州，陆上攻至营州马都山附近，进一步正面印证了渤海实力的强大。

鉴于渤海两代国王执政期间内部自身实力的悬殊，以及外部对北部靺鞨部落影响力或控制力的差异。故从必要性方面而言，大祚荣尚需要边墙进行被动防御，而大武艺已然坐拥强大实力，以主动出击化解外部军事威胁。故延边边墙的修建应不晚于大武艺时期，否则如此耗费巨大人力、物力的边墙便失去了实际防御价值。

大钦茂执政之后，自大兴二年至大兴十五年期间（738~751年），拂捏、越喜、铁利与黑水靺鞨又多次遣使朝唐，总计达11次之多[23]。天宝末年，大钦茂将都城由显州迁至上京。此后几十年内，靺鞨部落再未有朝唐的记载[24]，此暗示渤海已一度切断靺鞨与唐的交往。大钦茂迁都牡丹江中游的上京城，属于战略考量，根本目的便是争取对北部靺鞨部落的严格控制。在实现上述战略之后，渤海基本消除了靺鞨诸部落对图们江流域核心区的军事威胁，故延边边墙可能也不再需要继续发挥防御北部靺鞨的职能。

另外，延边边墙多沿山地、丘陵边缘的位置修筑，从分布与走向来看，南部为平原，北部多为山地。据所调查的和龙—图们段及珲春段的烽火台、关、堡、铺舍等附属设施分布位置，其多位于边墙南侧（窟窿山段未发现边墙附属设施）。由此可知，延边边墙明显是为捍守南部的冲积平原区域，而要防御的目标自然应是北方靺鞨部落。

综上所述，以现阶段的考古成果与文献所分析的渤海历史判断，延边边墙的修筑年代应在渤海早期（不晚于大武艺时期），主要发挥防御北部靺鞨部落的职能，废弃年代当在大钦茂迁都上京城后的一段时间。当然，由于延边边墙及其附属设施发掘面积约760平方米，总体发掘面积较小。与守军生活紧密关联的遗迹仅有关堡5处、铺舍3处，调查与发掘过程中出土遗物略少，也不排除其结果带有一定的偶然性因素。

三、渤海早期政治中心考察

依据前文所述，对于渤海早期政治中心东牟山所在，王培新教授提出了不同于以往的学术见解。该文论证思路主要是基于文献记载、遗存分布及磨盘村山城的考古发现，这是对传统主流观点的一次重大挑战。笔者赞同该文的假说，通过延吉盆地、敦化两区域内军事防御体系、宗教信仰遗存与王室墓地等三方面的对比，似可进一步补充前文的假说。

延吉盆地内部有13处重要渤海城址分布于边墙周边，其中仅磨盘村山城与西古城经过大规模考古发掘，其余城址多为考古调查。相关遗存的共识性尚存在一定疑问，需依据以往考古调查的工作成果详加辨析。

磨盘村山城出土了凤鸟纹主题的瓦当[25]（图二，5），该类型瓦当与六顶山墓地所谓十字纹瓦当（图二，1）的主题纹饰相似，城内发现了红褐色网格纹、绳纹板瓦，但上述遗存是否属于渤海早期尚存在争议[26]。西古城为天宝时期王都，但有研究者认为该城应为大钦茂时期的王城（宫城）格局，并非一般性城址[27]。延吉市河龙古城发现红色网格纹板瓦[28]（图二，2），兴安古城发现红色网格纹板瓦（图二，3）、红褐色绳纹筒瓦（图二，4）[29]，另发现一种在俄罗斯渤海遗址中常见的枞树纹檐头板瓦[30]，台岩古城内发现红褐色绳纹瓦[31]。龙井市土城屯城址发现红色绳纹板瓦、红色菱格纹板瓦（图二，6）及红色席纹板瓦（图二，7）[32]，大灰屯古城发现灰色菱格纹板瓦（图二，8）[33]。和龙市蚕头城内采集红色绳纹瓦件[34]。河龙古城、兴安古城等6处城址所发现的瓦件，在陶色、纹饰方面与六顶山墓地出土瓦件相似。故据现有考古材料进行分析，该区共有6座城址与边墙大致共时，二者构成了一道严密的军事防御体系。

鉴于以往的考古发掘或调查工作，敦化敖东城已被考古发掘证实是一处金代小型城址[35]，境内可确定的渤海时期城址有大甸子古城[36]、孙船口古城[37]两处。而包含城山子山城在内的其他众多城址尚未发现典型的渤海时期遗物，时代属性存有较大疑问。以现有考古材料而言，敦化地区未能发现符合文献所载的"据东牟山，筑城以居之"的渤海时期山城。敦化与延吉地理环境相似，均属于盆地地形，且敦化盆地的位置较延吉盆地更趋北部，距离靺鞨部落更近，其所面临的军事风险也更大。以逆向思维推测，假设渤海将早期政治中心建立在敦化，渤海统治集团似乎更应该以本区的军事防御体系构建为首要任务，而非同时期大费周折地营建延吉盆地周围的防御体系。这在时

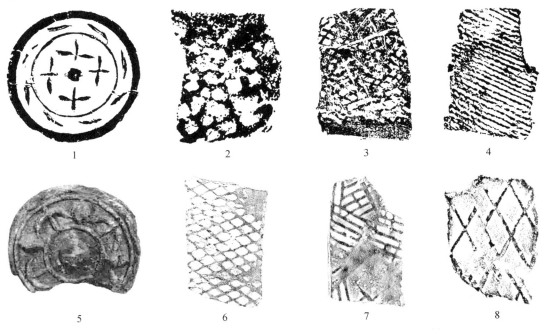

图二　河龙古城、兴安古城、土城屯城址、大灰屯古城出土瓦件
1.六顶山墓地ⅠM3∶27　2.河龙古城出土网格纹板瓦　3、4.兴安古城出土网格纹网格纹板瓦、绳纹筒瓦
5.磨盘村山城出土凤鸟纹瓦当　6、7.土城屯城址出土菱格纹板瓦、席纹板瓦　8.大灰屯古城出土菱格纹板瓦

间、空间两方面产生的巨大错位，折射出"敦化旧国说"明显的不合理性，反衬出延吉盆地的重要地位。

《册府元龟》载，"开元元年（713年）十二月，靺鞨王子来朝，奏曰：'臣请就市交易，入寺礼拜。'许之"[38]。解读此条历史文献，表明部分渤海统治阶层至少在建国初期就已非常崇信佛教。敦化贞惠公主墓、和龙贞孝公主墓的墓志中，大钦茂的尊号被定为"大兴宝历孝感金轮圣法大王"。大兴、宝历作为大钦茂的年号嵌入，"孝感"为儒家宣扬理念，"金轮圣法"则直接源于佛教经典。而贞孝公主墓葬[39]、马滴达塔墓[40]、龙海墓地M10[41]等墓葬形制，既反映了中原佛教文化对渤海的影响[42]，也折射出渤海统治阶层信仰佛教渐具广泛性。延吉盆地附近发现高产寺庙址[43]、河南屯寺庙址[44]、军民桥寺庙址[45]、东南沟寺庙址[46]与仲坪寺庙址等5处佛寺建筑，另有龙河南山[47]、帽儿山山顶[48]等旷野型建筑址6处，此类旷野建筑址属于寺庙址的可能性也较大[49]。本区佛教遗存数量众多，有学者称其为佛教遗存的"中京区"[50]。其中的高产寺庙址、军民桥寺庙址、东南沟寺庙址均出土了文字瓦，最新研究认为使用文字瓦的寺庙址等级较高，应是渤海统治阶层的"礼佛"场所，甚至可能是渤海早期大钦茂为都显州之时所建[51]。敦化地区发现的宗教性遗存仅庙屯寺庙址1处，早年曾采集到少量褐色板瓦与筒瓦，并认为与六顶山出土的瓦件类似，从而判定属于渤海时期佛寺[52]。近来，吉林省文物考古研究所再次复查该遗址，采集到渤海早期瓦件与陶器口沿[53]。

"敦化旧国说"由来已久，其先头源于清代历史地理学家曹廷杰考证敖东城（鄂多哩城）——"舍利齐齐克仲象父子渡辽水……至吉林鄂多哩城建国"[54]。20世纪中期于六顶山发现贞惠公主墓葬，铭文含"陪葬于珍陵之西原"的信息，加之后续在敦化发现了数量庞多且类型丰富的渤海时期遗存[55]，"敦化旧国说"逐渐成学界主流意见。分析众多后来者对于"敦化旧国说"的附和，其立论的最大支撑点便是墓铭中贞惠公主"陪葬于珍陵之西原"的表述。当时尚未发现龙头山王室墓地与三灵屯墓葬，囿于考古材料的严重束缚，学者也只能以首先发现的贞惠公主墓作为研究的唯一线索与基点。

贞惠公主墓碑发现后的半个多世纪，学者对于"珍陵"的学术探讨始终聚讼纷纭。但综合各方来看，前期围绕"珍陵"墓主人及地点问题，大体可分为两种意见。其一，以金毓黻为代表的学者认为"珍陵"墓主人应为大钦茂，"珍陵"位于六顶山墓地[56]。其二，以王健群、王承礼为代表的学者认为"珍陵"墓主人应为大武艺，"珍陵"位于六顶山墓地[57]。而且对"珍陵"的认定已从原第一墓区的M6扩大到更为偏东的第二墓区M206，但学者对于M6与M206的认定互有不可调和的矛盾，如M6的时代要晚于贞惠公主墓（ⅠM2）[58]，M206的规模较贞惠公主墓为小[59]。

2004～2005年，吉林省文物部门对龙海墓区进行发掘，发现了文王大钦茂孝懿皇后（M12）、简王大明忠（M2）及顺穆皇后（M3）墓葬[60]，这一重要考古发现促使学者对"珍陵"展开新一轮的学术探讨。此一阶段，学者已然跳出前期对于"珍陵"概念的片面性理解。例如，王培新教授认为贞孝公主墓志中有"陪葬于染谷之西原"的记述，"染谷"当理解为具体的地名。贞惠公主墓志与贞孝公主墓志的文体、字句大体相同，则"珍陵"当视为"渤海王室成员埋葬地点的通称"[61]。刘晓东对渤海王陵关注尤多，近来也推测"珍陵"是"包括Ⅴ号台地在内的龙海墓区"[62]。龙海墓区内有一块中、英、韩三种语言的公开简介展板，其上标注"Ⅶ台地"（按文字介绍，当为发掘报告中的Ⅴ号台地）为"珍陵台"。据此，前述两位学者对于"珍陵"的认识，便与公开展板的内容大体契合。

关于渤海王室墓地"珍陵"的问题，将之视为"渤海王室成员埋葬地点的通称"更具可信性。因此，前期多位学者于敦化六顶山墓地探寻"珍陵"的矛盾已然合理消解，事实上更可能接近宋玉彬教授所界定的家族墓地性质[63]。"珍陵"更可能在延吉地区，甚至"龙头山很有可能是渤海王室大祚荣一系的墓地"[64]。至此，以"珍陵"为根基的"敦化旧国说"已然失去支撑，更加凸显延吉盆地区域的重要性。

四、结　语

《新唐书·渤海传》记载了渤海数次迁都之行，自大祚荣建国于东牟山至"显州，天宝中王所都"，其间东牟山为都时间长约40年，即渤海应在旧国区域经营了40年左右的时间。目前，敦化地区已发现的渤海时期城址仅有小规模城址两处，且不能确定是否属于渤海早期，更无其他大型军事防御设施。与之相反，延吉盆地周边已发现渤海早期城址六处、大型边墙一条，且二者构建出了严密的环形军事防御体系；敦化地区发现渤海佛教遗存仅一处，也未能确定其等级，而延吉盆地已发现与统治阶层相关的寺庙址三处；此外，基于"珍陵"的学术讨论，敦化地区存在所谓渤海王室墓地的可能性已远较延吉盆地区域为小，龙海墓区更有可能是大祚荣一系的渤海王室墓地。

综上所述，通过两地区军事防御体系、宗教信仰遗存与王室墓地等三个层面的对比，将渤海早期政治中心推定在海兰江河谷盆地一带，或是进一步指向磨盘村山城，具有更大的合理性与可信度。

注　释

[1]　中国学者对该遗迹有不同命名，早期多称为长城，近年谓为边墙，故下文统称为"边墙"。

[2]　《吉林省文物志》编委会.和龙县文物志[Z].内部资料.1984.

[3]　《吉林省文物志》编委会.龙井县文物志[Z].内部资料.1984.

[4]　2010年，延边文物部门复查了该遗址，确认"烟河墩台"为延边边墙附属设施的烽火台。

[5]　《吉林省文物志》编委会.延吉市文物志[Z].内部资料.1985.

[6]　《吉林省文物志》编委会.珲春县文物志[Z].内部资料.1984.

[7]　徐学毅.延边古长城考察报告[J].东疆学刊，1986（2）.

[8]　同[5].

［9］ 朴龙渊.关于渤海中京问题的商榷［Z］.延边文物资料汇编.1983.

［10］ 李健才.东北地区中部的边岗和延边长城［J］.辽海文物学刊，1987（1）.

［11］ 陈相伟.考古学上所见东夏国文化遗存［C］.东疆研究论集.长春：吉林文史出版社，1992.

［12］ 同［7］.

［13］ 同［3］.

［14］ 吉林省文物局.吉林省长城资源调查报告［R］.北京：文物出版社，2015.

［15］ （后晋）刘昫等.旧唐书［M］.北京：中华书局，1975.

［16］ 参见崔致远《谢不许北国居上表》，言大祚荣"始与契丹交恶，旋与突厥通谋……受臣藩第五品大阿湌之秩"。

［17］ 金毓黻.渤海国志长编［M］.长春：《社会科学战线》杂志社，1982.

［18］ （唐）欧阳修等.新唐书［M］.北京：中华书局，1975.

［19］ 同［15］.

［20］ a.同［17］.

　　 b.范恩实.靺鞨兴嬗史研究——以族群发展、演化为中心［M］.哈尔滨：黑龙江教育出版社，2014.

［21］ （北宋）王溥.唐会要［M］.北京：中华书局，1960.

［22］ 〔日〕藤原继绳，菅野真道.续日本纪［M］.东京：吉川弘文馆，1979.

［23］ 同［17］.

［24］ 同［17］.

［25］ 国家文物局.吉林延边磨盘村山城［C］.2015中国重要考古发现.北京：文物出版社，2016.

［26］ 吉林省文物考古研究所，延边朝鲜族自治州文物保护中心.吉林省图们市磨盘村山城2013～2015年发掘简报［C］.边疆考古研究（第24辑）.北京：科学出版社，2018.

［27］ 李强，白森.西古城性质研究——以考古资料获取的城址形制和功能为切入点［J］.北方文物，2014（4）.

［28］ 同［5］.

［29］ 同［5］.

［30］ 阿勒杰米耶娃（著），孙危（译）.俄罗斯滨海地区发现的渤海国时期的宗教性建筑［C］.东北亚考古资料译文集（7）.哈尔滨：北方文物杂志社，2007.《延吉市文物志》据出土红色瓦件将兴安古城定为早于渤海时期城址，但所出土的枞树纹板瓦见于渤海杏山、马蹄山寺庙址，故本文将该城址界定为渤海时期。

［31］ 同［5］.

［32］ 吉林省文物考古研究所.图们江流域渤海遗存调查报告［J］.地域文化研究，2017（1）.

［33］ 同［32］.

［34］ 参见郑永振.和龙县龙海古迹调查简记［Z］.内部刊印.

［35］ 吉林大学边疆考古研究中心，吉林省文物考古研究所.吉林敦化敖东城及永胜遗址考古发掘

的主要收获［C］.边疆考古研究（第2辑）.北京：科学出版社，2004.

［36］ 《吉林省文物志》编委会.敦化市文物志［Z］.内部资料.1985.

［37］ 同［36］.

［38］ （北宋）王钦若等.册府元龟［M］.北京：中华书局，1960.

［39］ 延边朝鲜族自治州博物馆.渤海贞孝公主墓发掘清理简报［J］.社会科学战线，1982（1）.

［40］ 张锡瑛.珲春马滴达渤海塔基清理简报［J］.博物馆研究，1984（2）.

［41］ 吉林省文物考古研究所，延边朝鲜族自治州文物管理委员会办公室.吉林和龙市龙海渤海王室墓葬发掘简报［J］.考古，2009（6）.

［42］ 桑绍华，张蕴.西安出土文安公主等墓志及郭彦塔铭［J］.考古与文物，1988（4）.

［43］ 何明.吉林和龙高产渤海寺庙址［J］.北方文物，1985（4）.

［44］ 吉林大学边疆考古研究中心等.吉林和龙"河南屯古城"复查简报［J］.文物，2017（12）. 此次复查过程中，在该遗址发现大量建筑构件、壁画残片及铁风铃，而壁画与铁风铃常见于渤海时期寺庙址，故此遗址为寺庙址的可能性较大.

［45］ 同［2］.

［46］ 同［2］.

［47］ 同［5］.

［48］ 同［5］.

［49］ 除上述两处外，另有龙井市英城建筑址、东沟建筑址、上岩建筑址、泗水建筑址等4处.此类旷野型建筑址已发掘者有蛟河七道河子及珲春古城村1、2号，前者属于墓葬，后者属于寺庙址.

［50］ 解峰.渤海国佛教遗存研究［D］.吉林大学，2019.

［51］ 宋玉彬.文字瓦视角下的渤海佛教遗存研究［J］.学习与探索，2019（7）.

［52］ 同［36］.

［53］ 梁会丽.吉林省渤海遗址调查概述［C］.边疆考古研究（第25辑）.北京：科学出版社，2019.

［54］ 丛佩远，赵鸣岐.曹廷杰集［M］.北京：中华书局，1985.

［55］ 王承礼.吉林敦化牡丹江上游渤海遗址调查记［J］.考古，1962（11）.

［56］ a.金毓黻.关于"渤海贞孝公主墓碑研究"的补充［J］.考古学报，1956（2）.
    b.阎万章.关于渤海《贞惠公主墓志》考释中的一些问题［C］.渤海的历史与文化（第二辑）.哈尔滨：黑龙江人民出版社，2003.

［57］ a.王健群.渤海贞惠公主墓碑考［C］.文物集刊（2）.北京：文物出版社，1980.
    b.王承礼.敦化六顶山渤海墓葬清理发掘记［J］.社会科学战线，1979（3）.
    c.侯莉闽，李强.渤海珍陵新探［J］.北方文物，2002（2）.

［58］ 同［57］c.

［59］ 中国社会科学院考古研究所.六顶山与渤海镇——唐代渤海国的贵族墓地与都城遗址［R］.北京：中国大百科全书出版社，1997.

［60］　同［41］.

［61］　王培新. 渤海早期王城研究中的几个问题［J］. 中国边疆史地研究，2013（2）.

［62］　刘晓东. 渤海"珍陵"问题的再检讨——纪念金毓黻先生逝世50周年［J］. 北方文物，2013（3）.

［63］　宋玉彬. 渤海瓦当研究［D］. 吉林大学，2011.

［64］　同［61］.

Research on Yanbian Sidewall and Related Problems

LU Cheng-gan　　WANG Pei-xin　　SHI Xiao-xuan　　YU Yong-zhe

Due to the lack of archaeological materials, there has been no conclusion on the age and nature of sidewall in Yanbian. As a result, the academic value of sidewall has been neglected for a long time. Based on the comprehensive analysis of historical documents and archaeological findings, the construction age of sidewall in Yanbian should be no later than Da Wuyi period and abandoned after Da Qinmao moved the capital to Shangjing. Based on the definition of the age and nature of sidewall, this paper makes an in-depth study of the historical remains of Yanji basin and Dunhua region, and comprehensively expounds that "Dongmu mountain", the political center of the early Bohai State, should be located in Yanji basin from three aspects: military defense system, religious relics and royal cemetery. However, the early "Dunhua old kingdom theory" is lack of archaeological empirical support. The academic investigation and reflection on the political center of the early Bohai State will be beneficial to deepen the cognition of the historical research field of the Bohai State.

宋元时期泉州港与沿海港口关系的考古学观察*

吴 敬 王 玙

（吉林大学考古学院，长春，130012）

　　泉州，地处福建南部沿海。北宋哲宗元祐二年（1087年），"诏泉州增置市舶"[1]，泉州港成为宋元时期东南沿海地区与明州港、广州港等具有同等地位的海外贸易始发港。元占江南之初，"至元十四年（1277年），立市舶司一于泉州"[2]，进一步巩固了泉州港在海外贸易中的地位。关于宋元时期泉州港对外贸易的考古学研究主要以瓷器为媒介，且更多地关注在外贸输出方面[3]。

　　泉州港地处我国东南沿海地区海岸线的转折处偏南，是当时东海航线和南海航线之间的天然良港。历史学者早已指出，泉州港还具有沟通南北诸港口的功能[4]。因此，泉州港在瓷器贸易中所扮演的角色，不应只限于对外，还有承上启下、连接南北的功能。近年来，已有学者注意到泉州港在近海航线瓷器运输上的相关问题[5]。本文拟从泉州地区宋元时期窑址以外遗迹出土瓷器、装有闽南瓷器的沉船及其他相关材料入手，对泉州港在宋元时期沿海港口体系中所发挥的作用作进一步的管窥。

一、泉州地区出土瓷器所见港口之联系

　　泉州地区宋元时期遗址、墓葬出土瓷器见诸正式报道且窑口较为明确者不多（表一），而且发表的资料也较为简略（图一），这给研究带来了诸多不便。因此，我们试着从一些蛛丝马迹，对相关问题进行初步梳理。

* 基金项目：吉林大学哲学社会科学青年学术领袖培育计划项目（2019FRLX02）、吉林大学交叉学科科研团队资助计划项目（10183JXTD202006）。

表一　泉州地区宋元时期遗址墓葬出土窑口明确的瓷器一览表

遗址名称	时代	出土瓷器	
		产地	瓷窑
泉州府后山遗址	宋	江西	景德镇窑、吉州窑
		闽北	建窑
		闽南	德化窑、安溪窑、磁灶窑、汀溪窑、东门窑
		浙江	龙泉窑
		河北	磁州窑
泉州溥济庵遗址	北宋中晚期	闽北	建窑
	南宋、元	闽南	磁灶窑、同安窑、安溪窑
		江西	景德镇窑
泉州德济门遗址	宋、元	浙江	龙泉窑
		福建	不详
泉州清净寺奉天坛基址	宋、元	浙江	龙泉窑
		闽南	磁灶窑等
		闽北	建窑
晋江中山公园遗址	宋	浙江	龙泉窑
晋江铁灶山宋墓	宋	闽南	磁灶窑
泉州树兜元墓	元	闽南	东门窑

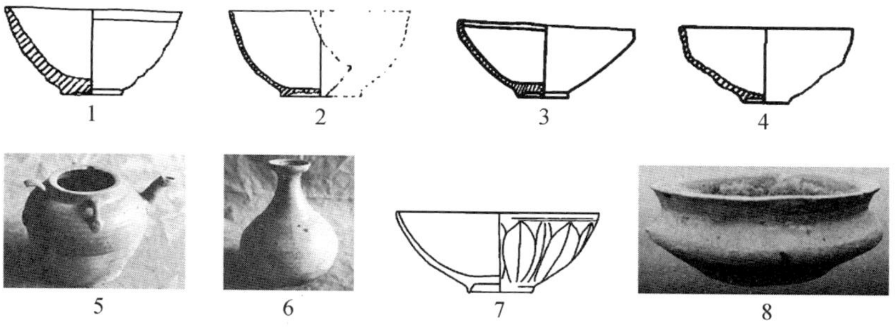

图一　泉州地区窑址以外遗迹出土的部分瓷器

1. 建窑兔毫盏　2. 德化窑白瓷碗　3. 同安窑青瓷碗　4. 磁灶窑酱釉瓷碗　5. 磁灶窑青瓷壶　6. 磁灶窑青瓷瓶

7. 龙泉窑青瓷碗　8. 磁灶窑青瓷罐

（1～6. 泉州博济庵遗址；7. 泉州德济门遗址；8. 晋江铁灶山宋墓）

晋江中山公园遗址出土了宋代的龙泉窑青瓷[6]。晋江铁灶山宋墓[7]与泉州树兜元墓[8]出土瓷器皆为闽南瓷窑的产品。泉州府后山遗址出土瓷器以闽南地区瓷窑产品为主，闽北的建窑、浙江的龙泉窑、江西的景德镇窑和吉州窑都有一定数量的发现，北方磁州窑产品最少[9]。泉州德济门遗址出土了30多件宋元时期瓷器，判定窑口者仅有1件南宋龙泉窑瓷碗[10]，其他瓷器应多来自福建本地。泉州清净寺奉天坛基址是一处宋代至清代连续使用的伊斯兰教寺[11]，该遗址出土了大量宋元时期的瓷器，从报道来看，至少包含磁灶窑、建窑、龙泉窑瓷器，其他瓷器由于仅对器形进行了介绍，并未对窑口做进一步判定，因此难以准确把握。但是，从瓷器的釉色和器形来看，应包含闽南地区宋元时期窑场普遍烧造的青白瓷和青瓷。泉州溥济庵遗址[12]北宋中晚期作为私宅，出土瓷器以闽北地区建窑产品为主，可能是由于个人偏好。南宋开始作为溥济庵使用，出土瓷器多为闽南瓷窑产品，这也许更能说明本地区日用瓷器的常规选择。

泉州地区宋元时期遗址、墓葬的发现和报道数量虽然不多，但是出土瓷器似仍有一定规律可循。第一，泉州地区宋元时期的日常生活用瓷，应以闽南地区所产瓷器为主。第二，闽北地区及龙泉窑、景德镇窑的产品，在这一地区也有不同数量的发现。有学者提出龙泉窑产品可顺瓯江运往温州，或是向西南经过一段陆路后进入闽江上游支流并最终顺闽江干流到达福州，景德镇窑及闽北窑场的产品亦可顺闽江到达福州[13]。这些瓷器不排除专门运至本地销售的可能，但更有可能的是从温州、福州等港口起运的外销瓷器，在向南外销的运输途中经停泉州，并作少量销售。第三，北方地区瓷器在泉州地区虽然发现极少，但磁州窑瓷器在府后山遗址的出现，说明北方瓷器也可以通过沿海港口的接力转运抵达闽南地区，而这条沿海运输路线在宋金时期一直是较为重要的南北货运通道[14]。

二、沉船和其他沿海地区出土闽南瓷器所见港口之联系

1. 沉船遗址

近年来，宋元时期沉船的发掘和调查资料日渐增多，沉船出土瓷器种类丰富，闽南地区瓷窑产品也有不同数量的发现（表二）。依目前所见，北宋时期沉船发现数量相对较少，南宋至元代沉船和出土瓷器占据了多数（图二、图三）。泉州港作为南宋至元代首屈一指的外贸港，闽南瓷窑产品在沉船中的频繁出现，说明这些船或从泉州港出发，或是经转了泉州港。

表二　出土闽南地区瓷器的部分沉船遗址一览表

沉船名称	时代	出土瓷器	
		产地	瓷窑
印尼鳄鱼岛沉船	北宋晚期至南宋初	江西	景德镇窑
		广东	西村窑、潮州窑、奇石窑
		闽南	德化窑、漳浦窑、磁灶窑、漳平窑

续表

沉船名称	时代	出土瓷器	
		产地	瓷窑
西沙群岛 "华光礁一号"沉船	南宋	闽南	德化窑、磁灶窑、罗东窑
		闽北	回场窑、义窑、遇林亭窑
		江西	景德镇窑
广东阳江 "南海一号"沉船	南宋	闽南	德化窑、磁灶窑
		闽北	义窑、青窑、东张窑
		浙江	龙泉窑
		江西	景德镇窑
福建泉州法石古船	南宋	闽南	德化窑、磁灶窑、汀溪窑、桂瑶窑
		江西	景德镇窑
西沙群岛 石屿岛二号沉船	元代	闽南	德化窑、磁灶窑
		江西	景德镇窑
福建漳浦沙洲岛沉船	元末明初	闽南	磁灶窑
		江西	景德镇窑
福建莆田 南日岛北日岩5号地点	元代	闽南	德化窑、磁灶窑
		闽中	灵川窑、庄边窑

图二　沉船遗址出土部分南宋瓷器

1. 磁灶窑酱釉瓷罐　2. 德化窑白瓷盒　3. 龙泉窑青瓷碗　4. 龙泉窑青瓷盘　5. 义窑青白瓷碗　6. 义窑青白瓷碗
7. 景德镇窑青白瓷碗　8. 景德镇窑青白瓷盏　9. 景德镇窑青白瓷碗　10. 德化窑白釉盒　11. 磁灶窑黑釉扁腹罐
12. 磁灶窑绿釉葫芦瓶
（1、2. "华光礁一号"沉船；3～12. "南海一号"沉船）

图三 沉船遗址出土部分元代瓷器

1. 德化窑白瓷碗 2. 磁灶窑黑釉瓷碗 3. 景德镇窑青花瓷杯 4. 磁灶窑酱釉瓷罐 5. 景德镇窑卵白瓷杯
6. 磁灶窑瓷盖 7. 景德镇窑青白瓷壶 8. 景德镇窑青白瓷杯 9. 景德镇窑青白瓷罐
（1、2. 南日岛北日岩5号地点；3～5. 石屿岛二号沉船；6～9. 沙洲岛沉船）

印尼鳄鱼岛沉船[15]是为数不多被判定为北宋晚期至南宋初年的沉船，船上装载的瓷器来源广泛，但主要为闽南和广东地区瓷窑产品，景德镇窑产品仅占一小部分。"华光礁一号"沉船[16]出土瓷器以闽南磁灶窑与闽北义窑较多，其次为闽南的德化窑、罗东窑与闽北回场窑，另有部分闽北遇林亭窑及江西景德镇窑。"南海一号"沉船[17]出土闽北瓷器较多，其次为闽南地区窑口，浙江的龙泉窑再次之，江西的景德镇窑产品最少。法石古船[18]出土瓷器基本都为闽南窑口产品，仅见极少的景德镇窑产品。西沙群岛石屿岛二号沉船[19]、漳浦沙洲岛沉船[20]出土瓷器有闽南地区瓷窑和景德镇窑产品，并以前者数量居多。南日岛北日岩5号地点[21]出土瓷器数量不多，但均为闽南及邻近的闽中地区瓷窑产品。

对沉船位置及船上装载瓷器种类和数量的进一步梳理，可以在一定程度上窥测货船的始发、途径港口及其航行路线。

印尼鳄鱼岛沉船以闽南和广东瓷器为主，此船极有可能从泉州港始发，为数不多的景德镇窑瓷器可能是通过福州转运至泉州装船，然后途经华南沿海地区，又装载了大量广东瓷窑的产品。如果说鳄鱼岛沉船是在泉州设置市舶司之后出港，似乎不必再特意前往广州办理关凭，船上装载广东瓷窑产品可能不会如此之多。就这一点而言，鳄鱼岛沉船的年代可能到不了12世纪，而更有可能是在泉州设置市舶司前后不久的时间。进入南宋以后，广州港的地位逐渐被泉州港取代[22]，这也直接导致了华南地区瓷窑进入南宋以后陆续衰落。南宋中期以后，华南地区瓷窑产品在海外市场几乎销声匿迹，形成了福建、江西、浙江三地瓷窑为主的外销瓷格局[23]。

"华光礁一号"沉船、"南海一号"沉船出土了大量闽北、闽南地区瓷器及部分浙赣地区瓷器，浙赣地区瓷器应是经福州港与闽北地区瓷器一起装运至泉州，并在泉州港办理市舶手续时，又装载了一定数量的闽南地区瓷窑产品，而后驶往南海海域并沉没。石屿岛二号沉船位于南海海域，漳浦沙洲岛沉船位于泉州以南的漳浦海域，两艘船上所见瓷器以闽南地区产品居多，景德镇窑瓷器次之，这两艘船的始发港最有可能的便是泉州港，景德镇窑瓷器可能也是在泉州港与闽南地区瓷器一并装船。

法石古船的发现地点位于泉州的晋江入海口附近，出土瓷器绝大部分为闽南地区瓷窑产品，泉州港毫无疑问应为其母港。船上装载的景德镇窑瓷器，也进一步说明了浙赣地区的瓷器会运至泉州装船出海。南日岛北日岩5号地点位于泉州以北的莆田海域，发现的瓷器以闽南地区及闽中莆田地区瓷窑产品为主，相关沉船可能也是从泉州港出发，向北航行时沉没于此，其目的地可能是东部沿海的其他港口，抑或是驶向日本或朝鲜半岛。

但是，在一些外贸货船中出现的零星闽南瓷器，对其性质则需要谨慎对待。例如，被认为是庆元出发驶往日本而沉没于韩国新安海域的元代沉船，除了装载大量龙泉窑瓷器外，也有极少量闽南地区晋江磁灶窑的产品[24]。数量较少的船上器物，将其作为同船的外销货品看待显然是不合适的，它们更应当归入船员使用之物[25]。

2. 其他沿海遗址

闽南地区作为宋元时期外销瓷的重要产区，其产品多数销往国外。除此之外，宋元时期东南沿海的一些港口城市及其周边区域，也有闽南瓷窑产品的发现。华南沿海地区，广东珠海平沙大虎水井口遗址[26]、香港地区宋元时期遗址[27]、海南陵水移辇村海滩遗址[28]和琼山铺前湾海底村庄遗址[29]等均出土了闽南地区瓷窑产品。华东沿海地区，宁波东门口码头遗址、天后宫遗址、和义路码头遗址[30]、国宁寺东塔遗址[31]、永丰库遗址[32]及市区的灵桥东侧、甬城某工地、镇海三湾弄[33]等地点也出土了闽南地区瓷窑产品，苏州太仓樊村泾遗址也出土了闽南瓷窑产品[34]。虽然上述地点都发现了闽南地区瓷器，但是从发现区域及数量来看，它们的性质似可作进一步分类。

琼山铺前湾海底村庄遗址和陵水移辇村海滩遗址均位于海南岛东半部的沿海区域，唐代以来，这里便是广州去往东南亚地区的必经之路[35]。两地发现的瓷器种类丰富，前者有广东、浙江、江西和福建闽南所产瓷器，后者有河北、广东、浙江、福建（闽南、闽北）所产瓷器，而且数量也较多，这些瓷器为外贸商船遗留的可能性较大。

香港地区出土的宋元时期瓷器，分布于港九各地，这些瓷器既没有数量上的优势，又多数出土于遗址墓葬中[36]，因此包括闽南地区产品在内的这些瓷器多数应是日常生活用瓷。珠海平沙大虎水井口遗址发现了少量的闽南地区瓷器产品，也应是生活用瓷器。宁波地区宋元时期遗址及太仓樊村泾遗址（元代刘家港）发现的闽南地区所产瓷器，有的是出土于港口码头或仓储类遗址中，也有的是出土于城市生活遗址或堆积中，总的来看数量都不多，可能是闽南地区货船在这里经停之时的遗留物品。

　　这些遗址中发现的闽南窑场瓷器，虽然性质有所差异，但是都可以在一定程度上说明地处闽南地区的泉州港，在瓷器外贸运输和国内销售上，并不是孤立的。泉州港与北部的明州（庆元）港、刘家港和南部的华南沿海地区都存在着直接或间接的联系，闽南瓷窑产品也以各种形式出现在了上述区域。

　　但是，有一点需要注意，那就是福州在宋元时期并无市舶机构的设置。因此，在泉州市舶司设立后，运抵福州并最终销往海外的瓷器，有很大一部分会经泉州港办理出口关凭，泉州港也在一定程度上成为这些瓷器真正意义上的外贸始发港。与此同时，从泉州港出发的外贸货船，可在本地办理市舶手续，抑或是向北经明州（庆元）、向南经广州办理，似无经停福州港的必要，因此福州地区的宋元时期遗存中也基本未见闽南地区瓷窑产品[37]。

三、余　论

　　泉州作为宋元时期东南沿海地区的重要港口，其与北部地区福州港、明州（庆元）港及南部的广东沿海都有着较为紧密的联系。但是，从各地区出土闽南瓷器的差异来看，它们之间的关系也可做进一步的讨论。

　　泉州地区宋元时期遗址、墓葬出土的龙泉窑及少量北方瓷窑产品，可能是沿东部海岸线经温州、明州等沿海港口运至这里，而浙江沿海地区亦常见闽南地区瓷器。这一现象说明，泉州港和浙江地区港口的联系应是双向的。但是，闽南地区可见闽北瓷窑产品，闽江流域却基本不见闽南瓷器，加之龙泉窑、景德镇窑瓷器亦可通过福州运往泉州，说明两地之间的联系可能更多是以福州向泉州的单向流通为主。

　　与此同时，泉州地区目前尚未报道有广东地区瓷窑产品，但华南沿海地区及南海海域沉船中却常见闽南瓷器，这似乎暗示泉州港与广州港及广东沿海地区的联系，可能也多为从泉州出发南下的单向航行。一方面，在泉州市舶司设立之前的元丰三年（1080年），政府规定"诸非广州市船司，辄发过南蕃纲舶船……以违制论"[38]。这一政策应代表了当时普遍存在的现象，此时从泉州港始发去往南海诸地的外贸货船当然也会受制于此。另一方面，在泉州具备市舶功能之后，泉州港去往广州港的政策性联系可能随之不断衰减。虽然华南地区的瓷窑因此衰败，但华南沿海依然是泉州以南外贸航线上的主要途经之地，闽南地区瓷器继续出现在华南沿海地区，也就不足为奇了。

　　综上所述，泉州港作为宋元时期东南沿海地区的重要港口城市，根据运输路线和市舶政策的差异，其与不同地区和港口之间的联系也是略有差异的。

注 释

［1］ （清）徐松.宋会要辑稿［M］职官四四之八.北京：中华书局，1957.

［2］ （明）宋濂.元史［M］卷九十四·食货志二·市舶.北京：中华书局，1976.

［3］ 孟原召.宋元时期泉州沿海地区瓷器的外销［C］.边疆考古研究（第5辑）.北京：科学出版社，2007.

［4］ 陈高华，吴泰.宋元时期的海外贸易［M］.天津：天津人民出版社，1981：99.

［5］ 孟原召.闽南地区宋至清代制瓷手工业遗存研究［M］.北京：文物出版社，2017.

［6］ 林惠祥.一九五〇年厦门大学泉州考古队报告［J］.厦门大学学报（文史版），1954（1）.

［7］ 泉州市博物馆.晋江铁灶山宋墓清理简报［J］.福建文博，2007（3）.

［8］ 吴艺娟.泉州发现元墓［J］.福建文博，2005（2）.

［9］ a.陈鹏，曾庆生.泉州府后山出土的江西瓷器［J］.南方文物，1983（4）.
b.李知宴，陈鹏.宋元时期泉州港的陶瓷输出［J］.海交史研究，1984（总第6期）.

［10］ 福建博物院，泉州市文物局.泉州德济门遗址发掘报告［J］.福建文博，2003（2）.

［11］ 福建省博物馆，泉州市文物管理委员会，泉州海外交通史博物馆.泉州清净寺奉天坛基址发掘报告［J］.考古学报，1991（3）.

［12］ 吴金鹏.晋江溥济庵遗址出土的瓷器及相关问题［J］.福建文博，2000（1）.

［13］ 〔日〕森达也.宋元外销瓷的窑口与输出港口［J］.考古与文物，2016（6）.

［14］ 吴敬等.金代瓷器海运港口的考古学观察［J］.考古，2018（10）.

［15］ 胡舒扬.宋代中国与东南亚的陶瓷贸易：以鳄鱼岛（Pulau Buaya wreck）沉船资料为中心［C］.人海相依：中国人的海洋世界.上海：上海古籍出版社，2014.

［16］ 中国国家博物馆水下考古研究中心，海南省文物保护管理办公室.西沙水下考古（1998～1999）［C］.北京：文物出版社，2006.

［17］ 国家文物局水下文化遗产保护中心，中国国家博物馆，广东省文物考古研究所，阳江市博物馆.南海一号沉船考古报告之一——1989～2004年调查［R］.北京：文物出版社，2017.

［18］ 中国科学院自然科学史研究所，福建省泉州海外交通史博物馆联合试掘组.泉州法石古船试掘简报和初步探讨［J］.自然科学史研究，1983（2）.

［19］ 中国国家博物馆水下考古研究中心，海南省文物局.西沙群岛石屿二号沉船遗址调查简报［J］.中国国家博物馆馆刊，2011（11）.

［20］ 国家文物局水下文化遗产保护中心，中国国家博物馆，福建博物院，福州市文物考古工作队.福建沿海水下考古调查报告（1989～2010）［R］.北京：文物出版社，2017：387.

［21］ 同［20］：220-227，378-379.

［22］ 李军.宋元"海上丝绸之路"繁荣时期广州、明州（宁波）、泉州三大港口发展之比较研究［J］.南方文物，2005（1）.

［23］ 刘未.中国东南沿海及东南亚地区沉船所见宋元贸易陶瓷［J］.考古与文物，2016（6）.

［24］ 〔韩〕高美京.新安船出水陶瓷器研究述论［J］.故宫博物院院刊，2013（5）.

［25］ 席龙飞.对韩国新安海底沉船的研究［J］.海交史研究，1994（2）.

［26］ 古运泉，李祥.珠海平沙出土宋元文物［M］.广州：广东人民出版社，1993.

［27］ 黄慧怡.香港出土宋元瓷器的初步研究［J］.考古，2007（6）.

［28］ 李钊，蔡敷隆.试析陵水移辇新出土的唐宋瓷器［C］.外销瓷器与颜色釉瓷器研究.北京：故宫出版社，2012.

［29］ 曾广亿.略论广东发现的唐宋元明外销瓷［C］.古陶瓷研究（第一辑）.1982.

［30］ a. 林士民.宁波东门口码头遗址发掘报告［C］.再现昔日的文明——东方大港宁波考古研究.上海：上海三联书店，2005.

b. 林士民.浙江宁波天后宫遗址的发掘［C］.再现昔日的文明——东方大港宁波考古研究.上海：上海三联书店，2005.

c. 林士民.浙江宁波和义路遗址发掘报告［C］.再现昔日的文明——东方大港宁波考古研究.上海：上海三联书店，2005.

［31］ 宁波市文物考古研究所.浙江宁波唐国宁寺东塔遗址发掘报告［J］.考古学报，1997（1）.

［32］ 宁波市文物考古研究所.永丰库：元代仓储遗址发掘报告［R］.北京：科学出版社，2013.

［33］ 朱勇伟，陈钢.宁波古陶瓷拾遗［M］.宁波：宁波出版社，2007.

［34］ 苏州市考古研究所，太仓博物馆.大元·仓——太仓樊村泾元代遗址出土瓷器精粹［M］.上海：上海古籍出版社，2018.

［35］ （宋）欧阳修等.新唐书［M］卷四十三下·地理志七下.北京：中华书局，1975.

［36］ 同［27］.

［37］ 徐婧.宋元时期闽江流域出土瓷器研究——以墓葬和遗址为中心［D］.吉林大学，2018.

［38］ （宋）苏轼著，孔凡礼点校.苏轼文集［M］卷三十一·乞禁商旅过外国状.北京：中华书局，1986.

An Archaeological Observation on the Relationship Between Quanzhou Port and the Other Coastal Ports During Song and Yuan Dynasties

WU Jing   WANG Yu

Quanzhou Port was an important overseas trading port in the southeastern coastal areas in the Song and Yuan Dynasties, and the research on overseas trade and the Maritime Silk Road was mainly based on porcelain. From the porcelain discovered in Quanzhou and its surrounding areas, there were ceramics from northern Fujian, Zhejiang, Jiangxi and northern areas used for living, or the legacy of foreign trade. And the relationship between Quanzhou Port and its adjacent coastal ports can be outlined from the shipwrecks and other coastal sites which porcelain produced in southern Fujian were discovered.

考古与科技

宁夏隆德县周家嘴头汉代墓葬人骨研究

李鹏珍[1]   王晓阳[2]   邹梓宁[3]   杨   剑[2]

（1. 内蒙古师范大学历史文化学院，呼和浩特，010022；2. 宁夏回族自治区文物考古研究所，
银川，750001；3. 云南大学生态与环境学院，昆明，650504）

　　周家嘴头遗址位于宁夏固原市隆德县神林乡双村西侧的一处台地上，地处六盘山西侧的渝河和朱家河交汇地带，1988年，周家嘴头遗址被公布为第二批"自治区级重点文物保护单位"。2017年，宁夏回族自治区文物考古研究所开始对该遗址进行考古调查与发掘，历经2017、2018、2019年前后3个阶段的田野考古工作，目前累计揭露面积2000多平方米，发现了时代上涵盖仰韶、齐家、汉代等不同时期的文化遗存，主要包括房址、窑址、灰坑和墓葬等遗迹。2019年11月，我们对该处遗址中出土的人骨遗骸进行了初步的整理，其中汉代墓葬[1]中的5例（4例男性，1例女性）人骨标本可供人类学观察与测量。现将研究结果报告如下。

一、观察与测量

　　依据《人体测量方法》[2]的相关标准，我们对颅骨进行了形态学上的观察与测量。现按照编号（No.1～5是笔者自行编号，括号内为发掘时编号）依次对每例颅骨的主要颅面部体质特征进行叙述。

　　No.1（2018LZM6），男性，中年。颅骨底部残损严重，部分测量项目缺失。头骨呈卵圆形，颅顶骨缝基本全部愈合。眉弓较弱，眉间突度显著，鼻根凹陷明显；方形眶；梨形梨状孔，其下缘呈鼻前窝形；鼻前棘稍显，犬齿窝呈中等发育状态。前额倾斜，乳突较大，翼区K型。枕外隆突中等发育，人字点处颅缝愈合。颏形为尖形，下颌角区外翻。

颅指数76.23，属中颅型；额宽指数69.03，为阔额型；眶指数79.44，属中眶型；鼻指数51.59，为偏中的阔鼻型；上面指数51.21，属中上面型；腭指数84.22，为中腭型；总面角83°，为中颌型；齿槽面角69°，为特突颌型。鼻颧角159°，表明本例颅骨有较大的上面部扁平度。

No.2（2018LZM8），男性，壮年。右侧顶骨部分缺损，其余部分保存较好。卵圆形颅，额结节不显。眉弓和眉间突度均为中等发育状态，鼻根点略有凹陷，眶部形态呈方形，梨状孔较低宽，锐形梨状孔下缘，鼻前棘隆起程度低，高度小于宽度，犬齿窝浅。前额中等程度倾斜，乳突中等略偏大，翼区呈H型。枕外隆突中等。颏形属方形，下颌角区为外翻形。

该例个体颅长宽指数68.04，为特长颅型；颅长高指数70.15，为正颅型；颅宽高指数103.11，属狭颅型；额宽指数为71.45，属阔额型；眶指数81.61，为中眶形；鼻指数48.9，属中鼻型；上面指数51.65，属中上面型；腭指数80.75，为中腭型；总面角75°，为突颌型；齿槽面角61°，为特突颌型；面突指数102.92，为中颌型。鼻颧角131°，表明其较小的上面部扁平度。

No.3（2019LZM12），男性，壮年。卵圆形颅，最宽处在头骨中1/3处，额结节不突出，冠状缝、矢状缝大部愈合。眉间突度中等，眉弓突度显著，鼻根点略有凹陷，近长方形眼眶，梨状孔破损致无法观察，锐形梨状孔下缘，犬齿窝中等程度凹陷。前额倾斜，颞上线发育，乳突不发达，翼区H型。枕外隆突中等发育，人字点处颅缝愈合。下颌角区稍外翻，颏形为方形。

颅指数78.02，属中颅型；颅长高指数76.37，为高颅型；颅宽高指数97.89，为中颅型；额宽指数68.96，为接近中额的阔额型；眶指数85.62，属高眶型；鼻指数50.6，为中鼻型；上面指数51.5，属中上面型；腭指数112.05，属阔腭型；总面角78°，为突颌型；齿槽面角81°，为中颌型；面突指数97.12，属正颌型；鼻颧角145°，表明其有中等的上面部扁平度。

No.4（2019LZM13），男性，成年。颅骨底部残损较严重，其余部分保存完整。颅型呈卵圆形。眉弓、眉间突度均中等发育，鼻根点部位略凹，方形眶，心形梨状孔配以锐形的下缘，鼻棘低矮，犬齿窝较为显著。额骨倾斜，乳突中等，翼区H型。枕外隆突显著，枕外嵴明显。颏形为方形，下颌角区属外翻形。

颅指数80.34，属偏中的圆颅型；额宽指数67.25，为中额型；眶指数75.47，属低眶型；鼻指数51.03，为偏中的阔鼻型；上面指数51.27，属中上面型；腭指数90.05，属阔腭型；齿槽面角71°，属突颌型；鼻颧角140°，显示该颅骨有中等的上面部扁平度。

No.5（2018LZM4），女性，成年。左侧颧骨大部分缺失。颅型卵圆，矢状缝结构简单。

眉弓弱，眉间突度稍显，未见鼻根点部位凹陷，方形眶，梨状孔显得比较低宽，下缘属鼻前沟形，鼻棘隆起程度低，犬齿窝发育弱。额骨平直，有额中缝，颞上线发育，右侧颧弓细小，乳突小，H型翼区。枕外隆突略显。下颌颏部呈尖形，下颌角区为直形。

颅指数78.49，属中颅型；颅长高指数72.09，为正颅型；颅宽高指数91.85，属阔颅型；额宽指数65.04，为狭额型；眶指数75.84，接近中眶的低眶型；鼻指数56.15，属阔鼻型；腭指数90.44，为阔腭型；总面角85°，属平颌型；齿槽面角86°，平颌型；面突指数97.52，属正颌型；鼻颧角139°，表明此颅骨有中等的上面部扁平度。

总结上述隆德周家嘴头汉代墓地男性颅骨的非测量性状，其体质形态特征可以概括为：颅形为卵圆形，眼眶为圆角方形，鼻根凹以浅平为主，乳突中等大小，枕外隆突普遍中等发育。女性种族形态特征与男性基本相同，只在某些特征上存在两性差异，如乳突较小。从主要测量特征上看，男性颅指数显示，个体差异较大，包括长宽比例的中颅型、特长颅型及偏中的圆颅型，女性为中颅型。2例男性的颅长高指数显示正颅型和高颅型各1例，女性则属正颅型。从颅宽高来看，狭颅、中颅、阔颅型均有。鼻指数显示周家嘴头汉代居民为中鼻型和阔鼻型。从眶型来看，男性低、中、高眶均有，女性为低眶型。鼻颧角反映出男性上面部扁平度中等者占多数，女性鼻颧角为中等。男性在面部矢状方向上以突颌型为主，1例女性则为平颌型。

二、比较与分析

为了解周家嘴头汉代居民与周边地区古代居民在头骨测量学方面所反映的亲缘关系，本文选择了9个与其在时空范围密切相关的古代颅骨组进行比较，汉代组包括李营组[3]、宣河组[4]、常乐组[5]，东周组包括九龙山组[6]、王大户组[7]、于家庄组[8]，新石器时代组包括马排组[9]、柳湾组[10]和菜园组[11]，具体比较项目和数值见附表。本文应用欧式距离对周家嘴头汉代居民展开聚类分析，欧式距离系数值见表一，聚类结果如图一所示。

根据图一所示的聚类关系可以看出，这10组人群大致可以区分为3个较大的类群。第一类群包括4组，宣河组、常乐组和李营组聚为一类，这三组关系较为密切，基本代表了宁夏地区汉代的"古中原类型"群体，周家嘴头组与第一大类聚合。可见，周家嘴头汉代组居民在形态特征上与"古中原类型"群体最为接近。第二类群包括3组，即马排组、柳湾组和菜园组，代表了黄河上游地区新石器时代的"古西北类型"群体。第三类群包括3组，其中王大户组和于家庄组首先聚合，九龙山组与上述两组聚合，他们属于宁夏地区东周时期的"古蒙古高原类型"群体。由此可见，宁夏地区的汉代颅骨组、东周颅骨组、新石器时代颅骨组各自聚为一类，这表明宁夏地区先秦两汉时期的古代居民在体质特征上存在着明显的阶段性。

表一　周家嘴头组与相关古代组之Dij值（男性）

	1	2	3	4	5	6	7	8	9	10
1	0.00									
2	13.17	0.00								
3	10.89	10.07	0.00							
4	11.03	9.88	5.94	0.00						
5	25.29	17.88	19.97	18.90	0.00					
6	22.70	16.81	16.09	14.85	11.60	0.00				
7	23.49	16.41	16.64	14.73	11.85	9.35	0.00			
8	17.87	21.08	19.19	18.16	32.39	28.70	28.24	0.00		
9	15.77	18.87	13.84	12.33	27.28	22.37	21.58	10.99	0.00	
10	18.64	18.03	19.26	17.04	30.03	28.90	25.88	14.18	15.70	0.00

注：1. 周家嘴头组　2. 李营组　3. 宣河组　4. 常乐组　5. 九龙山组　6. 王大户组　7. 于家庄组　8. 马排组
9. 柳湾组　10. 菜园组

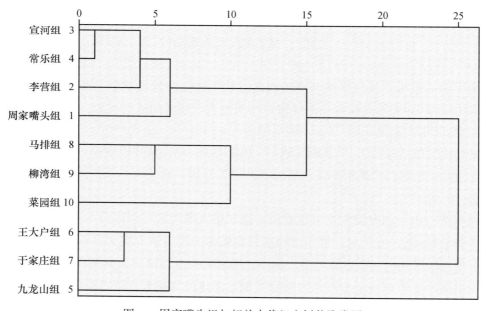

图一　周家嘴头组与相关古代组之树状聚类图

三、讨论与结论

周家嘴头墓葬出土的人骨遗骸进一步丰富了宁夏南部地区汉代居民的人类学资料，对探讨该地区汉代人群体质构成具有重要的学术价值。根据以上对该墓地出土人骨的人种学分析，我们得出以下几点初步结论。

（1）从非测量性形态特征来看，周家嘴头汉代组颅骨具有颅型卵圆，眉弓和眉间突度中等发达，发育较弱的犬齿窝与鼻棘低矮等诸多具有现代亚洲蒙古人种特点的性状。

（2）周家嘴头汉代人群的主要测量特征可以概括为：从颅型看，男性个体间形态差异较大，女性只有1例，具有中颅型，伴以正颅型和阔颅型。该人群面部变异范围也较大，鼻颧角反映出，中等的上面型占多数。鼻型为中鼻型和阔鼻型。眶型多低眶和中眶。

（3）与西北地区相关古代居民的聚类分析结果显示：在9个古代组的对比中，周家嘴头汉代组与本地区先秦时期的"古中原类型"聚为一类，反映出在形态学上有许多相似性，而与"古西北类型"和"古蒙古高原类型"各群体都存在较大的生物学距离。已有的研究成果表明，宁夏固原的石砚子组汉代居民是早期游牧人群与中原移民融合的结果[12]，即呈现出"古蒙古高原类型"与"古中原类型"人群高度融合的混合体质性状，九龙山南塬汉代组居民在形态特征上则与东周时期居民——"古蒙古高原类型"群体非常相似，而宁夏地区其他汉代居民则与东周时期的居民存在较大的形态学差异[13]。因此，从整体来看，宁夏地区先秦两汉时期的古代居民在体质特征上存在着较为明显的时代差异性，相比于先秦时期的居民，汉代居民在人群构成方面更加复杂化和多元化。这一点与宁夏地区在汉代是汉、匈奴等民族杂居融合之地有关，同时这也为我们今后在宁夏地区开展体质人类学研究工作提供了非常重要的线索和思路。

附记：周家嘴头遗址的考古工作为宁夏地区"考古中国：河套地区聚落与社会研究"项目。本文使用的人骨标本是由宁夏回族自治区文物考古研究所提供的，特此谢忱！

注　释

［1］　宁夏文物考古研究所内部资料.

［2］　吴汝康，吴新智，张振标.人体测量方法［M］.北京：科学出版社，1984.

［3］　韩康信，谭婧泽.宁夏古人类学研究报告集［C］.北京：科学出版社，2009.

［4］　同［3］.

［5］　张群.宁夏中卫常乐汉代墓地人骨研究［D］.吉林大学，2018：140-141.

［6］　张全超，周亚威，李墨岑，朱泓.宁夏固原九龙山墓地东周时期人骨研究.待刊.

［7］　韩康信.彭阳古城王大户村春秋战国墓人骨的鉴定与种系［C］.宁夏古人类学研究报告集.北京：科学出版社，2009：41-49.

［8］　韩康信.宁夏彭堡于家庄墓地人骨种系特点之研究［J］.考古学报，1995（1）：109-125.

［9］　王明辉，朱泓.民和核桃庄史前文化墓地人骨研究［R］.民和核桃庄.北京：科学出版社，2004：281-320.

［10］　潘其风，韩康信.柳湾墓地的人骨研究［C］.青海柳湾——乐都柳湾原始社会墓地.北京：文物出版社，1984：261-303.

［11］　韩康信.宁夏海原菜园村新石器时代墓地人骨的性别年龄鉴定与体质类型［C］.中国考古学论丛——中国社会科学院考古研究所建所40年纪念.北京：科学出版社，1993：170-180.

［12］　韩涛，张群，赵惠杰，张雯欣，张全超.宁夏海原县石砚子墓地人骨研究［J］.文博，2018（4）：101.

［13］　张全超，周亚威，朱泓.宁夏彭阳县海子垣墓地人骨研究.待刊.

附表　周家嘴头男性颅骨平均值与各古代颅骨组比较　（长度：毫米；角度：度；指数：%）

组别 项目	周家嘴头组	李营组	宣河组	常乐组	九龙山组	王大户组	于家庄组	马排组	柳湾组	菜园组
1颅长（g-op）	182.5（4）	178.4	184.0	181.8	179.6	182.0	182.2	180.9	186.4	179.6
8颅宽（eu-eu）	139.1（4）	140.9	143.3	142.2	149.0	148.8	146.8	133.1	137.8	135.6
17颅高（ba-b）	137.6（2）	133.4	138.0	137.7	131.0	131.4	131.9	138.3	139.8	140.1
45颧宽（zy-zy）	138.4（4）	135.0	136.7	139.2	139.1	142.9	139.8	133.5	136.7	131.2
48上面高（n-sd）	71.1（4）	68.8	72.3	74.0	75.1	74.9	77.8	76.0	78.6	71.9
52眶高R	33.6（4）	34.6	35.7	35.4	34.1	34.8	33.8	32.7	34.5	33.3
51眶宽(mf-ek)R	41.7（4）	42.4	45.3	43.5	42.3	43.4	42.6	43.8	43.6	40.5
54鼻宽	25.4（4）	25.9	27.0	27.4	24.5	29.5	26.8	27.4	27.4	25.8
55鼻高（n-ns）	50.0（4）	54.3	55.2	54.6	51.5	57.6	58.6	53.7	55.5	51.0
72面角（n-pr FH）	78.7（3）	84.7	82.8	84.9	88.0	87.6	90.7	89.1	88.8	93.3
8：1颅指数	76.2（4）	79.0	77.9	78.3	83.0	81.9	81.1	72.0	74.4	75.2
17：1颅长高指数	73.2（2）	75.1	75.0	75.9	73.0	72.2	72.4	75.7	75.0	78.4
17：8颅宽高指数	99.7（2）	94.4	96.3	96.7	83.0	88.3	89.7	103.6	100.3	103.8
48：45上面指数	51.4（4）	51.1	51.3	53.3	55.3	52.4	55.6	51.0	51.5	54.9
52：51眶指数R	80.6（4）	82.0	79.4	81.5	80.8	80.5	83.1	74.6	79.4	82.2
54：55鼻指数	50.8（4）	47.8	48.8	50.2	47.9	51.3	46.2	56.9	55.4	50.7

注："（）"中的数值是颅骨样本数

A Research on Human Skull Unearthed from the Han Period Cemetery at the Zhoujiazuitou Site in Longde County, Ningxia

LI Peng-zhen　　WANG Xiao-yang　　ZOU Zi-ning　　YANG Jian

In this article, 5 ancient human skulls (4 male, 1 female) unearthed from the Han Period cemetery at the Zhoujiazuitou Site in Longde County, Ningxia were studied. The moprhological features of Zhoujiazuitou crania show that the racial type was closely related to the "ancient Central Plain type" population of the Pre-Qin Dynasty.

黑龙江绥滨东胜明代墓地人骨的
稳定同位素分析[*]

侯亮亮[1]　刘晓东[2]　任姣蕾[1]　肖晓鸣[3]

（1.山西大学考古学系，太原，030006；2.黑龙江省文物考古研究所，哈尔滨，150008；
3.辽宁大学历史学院，沈阳，110136）

　　边地的开发不仅关系到人民的幸福和安定，而且关系到国家的前途和存亡，一直是历朝政府绕不开的重要问题。然而，4～14世纪，近千年来中原王朝几乎对黑龙江地区没有过实质性的统治[1]。

　　至迟在金元时期，相关政权开始对黑龙江领域地区有所开发，特别是元朝在黑龙江下游实行朝贡、册封等制度进行间接管理[2~4]。作为中国历史上最后一个由汉族建立的大一统王朝，明朝开始对东北地区进行直接有效管理[5]。洪武八年（1375年），明朝设辽东都司，辖境"东到鸭绿江与朝鲜比邻，西至山海关，南到旅顺口，北到开原与奴儿干都司相接"[6]。永乐七年（1409年）后，开始招抚松花江和乌苏里江流域的女真人，经略黑龙江下游地区[7]。例如，在黑龙江下游的特林地区设置了奴儿干都司，其地"东濒海，西接兀良哈，南邻朝鲜，北至奴儿干、北海"[8]。

　　明朝前期的黑龙江地区居住着女真、蒙古等多个语族相同、习俗相异的民族[9]。明朝统治者为了完成多民族国家的统一，在黑龙江地区实施了一系列的治理措施。首先，明朝招抚女真各部，使黑龙江地区卫所呈不断增加趋势，并以此设立了军政合一的地方行政机构——奴儿干都司[10]。奴儿干都司的设立，是明朝对黑龙江地区行使国家权力的有力证明[11]。奴儿干都司各卫所的官吏一般由各族首领担任，并且允许各地区保留原来的民族习性和传统，这种因俗而治的政策，促进了黑龙江地区各部族的归附[12]。其次，明朝为了加强对黑龙江地区的统辖与管理，不仅派军队驻守，而且还派亦失哈多次巡视和宣抚黑龙江地区[13]。在此过程中，亦失哈向当地人民发放了大量的生产、生活资料，并修建永宁寺和永宁寺碑[14]。通过这些活动，明朝不但加强了对黑龙江地区的统治，而且保证了边疆的安全。最后，为了加强与黑龙江地区的联系，修建了重要的"海西东水陆城站"[15]。"海西东水陆城站"分水路和陆路两条驿道，是明朝辽宁等

＊　本文得到国家社科基金一般项目（编号：19BKG044）资助。

地通往黑龙江地区的主要交通道，也是各卫所的主要朝贡道[16]。

在相关开发政策和策略的基础上，黑龙江地区的经济总体上有了一定的发展和进步。例如，居于精奇里江至黑龙江中游北岸的鄂温克先民，除了继续从事渔猎外，还兼营少量的牛、马饲养业等[17]。再如定居在黑龙江北岸的达斡尔人，开始建立村寨和木城，并发展农业，他们开始以牛驾车，以长柄土犁耕地，用小镰刀收割庄稼，种植燕麦、大麦、荞麦、稷子、谷子和豌豆等[18]。同时，当地居民以土产（黑豹、青鼠、狐、鹿、麝、狍熊、野猪、獐、鹰、鹘、海东青、鲟鱼、东珠、人参、松子、野蜜等）与汉人换取铁器、绸缎、布匹和其他工具[19]。例如，《朝鲜王朝实录》中记载"野人以铁物为贵，故边将率以铁物贸买貂鼠皮，至于铁锄、箭镞，无所不用，故彼人箭镞，今皆以铁为之"[20]。显然，在原有狩猎、渔猎、采集等经济模式的基础上，明代黑龙江地区的农业和畜牧业也有了一定的发展，这为边疆地区的开发提供了重要的证据。

然而，黑龙江地区先民生业经济的具体状况如何，特别是不同区域农业经济的发展程度如何却缺乏相应的研究。本文拟以黑龙江绥滨东胜明代墓地人骨进行稳定同位素分析，还原明代边疆地区先民的食物结构，重建当地的生业经济，进而为北方边地的开发和民族的融合等提供相应的启示。

一、材料与方法

1. 遗址概况

绥滨东胜墓地位于黑龙江省绥滨县绥东镇东7.5千米的东胜村东0.5千米的一条东北至西南走向的沙岗上。墓地总体处在松花江北的冲积平原上，南临松花江干涸的古河道（牛轭湖），东北方分布着密集的与该墓地有密切关系的古代居住遗址。墓地再往东25千米左右就是松花江与黑龙江的汇合处——碧波浩渺的三江口[21]。

1991年和2015年，黑龙江省文物考古研究所对该墓地进行了考古发掘。其中，1991年发掘14座明代墓葬，发掘者认为可能属于兀的哈人[22]；2015年发掘22座明代墓葬，它们的葬式及随葬品组合与1991年发掘墓葬的基本情况一致[23]。俄罗斯学者认为，相关区域属于佛拉基米罗夫卡文化（Vladimirovsk Culture）的范围[24]。

该墓地的发现和发掘填补了黑龙江明代考古的空白，对于重建和还原多民族在边疆地区的生产和生活，理解多民族的文化交流和融合等问题具有重要意义[25]。

2. 样品处理及测试

样品采自黑龙江绥滨东胜墓地，均为人骨，共计26例（表一）。需要特别指出的是，鉴于暂时无法获取动物骨骼，本文没有选取同时期的动物骨骼。

表一　黑龙江绥滨东胜墓地人骨的出土单位及各项测试数据

实验编号	墓葬编号	性别	年龄	样品重量 (g)	骨胶原重量 (g)	骨胶原提取率 (%)	C (%)	N (%)	C/N 摩尔比	$\delta^{13}C$ (‰)	$\delta^{15}N$ (‰)
AIL0295	15SSDIVM1	男	30±	2.2	0.08	3.6	43.6	15.6	3.2	-12.8	10.9
AIL0296	15SSDIVM2	?	成年	2.0	0.03	1.5	33.9	12.2	3.2	-11.0	9.9
AIL0297	15SSDIVM3	女	40±	3.3	0.25	7.6	45.0	16.8	3.1	-12.7	10.8
AIL0298	15SSDIVM5A	女?	15~20	2.0	0.05	2.5	43.0	16.0	3.1	-8.9	8.2
AIL0299	15SSDIVM6	男	18~20	2.3	0.27	11.7	44.6	16.4	3.1	-13.2	10.9
AIL0300	15SSDIVM7	男	30~35	3.5	0.13	3.7	43.6	15.9	3.2	-11.9	10.4
AIL0301	15SSDIVM8	?	成年	1.8	0.07	3.9	45.0	16.6	3.1	-12.5	11.9
AIL0302	15SSDIVM9	男	25~35	2.2	0.04	1.8	41.0	15.2	3.1	-9.8	9.2
AIL0303	15SSDIVM10	女	30±	1.6	0.05	3.1	44.7	16.4	3.1	-12.0	10.3
AIL0304	15SSDIVM12	女	25~30	1.8	0.05	2.8	43.6	16.0	3.1	-13.3	9.9
AIL0305	15SSDIVM13	男?	25±	2.1	0.06	2.9	44.3	16.0	3.2	-12.3	11.2
AIL0306	15SSDIVM15	?	成年	1.3	0.02	1.5	44.1	16.2	3.2	-12.8	12.3
AIL0307	15SSDIVM16	?	30±	2.0	0.11	5.5	43.2	15.7	3.2	-12.0	11.1
AIL0308	15SSDIVM17A	男	20±	2.0	0.17	8.5	45.0	16.5	3.1	-13.0	10.9
AIL0309	15SSDIVM18A	男	30~35	2.3	0.15	6.5	44.0	16.0	3.2	-12.1	12.6
AIL0310	15SSDIVM18B	?	20~30	1.6	0.03	1.9	39.3	14.2	3.2	-12.6	11.7
AIL0311	15SSDIVM19	男	40±	2.4	0.15	6.3	47.8	17.3	3.2	-13.6	13.0
AIL0312	15SSDIVM20	男	40±	2.5	0.16	6.4	44.0	16.1	3.2	-13.2	13.3
AIL0313	15SSDIVM22	男	30~40	2.5	0.28	11.2	45.4	16.6	3.2	-12.6	12.2
AIL0314	91SDM1-C	男?	40±	2.3	0.04	1.7	44.2	15.8	3.2	-13.9	9.8
AIL0315	91SDM3A	女	30~35	2.4	0.08	3.3	43.3	15.5	3.2	-9.1	9.4

续表

实验编号	墓葬编号	性别	年龄	样品重量（g）	骨胶原重量（g）	骨胶原提取率（%）	C（%）	N（%）	C/N摩尔比	δ¹³C（‰）	δ¹⁵N（‰）
AIL0316	91SDM5	男	30～40	1.6	0.03	1.9	40.4	14.5	3.2	-12.9	11.0
AIL0317	91SDM7	男	16～18	1.6	0.08	5.0	44.4	16.2	3.2	-13.8	10.0
AIL0318	91SDM9	女?	25～30	0.9	0.02	2.2	43.0	15.5	3.2	-13.8	11.3
AIL0319	91SDM11	?	成年	1.7	0.02	1.2	32.7	11.7	3.2	-12.9	12.5
AIL0320	91SDM13	?	12～15	1.8	0.05	2.8	43.6	15.8	3.2	-14.0	10.5

依据Richards和Hedges发表的方法对人骨进行前处理，并提取骨胶原[26]。首先，用牙钻去除骨样内外表面的污染物，选取2克左右骨样浸泡于0.5mol/L的HCl溶液中，置于4℃条件下的冰箱冷藏室内，每隔两天更换酸液，直至骨样松软且无明显气泡时，用去离子水清洗至中性。其次，将样品浸泡于0.125mol/L的NaOH溶液20小时，温度同样控制在4℃，其后用去离子水洗至中性。再次，将样品浸于0.001mol/L的HCl溶液，放置于烘箱内，将温度控制在70℃，加热48小时。取出后热滤，再经Milli-pore Amicon Ultra-4超滤后收集分子量>30kD的溶液，放入冰箱冷冻。最后，真空冷冻干燥，收集骨胶原，称重后计算骨胶原的提取率（骨胶原重量/骨骼重量），详见表一。

在中国科学院大学考古学与人类学系稳定同位素实验室，测定了样品骨胶原蛋白中的C、N元素含量及稳定同位素比值。取0.8～1.2毫克骨胶原，称重后在Elementar Vario-Isoprime 100型稳定同位素质谱分析仪测试其C和N含量及同位素比值。测试C和N含量所用的标准物质为磺胺（Sulfanilamide）。C和N稳定同位素比值分别以IAEA-600、IAEA-CH-6标定碳钢瓶气（以VPDB为基准）和IAEA-600、IAEA-N-2标定氮钢瓶气（以AIR为基准），每测试10个样品中插入一个实验室自制胶原蛋白标样（$\delta^{13}C$值为-14.7‰±0.1‰，$\delta^{15}N$值为7.0‰±0.1‰）。分析精度均低于±0.2‰，测试结果以$\delta^{13}C$（相对于VPDB），$\delta^{15}N$（相对于AIR）表示（表一）。

3. AMS^{14}C测试与校正

加速器^{14}C年代测定在美国佛罗里达州迈阿密BETA实验室（Beta Analytic Inc, 4985 SW 74 Court, Miami, Florida 33155）完成，并用BetaCal 3.21软件进行日历年代校正，参考数据库为INTCAL 13，结果见表二。

表二　黑龙江绥滨东胜墓地6例人骨的AMS^{14}C测年数据及对应历史年号

编号	单位	^{14}C年代	校正后年代		朝代	历经年份
			68%置信度	95%置信度		
Beta-437771	15SSDIVM1	距今400年±30年	1445～1485年	1440～1520年	明（正统五年～正德十五年）	正统、景泰、天顺、成化、弘治、正德
				1595～1620年	明（万历二十三年～万历四十八年）	万历
Beta-437772	15SSDIVM6	距今420年±30年	1435～1480年	1435～1490年	明（宣德十年～弘治三年）	宣德、正统、景泰、天顺、成化、弘治
				1605～1610年	明（万历三十三年～万历三十八年）	万历
Beta-437773	15SSDIVM13	距今490年±30年	1415～1440年	1410～1445年	明（永乐八年～正统十年）	永乐、洪熙、宣德、正统

续表

编号	单位	¹⁴C年代	校正后年代		朝代	历经年份
			68%置信度	95%置信度		
Beta-437774	15SSDIVM22	距今550年±30年	1330~1340年	1315~1355年	元（延祐二年~至正十五年）	延祐、至治、泰定、致和、天顺、天历、至顺、元统、至元、至正
			1395~1415年	1390~1430年	明（洪武二十三年~宣德五年）	洪武、建文、永乐、洪熙、宣德
Beta-437775	91SDM1-C	距今390年±30年	1450~1490年	1440~1520年	明（正统五年~正德十五年）	正统、景泰、天顺、成化、弘治、正德
			1605~1610年	1575~1630年	明（万历三年~崇祯三年）	万历、泰昌、天启、崇祯
Beta-437776	91SDM9	距今380年±30年	1450~1510年	1445~1525年	明（正统十年~嘉靖四年）	正统、景泰、天顺、成化、弘治、正德、嘉靖
			1600~1615年	1555~1630年	明（嘉靖三十四年~崇祯三年）	嘉靖、隆庆、万历、泰昌、天启、崇祯

二、结果与讨论

1. 测年结果

本次共采集6例样品进行了测年分析，如表二所示。以下将分别对相关结果进行讨论和分析。

编号为Beta-437771人的¹⁴C年代为距今400年±30年，树轮校正后的年代范围为1440~1520年、1595~1620年（置信区间为95%）。具体年代1440~1520年是明正统五年到正德十五年，历经正统、景泰、天顺、成化、弘治、正德；具体年代1595~1620年是明万历二十三年到四十八年，年代总体处于明中晚期。

编号为Beta-437772人的¹⁴C年代为距今420年±30年，树轮校正后的年代范围为1435~1490年、1605~1610年（置信区间为95%）。具体年代1435~1490年是明宣德十年到弘治三年，历经宣德、正统、景泰、天顺、成化、弘治；具体年代1605~1610年是明万历三十三年到三十八年，年代总体处于明中晚期。

编号为Beta-437773人的¹⁴C年代为距今490年±30年，树轮校正后的年代范围为1410~1445年（置信区间为95%）。具体年代1410~1445年是明永乐八年到正统十年年，历经永乐、洪熙、宣德、正统，年代总体处于明前期。

编号为Beta-437774人的¹⁴C年代为距今550年±30年，树轮校正后的年代范围为

1315～1355年、1390～1430年（置信区间为95%）。具体年代1315～1355年是元延祐二年到至正十五年，历经延祐、至治、泰定、致和、天顺、天历、至顺、元统、至元、至正；具体年代1390～1430年是明洪武二十三年到宣德五年，历经洪武、建文、永乐、洪熙、宣德，年代总体处于元中后期到明前期。

编号为Beta-437775人的^{14}C年代为距今390年±30年，树轮校正后的年代范围为1440～1520年、1575～1630年（置信区间为95%）。具体年代1440～1520年是明正统五年到正德十五年，历经正统、景泰、天顺、成化、弘治、正德；具体年代1575～1630年是明万历三年到崇祯三年，历经万历、泰昌、天启、崇祯，年代总体处于明中晚期。

编号为Beta-437776人的^{14}C年代为距今380年±30年，树轮校正后的年代范围为1445～1525年、1555～1630年（置信区间为95%）。具体年代1445～1525年是明正统十年到嘉靖四年，历经正统、景泰、天顺、成化、弘治、正德、嘉靖；具体年代1555～1630年是明嘉靖三十四年到崇祯三年，历经嘉靖、隆庆、万历、泰昌、天启、崇祯，年代总体处于明中晚期。

这6个数据经树轮校正后的最早的年代是1315年，最晚的是1630年，即从元延祐二年到明崇祯三年，因此总体的年代为明朝的中晚期，仅有个别在元末明初。

2. 骨骼污染的鉴别

骨骼在埋藏过程中，受到湿度、温度及微生物等因素的影响，其结构和化学性质将发生改变[27]。因此，判断骨样是否被污染极其重要。

表三　黑龙江绥滨东胜墓地人骨各项测试数据的统计分析

	样品数量	最小值	最大值	平均数	标准偏差
骨胶原提取率	26	1.0	11.0	4.2	2.9
C含量（%）	26	32.7	47.8	42.3	3.3
N含量（%）	26	11.7	17.3	15.6	1.3
C/N（摩尔比）	26	3.1	3.2	3.2	0.1

判断骨胶原是否污染有四个重要的指标，即骨胶原的提取率及骨胶原的C、N含量和C/N摩尔比值。由表一和表三可知，26个样品的提取率在1%～11%，均值为4.2%，表明尽管样品中的胶原蛋白略低于现代样品中的胶原蛋白含量，但都有适量的胶原蛋白[28]。同时，26个样品C、N含量分别为32.7%～47.8%和11.7%～17.3%，接近于现代样品（C、N分别约含41%、15%）[29]。此外，这26个样品的C/N摩尔比值为3.1～3.2，都落于未受污染样品的范围内（2.9～3.6）[30]。由此可以看出，所有样品提取出的骨胶原，均可用作稳定同位素分析。

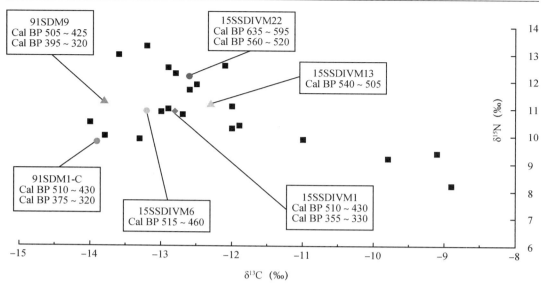

图一　东胜墓地人骨的δ¹³C和δ¹⁵N值散点图

3. 东胜墓地先民的食物结构

图一为绥滨东胜墓地26例人骨胶原蛋白的$\delta^{13}C$、$\delta^{15}N$散点图。由表一和图一可见，先民$\delta^{13}C$值比较分散（$\delta^{13}C$值的范围为-14.0‰~-8.9‰，均值为-12.4‰±1.4‰，n=26），说明先民的食物类型既包含C_3类食物，也包含C_4类食物。同时，$\delta^{15}N$值差异也较大（8.2‰~13.3‰，11.0‰±1.2‰，n=26），显示先民在肉食资源获取的方式上存在明显差异。

相关研究表明，在植物中的C经动物消化吸收转化为骨胶原中C的过程中，$\delta^{13}C$值将发生约5‰的富集[31]。在以C_3食物为主的环境下，动物必须食用约20%的C_3食物，其胶原蛋白才可能辨识出C_4信号[32, 33]。具体而言，当$\delta^{13}C$值小于-18‰时说明动物主要以C_3食物为生；当$\delta^{13}C$值大于-12‰时表明主要以C_4食物为生；在-18‰~-12‰则以C_3兼C_4食物为生[34]。由表一和图一可见，大部分先民的C稳定同位素值均为-18‰~-12‰，说明以C_3兼C_4食物为生。然而，较大的N稳定同位素值的差异，说明他们对动物蛋白的消费存在较大的差异。其中，大多数个体的N稳定同位素值都非常高，说明他们食物中的动物蛋白的含量较高，即应该食用了大量的渔猎资源。究其来源，可能部分来源于陆生哺乳动物和淡水鱼等。同时，三江源地区目前是著名的水稻的产地，明代也可能存在水稻的生产。《新唐书·渤海传》载"俗所贵者……卢城之稻"[35]，说明在渤海国时期（698~926年）黑龙江地区附近已经培育出进贡给唐王朝的水稻。因此，明朝黑龙江地区应该已经有种植水稻的传统或习俗。此外，在明朝传入中国的C_3农作物——白薯是否在该地区推广值得深入的研究。《农政全书》"甘薯条"记载[36]，明万历二十一年（1593年），白薯由陈振龙从吕宋（今菲律宾）"取薯藤，绞入汲水绳中，遂得渡海"带入中国。然而,白薯在中国的推广时间较晚且相对曲折,因此绥滨东胜地区先民的食物结构包含白薯的可能性较小。

其中,4个个体(15SSDIVM2、15SSDIVM5A、15SSDIVM9、91SDM3A)具有较高的$\delta^{13}C$值和较低的$\delta^{15}N$值,说明他们的食物明显不同于大部分个体,即他们以C_4类食物为主。同时,他们的N稳定同位素值都相对较低,说明他们食物中的动物蛋白相对较少,可能主要来自C_4食物饲喂的动物。由于缺乏相关动物的稳定同位值,本文暂无法讨论相关先民肉食资源的具体来源。值得特别一提的是,这4个个体的食物类型包含更多的C_4类食物,可能更多的是C_4类的农作物,如传统的粟黍产品等。同时,C_4类食物有没有可能有玉米这种随着新大陆发现而被传入的农作物值得思考,本文尝试对此进行探索。在我国,玉米(C_4植物)最早出现在《颍州志》中,即明正德六年(1511年)的安徽北部地区[37]。孙机认为可能在1500年前后传入中国,仅比哥伦布发现新大陆(1492年)晚10年左右,说明玉米的传播和推广极其迅速[38]。本文有4个个体呈现出较高的C稳定同位素值,不能排除和玉米(C_4食物)的摄入无关。此外,相关文献还记载为了开发边疆地区,明朝的中央政府还多次派遣相关人员到当地进行管理和生活[39],因此也不排除这些个体是从其他的地区迁移而来。

如图一和表一所示,根据6个测年个体的相关同位素值,可以发现从元末到明末该地区相关人的食物结构几乎没有发生相应的变化。根据上文研究,可以发现他们的生业经济几乎都以渔猎经济为主。具体而言,15SSDIVM22(Beta-437774)的年代为元中后期到明前期,其稳定同位素值为-12.6‰,12.2‰;15SSDIVM13(Beta-437773)年代总体处于明前期,其稳定同位素值为-12.3‰,11.2‰。因此,可见元末到明朝前期当地先民的食物结构相对较为统一,他们从事的生业经济也可能相对一致。和元末明初的个体的相关值相比,明中晚期的15SSDIVM1(Beta-437771)、15SSDIVM6(Beta-437772)、91SDM1-C(Beta-437775)、91SDM9(Beta-437776)的稳定同位素值(分别为-12.8‰,10.9‰;-13.2‰,10.9‰;-13.9‰,9.8‰;-13.8‰,11.3‰)也几乎没有变化,说明东胜墓地大部分先民的食物结构一直比较统一,几乎没有发生变化,他们所从事的生业经济可能相对一致。

需要特别指出的是,和东胜墓地邻近但时间稍早的俄罗斯远东地区特罗伊茨基靺鞨墓地先民的稳定同位素值(-14.4‰±0.5‰,9.9‰±0.9‰,n=4)总体上略低于东胜墓地先民的相应值(-12.4‰±1.4‰,11.0‰±1.2‰,n=26),说明从隋唐时期到明朝当地先民的食物结构也发生了缓慢的变化,但总体上保持一致[40]。这种相对统一的食物结构和生业经济,应该和当地富饶的山林、水域等自然资源密切相关[41]。

由此可见,东胜墓地人群从元末至明中晚期的食物结构相对一致,所从事的生业经济也可能相对一致。然而,部分从事农业生产个体的出现可能和明朝对当地的开发有关。

4. 东胜墓地先民的生业经济

东北地区的野生植被以C_3植物为主。例如，早在晚更新世黑龙江地区的相关动物真猛犸象、披毛犀、马科、牛科等的稳定同位素分析显示，当地的植被以C_3植物为主[42]。到了历史时期，东北地区的野猪依然主要以C_3植物为生，也说明当地野生植被主要是C_3植物[43,44]。此外，相关研究表明，当地的温度也主要适合C_3植物生长[45,46]。

上文分析显示，绥滨东胜墓地大部分居民的C稳定同位素值都较低，呈现出以C_3食物为主的特征，这和当地野生植被及其在此生态系统下生长的野生动物资源的相关信息相近。文献研究显示[47]，黑龙江地区的先民主要从事狩猎业、渔猎业，并掺杂着少量的畜牧业。冬天主要以猎取野兽为生，夏天则以捕鱼为生，同时兼营采集。其中，兽有黑豹、青鼠、狐、鹿、麝、狍熊、野猪、獐；禽有鹰、鹃、海东青；水产有鲟鱼、东珠（又称北珠）；山珍有人参、松子、蜂蜜[48]。因此，绥滨东胜墓地的大部分先民应该主要从事狩猎业、渔猎业及畜牧业。

文献研究显示黑龙江地区开始种植燕麦、大麦、荞麦、水稻、稷子、谷子和豆类等[49]。上述人群的C_3食物的来源可能来自稻、麦、豆类等农作物。此外，4个特殊个体（15SSDIVM2、15SSDIVM5A、15SSDIVM9、91SDM3A）的C稳定同位素值均大于−12‰，且$\delta^{15}N$值远低于以上大部分个体，说明他们主要以C_4类植物性食物为食。经过分析，可以发现传统的粟、黍（稷子、谷子）及其饲喂的动物可能是他们主要的食物来源。当然，也不排除玉米等C_4植物对该地区居民食物结构的影响。因此，当地的农业经济应该有一定程度的发展。

为了更好地理解明朝北方边地和中原地区农业经济的发展状况及不同阶层食物结构的差异，本文收集了明朝中原地区一处贵族墓地和平民墓地的稳定同位素值做误差棒

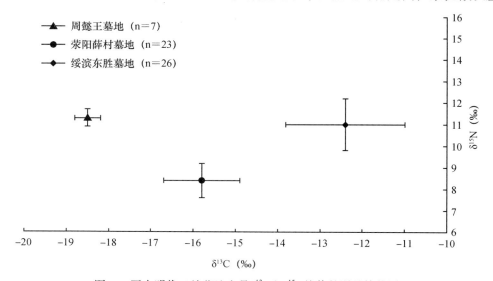

图二　国内明代三处墓地人骨$\delta^{13}C$和$\delta^{15}N$均值的误差棒状图

状图进行相关分析。

由图二可知，中原地区的先民的δ¹³C值都相对较低，这应该和麦类在中国北方地区大规模的推广和种植有关。麦类的推广不仅影响到了达官贵人的食物结构，甚至改变着"皇帝的餐桌"，更深刻地影响着普通老百姓的饮食结构和生活习惯[50]。

明周懿王墓地的δ¹³C值相对较低（δ¹³C值的范围为-18.9‰ ~ -18.1‰，均值为-18.5‰ ± 0.3‰，n=7），呈现出明显的C_3特征，说明他们以C_3类食物为主。同时，周懿王墓葬的δ¹⁵N值较高（δ¹⁵N值的分布范围为10.7‰ ~ 12.1‰，均值为11.3‰ ± 0.4‰，n=7），显示贵族饮食中肉食资源比例较大。结合相关分析，明周懿王墓地贵族人群的食物结构可能主要来源于水稻、小麦及相关动物（牛、羊等）[51]。明薛村墓地为一处平民墓地，他们的δ¹³C值相对分散（δ¹³C值的范围为-16.9‰ ~ -13.0‰，均值为-15.8‰ ± 0.9‰，n=23），且相对较高，说明他们这些个体兼食C_3类和C_4类食物。其中，C_3类食物可能主要是小麦等，C_4类食物则可能主要是粟、黍等[52]。同时，薛村墓地的δ¹⁵N值差异较大（δ¹⁵N值的分布范围为7.1‰ ~ 10.5‰，均值为8.4‰ ± 0.8‰），总体上低于明周懿王墓地贵族的δ¹⁵N值近一个营养级（3‰ ~ 5‰），说明中原地区贵族食肉较多。

和以上人群相比，绥滨东胜墓地先民的δ¹³C值总体上相对较高（δ¹³C值的范围为-14.0‰ ~ -8.9‰，均值为-12.4‰ ± 1.4‰，n=26），但相对较分散，说明既有以C_4类食物为主的个体，也有兼以C_3类和C_4类食物为生的个体。然而，绥滨东胜墓地先民C_4类食物的比例远高于中原地区的贵族和平民，这可能和当地传统的经济模式有关。当中原地区贵族食物受到南方稻作经济或本地麦作农业的强烈影响时，北方边地的生业模式可能并没有较大的变化。其中，简单的粟黍农业可能才刚刚在边地被采用。绥滨东胜墓地先民δ¹⁵N值总体较高，但差异较大（δ¹⁵N值的分布范围为8.2‰ ~ 13.3‰，平均值为11.0‰ ± 1.2‰，n=26），说明先民肉食资源的比例总体较高，但也存在明显差异。结合前文分析，可以发现渔猎业、狩猎业、畜牧业为黑龙江流域先民提供了大量的肉食资源，使得他们的肉食获取比例非常接近中原地区的贵族，但远高于中原地区的平民。

由此可见，当中原地区麦作农业开始逐步取代粟黍农业的时候，北方边地的粟黍农业才开始发挥一定的作用。当然，黑龙江流域多种生业经济的并存，特别是渔猎业、狩猎业、畜牧业依然占据绝对优势，也是北方边地先民不同于中原地区先民生业模式的重要区分。

5. 农业推广视角下的民族融合

在边地推广和发展农业经济是促进民族融合和边地开发的重要手段和方式。当然，相关区域农业的推广有多种方式，如被动式、主动式等。例如，3世纪末至4世纪中叶，辽西丘陵地区的大凌河谷地附近的喇嘛洞遗址（图一，3）慕容鲜卑族的稳定同位素分析显示，δ¹³C值（-9.7‰ ± 0.8‰，n=20）较高，δ¹⁵N值（6.4‰ ± 0.9‰，n=20）

较低[53]。这说明他们在与汉民族的接触过程中，可能主动放弃了狩猎及畜牧经济，开始完全以农业经济为生，进而促进了慕容鲜卑族与汉族的融合及相应地区的开发。

作为中国历史上最后一个由汉族建立的大一统王朝，明朝开始对东北地区进行有效直接的管理。其中，在相关区域推广和发展农业也是明政府实行具体开发和管理的重要手段。

明朝前期，生活在嫩江流域的兀良哈部主要过着以畜牧（放牧马、骆驼、绵羊和山羊等）为主的生活，自身没有农业经济[54]。例如，《辽东志·外志》记载："兀良哈，好围猎。不树五谷，不种蔬菜，渴取马羊之乳而饮之。"[55]同时，明朝开始尝试在兀良哈部实行屯田，即"以五十亩为一分，七分屯种三分守城，授田之制以五十亩为中"[56]。到永乐年间，明朝每年都给予兀良哈三卫耕牛和种子等来扶持他们发展农业经济，这使得他们的农业经济有了一定的发展[57]。

明朝前期，女真的部族众多，分布地域广阔，经济发展程度极其不平衡。其中，建州女真和海西女真离中原政权较近，在明政府的控制下逐渐放弃了"打围、放牧"的生活方式，很快开始发展农业经济，"乐住种，善缉纺，饮食服用皆如华人"[58]。然而，海西女真靠近水源，捕鱼等生产方式在他们的生活中占据重要的比例[59]。相对而言，野人女真经济发展水平最为落后。例如，乞列迷人处于"捕鱼为食，着直筒衣，暑用鱼皮，寒用狗皮，不识五谷六畜，惟狗至多"状态[60]。又如《皇明九边考》记载："北山野人不事耕稼，惟以捕猎而生。"[61]再如居住在库页岛上的苦兀人，他们"在奴儿干海东，身多毛，头戴熊皮，身衣花布。持木弓，矢尺余，涂毒于镞，中必死，器坚利"[62]。显然，野人女真主要以渔猎、畜牧为生，基本没有发展农业生产。

前文相关研究结果基本证实绥滨东胜墓地先民主要以渔猎、畜牧为生，而且相关的生业经济在长时段内基本没有发生变化。同时，东胜墓地出土的随葬品中有镞、矛头、骨器等，也暗示渔猎经济的重要地位[63]。然而，4个可能从事农业的特殊个体（15SSDIVM2、15SSDIVM5A、15SSDIVM9、91SDM3A）的出现，可能与他们在当地发展农业生产有关。当然，也不能排除他们从外地迁移过来的可能性。

总之，东胜墓地附近传统的单一的狩猎、渔猎、畜牧经济开始受到农业经济的冲击。农业经济在当地的出现，一定程度上促进了当地的开发及相关民族的融合和发展等。

三、结　　论

黑龙江绥滨东胜墓地人骨的C、N稳定同位素分析和研究表明：

（1）东胜墓地明代人群食物结构中既包含C_3食物，也包含C_4食物，但对动物蛋白消费的差异大。据此可知他们的生计方式多样，但以畜牧经济、渔猎经济为主，包含极少量的农业经济。

（2）农业经济的出现、推广和发展对黑龙江边地的民族融合和开发具有重要的意义和价值。

（3）当地长时段的生业经济基本与东胜墓地明代人群的生业经济一致，这可能与当地自然资源的组合密切相关。

注　释

[1]　吕欧.历代中原王朝对黑龙江流域的统治 [J].满语研究，2017（2）.

[2]　林荣贵.辽代东北地区的经济开发 [J].中国边疆史地研究，1992（2）.

[3]　程妮娜.元朝对黑龙江地区下游女真水达达地区统辖研究 [J].中国边疆史地研究，2005（2）.

[4]　同 [1].

[5]　胡凡.明代洪武时期经略东北地区考论 [J].地域文化研究，2019（1）.

[6]　程妮娜.东北史 [M].长春：吉林大学出版社，2001.

[7]　程妮娜.中国地方史纲 [M].长春：吉林大学出版社，2007.

[8]　（明）陈循，彭时.寰宇通志 [M].扬州：江苏广陵古籍刻印社，1987.

[9]　程妮娜，杨军，赵永春等.中国历代边疆治理研究 [M].北京：经济科学出版社，2017.

[10]　孙雪.明朝前期对黑龙江地区的治理 [D].哈尔滨师范大学，2017.

[11]　杨永琴.明朝东北地区北部地方最高政权机构奴儿干都司 [J].黑龙江档案，2003（1）.

[12]　程妮娜.古代中国东北民族地区建置史 [M].北京：中华书局，2011.

[13]　同 [10].

[14]　同 [10].

[15]　同 [10].

[16]　同 [10].

[17]　同 [7].

[18]　同 [7].

[19]　同 [7].

[20]　〔韩〕国史编纂委员会.朝鲜王朝实录 [M].首尔：探究堂，1986.

[21]　黑龙江省文物考古研究所，鹤岗市文物管理站.绥滨县东胜村明代兀的哈人墓葬 [J].文物，2000（12）.

[22]　同 [21].

[23]　黑龙江省文物考古研究所.2015年度绥滨县东胜村明代墓葬发掘简报，待刊.

[24]　Цыбенов, Б. Д. Погребения владимировской культуры Верхнего Приамурья как источник по изучению этногенезадауров (The burials of the Vladimirovsk Culture from Amur region as the source of study Ethnogenesis) [J]. *Археология и этнография*, 2015, 14 (7): 184-192.

[25]　同 [21].

［26］ Richards, M. P., R. E. M. Hedges. Stable isotope evidence for similarities in the types of marine foods used by Late Mesolithic human at sites along the Atlantic coast of Europe ［J］. *J Archaeolo Sci*, 1999 (6): 717-722.

［27］ Hedges, R. E. M. Bone diagenesis: An overview of processes ［J］. *Archaeometry*, 2002, 44: 319-328.

［28］ Ambrose, S. H., B. M. Butler, D. H. Hanson, et al. Stable isotopic analysis of human diet in the Marianas Archipelago, Western Pacific ［J］. *Am J Phys Anthropol*, 1997, 104: 343-361.

［29］ Ambrose, S. H. Preparation and characterization of bone and tooth collagen for isotopic analysis ［J］. *J Archaeol Sci,* 1990 (17): 431-451.

［30］ DeNior, M. J. Post-mortem preservation of alteration of in vivo bone collagen isotope rations in relation to palaeodietary reconstruction ［J］. *Nature*, 1985 (317): 806-809.

［31］ Ambrose, S. H., L. Norr. Isotopic composition of dietary protein and energy versus bone collagen and apatite: purified diet growth experiments ［C］. *Molecular Archaeology of Prehistoric Human Bone*. Berlin: Springer, 1993: 1-37.

［32］ Barton, L., S. D. Newsome, Chen F. H., et al. Agricultural origins and the isotopic identity of domestication in northern China ［J］. *P Natl Acad Sci USA*, 2009 (14): 5523-5528.

［33］ Atahan, P., J. Donson, Li X., et al. Temporal trends in millet consumption in northern China ［J］. *J Archaeolo Sci*, 2014 (50): 171-177.

［34］ 同［32］［33］.

［35］ （宋）欧阳修，宋祁.新唐书 ［M］.北京：中华书局，1975.

［36］ （明）徐光启著，陈焕良，罗文华校注.农政全书 ［M］.长沙：岳麓书社，2002.

［37］ （明）刘节编纂，张明华，刘洪芹校.正德颍州志校笺 ［M］.北京：中国社会科学出版社，2018.

［38］ 孙机.中国古代物质文化 ［M］.北京：中华书局，2014.

［39］ 同［6］.

［40］ 张全超，冯恩学，朱泓.俄罗斯远东地区特罗伊茨基鞲鞨墓地人骨的稳定同位素分析 ［J］.人类学学报，2009（3）.

［41］ 绥滨县地方志编纂委员会.绥滨县志 ［M］.北京：方志出版社，1996.

［42］ 马姣，张凤礼，王元等.稳定同位素示踪东北地区晚更新世真猛犸象的摄食行为 ［J］.第四纪研究，2017（4）.

［43］ 张全超，汤卓炜，王立新等.吉林白城双塔遗址一期动物骨骼的稳定同位素分析 ［J］.边疆考古研究，2012（11）.

［44］ 管理，胡耀武，汤卓炜等.通化万发拨子遗址猪骨的C，N稳定同位素分析 ［J］.科学通报，2007（14）.

［45］ Bird, M. I., P. Pousai. Variations of $\delta^{13}C$ in the surface soil organic carbon pool ［J］. *Glob Biogeochem Cycle*, 1997, 11: 313-322.

[46] Calvin, M. B. The path of carbon in photosynthesis [J] . *Science*, 1962, 107: 476-480.

[47] 同 [7] .

[48] 同 [7] .

[49] 同 [7] .

[50] 邱仲麟. 皇帝的餐桌：明代的宫膳制度及其相关问题 [J] . 台大历史学报，2014（34）.

[51] 周立刚，孙凯，孙蕾. 明代周懿王墓地出土人骨稳定碳氮同位素分析 [J] . 华夏考古，2019（2）.

[52] 同 [51] .

[53] 董豫，胡耀武，张全超等. 辽宁北票喇嘛洞遗址出土人骨稳定同位素分析 [J] . 人类学学报，2007，26（1）.

[54] 同 [9] .

[55] （明）李辅. 全辽志·外志（辽海丛书）[M] . 沈阳：辽沈书社，1985.

[56] （明）申时行. 明会典 [M] . 北京：商务印书馆，1986.

[57] 同 [10] .

[58] （明）毕恭. 辽东志·艺文（辽海丛书）[M] . 沈阳：辽沈书社，1985.

[59] 同 [10] .

[60] （明）李贤. 大明一统志·女直 [M] . 西安：三秦出版社，1990.

[61] （明）魏焕. 皇明九边考 [M] . 台北：华文书局，1969.

[62] 同 [58] .

[63] 同 [21] .

Carbon and Nitrogen Stable Isotope Analysis of the Human Bones from the Dongsheng Cemetery, a Ming Dynasty Cemetery, at Suibin, Heilongjiang, Province, China

HOU Liang-liang   LIU Xiao-dong   REN Jiao-lei   XIAO Xiao-ming

Here we present carbon and nitrogen stable isotope ratio results of humans (n=26) from the Dongsheng Cemetery, a Ming Dynasty Cemetery, at Suibin County, Heilongjiang Province, China to explore the extent of the agriculture development in the frontier region during the Ming Dynasty. The $\delta^{13}C$ ($-14.0 \sim -8.9$‰, -12.4 ± 1.4‰, n=26) and $\delta^{15}N$ ($8.2 \sim 13.3$‰, 11.0 ± 1.2‰, n=26) results show a mixture of C_3 and C_4 diets with the consumption of significant amounts of protein from animals (fishes). Individuals (-12.7 ± 0.7‰, 11.3 ± 1.0‰, n=22) consuming C_3 and C_4 diets had lives centered on hunting, fishing and grazing whereas the individuals (-9.9 ± 1.4‰, 9.3 ± 0.9‰, n=4) consuming mainly C_4 diets made their living mainly by millet farming and the animal husbandry. The development of agricultural economy might be the motive force for the multi-ethnic integration and the expansion in the frontier region during Ming Dynasty.

安徽淮北渠沟遗址出土动物遗存的初步分析[*]

戴玲玲[1, 2]　张义中[3]

（1.复旦大学文物与博物馆系，上海，200433；2.辽宁师范大学历史文化旅游学院，
大连，116081；3.安徽省文物考古研究所，合肥，230000）

一、背　　景

动物考古[1]、古DNA[2]、几何形态测量[3]等研究表明，大约9000年前贾湖遗址就开始了家猪饲养。自此，家猪饲养揭开了新石器时代古代居民肉食资源获取方式变革的序幕。但是受自然和人文等诸多因素的影响和制约，家猪的驯化和饲养在各个地区并非均衡，呈现出地域性特征。根据前人的研究可知，黄河中游地区自新石器时代中期开始，家猪饲养发展迅速，表现在诸多考古遗址中，家猪逐渐取代以鹿科动物为主的野生动物，在数量和比例中占据绝对优势；而在长江流域，直至新石器时代晚期，家猪在人们的肉食结构中并未占据主导性地位[4]。

淮河作为仅次于长江和黄河的我国第三大河，得益于其独特的地理位置，成为探讨和研究自新石器时代以来南、北文化交流和融合的重要区域。但是，囿于该地区早年考古工作不足，动物考古数据及相关资料匮乏，该流域家猪的驯化和发展脉络始终不清晰。与长江和黄河流域相比，淮河无论在地理环境还是气候条件，均具有过渡性特征，其农业结构即呈现出"粟稻混作"的模式[5]。因此，辨析淮河流域家猪的驯化及饲养特征，探讨其与当地的农业结构及自然资源等因素之间的相互关系，不仅可以完善对淮河流域早期生业活动的认识，而且对探讨我国古代家猪饲养模式的多样性具有重要意义。

渠沟遗址位于安徽淮北市渠沟镇渠沟村，东北距凤凰山约200米，西距老濉河约150米。该遗址于2016年1月进行勘探，共探出约9000平方米的遗址区及各类遗迹117处。2016年2月，安徽省文物考古研究所对渠沟遗址了抢救性发掘，发掘面积共2000平方米。整个遗址分为遗址区和墓葬区，墓葬区位于发掘区的东部及南部，时代主要为东周至汉代；遗址区位于北部，文化堆积厚度超过3米，以新石器时代地层为主，年代初

---

[*]　本研究得到中国国家社科基金青年项目"淮河中游地区新石器时代的动物利用和家畜饲养研究（17CKG019）"的资助。

步判断为距今8000～6800年，文化面貌与石山子文化类型有相近之处。渠沟遗址是目前整个淮河流域为数甚少的距今7000年以上的遗址之一，其文化面貌独特、内涵丰富，为研究淮河流域新石器时代早期阶段的文化聚落、社会组织结构、经济活动等提供了重要材料，为探索淮河流域早期文化交流和人群迁徙等问题提供了重要线索。本文以渠沟遗址出土的动物遗存为研究对象，开展种属鉴定、量化统计、年龄结构等分析，探讨渠沟遗址对各类动物资源的利用，进而尝试探讨淮河流域动物资源利用等问题。

二、动物遗存介绍

　　渠沟遗址墓葬区出土的动物骨骼数量少，时代为东周至汉代，与本文所要探讨的新石器时代动物资源利用等问题无关，故不做介绍。本文所研究的动物骨骼全部来自遗址区，出土单位包括地层、灰坑、房址，时代均为新石器时代。

　　渠沟遗址的动物遗存按照收集方法的不同可以分为两部分：一是考古发掘过程中对肉眼可见的动物骨骼手工采集所得，二是来自植物考古浮选剩下的重浮样品。对于两部分动物遗存，笔者采用了不同的分析方法：将手工采集所得的全部动物骨骼进行分析；对于重浮样品中的动物遗存，由于浮选样品多（超过500个单位），且其中的骨骼细小破碎，受时间、经费等因素限制，无法对所有重浮样品的动物遗存进行详细分析，因此采取抽样分析。通过比较，笔者选取了TG3作抽样分析对象，TG3的堆积厚、层位多，从每一层中随机选取一袋重浮样，对其中的动物遗存进行分析。

三、动物种属的鉴定

　　动物种属的鉴定主要是通过参照各类动物骨骼图谱，包括伊丽莎白·施密德（Elisabeth Schmid）《动物骨骼图谱》[6]、格罗莫娃（В. Громова）《哺乳动物大型管状骨检索表》[7]、西蒙·赫森（Simon Hillson）《哺乳动物骨骼和牙齿鉴定方法指南》[8]、中国社会科学院考古研究所科技考古中心编写的《考古遗址出土动物骨骼图谱》[9]、Cohen等撰写的 *A Manual for the Identification of Bird Bones from Archaeological Sites* [10] 及国外的动物考古数据库网站，如http://osteobase.mnhn.fr/ 和http://fishbone.nottingham.ac.uk/等。

四、结果与讨论

（一）动物种属鉴定

　　根据种属鉴定的结果可知，渠沟遗址出土的动物种类包括背瘤丽蚌、洞穴丽蚌、帆蚌、高顶鳞皮蚌、巨首楔蚌、楔形矛蚌、圆顶珠蚌、中国尖嵴蚌、龟、鳖、两栖纲、草鱼、鲫鱼、黑鱼、黄颖鱼、鲤鱼、鲈鱼、鲇鱼、鹭科、鹤科、潜鸟科、鸭亚科、雁亚科、秧鸡科、雉科、麋鹿、梅花鹿、獐、麂、狗、貉、虎、（水）牛、野兔、獾、鼠亚科、家猪、野猪、小型猫科（部分典型动物标本见附图一、附图二）。

（二）量 化 统 计

渠沟遗址中出土的鱼和鸟类骨骼，保存情况差且破损严重，受鉴定水平所限，大部分的鱼和鸟骨难以鉴定至确切的种属，因此，仅对哺乳纲的各类动物进行量化统计。自然界中鹿科动物的种类繁多，体型差异明显，各类鹿在各个部位的骨骼结构和形态上极为相似。目前动物考古研究仅能对鹿角、犬齿等特定部位进行种属鉴定，对于考古遗址中大量出土的鹿科动物的肢骨，多数根据尺寸分为大型、中型、小型鹿等。在渠沟遗址中，根据鹿角及犬齿形态可以确认有麋鹿、梅花鹿、獐、麂，量化统计时，将所有鹿科动物的骨骼按照尺寸分为大、中、小三类进行统计。食肉类动物的种属鉴定与鹿科动物相似，难以根据肢骨形态确定种属，同样依尺寸大小进行分类统计。

表一是渠沟遗址各哺乳类动物的可鉴定标本数（NISP）和最小个体数（MNI）的数量及比例统计。在可鉴定标本数中，鹿科动物（大、中、小型均包含其中，尺寸分别与麋鹿、梅花鹿、獐/麂相近）的数量及所占比例最高，其次是猪，再为牛和其他小型食肉类动物；在最小个体数中，猪的数量和比例最高，其次为鹿科动物，再为貉等小型食肉动物。由此可见，野生哺乳动物在渠沟遗址中占有极为重要的地位。

表一　渠沟遗址各哺乳类动物的量化统计

种属	NISP	NISP（%）	MNI	MNI（%）
猪	535	32.56%	43	43.88%
大型鹿科	497	30.25%	16	16.33%
中型鹿科	310	18.87%	9	9.18%
鹿（角）	16	0.97%	/	/
小型鹿科	138	8.40%	8	8.16%
狗	4	0.24%	1	1.02%
獾	7	0.43%	2	2.4%
貉	16	0.97%	6	6.12%
（水）牛	49	2.98%	2	2.04%
小型啮齿	1	0.06%	1	1.02%
虎	2	0.12%	1	1.02%
野兔	2	0.12%	1	1.02%
小型食肉	53	3.23%	6	6.12%
中型食肉	13	0.79%	2	2.04%
合计	1643	100.00%	98	100.00%

（三）猪的相关研究

由种属鉴定和量化统计可知，渠沟遗址中猪骨的出土数量较多，其在所有哺乳动物中所占的比例仅次于鹿科动物，是人们重要的肉食来源。但是，在进行种属鉴定的过程中，根据牙齿的形态和尺寸，初步可以确定渠沟遗址同时存在家猪和野猪。作为淮河流域时代较早的新石器时代遗址，渠沟遗址猪群属性的判断，对于正确认识该遗址先民的肉食资源获取方式、家猪的早期驯化和管理等问题具有重要意义。以下将从量化统计、牙齿尺寸、死亡年龄结构、性别比例等方面对渠沟遗址出土的猪骨开展综合分析，以判断渠沟遗址猪群的属性。

1. 数量比例

表一的量化统计显示：在可鉴定标本数中，渠沟遗址的哺乳动物群是以鹿科等野生动物为主，猪骨的数量和比例并未占绝对优势；最小个体数中，猪的数量和比例则略高于鹿。两种统计结果并非完全不一致，原因可能是：鹿的骨骼破碎程度高，造成可鉴定的鹿科动物的标本数多；此外，不可鉴定种属的鹿角碎块，未计入最小个体数的统计范畴，则降低了鹿科动物的最小个体数。

表二是对淮河流域多处考古遗址中猪骨所占比例的统计。与淮河上游、家猪最早出现的贾湖遗址相比，渠沟遗址中猪骨的数量和所占比例明显增加，与石山子、顺山集等遗址较为相近，但明显低于晚期的瓦店、新砦等遗址。

表二　淮河流域多处考古遗址中猪的量化统计及下颌M₃的尺寸测量（单位：毫米）

省份	遗址	时代（B.P.）	比例 NISP（%）	比例 MNI（%）	M₃长	数量	参考文献
河南	贾湖	9000~7800	10.7%	9.2%	42.23	12	［1］
	西山	6500~4800	54.4%	52.9%	35.4	5	［11］
	王城岗	4600~3900	74%	46.1%	/	/	［12］
	瓦店	4300~3800	71.6%	58%	35.1	5	［13］
	新砦	4100~3900	60.1%	71.8%	33.9	10	戴玲玲，待刊
安徽	渠沟	6800~8000	32.6%	44.3%	40.12	2	本文
	双墩	7300~7100	鹿多	鹿多	40.01	44	［14］；戴玲玲，待刊
	石山子	6900~6000	33.6%	52.4%	38.3	3	［15］
	侯家寨	6900~6000	55.2%	50.9%	38.75	34	［16］
	后铁营	6200~5600	42.9%	31.9%	40.6	2	［17］
	尉迟寺-1	4800~4600	42.8%	54%	35.6	13	［18］
	尉迟寺-2	4600~4000	48.8%	51%	34.8	9	

续表

省份	遗址	时代（B.P.）	比例 NISP（%）	比例MNI（%）	M₃长	数量	参考文献
江苏	顺山集	8500～7000	44.4%	43%	41.63	20	[19]
	万北	6500～5000	/	78%	/	/	[20]
	龙虬庄	6600～5500	/	27.5%	38.72	5	[21]

2. 牙齿尺寸

猪第三臼齿的尺寸（最大长）在驯化过程中会不断减小，直至趋于稳定，这作为区分家猪和野猪的判别标准之一，被广泛地应用于动物考古研究中[22]。罗运兵综合国内外野猪及家猪下颌M₃的测量数据提出：下颌M₃的平均长度小于39毫米的猪群中已经出现了家猪，但这并非否定大于这一值的猪群中也可能存在家猪[23]。袁靖提出，猪上颌M³的平均长35、宽20毫米，下颌M₃平均长40、宽17毫米，可以作为判断考古遗址中出土家猪M3尺寸的最大值[24]。猪臼齿尺寸的变小除受到驯化的影响外，还与食物结构、气候、地理等诸多因素有关，因此，以上的数据仅能为判断猪群属性提供一定参考。

渠沟遗址的猪下颌M₃共有2个测量数据，均大于40毫米；上颌M³共10个数据，范围为30.92～41.45毫米，平均值为37.2毫米±3.1毫米。由此可见，渠沟遗址中猪的上、下颌第三臼齿的平均尺寸均超出了家猪的最大范围，暗示猪群中野猪所占比例极大。从表二的数据可知，与贾湖遗址和顺山集遗址相比，渠沟遗址猪的牙齿平均尺寸明显减小，与双墩遗址的尺寸相近，但明显大于侯家寨、瓦店、新砦等遗址。但注意的是，渠沟遗址的标本数量较少，无法代表该遗址猪群的整体面貌。

3. 死亡年龄结构

死亡年龄结构是判断猪群属性的另一重要依据，主要原因在于：捕猎所获野猪的死亡年龄分布无规律，而在人类饲养管理下的家猪多呈现出集中在1～2岁死亡的特征，这与人类为了在肉量产出最大时（即1～2岁）进行宰杀的行为有关。但是，集中宰杀家猪的行为通常发生在人类已经掌握了较为成熟的家猪饲养技术的情况下，在家猪驯化的早期阶段或家猪饲养技术并不成熟时，猪的死亡年龄结构则会呈现出多种模式。

渠沟遗址猪的死亡年龄的判断是根据牙齿的萌出与磨蚀和肢骨的骨骼愈合情况。牙齿的萌出与磨蚀参照Grant[25]的标准，分别记录下颌各牙齿的萌出和磨蚀程度，然后参考李志鹏所建立的殷墟遗址猪下颌牙齿萌出与磨蚀的组合[26]推算死亡年龄。肢骨的骨骺愈合时间参考Silver[27]的标准。

图一是依据38件猪下颌的牙齿萌出和磨耗重建的渠沟遗址猪群的死亡年龄结构。由图一中的数据分布可以看出，渠沟遗址的猪群中，14～24月（即第Ⅳ和Ⅴ阶段）之间

死亡的个体所占比例最高，为57.9%；幼年个体（即第Ⅱ阶段）占比例为28.9%；5.3%的个体死于9～14月；少于10%的个体死于2岁之后。表三是渠沟遗址138件猪肢骨骨骺愈合率的统计结果，近85%的猪死于2岁之前（即Ⅱ阶段之前），40%以上活过了成年甚至老年阶段，大约15%的猪死于1岁以前。

通过牙齿萌出和磨耗与通过肢骨骨骺愈合情况所重建的渠沟遗址的猪群死亡年龄结构基本一致，即大多数猪是在未成年阶段死亡，幼年猪的死亡率较高。

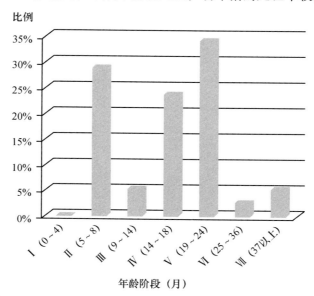

图一　渠沟遗址猪下颌牙齿萌出和磨耗所得猪群的死亡年龄结构

4. 性别比例

猪群中雌、雄比例的悬殊，也被作为家猪饲养的一项指征。雄猪性烈不易控制，人们会选择宰杀绝大多数雄性，仅保留了极少量的公猪承担育种任务，这会造成猪群的性别比例失衡。目前，猪的性别判断主要依据上、下颌的犬齿形态：成年雄性猪的上颌犬齿粗壮，截面较圆，下颌犬齿发育，截面呈三角形；雌性的上颌犬齿不发育，截面扁圆，下颌犬齿较小，截面似椭圆形[28]。

参照以上标准，渠沟遗址中共26例猪犬齿可以鉴定性别，雄、雌性的数量分别为17、9，两性比例差异很明显。但是需要注意的是，犬齿在未成年阶段的形态差异大，这会影响对性别的判断。当猪的年龄超过1岁，即犬齿发育完成后，性别鉴定的准确性更高。通过观察，以上可判断性别的个体中，10例为成年个体，其中雄、雌的数量分别为7、3。由此可见，虽然渠沟遗址中可鉴定性别的成年猪数量有限，但雌、雄的比例失衡现象较为显著，这极可能是受到了人为干预的结果。

通过以上数量比例、牙齿尺寸、死亡年龄结构及性别比例等方面的分析可知，

表三　渠沟遗址猪的肢骨骨骼愈合统计

年龄阶段	骨骼名称	愈合	愈合中	未愈合	标本总数	愈合率
I（1岁及以前）	肩胛骨（d）	9		3	12	75.0%
	肱骨（d）			7	7	0
	桡骨（p）	8		1	9	88.9%
	掌骨（p）	17			17	100
	跖骨（p）	16			16	100
	盆骨	12			12	100
总计		62	0	11	73	84.9%
II（2~2.5岁）	掌骨（d）			3	3	0
	跖骨（d）	4		1	5	80
	掌骨/跖骨（d）			1	1	0
	腓骨（d）			3	3	0
	胫骨（d）	7	1	6	14	57.1%
	跟骨	4		8	12	33.3%
总计		15	1	22	38	42.1%
III（3~3.5岁）	肱骨（p）			2	2	0
	桡骨（d）			2	2	0
	尺骨（p）	7	1	8	16	50
	尺骨（d）				0	
	股骨（p）			2	2	0
	股骨（d）	4		2	6	66.7%
	胫骨（p）	1		3	4	25
	腓骨（p）				0	
总计		12	1	19	32	40.6%

注：愈合率=（愈合+愈合中）/标本总数

　　7000年前的渠沟遗址已经存在了家猪饲养的活动，并且与贾湖遗址相比，无论猪骨数量、所占比例、牙齿尺寸等方面都有了较大不同，反映了渠沟遗址家猪饲养技术的发展。但是，渠沟遗址中猪骨的数量和比例低于鹿科等野生动物，并且幼年猪的死亡率较高，这反映出此时猪的饲养尚处于初级阶段，饲养技术尚不成熟。

（四）渔猎经济的考察

　　家畜驯化的初期阶段，受饲养技术、农业发展水平等因素的限制，渔猎活动在人们的肉食结构中具有举足轻重的地位。但是，纵观已有的动物考古学研究不难发现，学界往往更关注家畜的驯化和饲养问题，忽视对渔猎活动的考察。因此，客观分析野生动物资源的利用，对全面认识古人肉食资源获取途径的演变及家畜驯化发展等具有重要意义。

1. 鹿科动物

渠沟遗址所在的淮河古称淮水，介于长江和黄河之间，是我国南北方的分界线，其发源于河南境内的桐柏山、伏牛山，自东向西流经河南、湖北、安徽、江苏和山东五省，入黄海。西部多山，中部为低山丘陵，东部则为平原，水系发育，自然资源丰富[29]。渠沟遗址中出土了大量的鹿科动物骨骼，包括麋鹿、梅花鹿、獐、麂等，数量及所占比例高于猪。在渠沟遗址的H82中，共出土了8件大型鹿科的掌骨和6件大型鹿科的跖骨，近端保存完好，远端关节处均被人工破坏，推测可能是选取（储藏）的骨料。可见，猎取的鹿科动物不仅在渠沟遗址先民的肉食结构中具有重要地位，同时也是重要的骨角器原料。

鹿科动物包含种类丰富，体型各异，有重达百千克的麋鹿、水鹿，也有些十余斤的麝、獐等，其分布范围极广，遍布全国各地[30]。因此，各个时期的考古遗址中均有鹿科动物的骨骼出土，尤其是新石器时代早期的遗址，鹿科动物的骨骼数量及所占比例非常高，往往超过猪。张颖对浙江田螺山遗址的鹿科动物的年龄结构进行分析，并与自然环境中鹿群年龄结构特征相比较，提出田螺山遗址由早至晚存在对各类鹿科动物的捕猎[31]。王华以陕西瓦窑沟遗址为例，探讨古人对梅花鹿的狩猎策略，认为当时优先狩猎成年雄性梅花鹿，目的是获取鹿角，并保护种群的繁衍[32]。

淮河上游的贾湖遗址，虽然发现了我国目前最早的家猪，但是，动物考古研究证明贾湖遗址的动物群（此处仅指哺乳类动物）中鹿科动物最多，猪的数量和比例很低。贾湖遗址出土的骨角器研究表明，绝大部分是由鹿科动物的肢骨加工而成[33]。

蚌埠双墩遗址位于淮河中游地区，年代为距今7300～7100年，是淮河中游地区极具文化特点的典型遗址[34]。前人对1991～1992年出土的动物遗存的分析显示，双墩遗址的动物群中鹿科动物数量最多，但是没有确切的数量统计[35]。2015年淮河流域古代文明研究中心成立，双墩遗址作为研究淮河早期文明的重要遗址，进行了重新发掘。笔者对此次发掘出土的动物骨骼进行了初步分析，根据现有的数据可知，双墩遗址中猪骨的数量和比例相比贾湖时期有了明显增长，但仍以鹿科动物为主。邻近的侯家寨遗址，时代、文化面貌与双墩文化极为相似[36]。侯家寨遗址的动物考古分析显示，该遗址的哺乳动物以猪的数量最多[37]。但是，侯家寨遗址中出土了大量的鹿角勾形器，形制规整，制作精细[38]。石山子遗址位于皖北地区，与渠沟遗址年代相近，该遗址中猪骨的数量和比例少于鹿科动物[39]，出土的骨角器数量不多，主要为鹿角勾形器[40]。小山口和古台寺遗址时代与石山子遗址相近，出土的骨角器数量不多，可鉴定种属者均为鹿角[41]。大汶口文化早期的后铁营遗址中，鹿科动物骨骼的数量和比例也高于猪[42]。

新石器时代晚期的尉迟寺遗址，鹿科动物的骨骼数量虽然略有下降，但在整个哺乳动物群中仍占有很大比例[43]。

顺山集遗址位于淮河下游地区，年代为距今8500～7500年，是目前淮河下游地区发现的年代最早的新石器时代遗址[44]。顺山集遗址的动物群呈现出以鹿科动物为主的结构特征[45]。顺山集遗址中出土的骨角器数量较少，其中可鉴定种属的仅有鹿角。龙虬庄遗址时代较晚，以麋鹿为代表的鹿科动物骨骼数量远多于猪；龙虬庄遗址中出土了大量骨角器，主要由鹿角等加工制成[46]。

由以上各遗址的数据可以看出，淮河流域虽然从9000年前就开始了家猪驯化，但鹿科动物始终在古人的社会生活中扮演着重要角色：在家畜驯化早期，以捕获鹿科动物为主的狩猎活动是人们主要的肉食来源；家畜饲养发展过程中，鹿科动物始终是不可替代的肉食来源之一，同时也是加工制作骨角器的重要原料。这一模式贯穿于家猪的驯化和发展过程，即便到了大汶口、龙山文化时期，家猪的饲养已经达到一定规模时，鹿科动物始终在人们的肉食结构中占有一席之地，并且是骨角器制作原料的首选。但是，囿于对各类鹿科动物的种属鉴定能力的限制，目前难以对各类鹿进行区分，无法探讨古人是否存在对不同鹿的利用差异及是否不同时代存在鹿科动物的捕猎压等问题。

2. 淡水动物资源

渠沟遗址所在的淮河流域，水系发育，淡水资源丰富，多数考古遗址中均出土过鱼、贝类遗存。但是，受动物考古研究技术和方法等限制，对鱼、贝类遗存的专门研究较少，这极大地低估了淡水动物资源在淮河流域古代居民生活中的地位和重要性。

渠沟遗址中发现的软体动物遗存较少，多为手工采集所得，共149件，均为瓣鳃纲，种属包括背瘤丽蚌、洞穴丽蚌、帆蚌、楔形矛蚌、巨首楔蚌、圆顶珠蚌、中国尖嵴蚌、高顶鳞皮蚌及不可鉴定种属的丽蚌。其中，8件无法鉴定至种属的蚌类碎块，其1或2条边的断口平齐，推测可能是人工切割所致。但是，目前尚未在渠沟遗址中发现成型的用贝类加工制成的完整器物。

渠沟遗址出土了大量的淡水鱼类遗存，主要来自重浮样品。由于重浮物数量太多，我们仅选取了TG3进行抽样分析。TG3位于遗址发掘区的西北部，堆积厚，共划分为14层，第1～4层为晚期堆积，第5～14层为新石器时代堆积。笔者从第5～14层的每一层中随机选取了一袋重浮样，对其中的鱼骨遗存进行了初步分析。

与哺乳类动物相比，鱼骨细碎，出土时多破碎严重，且笔者对鱼骨的鉴定能力有限，多数难以鉴定至种属。目前可确定的是渠沟遗址出土的鱼类至少包括草鱼、黑鱼、黄颡鱼、鲶鱼、鲤鱼、鲫鱼、鲈鱼7种。囿于鉴定水平和研究方法，目前难以对鱼骨进行准确的量化统计、尺寸测量、体长复原等分析，但是在对鱼骨的鉴定和记录过程中，仍发现了一些值得关注的现象。

首先，整体而言，渠沟遗址的鱼骨尺寸较小，未见大型鱼骨，多数脊椎的最大径未超过1厘米。笔者曾对双墩遗址出土的鱼骨进行过分析，双墩遗址的鱼骨尺寸明显大于渠沟遗址，双墩遗址中经常可见残长超过10厘米的咽齿。

其次，渠沟遗址TG3从早到晚（第5～14层）的地层中，黑鱼的数量自始至终最多，其次为黄颡鱼，再为鲤科鱼类（主要包括鲤鱼和鲫鱼），鲶鱼和草鱼的数量极少。淮河流域的贾湖遗址曾经专门做过鱼骨研究，贾湖遗址中鲤科鱼类的数量最多，主要为鲤鱼和草鱼[47]。淮河流域的其他新石器时代遗址由于发掘时代早，鱼骨保存差，多数遗址未收集鱼骨，少数有鱼骨出土的遗址也只是简单介绍了鱼的种类，如双墩、石山子、龙虬庄、尉迟寺等，但这些遗址均不见黑鱼。长江下游的田螺山遗址出土了大量鱼骨，黑鱼的数量最多，研究者认为该遗址存在对特定鱼种的选择性利用[48]。渠沟遗址的鱼种类丰富，以黑鱼占多数，但尺寸均较小，是否存在对鱼的选择性偏好，值得进一步深入研究。

渠沟遗址出土了大量的爬行类动物的骨骼，除1件鳖的肋板外，其余2000多件均为龟，且多为背、腹甲（板）。贾湖遗址有用龟随葬的现象，23座墓葬中共随葬了90余副基本完整的龟类背腹甲，其中仅1座随葬鳖甲；另外，在贾湖遗址的灰坑、房基等发现大量龟、鳖类的破碎甲片[49]。淮河流域多数新石器时代的遗址中均有龟、鳖类骨骼出土，如双墩、侯家寨等。有学者研究认为，黄淮、江淮地区自贾湖遗址开始，持续至大汶口文化时期，普遍存在用龟现象，这反映了该区域的文明化进程[50]。但通过对已有文献的查阅，其他遗址中未发现如渠沟遗址在龟、鳖数量上的悬殊现象。渠沟遗址中，大量的龟甲破碎严重，未见占卜痕迹，应为古人食用后的废弃物，但为何渠沟遗址中几乎全为龟，而仅见1件鳖肋板，这是值得思考之处。

五、结　　论

渠沟遗址作为淮河流域年代较早的新石器时代遗址，它的发现和发掘为研究淮河流域地区新石器时代早期考古学文化的发展和演变提供了重要材料。渠沟遗址出土的大量动物遗存为探讨人们的生业活动提供了重要信息。通过对手工采集和重浮样品中动物骨骼的初步分析得知：渠沟遗址的哺乳动物以鹿科动物为主，猪的数量和比例占其次，说明野生动物的猎取是人们获取肉食资源的主要途径。猪骨的数量、年龄结构等研究表明，渠沟遗址已经存在了家猪的饲养，但处于家猪饲养的初期阶段。通过梳理淮河流域多处遗址的动物考古数据发现，该地区家猪的饲养和发展较缓慢，这可能与当地丰富的资源有关，家畜饲养的驱动力比较弱。渠沟遗址中的大量鱼、贝及龟类骨骼的发现，反映出当时渔猎活动发达。但是，受材料及研究方法所限，目前难以对鱼、龟的利用等问题进行更细致的探讨。渠沟遗址是否存在对黑鱼、龟等的偏向性利用，仍需日后深入研究。

注　释

［ 1 ］　罗运兵，张居中. 河南舞阳县贾湖遗址出土猪骨的再研究［J］. 考古，2008（1）.

［ 2 ］　Xiang, H., Gao J., Cai D., et al. Origin and dispersal of early domestic pigs in northern China［J］. *Scientific Reports*, 2017, 7 (1): 5602.

［ 3 ］　Cucchi, T., A. Hulme-Beaman, J. Yuan, K. Dobney. Early Neolithic pig domestication at Jiahu, Henan Province, China: clues from molar shape analyses using geometric morphometric approaches ［J］. *Journal of Archaeological Science*, 2011, 38 (1): 11-22.

［ 4 ］　袁靖. 论黄河流域和长江流域史前居民获取肉食资源方式的差异［C］. 科技考古文集. 北京：文物出版社，2009.

［ 5 ］　a. 杨玉璋等. 淮河上、中游地区史前稻-旱混作农业模式的形成、发展与区域差异［J］. 中国科学：地球科学，2016（8）.

　　　　b. He, K., Lu H., Zhang J., Wang C., Huan X.. Prehistoric evolution of the dualistic structure mixed rice and millet farming in China［J］. *Holocene*, 2017 (12): 1885-1898.

［ 6 ］　〔瑞士〕伊丽莎白·施密德著，李天元译. 动物骨骼图谱［M］. 武汉：中国地质大学出版社，1992.

［ 7 ］　B. 格罗莫娃著，刘后贻等译. 哺乳动物大型管状骨检索表［M］. 北京：科学出版社，1960.

［ 8 ］　〔英〕西蒙·赫森著，侯彦峰，马萧林译. 哺乳动物骨骼和牙齿鉴定方法指南［M］. 北京：科学出版社，2012.

［ 9 ］　中国社会科学院考古研究所科技考古中心. 考古遗址出土动物骨骼图谱. 待刊.

［10］　Cohen, A., D. Serjeantson. A Manual for the Identification of Bird Bones from Archaeological Sites ［M］. London: Archetype Publications Ltd, 1996.

［11］　陈全家. 郑州西山遗址出土动物遗存研究［J］. 考古学报，2006（3）.

［12］　吕鹏，杨梦菲，袁靖. 动物遗骸的鉴定与研究［M］. 登封王城岗考古发现与研究（2002～2005）. 郑州：大象出版社，2007.

［13］　同［12］.

［14］　韩立刚，郑龙亭. 蚌埠双墩新石器时代遗址动物遗存鉴定简报［R］. 蚌埠双墩：新石器时代遗址发掘报告. 北京：科学出版社，2008.

［15］　韩立刚. 安徽省濉溪县石山子遗址动物骨骼鉴定与研究［J］. 考古，1992（3）.

［16］　戴玲玲，陶洋，阚绪杭. 淮河中游地区的史前生业经济考察——安徽省侯家寨遗址出土动物骨骼研究［J］. 东南文化，2017（1）.

［17］　戴玲玲，张东. 安徽省亳州后铁营遗址出土动物骨骼研究［J］. 南方文物，2018（1）.

［18］　袁靖，陈亮. 尉迟寺遗址动物骨骼研究报告［R］. 蒙城尉迟寺——皖北新石器时代聚落遗存的发掘与研究. 北京：科学出版社，2001.

［19］　陈杰，刘羽阳. 江苏泗洪顺山集遗址动物考古学分析［R］. 顺山集——泗洪县新石器时代遗址考古发掘报告. 北京：科学出版社，2016.

［20］　李民昌. 江苏沭阳万北新石器时代遗址动物骨骼鉴定报告［J］. 东南文化，1991（Z1）.

［21］　李民昌，张敏，汤陵华. 高邮龙虬庄遗址史前人类生存环境与经济生活［J］. 东南文化，1997（2）.

［22］　a. 袁靖. 考古遗址出土家猪的判断标准. 中国考古网，2007. http://kaogu. cssn. cn/zwb/xsyj/yjxl/kjkg/200705/t20070525_3911263.shtml.

　　　　b. Evin, A., T. Cucchi, G. Escarguel, J. Owen, et al. Using traditional biometrical data to distinguish West Palearctic wild boar and domestic pigs in the archaeological record: new methods and standards［J］. *Journal of Archaeological Science*, 2014, 43 (1):1-8.

［23］　罗运兵. 中国古代猪类驯化、饲养与仪式性使用［M］. 北京：科学出版社，2012：27-29.

［24］　袁靖. 中国动物考古学［M］. 北京：文物出版社，2015.

［25］　Grant, A. The use of toothwear as a guide to the age of domestic ungulates［M］. *Ageing and Sexing Animal Bones from Archaeological Sites*. Oxford: British Archaeological Reports British Series, 1982.

［26］　李志鹏. 殷墟孝民屯遗址出土家猪的死亡年龄与相关问题研究［J］. 江汉考古，2011（4）.

［27］　Silver, I. A. The aging of domestic animals［M］. *Science in Archaeology*: *A Survey of Progress and Research*. London: Thames and Hudson, 1969.

［28］　a. 同［23］：17-18.

　　　　b. 黄蕴平. 内蒙古朱开沟遗址兽骨的鉴定与研究［J］. 考古学报，1996（4）.

［29］　水利部淮河水利委员会，《淮河志》编纂委员会. 淮河志［M］. 北京：科学出版社，2000.

［30］　盛和林. 中国鹿科动物［J］. 生物学通报，1992（5）.

［31］　张颖等. 田螺山遗址2004年出土哺乳动物的初步分析［M］. 田螺山遗址自然遗存综合研究. 北京：文物出版社，2011.

［32］　王华，王炜林，胡松梅. 仰韶时代人类狩猎梅花鹿的策略：以铜川瓦窑沟遗址为案例［J］. 人类学学报，2014（4）.

［33］　a. 河南省文物考古研究所. 舞阳贾湖［R］. 北京：科学出版社，1999.

　　　　b. 河南省文物考古研究院，中国科学技术大学科技史与科技考古系. 舞阳贾湖（二）［R］. 北京：科学出版社，2015.

［34］　安徽省文物考古研究所，蚌埠市博物馆. 蚌埠双墩——新石器时代遗址发掘报告［R］. 北京：科学出版社，2008.

［35］　同［14］.

［36］　a. 阚绪杭. 试论淮河流域的侯家寨文化［C］. 中国考古学会第九次年会论文集. 北京：文物出版社，1997.

　　　　b. 安徽省文物考古研究所. 安徽定远侯家寨新石器时代遗址发掘［J］. 考古学报，2019（1）.

［37］　同［16］.

［38］　阚绪杭.定远县侯家寨新石器时代遗址发掘简报［C］.文物研究（第五辑）.北京：文物出版社，1989.

［39］　同［15］.

［40］　贾庆元.安徽濉溪石山子新石器时代遗址［J］.考古，1992（3）.

［41］　王吉怀，吴加安，梁中合.安徽宿县小山口和古台寺遗址试掘简报［J］.考古，1993（12）.

［42］　同［17］.

［43］　同［18］.

［44］　南京博物院，泗洪县博物馆.顺山集——泗洪县新石器时代遗址考古发掘报告［R］.北京：科学出版社，2016.

［45］　同［19］.

［46］　同［21］.

［47］　中岛经夫等.河南省舞阳县贾湖遗址出土的鲤科鱼类咽齿研究［J］.第四纪研究，2015（1）.

［48］　Zhang, Y. *Animal Procurement in the Late Neolithic of the Yangtze River Basin: Integrating the Fish Remains into a Case-study from Tianluoshan*［D］. University College London, 2014.

［49］　叶祥奎，张居中.河南舞阳县贾湖遗址中的龟鳖类［J］.人类学学报，1994（1）.

［50］　范方芳，张居中.中国史前龟文化研究综论［J］.华夏考古，2008（2）.

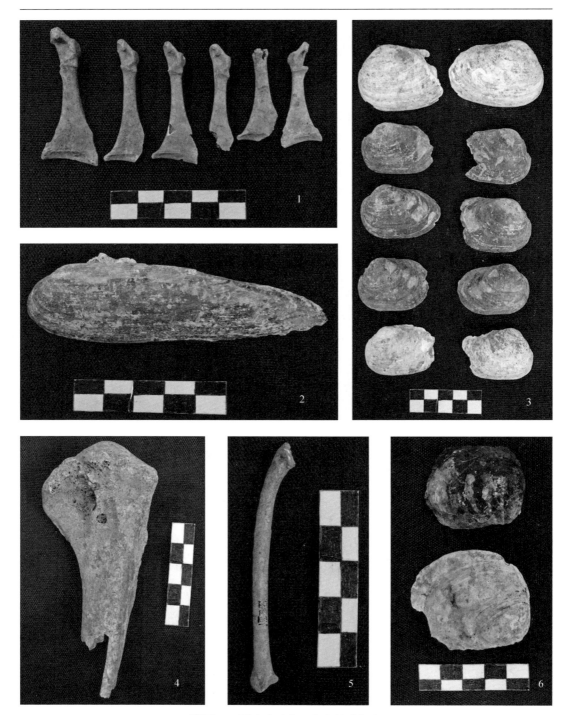

附图一　渠沟遗址出土鸟和贝类标本

1. 鹭科　2. 楔形矛蚌　3. 圆顶珠蚌　4. 鹤属　5. 雁亚科　6. 丽蚌

附图二　渠沟遗址出土鱼和哺乳动物标本

1.鲶鱼　2.黑鱼　3.獐　4.兔　5.黄颡鱼　6.猪　7.鲤鱼　8.猫科　9.獾　10.貉　11.水牛　12.梅花鹿

Zooarchaeological Analysis of Faunal Assemblage from Qugou Site, Anhui Province

DAI Ling-ling　　ZHANG Yi-zhong

The Qugou site, a middle Neolithic archaeological site along the Huai River valley, is important for discussing issues relevant to archaeological cultural sequence, ancient subsistence and cultural communication between the south and the north China. This zooarchaeological analysis of faunal assemblage from Qugou, synthesizing animal species identification, statistics, biometry and slaughter pattern, provided clues to utilization of livestock and wild animals. It is argued that: ①domestic pigs existed about 7000 years ago at Qugou but pig domestication was at early stage; ②wild animal resources including both terrestrial and aquatic contributed to more extent to human proteins than domestic pigs. In addition, deer bones and antlers were main raw materials for artifacts. Although pigs were domesticated at least about 9000 years ago at Jiahu along the Huai River valley, pig husbandry did not make great progress in subsequent phases partly due to abundant wild animal resources, low output of agriculture and less pressure of human population compared to the Central Plains area.

柏人城遗址2018年出土动物遗存研究[*]

梁琪瑶[1]　陈全家[1]　周海峰[2]　王　震[1]　陈国庆[1]

（1.吉林大学考古学院，长春，130012；2.邢台市文物管理处，邢台，054000）

柏人城遗址位于河北省邢台市隆尧县西12.5千米的双碑乡亦城、城角二村周围，遗址范围约4平方千米，文化堆积较厚，遗存丰富。2013年柏人城遗址被国务院公布为第七批全国重点文物保护单位，2015～2016年邢台市文物管理处对柏人城遗址进行了初步的考古勘探，并在城址西南部进行了小规模的试掘，2018年8～12月，经国家文物局批准，河北省文物研究所、吉林大学考古学院和邢台市文物管理处联合对柏人城遗址进行了大规模的考古发掘，发现东周时期至隋唐时期的遗存[1]，以及大量动物骨骼，本文将按照年代顺序介绍动物遗存的鉴定结果。

一、属 种 鉴 定

柏人城遗址共出土动物骨骼6858件，其中可鉴定属种的骨骼标本2667件，包括2门3纲8目10科18个属种（图一；表一）。

1. 东周时期

本时期共出土动物骨骼4件，其中可鉴定属种的标本仅2件，为家猪的下颌骨和髋骨，最小个体数为1。

2. 两汉时期

本时期共出土动物骨骼4558件，其中可鉴定属种的标本1768件，共包括圆顶珠蚌2件，最小个体数为2；丽蚌1件，最小个体数为1；无齿蚌9件，最小个体数为2。家鸡22件，为肱骨、桡骨、尺骨、股骨、胫跗骨和跗跖骨，最小个体数为5；雉未定种5件，为乌喙骨、股骨、胫跗骨和跗跖骨，最小个体数为2。鹰未定种1件，为尺骨，最小个体数为1。兔未定种4件，为肩胛骨、肱骨、髋骨和股骨，最小个体数为1。狗314件，为头

*　本文是"内蒙古中南部地区新石器至青铜时代动物考古学研究"（批准号：16BKG024）研究成果。

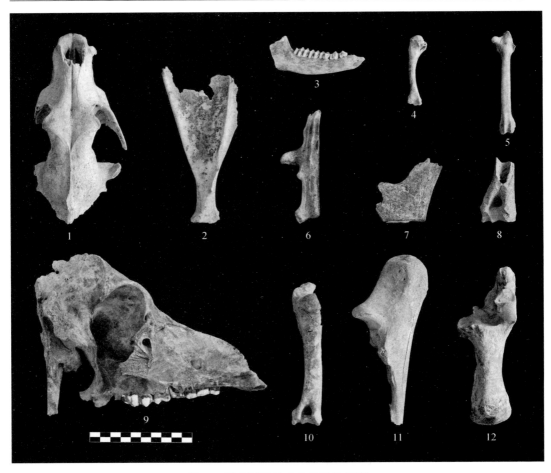

图一　柏人城遗址出土的动物骨骼

1. 狗（头骨，T1205⑤：3）　　2. 狍（右侧肩胛骨，T1508③：27）　　3. 獐（右侧下颌骨，T1106④：3）　　4. 家鸡
（左侧肱骨，T1207④：6）　　5. 兔（左侧股骨，T1308④：4）　　6. 麋鹿（角，H146：14）　7. 马鹿（右侧距骨，
H129：2）　8. 绵羊（左侧肱骨，T1509③：32）　　9. 家猪（头骨，J3：1）　10. 山羊（左侧肱骨，T1206④：4）
11. 马（左侧尺骨，T1508③：44）　12. 黄牛（右侧跟骨，H144：12）

骨、下颌骨、游离齿、寰椎、枢椎、第3～7颈椎、胸椎、肋骨、肩胛骨、肱骨、桡骨、
尺骨、髋骨、股骨、胫骨、距骨、跟骨、掌骨和跖骨，最小个体数24。家猪491件，为
头骨、下颌骨、游离齿、寰椎、枢椎、肩胛骨、肱骨、桡骨、尺骨、髋骨、股骨、腓
骨、距骨、跟骨、系骨、指骨和趾骨，最小个体数为94。狍18件，为肩胛骨、尺骨、胫
骨、距骨和系骨，最小个体数4；獐2件，都为下颌骨，最小个体数为2；麋鹿11件，为
角、下颌骨、股骨、跟骨、掌骨和跖骨，最小个体数2；马鹿7件，为角、下颌骨和距
骨，最小个体数3；还有29件标本无法在麋鹿和马鹿之间辨别。山羊45件，为角、下颌
骨、肩胛骨、肱骨、桡骨、尺骨、髋骨、股骨、掌骨和跖骨，最小个体数12；绵羊92
件，为角、下颌骨、寰椎、肩胛骨、肱骨、桡骨、髋骨、胫骨、距骨、掌骨和跖骨，

最小个体数18；此外还有62件标本无法在山羊和绵羊之间区分；黄牛480件，为角、头骨、下颌骨、游离齿、寰椎、枢椎、胸椎、腰椎、尾椎、肩胛骨、肱骨、桡骨、尺骨、髋骨、股骨、髌骨、胫骨、距骨、跟骨、跗骨、掌骨、跖骨、系骨、冠骨和蹄骨，最小个体数为21。马173件，为头骨、下颌骨、游离齿、寰椎、肩胛骨、肱骨、桡骨、尺骨、髋骨、股骨、髌骨、胫骨、距骨、跟骨、跗骨、掌骨、跖骨、系骨、冠骨和蹄骨，最小个体数为9。

表一　柏人城遗址出土动物属种统计

门	纲	目	科	属种
软体动物门 Mollusca	瓣鳃纲 Lamellibranchia	真瓣鳃目 Eulamellibranchia	蚌科 Unionidae	圆顶珠蚌 *Unio douglasiae*
				丽蚌 *Lamprotula* sp.
				无齿蚌 *Anodonta* sp.
		帘蛤目 Veneroida	帘蛤科 Veneridae	文蛤 *Meretrix meretrix*
脊索动物门 Chordata	鸟纲 Aves	鸡形目 Galliformes	雉科 Phasianidae	家鸡 *Gallus gallus domesticus*
				雉 *Phasianus* sp.
		隼形目 Falconiformes	鹰科 Accipitridae	鹰 *Accipiter* sp.
	哺乳纲 Mammalia	兔形目 Lagomorpha	兔科 Leporidae	兔 *Lepus* sp.
		食肉目 Carnivora	犬科 Canidae	狗 *Canis familiaris*
		偶蹄目 Aritiodactyla	猪科 Suidae	家猪 *Sus scrofa domesticus*
			鹿科 Cervidae	狍 *Capreolus pygargus*
				獐 *Inermis*
				麋鹿 *Elaphurus davidianus*
				马鹿 *Cervus elaphus*
			牛科 Bovidae	山羊 *Capra hircus*
				绵羊 *Ovis aries*
				黄牛 *Bos taurus*
		奇蹄目 Perissodactyla	马科 Equidae	马 *Equus caballus*

3. 隋唐时期

本时期共出土动物骨骼2296件，其中可鉴定属种的标本857件，共包括丽蚌1件，最小个体数为1；无齿蚌1件，最小个体数为1。文蛤1件，最小个体数为1。家鸡8件，为乌喙骨、肱骨、尺骨、股骨和胫跗骨，最小个体数为2；雉未定种4件，为股骨、胫跗骨和跗跖骨，最小个体数为2。兔未定种1件，为髋骨，最小个体数为1。狗141件，为头骨、下颌骨、游离齿、寰椎、枢椎、腰椎、肩胛骨、肱骨、桡骨、尺骨、髋骨、股骨、胫骨、跟骨、掌骨和跖骨，最小个体数16。家猪249件，为头骨、下颌骨、游离齿、寰椎、肩胛骨、肱骨、桡骨、尺骨、股骨、腓骨、距骨、跟骨、系骨、冠骨、指骨和趾骨，最小个体数为43。狍9件，为肩胛骨、胫骨和距骨，最小个体数3；獐2件，为下颌骨，最小个体数为1；麋鹿5件，为下颌骨、桡骨、股骨、距骨和掌骨，最小个体数1；马鹿7件，为下颌骨、游离齿、肱骨、冠骨和蹄骨，最小个体数1；还有15件标本无法在麋鹿和马鹿之间辨别。山羊27件，为角、下颌骨、肩胛骨、肱骨、桡骨、胫骨、掌骨和跖骨，最小个体数5；绵羊68件，为角、下颌骨、寰椎、肩胛骨、肱骨、桡骨、髋骨、胫骨、距骨、掌骨和跖骨，最小个体数14；此外还有68件标本无法在山羊和绵羊之间区分；黄牛214件，为角、头骨、下颌骨、游离齿、肩胛骨、肱骨、桡骨、尺骨、髋骨、髌骨、胫骨、距骨、跟骨、跗骨、掌骨、跖骨、系骨、冠骨和蹄骨，最小个体数6。马76件，为头骨、下颌骨、游离齿、肩胛骨、肱骨、桡骨、尺骨、髋骨、股骨、髌骨、胫骨、距骨、跗骨、掌骨、跖骨、系骨、冠骨和蹄骨，最小个体数3。

二、家养动物情况

1. 家鸡

（1）家养动物鉴别

本文对家鸡的鉴定主要依据邓惠、袁靖[2]等学者的研究，遗址所出骨骼在形态学上符合以下特点：①在乌喙骨腹侧靠近胸骨端有背侧窝，②在肱骨远端腹侧没有肘头窝腹侧小窝，③股骨大转子内侧没有含气窝，综合以上几点考虑再结合测量数据，故判断为家鸡。

（2）死亡年龄及饲养目的

对全部家鸡骨骼观察后发现，长骨骨骺均已愈合，都为成年个体。对鸟类雌雄性的判断多依据跗跖骨上有无距[3]，一般认为有距为雄性，无距为雌性，柏人城遗址出土的5件跗跖骨标本中，4件为雄性，1件为雌性，尽管其中2件雄性跗跖骨出土于同一单位，分别为左右侧，可能属于同一个体，在比例上雄性仍然多于雌性。由此推测，先民饲养家鸡主要是为了获取肉食，而非次级产品开发。

2. 狗

（1）家养动物鉴别

根据以往对家犬基因的研究，不同地区的家犬都是由灰狼进化而成[4]，狼在被驯化成家犬的过程中，由于人为干涉的影响及动物自身心理压力等因素，会致使其生长发育受到影响，进而骨骼形态发生变异。本文对狗和狼骨骼的区分主要依据武仙竹[5]和武庄[6]学者的研究，利用骨骼尤其是头骨和下颌骨的测量数据对其进行辨别。

通过测量发现，遗址所出上颌骨颊齿齿列均长为69.59毫米（狼大致在77~87毫米），上颌骨前臼齿齿列均长为54.05毫米（狼大致在58~70毫米），上裂齿平均长度为17.07毫米（狼平均值为22.94毫米），同一标本上，用上裂齿长度减去上臼齿长度之和［P4长-（M1+M2）长］的平均值为-2.41毫米（狼的变量值为正数，平均值为1.02毫米）。此外，下颌骨颊齿齿列长度均值为75.16毫米（狼大致在91~109毫米），下裂齿长度平均值为21.12毫米（狼平均值为27.86毫米），同一标本上，裂齿长度减去第二臼齿与第三臼齿长度之和［m1长-（m2+m3）长］的平均值为7.89毫米（狼的变量值较大，平均值为10.6毫米）。

在骨骼形态上，狗和狼也略有不同。其中下颌骨较为明显，遗址所出骨骼的下颌骨底缘呈弧形，而狼的下颌骨底缘平直。故综合分析后，该遗址所出骨骼可鉴定为家犬。

（2）死亡年龄及饲养目的

根据骨骺与骨缝的愈合情况，两汉时期出土的狗都为成年个体，隋唐时期共有5件标本骨骺未愈合，其中3件标本出土的遗迹单位相同，可能属于同一个体，由此推测，该时期至少有3个为未成年个体，约占总数的18%。从骨骼表面痕迹来看，两汉时期骨骼上有切割痕迹的标本8件，约占该时期出土狗骨总数的3%，有砸痕的标本47件，约占15%；隋唐时期有割痕和划痕的标本共10件，约占该时期出土狗骨总数的7%，有砸痕的标本34件，约占24%。其中，割和划主要是为了剔骨取肉，砸则是为了肢解动物、砸骨取髓，都是饮食过程中留下的痕迹，但总体来看占比较少，由此推测，该遗址先民饲养狗主要是为了看家护院，同时，也有食用狗肉的饮食习惯。

3. 家猪

（1）家养动物鉴别

目前学者对家猪的判断主要依据骨骼形态、年龄结构、性别特征，近年来随着科技考古在家猪鉴定方面的发展，古DNA分析、病理学观察和稳定同位素分析也被运用到鉴定中来。由于本文研究的遗址在年代上偏晚，骨骼形态特征较为明显，故只采用传统的形态学方法对其进行鉴别。

在形态研究中，测量尺寸是区分考古遗址出土家猪和野猪的重要标准[7]，其中牙齿，尤其是上下颌第三臼齿的测量值在研究中最常被用到。故选取可测量的全部标本，在靠近牙冠根部测量，测量数据见图二和图三，共测得10件M3和6件m3，袁靖等学者对家猪的界定为：上颌第三臼齿的平均长度为35毫米，宽度为20毫米；下颌第三臼齿的平均长度为40毫米，宽度为17毫米[8]。从测量结果看，所有测量数据都在这个数值附近，甚至大部分数值小于平均值，故可确定为家猪。

（2）死亡年龄及饲养目的

猪的年龄结构可以根据牙齿的萌出与磨损程度进行判断，参照国际通行的Grant方法[9]，即根据牙齿咬合面的牙质和珐琅质的图案确定牙齿的磨损级别，再根据磨蚀程度进行年龄分组。柏人城遗址出土的猪上颌骨牙齿大多脱落，保存情况不好，而下颌骨

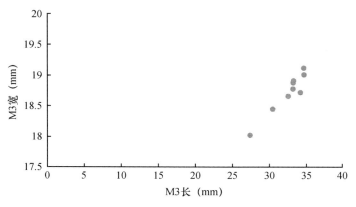

图二　猪上颌第三臼齿（M3）测量值分布图

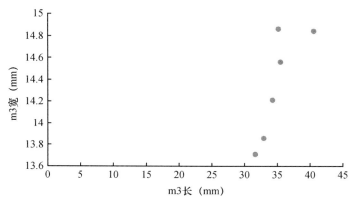

图三　猪下颌第三臼齿（m3）测量值分布图

牙齿保存较好，故分别选取可用于年龄鉴定的两汉时期（50件）和隋唐时期（36件）的左侧下颌骨，共代表86个个体进行分析，如图四所示。

　　从图中可以看出，两汉时期和隋唐时期猪的未成年个体（2岁以下）都占各时期的92%，成年个体所占比例极小，两个时期都以未成年个体为主，由此推测遗址先民饲养猪的主要目的是获取肉食资源。此外，两汉时期几乎一半的猪死亡年龄在12~18个月，到了隋唐时期，该年龄组死亡的猪所占比例明显下降，约占该时期的33%，而18~24个月死亡的猪所占比例上升，约占28%，故推测在两汉时期遗址居民的饲养水平提高，对猪的宰杀年龄把控更加合理。

4. 羊

（1）家养动物鉴别

　　柏人城遗址所出羊骨，可分为山羊和绵羊两种，利用骨骼形态上的差异可进行区分[10]，对保存不完整的骨骼或形态差异不明显的部位则不勉强区分，只先归到羊亚科

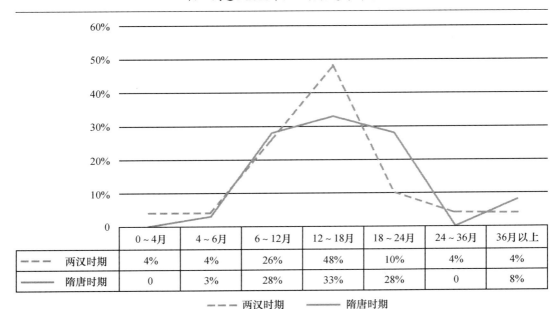

	0~4月	4~6月	6~12月	12~18月	18~24月	24~36月	36月以上
----- 两汉时期	4%	4%	26%	48%	10%	4%	4%
——— 隋唐时期	0	3%	28%	33%	28%	0	8%

----- 两汉时期　　——— 隋唐时期

图四　不同时期猪死亡年龄统计

中。对羊是否家养的判断则依据羊骨在遗址出土的动物组合中所占的比例，两汉时期和隋唐时期羊骨的可鉴定标本数分别占哺乳动物总数的12%和18%、最小个体数分别占20%和27%，由此可以看出养羊业规模相对比较稳定。

（2）死亡年龄及饲养目的

本文对羊死亡年龄的判断仍采用Grant方法[11]，根据羊下颌颊齿磨蚀图案记录牙齿萌出和磨蚀阶段，再根据Payne的标准，将其与死亡年龄进行对应[12]。为使分析结果更全面反映遗址的真实情况，笔者对各时期绵羊和山羊下颌骨保留更多、保存更好的一侧进行记录，故每件下颌骨可代表一个个体放入统计中，分析结果见图五和图六。

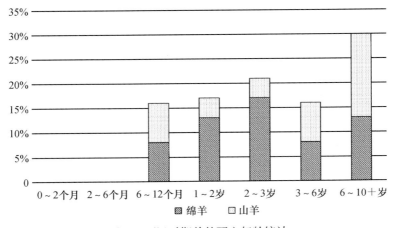

图五　两汉时期羊的死亡年龄统计

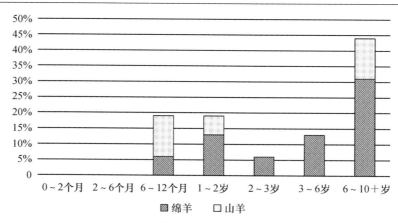

图六　隋唐时期羊的死亡年龄统计

Payne曾分别对以产肉、产奶和产毛为主要目的的家羊屠宰模式与死亡年龄的关系进行研究，并提供了不同模式下羊的存活率曲线[13]。他认为如果养羊以产肉为主要目的，人们会在羊达到最佳产肉的年龄段杀掉大多数公羊，只留少部分作为种羊繁殖后代；如果养羊以产奶为主要目的，人们会杀掉大部分年龄在2个月以内的公羊，保留母羊作为产奶羊；如果养羊以产羊毛为主要目的，人们则会保留较多成年个体，直至老年容易掉毛后，再大量宰杀。从统计结果看，两个时期羊的死亡年龄都集中在6～10岁以上，未发现在0～6个月死亡的羔羊，故推测遗址养羊的主要目的不是产奶而是产羊毛。

值得注意的是，在两汉时期约17%的绵羊和4%的山羊死亡年龄在2～3岁，所占比例仅次于6～10岁及其以上年龄组，但到了隋唐时期这个年龄组死亡的羊仅占6%，且都为绵羊。一般情况下，1岁半到2岁半是羊的上市年龄，这一时期羊的产肉量最高，由此推测，该遗址在两汉时期，尽管养羊的主要目的是产毛，同时也兼顾产肉，到了隋唐时期，对产毛的需求性极强，不再兼顾产肉。

5. 黄牛

（1）家养动物鉴别

家养黄牛和野牛的骨骼在测量尺寸上存在较大差异，黄牛骨骼的各项测量数据均小于野牛。从柏人城遗址出土牛骨的测量结果看，其与其他考古遗址中出土的黄牛骨骼或与吉林大学动物考古实验室的现生黄牛标本的数据都相近。此外，对掌跖骨观察后，发现多件标本在关节附近出现骨质增生，在骨体上出现囊肿，推测是由于长期拉犁或拉车，劳役负担过重引起的病变[14]，故确定为家牛。

（2）死亡年龄及饲养目的

对黄牛死亡年龄的判断主要依据牙齿的萌出与骨骺愈合情况，因柏人城遗址黄牛下颌骨两侧牙齿的保存情况都不好，故参照黄牛牙齿萌出和开始磨耗年龄对应表[15]，结合左右两侧下颌骨的情况一起进行年龄分析。从结果看，两汉时期可鉴定年龄的9件右侧下颌骨和5件左侧下颌骨中，仅有2件左侧下颌第三臼齿未萌出，年龄为1.5～2岁，其余年龄都在2.5岁以上；到了隋唐时期，左右两侧共3件可鉴定年龄的标本都在2.5岁以上。从骨骺的愈合情况来看，两个时期都有97%的骨骼骨骺已愈合，3%骨骺未愈合的骨骼所反映的死亡年龄也都在1岁以上。由此来看，遗址出土的大部分黄牛都为成年个体，推测饲养黄牛的主要目的为副产品，最有可能是牵引力，另外，遗址出土的黄牛骨骼上多有人为砍砸、切割的痕迹，故可能除了役用价值，黄牛还兼具肉食供给的作用。

6. 马

（1）家养动物鉴别

对家马的判断主要依据骨骼的形态学研究和测量尺寸，尤其是马牙齿上的测量数据，将柏人城遗址出土马骨与其他考古遗址及吉林大学动物考古实验室的现生家马标本进行比对，最终鉴别为家马。

（2）死亡年龄及饲养目的

由于该遗址马下颌牙齿保留较完整的标本极少，故对马死亡年龄的判断主要依据骨骺愈合情况。对遗址两汉时期的88件标本和隋唐时期的26件标本观察后发现，骨骺处均已愈合，依据Silver对马骨骺愈合情况与年龄关系的研究[16]，判断遗址所出的全部马骨死亡年龄都在3.5岁以上，都为成年个体。由此推测，遗址先民饲养马的主要目的可能同样是使役，马骨上的人为砍砸、切割痕迹说明其同样可作为肉食资源。

三、结 论

1. 动物构成

总体来看，柏人城遗址除东周时期发现的动物骨骼数量极少外，在两汉时期和隋唐时期发现的动物骨骼数量都比较多，在属种方面也差异不大，笔者对这两个时期出土的动物骨骼按类别进行统计，详见图七。从图中可以看出，两汉时期和隋唐时期出土的软体动物和鸟类都非常少，未见鱼类和爬行动物，而哺乳动物始终占据主导地位，都占各时期动物骨骼总数的98%。

2. 肉食结构复原

由于东周时期出土的动物骨骼仅有2件，没有必要计算其肉食贡献，故只对两汉时期和隋唐时期该遗址先民的肉食结构进行复原，主要参照White的计算方法[17]，利用学者以往对常见动物平均体重与肉量的估算进行统计[18]，从而得出各类动物的肉食贡献率，详见图八。因考虑到软体动物所出较少，且单个个体所能提供的肉量也比较少，对原始居民的肉食影响不大，故未计入统计中。

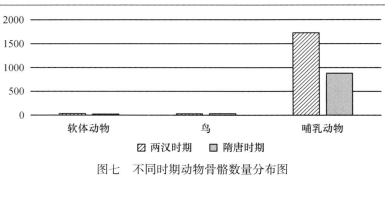

图七　不同时期动物骨骼数量分布图

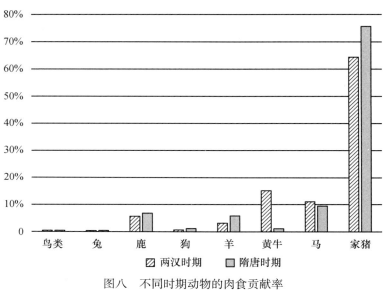

图八　不同时期动物的肉食贡献率

从计算结果来看，家猪的肉食贡献率在两个时期都是最多的，所占比例远超其他动物，黄牛的比例从两汉时期至隋唐时期呈现明显的减少趋势，马的比例也略微减少，而羊和鹿的肉食贡献率呈现增长趋势，狗、兔和鸟类的比例在两个时期几乎没有变化。

由此可以推测，从两汉时期到隋唐时期，该遗址先民主要依赖的肉食消费对象为家猪，并具有无可替代的位置，较依赖的对象为黄牛和马，但随着时间推移，其地位逐渐下降，黄牛尤为明显，据文献记载，汉代禁食耕牛，但不禁肉牛[19]，唐代官府则严禁杀牛[20]，这可能是牛的肉食贡献率明显下降的原因。此外，鹿和羊也是先民重要的肉食补充，且地位逐渐上升，而狗、兔和鸟类在先民的肉食结构中不占据重要地位，依赖性较弱。

3. 生业模式

从柏人城遗址家养动物和肉食资源的利用情况分析，推测该遗址先民过着定居生活，生业模式呈现典型的畜养经济特征，六畜齐备。养猪作为主要的肉食来源，养狗主要为了看家护院，养羊的主要目的是产毛，养牛和马则主要为了使役，随着这些动物年龄增长，无法满足人们的需求时，再对其进行二次利用，屠宰后作为重要的肉食补充，同时，还养少量的鸡来丰富肉食结构。除此之外，遗址居民还偶尔进行狩猎和捕捞活动，获取野味，鹿和兔为主要的狩猎对象。

4. 生态环境

不同动物的分布范围和栖息环境有不同的特点，故根据遗址出土的野生动物种类，可在一定程度上对遗址周围的古代环境进行复原和重建。遗址出土的软体动物有：圆顶珠蚌、丽蚌、无齿蚌和文蛤，前三种均生活在淡水水域中，如江河、湖泊、池塘等，而文蛤属埋栖型贝类，栖息在潮间带及浅海区沙泥底质[21]，考虑到遗址地处内陆地区，可能为与沿海地区贸易交流的产品，故不作为环境复原的指标。遗址出土的野生鸟类为鹰，多栖息于峡谷、林地、树林等处[22]。遗址出土的野生哺乳动物有：兔、狍、獐、麋鹿和马鹿，兔分布范围较广，多生活在有水源、有树木的混交林内，而狍、獐、麋鹿和马鹿都为鹿科动物，栖息环境较为相近，多生活于林区、草原、灌丛附近，喜欢在河岸、湖边等潮湿地或沼泽地的芦苇中活动[23]。由此可见，遗址附近有充足的水域、大面积的草原和茂密的树林，生态环境较为优越，动物资源丰富。

附记：本文研究的动物骨骼材料由陈国庆教授提供，在此表示衷心感谢！

注　释

[1] 吉林大学考古学院，河北省文物考古研究所，邢台市文物管理处. 河北邢台柏人城遗址2018年考古发掘简报. 待刊.

[2] 邓惠，袁靖，宋国定，王昌燧，江田真毅. 中国古代家鸡的再探讨 [J]. 考古，2013（6）：83-96.

[3] Serjeantson, D. *Birds* [M]. Cambridge: Cambridge University Press, 2009: 53-55.

[4] Leonard, J. A. Ancient DNA Evidence for Old World Origin of New World Dogs [J]. *Science*, 2002, 298 (5598): 1613-1616.

[5] 武仙竹. 狼、狗裂齿与臼齿的测量值、变量值研究 [J]. 四川文物，2005（4）：28-33.

[6] 武庄，袁靖，赵欣，陈相龙. 中国新石器时代至先秦时期遗址出土家犬的动物考古学研究 [J]. 南方文物，2016（3）：155-161.

[7] Hongo, H., R. H. Meadow. Pig exploitation at Neolithic Cayonü Tepesi (Southeastern Anatolia) [J]. *Masca Research Papers in Science & Archaeology*, 1998 (15): 77-98.

[8] 袁靖. 中国古代的家猪起源 [C]. 西部考古（第一辑）. 西安：三秦出版社，2006：43-49.

[9] Grant, A. The use of tooth wear as a guide to the domestic ungulates [C]. *Ageing and Sexing*

Animal Bones from Archaeological Sites. Oxford: British Archaeological Reports British Series, 1982.

［10］ Zeder, M. A., B. Hesse. The initial domestication of goats (Capra hircus) in the Zagos Mountains 10,000 Years Ago ［J］. *Science*, 2000, 287 (5461): 2254-2257.

［11］ 同［9］.

［12］ Payne, S. Kill-off patterns in sheep and goats: the mandibles from Asvan Kale ［J］. *Anatolian Studies*, 1973: 23.

［13］ 同［12］.

［14］ 袁靖. 论中国新石器时代居民获取肉食资源的方式［J］. 考古学报，1999（1）：1-22.

［15］ 吕鹏，袁靖，李志鹏. 再论中国家养黄牛的起源——商榷《中国东北地区全新世早期管理黄牛的形态学和基因学证据》一文［J］. 南方文物，2014（3）：48-59.

［16］ Silver, I. A. The ageing of domestic animals ［C］. *Science in Archaeology*: *A Survey of Progress and Research*. London: Thames and Hudson, 1969: 283-302.

［17］ Reitz, E. J., E. S. *Wing. Zooarchaeology* ［M］. Cambridge: Cambridge University Press, 2008.

［18］ a. 盛和林等. 中国鹿类动物［M］. 上海：华东师范大学出版社，1992.
　　　 b. 高耀亭等. 中国动物志：兽纲. 第八卷·食肉目［M］. 北京：科学出版社，1987.
　　　 c. 寿振黄. 中国经济动物志·兽类［M］. 北京：科学出版社，1962.

［19］ （东汉）应劭撰. 风俗通义［M］. 北京：中华书局，1985.

［20］ a.（后晋）刘昫等. 旧唐书［M］. 北京：中华书局，1975.
　　　 b.（唐）长孙无忌等，刘俊文点校. 唐律疏议［M］. 北京：中华书局，1983.

［21］ 刘月英等. 中国经济动物志：淡水软体动物［M］. 北京：科学出版社，1979.

［22］ 郑作新等著，郑作新修订. 中国动物图谱：鸟类［M］. 北京：科学出版社，1987.

［23］ 同［18］a.

The Research of Faunal Remains from Bairencheng Site in Xingtai, Hebei

LIANG Qi-yao　　CHEN Quan-jia　　ZHOU Hai-feng　　WANG Zhen　　CHEN Guo-qing

A number of animal remains were unearthed from Bairencheng site in Xingtai city, Hebei province, North China. The site could be divided into three period, Eastern Zhou Dynasty, Han Dynasty and Sui and Tang Dynasties. In this paper, a total of 6858 bone fragments were recovered, of which 2667 specimens were identified to taxonomic levels, including 18 species from 10 families and 8 orders. Based on the zooarchaeological and statistical study of the animal remains, we can find that domesticated animals were the majority in the assemblage. Considering the age of death, the author believes that the ancestors raised domesticated livestock as the main meat resource, and at the same time, some wild animals and aquatic species were hunted to supplement meat resource, showing typical economic model of animal husbandry. In addition, wild animal remains, as a key ecological indicator, reflect the superior environment around this site.

原始牛的历史地理分布和古DNA研究进展[*]

张乃凡[1]　蔡大伟[1, 2, 3]

（1.吉林大学考古学院，长春，130012；2.吉林大学边疆考古研究中心，长春，130012；3.吉林大学-西蒙菲莎大学生物考古联合实验室，长春，130012）

一、引　　言

原始牛（*Bos primigenius*）属于动物界（Animalia）、脊索动物门（Chordata）、哺乳纲（Mammalia）、偶蹄目（Artiodactyla）、牛科（Bovinae）、牛属（Bos）、原牛种（*B. primigenius*），是中更新世至全新世时期常见的动物群成员之一，分为欧亚（*Bos primigenius primigenius*）、中东（*Bos primigenius namadicus*）、北非（*Bos primigenius africanus*）三个亚种。研究表明，原始牛是家牛（普通牛*Bos taurus*和瘤牛*Bos indicus*）的祖先来源之一[1]。

原始牛体型特别高大，肩高在1.32（雌性）~1.89米（雄性）[2]，肱骨可长达471毫米，整体体型从中更新世到全新世逐渐变小[3]（图一），其头部为长头型、额角部

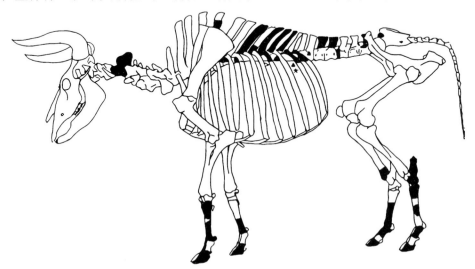

图一　荷兰Balkweg遗址雌性原始牛

＊　本研究得到国家社科基金重大项目"古DNA视角下的东西方文化交流研究"（项目批准号17ZDA221）资助。

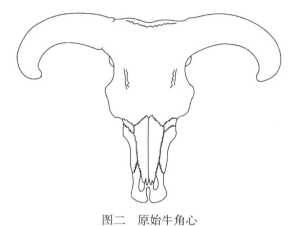

图二　原始牛角心

宽大，角粗壮且长[4]（图二）。

　　原始牛的历史可以追溯到200万年以前，在印度北部的西瓦里克山脉（Siwalik Hills）发现的早期牛属化石形态类似于某种原始牛（*Bos acutifrons*），是*Bos*属最古老的代表，西瓦里克山脉也因此被认为是牛属动物的起源地之一[5]。全新世时期原始牛广泛分布在亚、非、欧，甚至美洲也有原始牛存在的证据，如美国[6]。根据出土地层和孢粉分析，原始牛生活于温凉环境，喜森林、沼泽等地，因气候变化和人类狩猎的影响，在全新世逐渐灭绝[7]。

二、原始牛的艺术形象

1. 原始牛在欧洲的艺术形象

　　法国拉斯科（Lascaux）洞穴[8]（约17000年前）、肖维（Chauvet）洞穴[9]（距今37000～33500年前或31000～28000年前），墙壁上皆绘有原始牛的形象。图中的马和鹿似是悠然自得，而两头原始牛却针锋相对（图三）。

　　雅典国家考古博物馆藏出土于希腊瓦菲奥（Vafio）遗址的两个酒杯，年代为青铜时代晚期（公元前1500～前1450年）[10]，酒杯上均有原始牛的形象，展现出人类激烈地捕猎原始牛的活动或是原始牛已屈服的场景（图四）。

图三　法国拉斯科洞穴壁画局部图

图四　希腊瓦菲奥遗址酒杯动物形象

2. 原始牛在北非的艺术形象

埃及关于原始牛的绘画、雕塑等资料丰富，年代至少可以从大约公元前4000年延续至公元前1000年，如拉美西斯三世神殿（公元前1188～前1156年）背面有一幅浮雕，展现了法老拉美西斯三世沿尼罗河驾战车捕猎原始牛的场景[11]（图五）。

利比亚梅萨克（Messak）高原上有多幅年代古老的岩石雕刻作品，最早的至少在10000年前。其中，一处有裂缝的岩石上有一只长颈鹿向左走，一只原始牛向右走的场景[12]（图六）。

图五　拉美西斯三世神殿背面浮雕

图六　利比亚梅萨克高原上的岩石雕刻形象

图七　阿拉伯基尔瓦遗址史前岩画形象

3. 原始牛在西亚的艺术形象

阿拉伯基尔瓦遗址（Kilwa）有大量的史前岩画，有些刻画出牛的形象，如有幅牛的岩画，叠加在两只野生山羊上，有一男人持矛从侧面攻击牛[13]（图七）。有研究者认为这是原始牛的形象，原始牛的角总是向前弯曲指向前额方向，使得角尖始终保持在视线内，在其眼睛附近。而原始牛的后腿被绑着一根带石头的绳子，这算作某种陷阱，目的是减慢动物的速度，使其更容易被捕杀[14]。

三、原始牛的考古地点分布

通过对考古遗址动物骨骼遗骸的形态分析，结合史前洞穴壁画及古代雕塑等资料，考古学家发现原始牛从中更新世早期至全新世就广泛分布在欧洲、北非及西亚地区[15]。

1. 原始牛在欧洲的分布

在欧洲地区，尽管原始牛的分布广泛，但在不同区域的时空分布有较大的差异。原始牛从中更新世晚期（距今600000～500000年）[16]就开始在西欧、南欧和中欧出现，而且分别延续至5世纪[17]、10世纪[18]和17世纪左右[19]。各地区原始牛遗骸具体分布及年代详见表一。

表一　原始牛遗骸在欧洲的分布

国家		遗址	样本编号	年代	线粒体型	Y染色体型
西欧	法国[20]	Grotte Champeau	GCH1	旧石器早/中期	×	×
		Ruffey-Sur-Seille	RUF4	中石器	P	×
		Ruffey-Sur-Seille	RUF7	中石器	×	×
		Etival	ETI1	公元前5464年±78年	P	×
		Noyen/Seine	NOY01	中石器/新石器	×	×
		Noyen/Seine	NOY02*	中石器/新石器	T3	×
		Ensisheim	EF01	新石器早期	×	×
		Ensisheim	EF02*	新石器早期	T3	×
		Roucadour	ROU1～ROU5	新石器中期	P	×

国家		遗址	样本编号	年代	线粒体型	Y染色体型
西欧	法国[20]	Roucadour	ROU6	新石器中期	P	Y2
		Roucadour	ROU8 ~ ROU9	新石器末期	P	×
		Mareuil-les-Meaux	MAR9	距今5000 ~ 4900年	×	×
		Mareuil-les-Meaux	MAR10*	距今5000 ~ 4900年	T	×
		Louviers	Lou01 ~ Lou04	约公元前4000年	×	×
		Bercy	Baur01 ~ Baur06	约公元前4000年	×	×
		Caveà l'Ours	CAT1	约公元前3694年	P	Y2
		Grotte du Gardon	PAR1	公元前3340 ~ 前3150年	P	Y2
		Rochedane	Roc C'1、RocA2 ~ RocA4	距今11570年、距今6730年、距今8640年、距今10830年	×	×
		Belloy-sur-Somme	BSS 5119、BSS5394	中石器时代	×	×
		Saleux-sur-Somme	Fed109	旧石器时代	×	×
		Jablines	JAB7 ~ JAB10	距今6950 ~ 6650年	×	×
		Cuiry-les-Chaudardes	CCF1 ~ CCF3、CCF10 ~ CCF12	距今7000 ~ 6800年	×	×
		Maizy	MGA7 ~ MGA10	距今6700 ~ 6100年	×	×
		Osly-Courtil	OTM2、OTM3	距今3250 ~ 2625年	×	×
		Temps Perdu; Font Rase 95 等	Au1 ~ Au17、AuA	距今5700 ~ 4200年	×	×
		Coursac	COU1、COU2	距今4000年	×	×
		Vibrac	Vib11、Vib96	距今3860年	×	×
		Le Jardinet	JAR1-A、JAR1-B	距今3705年	×	×
		Champdurand	CD2	新石器时代末期	×	×
		Les Charcogniers	Gir30、Gir103、Gir122、Gir334	距今8800 ~ 7500年	×	×
		Pontvallain	PVL03 ~ PVL05	距今约3200年	×	×
		Conty	P7366 ~ P7369	年代不明	×	×

国家		遗址	样本编号	年代	线粒体型	Y染色体型
西欧	法国[20]	Ain	×	罗马时期	×	×
		Juvigny, Les Grands Traquiers	×	新石器时代	×	×
		Le Parc du Château	×	公元前8457~前7844年、公元前8172~前7582年、公元前7140~前6780年、公元前6816~前6506年	×	×
	英国[21]	Bob's Cave	D740	距今12380~12200年	P	×
		Gough's Cave	D812	距今12040~11760年	P	×
		Kent's Cavern	D813	距今11880年±120年	×	×
		Pin Hole Cavern	D814	距今10970年±110年	×	×
		Totty Pot	TP65	距今7570~7320年	P	×
		Carsington Pasture Cave	CPC98、CPC-02、CPC-03、CPC-05、CPC-06[†]、CPC-07[†]、CPC-08[†]、CPC-11~CPC-14	距今6200~5650年	P	×
		Carsington Pasture Cave	CPC-01、CPC-09	距今6200~5650年	×	×
		Carsington Pasture Cave	CPC-04[*]、CPC-10[*]	距今6200~5650年	T3	×
		Windmill Hill	WH06[*]、WH10[*]	距今4800~4600年	T3	×
		Charterhouse Warren Farm Swallet	CHWF	距今4090~3720年	P	×
		North Ferriby	NORF	距今3990~3720年	P	×

国家	遗址	样本编号	年代	线粒体型	Y染色体型
英国[21]	Southampton	发现一角心，部分头骨，属于原始牛	年代不明	×	×
	Irthlingborough	×	约公元前2000年	×	×
	Ilford	×	下更新统上部	×	×
	Blick Mead; Star Carr; Thatcham; Faraday Road; Cherhill	×	中石器时代（其中Blick Mead：公元前7596～前4695年）	×	×
荷兰[22]	Balkweg	GrA-43184	公元前5680～前5520年	×	×
	Jardinga-1（Johannahoeve）	GrA-9640	公元前5230～前4990年/公元前5300～前5240年	×	×
	Jardinga-1（Johannahoeve）	GrA-9643	公元前5320～前5050年	×	×
	Jardinga-1（Johannahoeve）	GrA-9644	公元前5340～前5190年/公元前5180～前5050年	×	×
	Jardinga-1（Johannahoeve）	GrA-9645	公元前5570～前5370年/公元前5610～前5590年/公元前5400～前5100年	×	×
	Jardinga-1（Johannahoeve）	GrA-9646	公元前5480～前5310年	×	×
	Jardinga-1（Johannahoeve）	GrA-9650	公元前5310～前5030年	×	×
	Jardinga-1（Johannahoeve）	GrA-14109	公元前5310～前5190年/公元前5180～前5060年	×	×
	Jardinga-2	GrA-38247	公元前5230～前5010年	×	×
	Balkbrug; Borne; Azelo; Zwolle, Haerst	×	更新世/全新世	×	×
	Britsum	×	257～421年	×	×

西欧

续表

国家		遗址	样本编号	年代	线粒体型	Y染色体型
中欧	德国[23]	Neuhausen Filder; Cannstatt等	Low1 ~ Low11、Low15、Low16	距今约50000年	×	×
		Ilsfeld	ILSF	距今6000 ~ 5500年	×	×
		Gambach	GA2、GA3	距今6000 ~ 5500年	×	×
		Allendorf	ALL1	距今12082 ~ 11978年	P	×
		Rosenhof Holstein	ROS2^、ROS4^、ROS11*、ROS12*	中石器晚期/新石器早期	P	×
		Rosenhof Holstein	ROS3、ROS5、ROS7	中石器晚期/新石器早期	P	Y2
		Rosenhof Holstein	ROS1*	公元前4840年±80年/公元前4740年±60年	P	×
		Rosenhof Holstein	ROS10*	公元前4770年±40年	P	×
		Rosenhof Holstein	ROS9*	公元前4000年±50年	T3	×
		×	DD10	公元前5500 ~ 前4900年	×	Y1
		×	DD56	公元前5500 ~ 前4900年	×	Y1
		×	DD23	公元前4900 ~ 前4400年	×	Y1
		Bad Abbach	KOEL1	公元前4800 ~ 前4650年	×	×
		Neustadt Holstein	NES1*、NES2	公元前4500 ~ 前4100年	P	×
		Eilsleben	EIL4	公元前5000年	E	×
		Eilsleben	EIL5、EIL6、EIL14	公元前5000年	P	×
		Göttingen FMZ	GOE4	约公元前5000年	×	×
		Hilzingen	HIL1、HIL 3	公元前5000 ~ 前4000年	×	×
		Viesenhäuser Hof	VIE2、VIE4、VIE13	公元前5000 ~ 前4000年	×	×

续表

国家	遗址	样本编号	年代	线粒体型	Y染色体型
中欧					
德国[23]	Halle	HAL1*	约100年	P	Y2
	Friedland	×	公元前5500~前2000年	×	×
	Dormagen-Straberg	×	全新世（Boreal）	×	×
	Düsseldorf; Braunschweig	×	更新世	×	×
	Neumark-Nord	×	距今约200000年	×	×
	Seeberg-Burgäschisee; Dümmer, Hüde I	×	新石器时代	×	×
	Schwenningen	×	中石器时代	×	×
波兰[24]	×	×	公元前10000~前5500年	×	×
	×	×	公元前5500~前3000年	×	×
	×	×	距今约1500年	P	×
	Pultusk	×	13世纪	×	×
	Szczepanki	Mz8~Mz11	中石器时代	×	×
匈牙利[25]	Ecsegfalva 23	H1、H3、H5	公元前5900~前5500年	P	×
	Ecsegfalva 23	H2、H4*	公元前5900~前5500年	×	×
	Szegvár-Tüzköves	SZE2	公元前5500~前5000年	P	×
	Albertfalva	ALB2	约公元前2500年	P	×
	Albertfalva	ALB3*	约公元前2500年	T3	Y2
	Albertfalva	ALB4	约公元前2500年	P	Y2
	Kecel-Rózsaberek	×	全新世	×	×
	Polgár-Csőszhalom	×	新石器时代晚期	×	×
奥地利[26]	Brunn	Wien01	新石器早期	×	×
	Friebritz	GL414~GL417、GL419	公元前4900~前4700年	×	×
	Friebritz	GL411~GL413、GL418	公元前4900~前4700年	P	×
	×	Aut10：2	公元前4600年	×	Y1

续表

	国家	遗址	样本编号	年代	线粒体型	Y染色体型
中欧	斯洛伐克[27]	Svodin	SVO3*	公元前3000年	P	×
	瑞士[28]	Twann	TBW44（2048.1）	公元前3360～前3090年	P	×
		Arbonbleiche	Bas4、Bas8、Bas9	距今5400年	×	×
东欧	立陶宛[29]	Šventoji	×	公元前3200～前2500年	×	×
南欧	意大利[30]	Venosa-Notarchirico	×	距今600000～500000年	×	×
		Avetrana	×	晚更新世早期	×	×
		Grotta Paglicci	Au-It1、Au-It4	距今17000～10000年/7000年	T3	×
		Grotta Paglicci	Au-It2	距今17000～10000年/7000年	T3，但又略有不同	×
		Grotta Paglicci	Au-It3	距今17000～10000年/7000年	介于T1、T3之间	×
		Grotta Paglicci	Au-It6	距今17900年±300年	T3	×
		Grotta Paglicci	Au-It8、Au-It11	距今17200年±300年	T/T3	×
		Termini Imerese	Au-It5	距今17000～10000年/7000年	T3	×
		Grotta della Zà Minica	Au-It7	旧石器时代	T/T3	×
		Grotta delle Mura	Au-It9	距今11420年±100年	T/T3	×
		Grotta delle Mura	Au-It17	距今10850年±100年	T3	×
		Grotta delle Vitelle	Au-It10	旧石器/中石器时代	T2	×
		Grotta delle Vitelle	Au-It16		T3	×
		Vado all'Arancio	Au-It12、Au-It18、Au-It19	距今11300年±150年	T3	×

国家		遗址	样本编号	年代	线粒体型	Y染色体型
南欧	意大利[30]	Vado all'Arancio	Au-It13、Au-It14	距今11300年±150年	P	×
		Vado all'Arancio	Au-It15	距今11300年±150年	T/T3	×
		×	2M3886[2]	>公元前9500年	×	Y1
		×	3M3884[2]		×	Y1
		×	4[2]		×	Y1
		San Teodoro	×	公元前12624年±59年	×	×
		San Bernardino Cave	×	中—晚更新世	×	×
		De Nadale Cave	×	距今约70200年	×	×
		Fumane Cave	×	距今47600~45000年	×	×
		Grotta dell'Edera	ITY01	约公元前5390年	×	×
	西班牙[31]	×	×	公元前10000~前5500年	×	×
		×	×	公元前5500~前3000年	×	×
		Portalón	MAD15	约公元前1740年	×	×
	葡萄牙[32]	×	×	公元前10000~前5500年	×	×
	斯洛文尼亚[33]	Mala Triglavca	LJU3*	约公元前7000年	P	×
	保加利亚[34]	Baley	Bal343	公元前1530~前1390年	T6	×
		Malo Pole	MP344、MP342、MP341	公元前6200~前5500年	T6	×
		Preslav	Pre33	800~900年	T6	×
		Chernomorets	ChM32	约公元前5000年	T6	×
		Durankulak	DC31	公元前4550~前4150年	T6	×
		Dolnoslav	DS1	公元前4500~前4000年	T3	×

续表

	国家	遗址	样本编号	年代	线粒体型	Y染色体型
北欧	丹麦[35]	Åmølle; Kainsbakke; Barritskov等地质和考古地点分布广泛，基本覆盖整个丹麦	×	距今9830~2865年	BP1、BP2、BP4~BP7、BP9、BP10	×
	瑞典[36]	×	Lzz3287	公元前7972年±290年	×	Y1
		×	Lzz3348	公元前9500~前6000年	×	Y2
		×	Lzz3343	公元前7753年±206年	×	Y1
		Önnarp	×	中石器时代	×	×

注：*疑似原始牛，形态鉴定不明确。^、†：样本分别来自同一个个体。×：缺少相关信息或实验失败

2. 原始牛在北非的分布

北非地区出土原始牛遗骸的年代可以早至中更新世早期（距今70万年左右）[37]，延续至公元前2800年[38]，主要覆盖了地中海南岸和北大西洋东岸。各地区原始牛遗骸具体分布及年代详见表二。

表二　原始牛遗骸在北非的分布

国家	遗址	年代
突尼斯[39]	Wadi Sarrat	距今约700000年
埃及[40]	Fayum	公元前5000~前3000年
	Merimde-Benisalame	公元前4800~前4300年
	Maadi	公元前4000~前3200年
	Wadi Kubbaniya	公元前3500~前2800年
	Nabta	公元前3500~前2800年
	El-Kilh E71P1	距今17800年±300年至距今16950年±300年
	El-Kilh E71P5	距今11560年±80年
	Fayum E29H1	距今8070年±115年
	Isna E71K1	距今18020年±300年
	Isna E71K3	距今17590年±300年
	Isna E71K9	距今16830年±290年至距今9330年±160年
	Isna E71K14	距今12690年±240年

国家	遗址	年代
埃及[40]	Makhadma 2	距今13330年±170年至距今12060年±280年
	Makhadma 4	距今12940年±130年至距今12320年±70年
	Shuwikhat 1	距今25000年±2500年
摩洛哥[41]	Contrebandiers Cave	旧石器时代中期
	El Harhoura 1 (Zouhrah Cave)	旧石器晚期（距今约32150年±4800年或距今25580年±130年）至新石器（距今5400年±290年）
	El Harhoura 2 Cave	旧石器时代中期至晚期
	El Mnasra Cave	旧石器时代中期
	Rhafas Cave	旧石器时代中期（距今107000年±12000年至距今70000年）
	Wadi Assaka	＞距今30200年±2900年
利比亚[42]	Haua Fteah	距今47000年±1500年至距今7300年±30年
苏丹[43]	Khashm el Girba KG15	距今10230年±270年
阿尔及利亚[44]	×（发现一带角心的头骨）	×

注：×缺少相关信息

3. 原始牛在西亚的分布

西亚地区发现的原始牛遗骸，年代涵盖晚更新世早期至全新世，其中以色列原始牛的年代普遍较早，而叙利亚、土耳其和伊朗的则较晚。各地区原始牛遗骸具体分布及年代详见表三。

表三　原始牛遗骸在西亚的分布

国家	遗址	样本编号	年代	线粒体型	Y染色体型
以色列[45]	Nesher Ramla	×	距今170000～78000年	×	×
	Misliya Cave	×	＞距今140000年	×	×
	Hilazon Tachtit Cave	×	距今12400～12000年	×	×
叙利亚[46]	Tell-el-Kerkh	Ker2～Ker4	距今9100～8900年	×	×
	Jerf El Ahmar	SYR13～SYR15、SYR18～SYR22	约距今9000年	×	×
	Dja'de el Mughara	Syria10～Syria12、Syria16	公元前8700～前8300年	×	×
	Dja'de el Mughara	Syria17	公元前8700～前8300年	T3	×
	Tell Sabi Abyad	×	新石器时代晚期	×	×

续表

国家	遗址	样本编号	年代	线粒体型	Y染色体型
土耳其[47]	Telleilat-Mezraa	1110-26、341.58等	距今9500～8000年	×	×
	Troy	Troi I～Troi V	距今4900年	×	×
	Mezra Tell Eilat	MEZ1	＞公元前6000年	×	×
	Göbekli Tepe	×	新石器时代早期	×	×
	Çatalhöyük	×	公元前7400/7100～前6200/5900年	×	×
伊朗[48]	Maral Tappeh	IRN02*	约公元前5000年	T	×
黎巴嫩[49]	Sidon (de l'ancienne école américaine de Saïda)	×	距今3700年	×	×
格鲁吉亚[50]	Didi Gora	DDG 120-6、DDG 0012-X、DDG 131-10、DDG137	距今4200～3000年	×	×
亚美尼亚[51]	Shamiram	SHA	＞距今3000年	×	×
	Shengavit	SH1、SH331、SH795、SH932	距今5000～4500年	×	×
	Mokhrablur Hor4	MOK16	距今4900年	×	×

注：*疑似原始牛，形态鉴定不明确。×：缺少相关信息或实验失败

4. 原始牛在中国的分布

在中国，原始牛通常被认为是晚更新世哺乳动物群的常见成员。然而有证据表明，原始牛在中更新世中期或者晚期已经沿中亚走廊进入中国[52]。我国的原始牛遗骸多分布于华北、东北、陕甘地区，中南、西南、华东地区有少量发现。其中华北地区普遍存在年代较早的原始牛，时间早至中更新世晚期，晚至距今3500年左右[53]；东北、中南地区的原始牛年代皆偏晚，属于晚更新世，最晚至公元前1084年左右[54]。

本文尽可能多地收集中国原始牛的出土地点及相关情况，以期对原始牛在中国的历史地理分布有一清晰的认识和理解，具体分布地点详见表四。

表四　原始牛在中国的分布地点

区域	遗址地点	年代
北京[55]	西郊	晚更新世
	官厅水库	晚更新世
	西直门外	晚更新世
	门头沟珠窝	中更新世晚期
	玉渊潭	×
河北[56]	禾尧庄	中更新世晚期
	上沙嘴	中更新世晚期
	承德隆化	晚更新世
	丁家堡水库	全新世（或晚更新世二次堆积）
	侯家窑	中更新世晚期（距今200000年）
	石家庄市郊区	晚更新世晚期（距今约10000年）
	迁安	×
	邢台	晚更新世晚期
山西[57]	挖金湾	全新世
	杜庄	晚更新世晚期
	丁村（第100地点）	中更新晚期（距今210000~160000年）
	许家窑	中更新世晚期（距今约200000年）
	榆次大发	晚更新末期
	周家庄	全新世晚期（距今3670年±30年，距今3500年±30年）
内蒙古[58]	萨拉乌苏·萨拉乌苏组	晚更新世早期（距今100000~70000年）
	萨拉乌苏·城川组	晚更新世晚期（距今70000~10000年）
	庙子沟	全新世（距今约5500年）
	大坝沟	全新世（距今约5500年）
河南[59]	灵井许昌	晚更新世早期（距今100000年）
	郑州老奶奶庙	晚更新世中期（距今41000~40000年）
	荥阳织机洞	晚更新世
	林州合涧镇	×
	殷墟孝民屯	殷墟三期（公元前1142~前1084年）
黑龙江[60]	顾乡屯	晚更新世晚期（不超过距今70000~60000年）
	坤泥沟	晚更新世晚期（距今约10660年）
	东明嘎	全新世（距今约6000~5500年）

续表

区域	遗址地点	年代
吉林[61]	乾安大布苏	晚更新世晚期
	榆树周家油坊	晚更新世早期（距今70000～20000年/距今50000～10000年）
	榆树五棵树	晚更新世早期
	后套木嘎	全新世（距今6300～5000年）
	双塔	全新世（距今约10000年）
辽宁[62]	凌源西八间房	晚更新世
安徽[63]	蒙城县肖塘	晚更新世
	宿县	晚更新世
山东[64]	乌珠台	晚更新世
四川[65]	黑河牧场	晚更新世（距今26620年±600年）
	唐克索格藏寺附近阶地堆积	晚更新世晚期（距今22650年±300年）
甘肃[66]	楼房子	晚更新世早期
	巨家塬龙骨沟	晚更新世早期
	刘家岔	晚更新世中期
	白银	晚更新世（距今约120000年）
台湾[67]	新化	×
黄海、渤海海底[68]	×	晚更新世

注：×缺少相关信息

总体上，中国发现的原始牛遗骸年代与欧洲相比要稍晚一些，华北地区的原始牛年代从中更新世晚期基本延续至全新世，中南、东北地区的年代则普遍较晚。此外，有些遗址中发现了牛属物种，但不确定其种，如山西平陆车村[69]、内蒙古碧治台[70]，这些牛属遗存的年代属于晚更新世。近年来，有学者再次研究了出土牛科遗骸的地点，将一些以前的牛属不定种（Bos sp.），重新确认为原始牛，如内蒙古庙子沟、大坝沟遗址，吉林白城双塔遗址，黑龙江东明嘎遗址[71]。

四、原始牛的古DNA研究进展

1. 线粒体DNA研究

线粒体是细胞的动力站，为真核生物提供能量，具有独立的遗传体系，在研究真核生物的亲缘关系和系统进化中起到重要作用[72]，是古DNA领域中追溯母系起源的有效手段。

1996年，Bailey等[73]首次利用线粒体DNA研究英国更新世时期的原始牛，成功提取出2条古代原始牛的mtDNA序列，与现代黄牛存在较多差异，其单倍群被命名为P。

2001年，Troy等[74]在分析了来自欧洲、非洲和近东地区的392个现代黄牛样本及4个年代从距今7570年到距今3720年的英国原始牛。系统发育分析表明欧洲古代原始牛对现代家牛没有母系遗传贡献，欧洲家牛更可能起源于近东。

2005年，Anderung等[75]在西班牙伊比利亚青铜时代的Portalón洞穴（约公元前1740年）中发现了原始牛遗骸，分析出当地原始牛有独立驯化的过程或家养牛与野生祖先之间有杂交或者回交。

2006年，Beja-Pereira等[76]在意大利南部的三个洞穴遗址中采集了5例原始牛遗骸，年代为距今7000年或17000年左右。从牙齿中提取线粒体DNA控制区序列，其中4例为T3型，另一样本的进化归属尚不明确。Bollongino等[77]则分析了来自新石器时代晚期斯洛伐克一个遗址的家牛，年代约为公元前3000年，其中样本SVO3经形态学鉴定为家养普通牛（*Bos taurus*），但DNA分析为原始牛（*Bos primigenius*）。

2007年，Priskin等[78]对匈牙利喀尔巴阡盆地新石器时代晚期（距今6000年）的原始牛进行了线粒体DNA分析，从中发现了和英国原始牛相近的序列。Edwards等[79]对近百个欧洲原始牛提取线粒体DNA序列（年代涵盖了欧洲中石器、新石器、青铜时代），并且研究区域首次从欧洲延伸到了西亚，对叙利亚、土耳其、伊朗等地的原始牛也采样进行了分析，其研究表明单倍群P为欧洲原始牛的主导型，在德国新石器时代的一例样本EIL4中还发现了新的E型，在近东的一例样本中则发现了T3型。

2008年，Scheu等[80]同样对德国中石器时代末期的原始牛样本做了mtDNA分析，测序结果与此前Edwards等的一致，并且认为德国北部中石器时代的定居者并没有驯化本地的原始牛。Achilli等[81]在来自意大利北部的现代家牛（*Bos taurus*）中发现了单倍群Q，认为其可能源自阿尔卑斯山南部的原始牛。

2009年，Stock等[82]对英国、德国、斯洛伐克中石器时代和新石器时代的原始牛进行了细胞色素b分析，同时也确认了单倍群Q和E是罕见的原始牛类型。Achilli等[83]在现代意大利普通牛（*Bos taurus*）的线粒体DNA序列中，除了单倍群Q，另外新发现了单倍群R，推测其皆来源于欧洲原始牛，可能与欧洲原始牛和家牛的杂交事件有关。

2010年，Mona等[84]对意大利旧石器时代和中石器时代的14例原始牛进行了线粒体DNA分析，其中12条序列属于单倍群T，仅2条序列属于单倍群P，在遗传上意大利原始牛与现代牛科有很大相似性，却与中欧、北欧原始牛有很大差异。

2012年，Gravlund等[85]首次对丹麦原始牛进行了线粒体DNA分析，样本年代基本从距今9830年延续至距今2865年，结合此前Troy等提取的4条英国原始牛DNA序列，分析出十种单倍型，被归为BP1~BP10，并认为高频存在于丹麦原始牛中的单倍型BP1是欧洲西北部原始牛的祖先单倍型。

2014年，Schibler等[86]利用线粒体DNA D-loop分析了来自瑞士新石器时代湖居遗址（公元前3360～前3090年）的牛科掌骨，鉴定为欧洲原始牛，属于P型；利用ZFX/ZFY基因，鉴定出其为雌性。

2017年，Hristov P等[87]首次对巴尔干新石器/铜石并用时代的原始牛做了线粒体DNA分析，宏观上均属于T型。其中14例样本被新定义为T6型，属于巴尔干独特的世系类型，另外2例样本为T3型。

综上所述，欧洲原始牛的线粒体单倍群主要为P、T、E、Q、R五种类型。单倍群P为主导型，普遍存在于欧洲原始牛中。而单倍群T是最大的单倍群，可进一步划分为T1～T6亚群。其中，T2、T3常见于古代原始牛中，如在意大利（旧石器时代/中石器时代）、叙利亚（公元前8700～前8300年）、匈牙利（约公元前2500年）、法国（中石器时代/新石器时代）、英国（距今6200～4600年）等地。T6是巴尔干半岛原始牛中独有的单倍型。结合家牛来看，T1～T5在现代家养普通牛（*Bos taurus*）中更为常见：T1高频存在于非洲，T2高频存在于近东，T3是典型现代欧洲牛的单倍型，T4是东北亚的常见型（T4是T3的亚枝[88]），T5则见于南欧和近东。单倍群E目前仅在德国新石器时代的原始牛中被发现。Q、R是比较罕见的原始牛单倍群，比单倍群T更古老，主要在现代意大利普通牛（*Bos taurus*）中被发现。单倍群R与单倍群P、Q、T的分歧时间大约是在10万年前。之后，单倍群P与单倍群T、Q在7万多年前分化[89]，而与单倍群E的分歧时间大概在52700年前[90]（图八）。

2. Y染色体标记

自2005年以后，研究原始牛的遗传学手段多样化，除了线粒体，还涉及了Y染色体分析。Y染色体遵循父系遗传的规律，被广泛应用于父系历史的研究。例如，Götherström等[91]首次采用Y染色体基因对瑞典（更新世/全新世）、意大利（＞公元前9500年）、德国（新石器时代早期至中期）、奥地利（新石器时代中期）等地的原始牛进行分析。利用UTY19 SNP区分出Y1和Y2两种单倍群，发现古代原始牛基本全部属于Y1型，在现代家牛中，Y1主要分布在欧洲、Y2主要分布在近东，该作者认为这是通过本地杂交，欧洲原始牛的Y1型渗入家养牛中，从而留下了父系印记。

2008年，Bollongino等[92]发现欧洲（匈牙利、法国、德国）中石器时代至新石器时代遗址中的8例雄性原始牛均为Y2型，与此前Götherström等的研究结论不同，该作者认为古代单倍群Y1和Y2的分布不足以作为区分欧洲和近东原始牛世系的标准，现代家牛中Y1和Y2的地理分布可能是人类的驯养和遗传漂变造成的。

在原始牛中的单倍群Y1、Y2是否有明显的区域分布规律、对现代家牛是否有直接的遗传贡献等问题上，研究结果尚有争议，未来还需要更多的来自近东、亚洲、非洲等地的原始牛的数据。

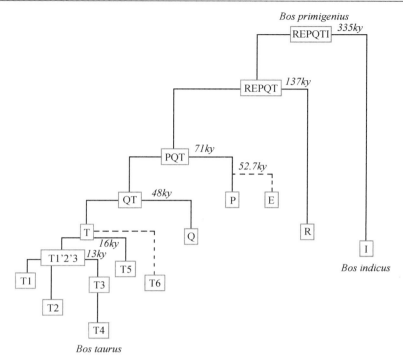

图八　原始牛单倍群演化关系及分歧时间

（根据2007年Edwards等人、2009年Achilli等人及2017年Hristov等人的研究结论简化；虚线表示研究数据少，在分支上的位置及分歧时间不确定）

3. 基因组研究

基因组是指生物体内所有遗传物质的总和，在古DNA领域，主要集中于对线粒体基因组、核基因组的研究。得益于Roche、Illumina和ABI几家公司的技术开发和推广，全基因组测序技术也被陆续应用于原始牛研究。

2010年，Edwards等[93]首次从英国原始牛样本CPC98上提取出完整的线粒体基因组，该样本来自英国Derbyshire洞穴遗址，年代为距今6738年±68年。系统发育分析表明，CPC98属于单倍群P。

2011年，Lari等[94]从意大利中部的原始牛（距今约11450年）中提取了线粒体基因组，属于单倍群T。

2013年，Zeyland等[95]在波兰的原始牛（距今约1500年）中提取出线粒体基因组，单倍群为P型。

2015年，Park等[96]再次对CPC98做了全基因组测序。系统发育学分析表明欧洲家牛起源于近东；遗传变异分析表明也许通过英国早期牧民有目的地放养，本地化的基因流从原始牛流向了现代英国和爱尔兰牛的祖先。

2018年，Bro-Jorgensen等[97]从5个中世纪斯堪的纳维亚被制成酒器的角和最后一个卒于1620年的原始牛角中提取线粒体基因组，其中3个制成酒器的角属于单倍群P。剩余2个制成酒器的角和最后1个原始牛角却为单倍群T，这可能是灭绝前最后一个原始牛种群与家养牛混合导致的。

4. 中国原始牛研究

自2013年，中国也出现了关于原始牛的遗传学研究。Zhang等[98]对中国东北部晚更新世时期（距今约10660年）的牛下颌骨做了线粒体DNA分析，发现特殊序列，归类为原始牛（Bos primigenius），命名为新的单倍群C。2016年，Brunson K等[99]对中国陶寺和周家庄遗址中出土的原始牛（Bos primigenius）、普通牛（Bos taurus）、野生水牛（Bubalus mephistopheles）骨骼做了线粒体D-loop区的研究，其中周家庄的3个原始牛均为单倍群C，且与T3、T4共存，原始牛和家牛之间极为可能进行过基因交流。该研究还很难得地将甲骨占卜现象与原始牛的发现联系在一起，推测龙山时期原始牛与家牛具有同等的祭祀礼仪地位。同时期，2018年，Cai等[100]对后套木嘎遗址的牛科样本（年代为距今6500~5000年）进行了线粒体DNA分析，除了1例为单倍群T3以外，其他样本均为单倍群C，对现代普通牛（Bos taurus）没有直接的遗传贡献。单倍群C可能是东北亚地区原始牛的主要类型，并在全新世的早中期广泛分布于东北亚。2020年，赵欣等[101]通过分析安阳殷墟孝民屯遗址内的牛骨的线粒体DNA序列，发现了1例殷墟三期的原始牛，这是目前我国年代最晚的原始牛遗骸。

五、小　结

欧洲的原始牛遗存丰富，关于何时出现，一种说法是英国的原始牛化石为欧洲最早的原始牛（下更新世晚期[102]），另一种说法是意大利出土的原始牛遗骸（距今600000~500000年[103]）是欧亚大陆上最早的原始牛，但基本可以确定的是，1627年最后一头原始牛在中欧灭绝[104]。北非的原始牛遗骸最早出现于中更新世（距今约700000年[105]），洞穴绘画证据表明北非原始牛一直存在至大约公元前1000年[106]。在西亚地区，晚更新世至新石器时代晚期是原始牛分布较广的时期。特别地，中国的原始牛遗骸最早发现于中更新世晚期，最晚可至公元前1000余年[107]，这为研究家牛的起源与驯化提供了新的线索。

目前发现原始牛的线粒体单倍群有T、P、Q、R、E、C，其中单倍群T、P是亚欧原始牛常见的世系。在母系遗传方面，近东地区单倍群T原始牛首先被驯化，在距今约8800年时随农业人群进入欧洲[108]，携带单倍群T的家牛群体和携带单倍群P的原始牛群体共存，发生了基因渗透。单倍群P、Q和R通过零星的杂交被引入现代家牛群体当中，但数量极少。单倍群E仅见于德国新石器时代的原始牛中。而单倍群C为东亚本地所独有，并没有被驯化。

至于父系遗传方面，研究工作开展得不足，在有限的原始牛样本中仅发现单倍群Y1分布于北欧、南欧和中欧；单倍群Y2分布于北欧、西欧和中欧。

另外，未有充足的研究可以证明现代家养瘤牛（*Bos indicus*）中典型的母系单倍群I和父系单倍群Y3存在于原始牛中，那么古代原始牛是否对现代瘤牛（*Bos indicus*）有直接的遗传贡献还期待更多的证据。

注　释

［1］　a. Loftus, R. T., D. E. MacHugh, D. G. Bradley, et al. Evidence for two independent domestications of cattle［J］. *Proceedings of the National Academy of Sciences of the United States of America*, 1994 (7): 2757-2761.

b. Götherström, A., C. Anderung, L. Hellborg, et al. Cattle domestication in the Near East was followed by hybridization with aurochs bulls in Europe［J］. *Proceedings. Biological Sciences / The Royal Society*, 2005, 272 (1579): 2345-2350.

［2］　Schibler, J., J. Elsner, A. Schlumbaum. Incorporation of aurochs into a cattle herd in Neolithic Europe: single event or breeding?［J］*Sci Rep*, 2014, 4: 5798.

［3］　a. 同号文，陈曦，张贝等. 河北泥河湾及隆化新发现原始牛化石［J］. 古脊椎动物学报，2018，56（1）：69-92.

b. Prummel, W., M. J. L. T. Niekus. Late Mesolithic hunting of a small female aurochs in the valley of the River Tjonger (the Netherlands) in the light of Mesolithic aurochs hunting in NW Europe［J］. *Journal of Archaeological Science*, 2011, 38 (7): 1456-1467.

［4］　a. 周明镇. 山西大同第四纪原始牛头骨化石［J］. 古生物学报，1953（4）：187-191.

b. 同［3］a.

［5］　同［3］a.

［6］　张双权，李占扬，张乐等. 河南灵井许昌人遗址大型食草类动物死亡年龄分析及东亚现代人类行为的早期出现［J］. 科学通报，2009，54（19）：2857-2863.

［7］　a. 同［3］a.

b. Rokosz, M. History of the Aurochs (Bos Taurus Primigenius) in Poland［J］. *Animal Genetics Resources Information*, 1995, 16: 5-12.

［8］　Lascaux［EB/OL］. https://en.wikipedia.org/wiki/Lascaux.

［9］　Chauvet Cave［EB/OL］. https://en.wikipedia.org/wiki/Chauvet_Cave.

［10］　a. Zde. File:Gold cup Vafio 1500 to 1450 BC, NAMA 1758 080866.jpg［EB/OL］. https://commons.wikimedia.org/wiki/File:Gold_cup_Vafio_1500_to_1450_BC,_NAMA_1758_080866.jpg.

b. Vaphio［EB/OL］. https://fr.wikipedia.org/wiki/Vaphio.

［11］　Beierkuhnlein, C. Bos primigenius in Ancient Egyptian art-historical evidence for the continuity of occurrence and ecology of an extinct key species [J]. *Frontiers of Biogeography*, 2015, 7 (3).

[12] Trust for African Rock Art [EB/OL]. https://africanrockart.org/rock-art-gallery/libya/.

[13] Horsfield, G., A. Horsfield, N. Glueck, Prehistoric Rock-Drawings in Transjordan [J]. *American Journal of Archaeology*, 1933, 37 (3): 381-386.

[14] Guagnin, M., R. P. Jennings, Clark-Balzan Laine, et al. Hunters and herders: exploring the Neolithic transition in the rock art of Shuwaymis, Saudi Arabia [J]. *Archaeological Research in Asia*, 2015, 4: 3-16.

[15] a. 同 [11].

b. Guagnin, M., C. Shipton, S. El Dossary, et al. Rock art provides new evidence on the biogeography of kudu (Tragelaphus imberbis), wild dromedary, aurochs (Bos primigenius) and African wild ass (Equus africanus) in the early and middle Holocene of north-western Arabia [J]. *Journal of Biogeography*, 2018, 45 (4): 727-740.

[16] 同 [12].

[17] 同 [9].

[18] 同 [10] a.

[19] 同 [11].

[20] a. Edwards, C. J., R. Bollongino, A. Scheu, et al. Mitochondrial DNA analysis shows a Near Eastern Neolithic origin for domestic cattle and no indication of domestication of European aurochs (Article) [J]. *Proceedings of the Royal Society B: Biological Sciences*, 2007, 274 (1616): 1377-1385.

b. Bollongino, R., J. Elsner, J. Vigne, et al. Y-SNPs Do not indicate hybridisation between European Aurochs and domestic cattle [J]. *PloS one*, 2008, 3 (10): e3418.

c. Pruvost, M., R. Schwarz, V. B. Correia, et al. Freshly excavated fossil bones are best for amplification of ancient DNA [J]. Proceedings *of the National Academy of Sciences of the United States of America*, 2007, 104: 739-744.

d. 同 [3] b.

e. Leduc, C., C. Verjux. Mesolithic occupation patterns at Auneau "Le Parc du Château" (Eure-et-Loir-France): contribution of zooarchaeological analysis from two main pits to the understanding of type and length of occupation [J]. *Journal of Archaeological Science*, 2014, 47: 39-52.

[21] a. 同 [20] a.

b. Bailey, J. F., M. B. Richards, V. A. Macaulay, et al. Ancient DNA suggests a recent expansion of European cattle from a diverse wild progenitor species [J]. *Proceedings. Biological Sciences*, 1996, 263 (1376): 1467-1473.

c. Troy, C. S., D. E. MacHugh, J. F. Bailey, , et al. Genetic evidence for Near-Eastern origins of European cattle [J]. *Nature*, 2001, 410 (6832): 1088-1091.

d. Shore, T. W. Remains of Bos Primigenius Recently Found at Southampton [J]. *Geological*

Magazine, 1887, 4 (11): 519.

e. Towers, J., J. Montgomery, J. Evans, et al. An investigation of the origins of cattle and aurochs deposited in the early bronze age barrows at Gayhurst and Irthlingborough ［J］. *Journal of Archaeological Science*, 2010, 37 (3): 508-515.

f. 同［4］a.

g. Rogers, B., K. Gron, J. Montgomery, et al. *Aurochs Hunters*: *The Large Animal Bones from Blick Mead* ［M］. Oxford: Peter Lang, 2018: 1, 3, 7-11.

［22］ 同［3］b.

［23］ a. 同［1］b.

b. 同［7］a.

c. 同［20］a.

d. 同［20］b.

e. 同［20］c.

f. 同［3］b.

g. Scheu, A., S. Hartz, U. Schmölcke, et al. Ancient DNA provides no evidence for independent domestication of cattle in Mesolithic Rosenhof, Northern Germany ［J］. *Journal of Archaeological Science*, 2008, 35 (5): 1257-1264.

h. Pöllath, N., O. Dietrich, J. Notroff, et al. Almost a chest hit: An aurochs humerus with hunting lesion from Göbekli Tepe, south-eastern Turkey, and its implications (Article) ［J］. *Quaternary International*, 2018, 495: 30-48.

［24］ a. 同［23］h.

b. Ryder, M. L. The first hair remains from an aurochs (Bos primigenius) and some medieval domestic cattle hair ［J］. *Journal of archaeological science*, 1984, 11 (1): 99-101.

c. Tomczyk, J., P. Regulski, A. Lisowska-Gaczorek, et al. Dental caries and stable isotopes analyses in the reconstruction of diet in Mesolithic (6815-5900 BC) individuals from Northeastern Poland ［J］. *Journal of Archaeological Science*: *Reports*, 2020, 29: 102141.

［25］ a. 同［20］a.

b. 同［20］b.

c. 同［3］b.

d. 同［23］h.

［26］ a. 同［20］a.

b. 同［1］b.

［27］ 同［1］b.

［28］ a.同［2］.

b. 同［20］c.

［29］　Osipowicz, G., G. Piličiauskienė, J. Orłowska, et al. An occasional ornament, part of clothes or just a gift for ancestors? The results of traceological studies of teeth pendants from the Subneolithic sites in Šventoji, Lithuania ［J］. *Journal of Archaeological Science: Reports*, 2020, 29: 102130.

［30］　a. Martínez-Navarro, B., L. Rook, M. Papini, et al. A new species of bull from the Early Pleistocene paleoanthropological site of Buia (Eritrea): Parallelism on the dispersal of the genus Bos and the Acheulian culture ［J］. *Quaternary International*, 2010, 212 (2): 169-175.

　　　　b. Pandolfi, L., C. Petronio, L. Salari. Bos primigenius Bojanus, 1827 from the Early Late Pleistocene deposit of Avetrana (Southern Italy) and the variation in size of the species in Southern Europe: preliminary report ［J］. *Journal of Geological Research*, 2011: 1-11.

　　　　c. Beja-Pereira, A., D. Caramelli, C. Lalueza-Fox, et al. The origin of European cattle: evidence from modern and ancient DNA ［J］. *Proceedings of the National Academy of Sciences of the United States of America*, 2006, 103: 8113-8118.

　　　　d. Mona, S., G. Catalano, M. Lari, et al. Population dynamic of the extinct European aurochs: genetic evidence of a north-south differentiation pattern and no evidence of post-glacial expansion ［J］. *BMC Evolutionary Biology*, 2010: 83.

　　　　e. Lari, M., E. Rizzi, S. Mona, et al. The complete mitochondrial genome of an 11,450-year-old aurochsen (Bos primigenius) from Central Italy ［J］. *BMC evolutionary biology*, 2011, 11: 32.

　　　　f. Garilli, V., G. Vita, A. Mulone, et al. From sepulchre to butchery-cooking: Facies analysis, taphonomy and stratigraphy of the Upper Palaeolithic post burial layer from the San Teodoro Cave (NE Sicily) reveal change in the use of the site ［J］. *Journal of Archaeological Science: Reports*, 2020, 30: 102-191.

　　　　g. Terlato, G., A. Livraghi, M. Romandini, et al. Large bovids on the Neanderthal menu: Exploitation of Bison priscus and Bos primigenius in northeastern Italy ［J］. *Journal of Archaeological Science: Reports*, 2019, 25: 129-143.

　　　　h. 同 ［20］ a.

　　　　i. 同 ［1］ b.

［31］　a. Wright, E., S. Viner-Daniels. Geographical variation in the size and shape of the European aurochs (Bos primigenius) ［J］. Journal of Archaeological Science, 2015, 54: 8-22.

　　　　b. Anderung, C., A. Bouwman, P. Persson, et al. Prehistoric contacts over the Straits of Gibraltar indicated by genetic analysis of Iberian Bronze Age cattle. ［J］. *Proceedings of the National Academy of Sciences of the United States of America*, 2005, 102 (24): 8431-8435.

［32］　同 ［31］ a.

［33］　同 ［20］ a.

［34］　Hristov, P., N. Spassov, N. Iliev, et al. An independent event of Neolithic cattle domestication on the South-eastern Balkans: evidence from prehistoric aurochs and cattle populations ［J］.

Mitochondrial DNA A DNA Mapp Seq Anal, 2017, 28 (3): 383-391.

[35]　a. 同 [3] b.

　　　　b. 同 [23] h.

　　　　c. Richter, J. Adult and juvenile aurochs, Bos primigenius Boj, from the Maglemosian site of Ulkestrup Lyng Øst, Denmark [J] . *Journal of Archaeological Science*, 1982, 9 (3): 247-259.

　　　　d. Gravlund, P., K. Aaris-Sørensen, M. Hofreiter, et al. Ancient DNA extracted from Danish aurochs (Bos primigenius): Genetic diversity and preservation [J] . *Annals of Anatomy-Anatomischer Anzeiger*, 2012, 194 (1): 103-111.

[36]　a. 同 [1] b.

　　　　b. 同 [23] h.

[37]　Martínez-Navarro, B., N. Karoui-Yaakoub, O. Oms, et al. The early Middle Pleistocene archeopaleontological site of Wadi Sarrat (Tunisia) and the earliest record of Bos primigenius [J] . *Quaternary Science Reviews*, 2014, 90: 37-46.

[38]　同 [11] .

[39]　同 [37] .

[40]　a. 同 [11] .

　　　　b. Faith, J. T. Late Pleistocene and Holocene mammal extinctions on continental Africa [J] . *Earth-Science Reviews*, 2014, 128: 105-121.

[41]　a. 同 [40] b.

　　　　b. Dibble, H. L., D. Richter, T. E. Steele. New Excavations at the Site of Contrebandiers Cave, Morocco [J] . *PaleoAnthropology*, 2012, 2012: 145-201.

　　　　c. Monchot, H., H. Aouraghe. Deciphering the taphonomic history of an upper Paleolithic faunal assemblage from zouhrah cave/el harhoura 1, Morocco [J] . *Quaternaire*, 2009, 20 (2): 239-253.

　　　　d. Jacobs, Z., R. G. Roberts, R. Nespoulet, et al. Single-grain OSL chronologies for Middle Palaeolithic deposits at El Mnasra and El Harhoura 2, Morocco: Implications for Late Pleistocene human–environment interactions along the Atlantic coast of northwest Africa [J] . *Journal of Human Evolution*, 2012, 62 (3): 377-394.

　　　　e. Mercier, N., L. Wengler, H. Valladas, et al. The Rhafas Cave (Morocco): Chronology of the mousterian and aterian archaeological occupations and their implications for Quaternary geochronology based on luminescence (TL/OSL) age determinations [J] . *Quaternary Geochronology*, 2007, 2 (1-4): 309-313.

　　　　f. Wengler, L., A. Weisrock, J. B. N. Use, et al. Enregistrement fluviatile et paléoenvironnements au Pléistocène supérieur sur la bordure méridionale atlantique de l'Anti-Atlas (Oued Assaka, S-O marocain) [J] . *Quaternaire*, 2002, 13 (3-4): 179-192.

[42]　a. 同 [40] b.

b. Klein, R. G., K. Scott. Re-analysis of faunal assemblages from the Haua Fteah and other late quaternary archaeological sites in Cyrenaican Libya［J］. *Journal of Archaeological Science*, 1986, 13 (6): 515-542.

［43］　同［40］b.

［44］　Maw, G. Bos Primigenius in Algeria［J］. *Geological Magazine*, 1970, 3 (1): 48.

［45］　a. Gershtein, K. M. C., Y. Zaidner, R. Yeshurun. A campsite on the open plain: Zooarchaeology of Unit Ⅲ at the Middle Paleolithic site of Nesher Ramla, Israel［J］. *Quaternary International*, 2020.

b. Yeshurun, R., D. Malkinson, K. M. C. Gershtein, et al. Site occupation dynamics of early modern humans at Misliya Cave (Mount Carmel, Israel): evidence from the spatial taphonomy of faunal remains［J］. *Journal of Human Evolution*, 2020, 143: 102797.

c. Munro, N. D., L. Grosman. Early evidence (ca. 12,000 B. P.) for feasting at a burial cave in Israel ［J］. *Proceedings of the National Academy of Sciences of the United States of America*, 2010, 107 (35): 15362-15366.

［46］　a. 同［20］c.

b. 同［20］a.

c. 同［23］h.

［47］　同［46］.

［48］　a. 同［20］a.

b. 同［10］a.

［49］　MAKAREM M. Et si Europe était sidonienne ?［EB/OL］［8/18］. https://www.lorientlejour. com/article/767714/Et_si_Europe_etait_sidonienne_.html.

［50］　同［20］c.

［51］　同［20］c.

［52］　同［3］a.

［53］　Brunson, K., Zhao X., He N., et al. New insights into the origins of oracle bone divination: Ancient DNA from Late Neolithic Chinese bovines［J］. *Journal of Archaeological Science*, 2016, 74: 35-44.

［54］　a. 赵欣，李志鹏，东晓玲等. 河南安阳殷墟孝民屯遗址出土家养黄牛的DNA研究［J］. 第四纪研究，2020，40（2）：321-330.

b. 范毓周. 关于殷墟文化考古分期的几个问题［J］. 中原文物，2010（4）：41-51.

［55］　a. 胡长康. 北京西郊——原始牛（*Bos primigenius*）头骨化石［J］. 古脊椎动物学报，1959（1）：41-42.

b. 同［3］a.

c. 谢万明. 淮北第四纪原始牛化石［J］. 古脊椎动物学报，1988（4）：303-305.

［56］　a. 同［3］a.

b. 贾兰坡，卫奇. 桑干河阳原县丁家堡水库全新统中的动物化石［J］. 古脊椎动物与古人类，1980（4）：327-334.

c. 王法岗. 侯家窑遗址综合研究［D］. 河北师范大学，2016.

d. 浑凌云，许清海，张生瑞等. 河北阳原侯家窑遗址孢粉组合特征及揭示的古环境与古气候演变［J］. 第四纪研究，2011（6）：951-961.

e. 董明星，张祥信，牛树银等. 河北省石家庄地区晚更新世晚期古菱齿象–披毛犀动物群及其古气候［J］. 古地理学报，2011，13（4）：419-425.

f. 魏英标. 百泉文化——两万年前"邢台动物群"传递的远古人类信息［EB/OL］. http://xinshugai.blog.sohu.com/180538110.html.

［57］ a. 同［4］a.

b. 胡平. 大同杜庄发现旧石器［C］. 第十二届中国古脊椎动物学学术年会论文集. 北京：海洋出版社，2010：197-200.

c. 同［56］c.

d. 陈铁梅，原思训，高世君. 铀子系法测定骨化石年龄的可靠性研究及华北地区主要旧石器地点的铀子系年代序列［J］. 人类学学报，1984（3）：259-269.

e. 贾兰坡，卫奇，李超荣. 许家窑旧石器时代文化遗址1976年发掘报告［J］. 古脊椎动物与古人类，1979（4）：277-294.

f. Tu, H., Shen G., Li H., et al. 26Al/10Be Burial Dating of Xujiayao-Houjiayao Site in Nihewan Basin, Northern China［J］. *PloS one*, 2015 (2): e118315.

g. 高星，尤玉柱，吴志清. 山西榆次大发旧石器地点［J］. 人类学学报，1991（2）：147-154.

h. 同［53］.

［58］ a. 李保生，董光荣，高尚玉等. 鄂尔多斯萨拉乌苏河地区马兰黄土与萨拉乌苏组的关系及其地质时代问题［J］. 地质学报，1987（3）：218-230.

b. 汤卓炜. 中国北方原始牛历史地理分布的再认识［J］. 农业考古，2020（3）.

c. 魏坚. 庙子沟与大坝沟新石器时代遗址发掘报告·下［R］. 北京：中国大百科全书出版社，2003：599-611.

［59］ a. 同［6］.

b. 张双权，李占扬，张乐等. 河南灵井许昌人遗址大型食草类动物的骨骼单元分布［J］. 中国科学：地球科学，2012（5）：764-772.

c. 李占扬，董为. 河南许昌灵井旧石器遗址哺乳动物群的性质及时代探讨［J］. 人类学学报，2007（4）：345-360.

d. 曲彤丽，顾万发，汪松枝等. 郑州地区晚更新世中期人类的生计方式——老奶奶庙遗址动物遗存研究［J］. 人类学学报，2018（1）：70-78.

e. 张松林，刘彦锋. 织机洞旧石器时代遗址发掘报告［J］. 人类学学报，2003（1）：1-18.

f. 刘剑昆. 本市发现大型脊椎动物化石［N］. 安阳日报，2006-2-23（2）.

g. 同［54］a.

h. 同［54］b.

［60］　a. 同［3］a.

b. 丁梦林，刘东生. 尹赞勋先生对第四纪研究的开拓性贡献——兼论顾乡屯动物群及其时代［J］. 第四纪研究，1994（2）：143-153.

c. 古脊椎动物研究所高等脊椎动物组. 东北第四纪哺乳动物化石志［M］. 北京：科学出版社，1959：60-71.

d. 魏正一. 人类驯牛之旅——从一副原始牛的下颌骨说起［J］. 大自然，2015（6）：32-33.

e. 同［58］b.

f. 黑龙江省文物考古研究所. 黑龙江泰来县东明嘎新石器时代遗址发掘简报［J］. 考古，2019（8）：21-45.

［61］　a. 汤卓炜，董素贤，刘翰等. 吉林乾安大布苏发现完整原始牛骨架化石［J］. 古脊椎动物学报，1999（1）：80.

b. 汤卓炜，刘赛红，林泽蓉等. 吉林乾安大布苏晚更新世动物群［J］. 古脊椎动物学报，2003（2）：137-146.

c. 孙建中，王雨灼，姜鹏. 古林榆树周家油坊旧石器文化遗址［J］. 古脊椎动物与古人类，1981（3）：281-291.

d. 王丽，刘晓庆，傅仁义. 辽宁西部第四纪哺乳动物及其地层时代［J］. 世界地质，2009（3）：265-270.

e. 同［60］c.

f. Cai, D., Zhang N., Zhu S., et al. Ancient DNA reveals evidence of abundant aurochs (Bos primigenius) in Neolithic Northeast China［J］. *Journal of Archaeological Science*, 2018: 72-80.

g. 同［58］b.

h. 汤卓炜，王立新，段天璟等. 吉林白城双塔新石器时代遗址的动物遗存及其环境［J］. 人类学学报，2017（4）：537-552.

［62］　同［61］d.

［63］　同［55］c.

［64］　吴新智，宗冠福. 山东新太乌珠台更新世晚期人类牙齿和哺乳动物化石［J］. 古脊椎动物与古人类，1973（1）：105-109.

［65］　a. 宗冠福. 记阿坝藏族自治州第四纪原始牛化石［J］. 古脊椎动物学报，1984（3）：239-245.

b. 宗冠福，徐钦琦，陈万勇. 阿坝藏族自治州若尔盖晚更新世地层及哺乳类化石［J］. 古脊椎动物学报，1985（2）：161-166.

［66］　a. 谢骏义，张鲁章. 甘肃庆阳地区的旧石器［J］. 古脊椎动物与古人类，1977（3）：211-

222.

　　b. 王永焱等. 黄土与第四纪地质［M］. 西安：陕西人民出版社，1982：108-132.

　　c. 丁萝麟，高福清，安芷生等. 甘肃庆阳更新世晚期哺乳动物化石［J］. 古脊椎动物学报，1965（1）：89-108.

　　d. 谢骏义. 甘肃环县刘家岔旧石器时代遗址［J］. 考古学报，1982（1）：35.

　　e. 冯志军. 甘肃发现12万年前牛骨化石完整程度亚洲罕见［EB/OL］. https://news.qq.com/a/20110902/001470.htm.

［67］　a. 同［55］c.

　　b. 同［65］a.

［68］　孙玉峰，刘俊勇. 记黄海、渤海海底发现的原始牛新亚种［J］. 辽宁地质，1992（2）：163-166.

［69］　黄万波，计宏祥. 三门峡地区含哺乳动物化石的几个第四纪剖面［J］. 古脊椎动物学报，1984（3）：230-238.

［70］　陆有泉，李毅. 内蒙古新发现的更新世晚期哺乳动物化石点［J］. 古脊椎动物学报，1984（3）：246-248.

［71］　同［58］b.

［72］　戴灼华，王亚馥. 遗传学［M］. 北京：高等教育出版社，2018：109-110.

［73］　同［21］b.

［74］　同［21］c.

［75］　同［31］b.

［76］　同［30］c.

［77］　Bollongino, R., C. J. Edwards, K. W. Alt, et al. Early history of European domestic cattle as revealed by ancient DNA［J］. *Biology Letters*, 2006, 2 (1): 155-159.

［78］　Priskin, K., G. Tömöry, E. Bogácsi-Szabó, et al. Mitochondrial DNA control region analysis of a late Neolithic aurochs (Bos primigenius Boj. 1827) from the Carpathian Basin［J］. *Acta biologica Hungarica*, 2007 (Suppl): 131-137.

［79］　同［20］a.

［80］　同［23］g.

［81］　Achilli, A., A. Olivieri, M. Pellecchia, et al. Mitochondrial genomes of extinct aurochs survive in domestic cattle［J］. *Current biology*: CB, 2008: R157-R158.

［82］　Stock, F., C. J. Edwards, R. Bollongino, et al. Cytochrome b sequences of ancient cattle and wild ox support phylogenetic complexity in the ancient and modern bovine populations［J］. *Animal Genetics*, 2009 (5): 694-700.

［83］　Achilli, A., S. Bonfiglio, A. Olivieri, et al. The multifaceted origin of taurine cattle reflected by the mitochondrial genome［J］. *PLoS One*, 2009, 4 (6): e5753.

［84］　同［30］d.

［85］　同［35］d.

［86］　同［2］.

［87］　同［34］.

［88］　同［81］.

［89］　同［81］.

［90］　同［20］a.

［91］　同［1］b.

［92］　同［20］b.

［93］　Edwards, C. J., D. A. Magee, S. D. Park, et al. A complete mitochondrial genome sequence from a mesolithic wild aurochs (Bos primigenius)［J］. *PLoS One*, 2010 (2): 1-13.

［94］　同［30］e.

［95］　Zeyland, J., Ł. Wolko, J. Bocianowski, et al. Complete mitochondrial genome of wild aurochs (Bos primigenius) reconstructed from ancient DNA［J］. *Polish Journal of Veterinary Sciences*, 2013 (2): 265-273.

［96］　Park, S. D. E., D. A. Magee, P. A. McGettigan. Genome sequencing of the extinct Eurasian wild aurochs, Bos primigenius, illuminates the phylogeography and evolution of cattle［J］. *Genome Biology*, 2015 (1): 16.

［97］　Bro-Jørgensen, M. H., C. Carøe, F. G. Vieira, et al. Ancient DNA analysis of Scandinavian medieval drinking horns and the horn of the last aurochs bull［J］. *Journal of Archaeological Science*, 2018: 47-54.

［98］　Zhang, H. C., J. L. A. Paijmans, Chang F. Q., et al. Morphological and genetic evidence for early Holocene cattle management in northeastern China［J］. *Nature Communications*, 2013, 4 (4): 2755.

［99］　同［53］.

［100］　同［61］f.

［101］　同［54］a.

［102］　同［4］a.

［103］　同［30］a.

［104］　同［97］.

［105］　同［37］.

［106］　同［11］.

［107］　同［54］.

［108］　同［20］a.

Review on the Historical Geographical Distribution and Ancient DNA Research of *Bos primigenius*

ZHANG Nai-fan CAI Da-wei

Aurochs (*Bos primigenius*) is an extinct member of the fauna from the Middle Pleistocene to the Holocene. Traditionally, *Bos primigenius* has been considered as one of the ancestral sources of modern domestic cattle (*Bos taurus* and *Bos indicus*). However, there are only limit researches on *Bos primigenius*. In this study, we investigate the historical geographical distribution of *Bos primigenius* in Eurasia, and the research progress of ancient DNA, which provides new ideas and clues for the relationship between *Bos primigenius* and modern domestic cattle.

多维视角下的家猪起源与驯化研究[*]

王永笛　蔡大伟

（吉林大学考古学院，长春，130012）

一、引　　言

　　猪属于哺乳纲、真兽亚纲、偶蹄目、猪形亚目、猪科、猪属。家猪（Sus scrofa domesticus）是由野猪（Sus scrofa）驯化而来，家猪的染色体数目2n=38，大多数野猪是36条染色体，少数野猪有37或38条染色体，但两者之间没有生殖隔离[1]。家猪在9000年前后被驯化，目前最早的驯化地点有两个：一个地点是安纳托利亚东南部的卡耀努遗址[2]，另一个地点是中国河南贾湖遗址[3]。

　　肉食是人们获取蛋白质的主要来源，而猪肉则是人们获取肉食资源的主要来源之一，一直都受到人们的极大喜爱，其驯化、饲养、育种等都是人们关注研究的重点。自从中国先民驯养猪后，猪就与古代先民的生产、生活息息相关，对古代猪的研究，不仅为我们研究古代先民的生产、生活状况提供了一个研究视角，还可通过家猪群体的迁徙、扩散路线来窥探当时人群的交流、贸易及文化传播情况。本文拟从动物考古、古DNA、稳定同位素的角度进行综述，使人们对古代猪的起源与驯化研究有多角度、全方位、综合的认识。

二、动物考古学研究

　　我国古时以农业立国，常用五谷丰登、六畜兴旺来表达对生活的美好期盼，同时也形容国家的繁荣昌盛，而猪参与到了古人生活的方方面面，这与猪本身的价值有关。猪浑身都是宝，皮、肉、毛皆可利用，文献《后汉书·东夷列传·挹娄》记曰："挹娄好养豕，食其肉，衣其皮。冬以豕膏涂身，厚数分，以御风寒。"古代东北地区的挹娄人将猪皮做成衣服穿在身上，冬季将猪脂肪涂在身上抵御寒冷，后来还将猪毛搓成绳来

* 本研究得到国家社科基金重大项目"古动物DNA视角下的东西方文化交流研究"（项目批准号17ZDA221）资助。

织布。《晋书》卷九七《四夷传》也说："肃慎氏，一名挹娄……无牛羊，多蓄猪，食其肉，衣其皮，绩毛以为布。"隋唐时，猪被人们美称为"乌金"，来表达人们对猪的喜爱和其作为财富的象征。成书于唐朝前期的《朝野佥载》记载："拱州（洪州）有人畜猪以致富，因号猪为乌金。"

猪在古人精神层面也扮演着重要作用，它是祭祀宗庙、社稷、祖先的必需贡品。《左传·成公·成公十三年》中说"国之大事，在祀与戎"。"祀"指祭祀，"戎"指战争。而祭祀时所用的太牢和少牢牺牲中，都有猪的存在。至今现代中国人在祭祀祖先时猪头也是必备品。

家猪的起源与驯化一直是学术研究的热点和绕不开的话题，而如何判断是家猪还是野猪是其首先要解决的问题。袁靖指出需要采用一系列标准、综合多重证据才能对家猪或野猪进行准确判定，这些判定指标包括数量统计、形态和尺寸、病理特征、年龄结构、特殊考古现象、食性分析、古DNA分析等[4]。但在实际操作中往往因为遗址中出土的猪骨保存状况不好等情况，对判别是家猪还是野猪造成困扰，会出现如猪骨数量不多，特征不明显，或有的残缺严重等情况。对此要寻找尽可能多的相应的判别标准，对每一条标准都善加利用，相互印证，从而提高结论的客观真实性，切不能因为符合某条判别标准就下结论。罗运兵就是根据上述多个判别标准，对贾湖遗址出土的猪进行多角度形态分析论证，得出该遗址出土的猪骨为我国目前最早的家猪[5]。Cucchi等通过对贾湖猪的M2几何形态测量方法、形状和大小的变化研究，也认为中国早在距今约9000年的贾湖遗址就已出现家猪驯养，从而确立了黄河流域是我国家猪起源地之一，使我国是家猪起源地之一的观点得到了国际认可[6]。在区分家猪、野猪判断上，最近戴玲玲突破以往不是家猪就是野猪的划分，运用几何形态和稳定碳、氮同位素相结合的分析方法，认为下王岗遗址出土的猪骨有部分可能是返野的家猪，深化了对我国家猪驯化的复杂性了解[7]。张仲葛根据猪的体质特征特点，认为我国现代的华南猪与华南野猪、华北家猪与华北野猪体质特征相近，同时认为我国家猪的驯养地有多个地点[8]。

猪的病理现象也是动物考古研究中所关注的，它不仅是判断家猪、野猪的标准，也是探讨人们是否使用畜力的依据。釉质发育不全一般是由生理紧张造成的，营养不足也是一个重要因素，该方法一开始运用在人类学的研究中，后被引进运用到区分家猪和野猪中。罗运兵运用此方法对我国考古遗址中出土的猪骨进行了家猪、野猪的区分，验证了此方法的可行性，并进一步得出臼齿发生率高于5%的猪群基本可以判定已经出现了家猪[9]。关于猪病理方面的研究多是对其病理状况进行描述，并未对病理原因加以深入研究，如河南渑池笃忠遗址中对猪肩胛骨的肩胛结肥大的描述[10]、牙釉质发育不全的描述[11]。未来加强对病理的研究或许是以后动物考古学研究的一个突破点。

近年来随着动物考古材料的积累，多学科综合研究逐渐加强，很多动物考古研究学者开始结合考古、稳定同位素、植物、环境等学科综合探讨大范围内的生业模式状况。目前已基本建立起全国范围内先秦以前的生业模式时空框架，已有袁靖对新石器时代至先秦时期东北地区的生业初探[12]；吕鹏对黄河上游地区生业模式的探讨[13, 14]；李志鹏对新石器时代早中期黄淮下游地区先民获取动物资源的生业方式初探[15]；罗运兵等对先秦时期长江流域的生业模式作了探讨[16]；潘艳对新石器时代至先秦时代长江下游的生业模式作了探讨[17, 18]。这些综合性的研究，不仅对我们了解先秦时期以前我国先民的生业模式有了时空框架，还对当时全国范围内的生业模式有了整体清晰的认识，可以从中发现各地区的生业模式发展是不同且不平衡的。

三、古DNA研究

古DNA是指蕴含在古代生物遗骸中的遗传物质，脱氧核糖核酸。埋藏环境中的 pH值、温度、湿度及微生物等诸多因素不可避免地将会影响骨骼的保存，使古DNA受到严重降解和损伤，且含量极低，一般保存较好、致密的骨干部位及臼齿，古DNA含量较好，近年来学者发现颞骨岩部的DNA含量较高[19]。线粒体DNA具有多拷贝数、母系遗传、极少发生重组、进化速率快等特点，是古DNA研究最常用的遗传标记，已经被广泛应用于家畜的起源、迁徙及进化的研究中。

关于猪的古DNA研究，最早可以追溯到2001年，Watanobe等通过对礼文岛的Kabukai遗址中出土的42个属于鄂霍茨克文化层中猪骨骼的控制区研究，并结合考古学上的文化交流情况，认为该遗址的猪是从欧亚大陆东北部的库页岛和黑龙江流域引进的[20]。此后，Watanobe等陆续分析了日本冲绳岛、北海道、佐渡、伊豆和本州等地多处遗址的古代猪，为探讨日本家猪的起源提供了重要的线索[21, 22]。

2005年，Larson等通过对全球686个野猪和现代家猪的线粒体控制区663bp片段分析，指出现代家猪存在6个驯化中心：中欧、意大利半岛、东亚、南亚与东南亚越南、缅甸等地区及新几内亚半岛[23]。

2007年，Larson等通过对781例古代和现代猪的线粒体DNA样本研究，揭示了东南亚和大洋洲人群的来源及迁徙路线，是透物见人的典型研究[24]。该研究显示早期人类携带了苏拉威西疣猪到达弗洛勒斯岛和帝汶岛，后来伴随着人类的两次迁徙，上述两个地区的猪通过东南亚岛屿扩散到大洋洲。在后来的两次扩散路线中，有一条与新石器时代的拉皮塔文化及其后的波利尼西亚人迁徙有关，这次迁徙将现代和古代的爪哇岛、苏门答腊岛及大洋洲的猪与东亚特别是东南亚大陆的家猪联系起来。遗传学和考古学的证据也清楚地显示，这些猪的遗传谱系被带到了华莱士分界线以东地区，包括新几内亚岛。而这一地区所谓的"野猪"更像是早期的农耕者带来的家猪野化后形成的。而另一次猪的扩散则把东亚大陆猪的谱系引入了密克罗尼西亚西部、中国台湾和菲律宾等地。

2007年，Larson通过对323头现代猪和221头古代猪样本的线粒体DNA研究表明至少在公元前4000年欧洲野猪被驯化，并迅速取代了欧洲各地引进的带有近东血统的家猪，这一遗传现象记录了早期农民在向欧洲迁徙的一系列复杂的过程[25]。

　　2007年，Wu等通过对东亚地区现代家猪和野猪的线粒体DNA分析，研究东亚地区家猪的起源与扩散问题，认为家猪的驯化主要发生在湄公河地区和中国长江中下游地区，同时值得注意的一点是中国东北地区、黄河流域和长江上游地区的家猪样本均未与当地野猪具有相同的单倍型群体[26]。

　　虽然线粒体DNA研究早在20世纪80年代就已出现，但我国运用到古代家猪的研究中时间较晚。直到2009年，刘冉冉博士才首次把古DNA技术引入古猪研究中，认为黄河流域是我国家猪驯化地之一，且我国家猪在遗传上是连续不间断的，与欧洲的家猪驯化不同，拉开了对我国家猪古DNA研究的序幕[27]。2010年，Larson与赵兴波等合作，对中国6个考古遗址的18只猪的古DNA研究，并结合1500个现代猪的线粒体信息，得出中国黄河流域家猪近万年以来是连续驯化的，这与动物考古的发现是一致的，为我国家猪独立驯化提供了遗传学的证据[28]。这与欧洲家猪的非连续性、替代性驯化模式形成了鲜明对比，该研究还揭示出多个现存的、分布广泛的野猪支系，它们从始至终都未对家猪有遗传贡献，并对5个（1个在印度、3个在东南亚、1个在中国台湾地区）潜在的家猪驯化地点进行了讨论。此观点得到了台湾学者Li等的支持，他们通过对台湾本地家猪与野猪的全线粒体基因研究，得出本地兰屿野猪是兰屿家猪的祖先，支持台湾是家猪驯化地点之一，并提出了可能存在的6个驯化路线[29]。

　　2010年，崔银秋等对东北吉林万发拨子遗址和青海长宁遗址的古代猪做了线粒体DNA研究，由于当时可对比古代数据较少，未发现其来源[30]。

　　2011年，蔡大伟等通过对吉林万发拨子遗址猪线粒体DNA研究，发现该遗址家猪从新石器时期晚期到春秋战国时期线粒体DNA母系遗传具有连续性，并推测中国家猪可能有多个独立驯化区[31]。王志等分别在2011、2012年通过对湖北青龙泉遗址和青海喇家遗址的家猪进行古DNA研究，发现黄河上游和黄河下游具有相同的驯化中心，但黄河上游地区的家猪驯化晚于黄河中下游地区，该研究填补了黄河流域上游古代猪DNA研究的空白[32, 33]。

　　2016年，刘琅青从全国范围对古代家猪起源做了研究，通过对我国境内17个遗址内古猪线粒体Cytb基因和线粒体控制区序列研究发现东北地区古代猪群体发生了遗传不连续现象，东北地区从距今8000年开始到距今3500年对猪进行了长期的原地驯化和利用，并从距今约3500年时出现了母系替代现象。并通过对南方地区古代和现代猪样本比对，发现长江中下游地区古代猪群体从母系类型上与黄河中游地区一致[34]。

　　2017年，向海等通过对中国14个古代遗址的古猪细胞色素B基因和线粒体DNA控制区的研究，认为黄河中游地区家猪在遗传上是一脉相承的，中国东北地区的家猪可能是独立驯化的，且在距今3500年以来，东北地区的家猪存在基因替换，使我们对我国北方地区古代家猪的遗传关系有了全面的认识[35]。

　　在野猪古DNA研究方面，尹帅等通过对广西地区野猪化石古DNA的细胞色素b基因的核苷酸研究，发现广西古代野猪与现存欧洲猪的基因型最为接近，对现代家猪的遗传贡献较低[36]。此后侯新东等对广西古代野猪化石线粒体控制区序列进行了研究，发现广西古代野猪不仅与欧洲猪科存在基因交流，也与亚洲家猪之间具有遗传连续性，为家猪的多地区起源提供了新的地域视角[37]。

西藏家猪起源问题也是学者关心的热点，Yang等通过对7个藏猪群体218例个体的mtDNA高变片段I（HVI）变异分析，得出青藏高原和东南亚岛屿地区是两个新的家猪产地中心，并认为西藏家猪是本地起源的[38]。Ge等人做了目前藏猪最详细的分析，分析了五省九个藏猪种群1201头个体的线粒体DNA控制区（D-loop）变异，发现了两个新的藏猪驯化中心：一个在中国甘肃省，位于黄河上游地区；另一个在中国云南省[39]。在藏猪适应高原环境方面：Ma等通过对来自欧亚大陆的229头野猪和家猪（包括63头藏猪）进行了基因组分析，藏猪在高原生理中有正向选择基因，如缺氧、心血管系统、紫外线损伤、DNA修复等[40]。

家猪的毛色研究一直也是学者们关注的重点，野猪的驯化和随后的选择导致了家猪在许多性状上的显著表型变化，其中包括行为、身体组成、繁殖和皮毛颜色等。毛色对野猪尤为重要，对其野外生存具有重要作用。毛色至少有三大类功能：隐藏、交流、调节生理[41]。Li等检测了157个家猪和40头野猪的核苷酸变异，发现黑素皮质素受体1（MC1R）基因对毛色起着关键作用，尤其在野猪的皮毛色素沉着中起着关键性作用[42]。通过对家猪的毛色研究不仅可以为我们提供更直观的古猪外形形象，也可探讨古人在祭祀选择时是否有毛色偏好。该点可以作为以后研究的一个重点。

四、稳定同位素研究

20世纪60~70年代，国外学者DeNire首先利用稳定同位素方法分析了海陆生食物来源对生物体内13C含量的不同，开创了此方法在人类食谱方面的应用[43]。我国学者蔡莲珍、仇士华两位学者在20世纪80年代将该技术引入中国并应用在考古学研究方面[44]。2007年管理等通过对吉林万发拨子遗址猪骨的C、N含量研究，揭示了家猪与野猪在食物结构上的差异，意在从食性差异上将驯化初期的家猪与野猪区别开来[45]。

胡耀武等运用该方法对山东小荆山及月庄遗址动物骨做食谱差异分析，并与人骨碳氮同位素数据相比较后，认为A组为野猪，B和C组为家猪[46]。此后，管理等将该方法运用到陕北靖边五庄果墚遗址中的家猪、狗、鼠、草兔四种动物骨骼中，认为家猪和狗受到人们的影响更为明显，其食物结构已与野生动物产生明显差异[47]，在万发拨子遗址、靖边五庄果墚遗址猪骨稳定同位素研究的基础上对安徽蚌埠双墩遗址出土的猪骨进行了食谱分析，并结合形态学鉴定结果，判断该遗址中已经出现了驯化初期的家猪[48]。张全超等对吉林双塔一期遗址中的猪、狗进行了稳定同位素研究，认为该时期的猪虽还未被人驯化但可能受到了人类行为的影响和控制，出现了形态上和食物结构上的不对应性[49]。王芬等通过对山东北阡遗址的大汶口文化时期猪骨的研究认为，该遗址中的猪一部分是野猪，另一部分杂食性特征明显的极有可能是家猪[50]。郭怡等通过对青龙泉遗址猪的食性分析，发现猪的食物来源含有较多的植物类食物，可能与发达的稻粟混作农业有关，到石家河文化时期，猪的食物中粟类食物增强，这种变化可能是气候变冷所致[51]。此后陈相龙等对湖北青龙泉遗址出土的猪牲做碳氮稳定同位素分析，揭示了当地猪牲的来源及猪牲的饲养策略[52]。

张雪莲等通过对河南新砦遗址出土的动物骨骼同位素研究，并结合植物遗存的研究结果，认为该时期家畜食物以粟黍类为主，同时指出不同家畜的饲养方式有所不同，同时识别出家养鹿，这一现象还未在其他遗址中发现[53]。

陈相龙等通过对河南禹州瓦店遗址的先民和动物稳定同位素分析，发现粟类食物是先民食物结构的主体，水稻的作用也开始凸显，家猪是先民的主要肉食来源，并对绵羊、黄牛的食物来源做了探讨，得出瓦店遗址的生业经济在谷物栽培和家畜饲养方面呈现出复杂面貌，此现象对文明化和社会复杂进程还需深入探讨[54]。

张国文通过对形态学、年龄结构和考古文化的传统判别与新兴科技考古分析方法如古代DNA、病理学和稳定同位素的分析等手段相结合对家猪和野猪进行了区分[55]。

陈相龙等通过对大连广鹿岛小珠山遗址的猪骨、狗骨做稳定同位素测试，认为在小珠山三期出现了家猪饲养，植物遗存其食物来源中有粟类植物的参与[56]。

长江下游地区之前虽有介绍猪骨的稳定同素研究[57]，但未有关于猪骨的综合研究，管理等通过有长江下游流域江苏宜兴骆驼墩遗址马家浜文化时期的猪骨形态学鉴定，并结合食性分析结果，综合分析后得出该遗址马家浜文化时期未出现有家猪现象[58]。该研究使我们对长江下游地区猪骨第一次有了综合、全面、清晰的认识。

2017年以后，稳定同位素研究多以结合动物形态特征进行综合分析，从而探讨整个地区范围内先民的生业模式，进而上升到本地区文明进化层面的研究上。

Cucchi等通过对下王岗遗址和新寨遗址中猪的牙齿几何形态和稳定同位素分析，讨论了仰韶晚期到龙山时期家猪饲养方式的转变，并对其背后社会复杂化原因作了探讨[59]。

陈相龙等通过对神木神圪垯墚遗址人骨和动物骨骼的稳定同位素研究，重建了该遗址居民的食物结构以粟类为主和以家猪、黄牛、羊家畜饲养的策略，认为繁荣的粟作农业加速了社会分工和人群分化速率，并推测此原因是陕北地区在距今4000年前后文明化程度骤然提速的重要原因[60]。

陈相龙等通过对河南新郑望京楼遗址动物骨骼的碳氮稳定同位素分析发现，家猪和狗的饲养方式与龙山时期的一脉相承，并未因水稻、小麦等外来作物的推广而改变，认为望京楼遗址夏商时期农业复杂化进程的速度可能仍处在一个较为缓慢的发展时期[61]。

侯亮亮通过对新石器时代至商朝建立时期已发表的C、N稳定同位素数据的总结和分析，发现部分时空下先民与猪、狗的稳定同位素特征相似，证实了家猪和家犬的食物结构可以作为先民生业经济的替代性指标，最后探讨了家猪和家犬作为重建先民生业经济替代性指标的局限性[62]。

陈相龙等通过对宁夏沙塘北源遗址出土的人骨、猪、狗、牛、羊同位素研究，认为沙塘北源的先民主要以粟作农业为主体，畜牧经济虽已出现，但所占比例较小。该遗址所获猪骨的稳定同位素研究显示主要为家猪，少数个体可能是野猪[63]。

锶同位素近年也得到发展，其在判断人或动物是迁徙还是本地来源发挥着重要作用。锶同位素通过分析待测样本中锶同位素比值可以让我们了解考古遗址中出土的人或动物是本地的还是外来的，对探讨其来源大有帮助。锶同位素研究在我国虽然起步较晚但也取得了一定成果。2008年尹若春首次把锶同位素应用到考古学研究中，通过对贾湖遗址人骨的研究，发现14个先民中有5个是外来迁入的[64]。2011年以来，赵春燕等对多出考古遗址出土的动物进行了锶稳定同位素分析。对陕西陶寺遗址的动物锶同位素研究后推测羊和牛可能不是当地饲养的[65]。对河南偃师二里头遗址猪、羊、牛的锶同位素研究后得出猪可能是由当地饲养的，牛和羊的锶比值在当地锶同位素比值范围外的结论[66]。对安徽凌家滩与韦岗遗址动物遗骸的锶同位素比值研究得出其适用范围为5~15千米内，据此推测出韦岗遗址出土的猪可能是在本地出生[67]。

五、讨论与展望

通过上述对家猪起源与驯化研究情况的系统梳理，可以得到以下认识。

（1）家猪的起源和驯化一直是动物考古、古DNA、稳定同位研究关注的重点，分辨家猪还是野猪，是其开展后续工作的前提，可喜的是现已取得一些初步共识，首先对于我国是家猪较早起源地之一的认识已被各国学者所认可，即河南贾湖遗址，把我国家猪起源时间往前推了数百年，达到距今约9000年，与土耳其安纳托利亚地区的卡努耀遗址同时代，为我国是世界家猪起源地之一提供了实证。

（2）关于我国家猪驯化地，学术界一直未有定论，多倾向于多地区独立驯化。张仲葛先生首先根据我国南北家猪与野猪的形态特征，认为是各自独立驯化的。古DNA的研究表明，东北地区可能是我国家猪驯化地之一，并在距今约3500年发生了基因替代现象，对于其替代原因在于可对比古代数据较少，未做深入探讨，相信随着更多考古遗址的发掘和更多古猪DNA数据的发表，会使我们窥探到是其何种可能原因造成的，是环境恶化？是人为迁徙、猎杀？抑或是人为与环境共同所致。

（3）可以看出研究的问题在逐步深入，地域范围也在扩大，与考古的结合越来越紧密，上升到对整个地区、多角度的概括和探索，进而上升到探讨社会复杂化层面上。这一现象在动物考古研究中尤为明显，袁靖、罗运兵、李志鹏、吕鹏等学者分别对我国东北地区、黄河上游地区、长江上下游地区、淮河流域下游地区先秦时期之前的生业模式结合考古材料、动物、植物、同位素、环境等多方面做了综合分析与研究，让我们对此上述地区的生业状况有了宏观上的认识，建立了地域谱系网。

（4）在对其文章使用材料上有大空间范围、大样本量、多学科交叉合作分析的趋势，如上文吕鹏、袁靖通过对甘、青、宁三省区的动物、植物、稳定同位素分析，重新评估了我国甘青地区的生业模式方式，并对我国黄河上游新石器时代的生业模式进行了广泛深入的探讨，不仅使论证、论据更具说服性，也使结论更具有客观、全面性，从而使还原的生业模式更接近真实性。Frantz等用2099个猪样本，其中1318个古代样本，781个现代样本，从古DNA视角论证了欧洲古猪的基因转换问题[68]。所用样本量之多，让人惊叹，如此大样本量、大地区范围内的探讨，需要国际上多国间的学者合作才能完成。同时多学科交叉合作研究这一特点在科技考古领域尤为明显，这也是科技考古今后发展的必然趋势，只有把科技的手段运用到考古材料里，对考古材料进行解析，才能达到相互促进，相伴相生。

（5）我国幅员辽阔，古代文化灿若星河，考古遗存丰富，为我们提供了丰富的研究材料，这是我们的优势，但同时我们也应看到我们的不足。我们对遗址材料的研究上相对考古发掘稍显滞后，这点在古DNA研究上尤为明显，无论是对单个遗址的研究还是大范围区域内研究，数量都非常少，甚至没有，这与从事古DNA研究的学者极少有直接关系，相信随着从事科技考古人员数量的增多，这一问题将会在不久的将来得以解决。

（6）要加强国际合作与交流。我国科技考古的研究方法和手段相对国外，稍显落后，我们可以借鉴国外的思路与研究方法，争取做到在国际一流刊物上发表我们的研究成果，让世界听到中国学者的声音，让世界了解我国深厚的历史文化底蕴。

注　释

［1］　Bosma, A. A. Chromosomal polymorphism and G banding patterns in the wild boar (Sus scrofa L.) from the Netherlands［J］. *Genetica*, 1976 (46): 391-399.

［2］　Hongo, H. R. H. Meadow. Pig exploitation at Neolithic Çayönü Tepesi (southeastern Anatolia)［C］. *Ancestors for the Pigs*: *Pigs in Prehistory*, 15. Philadelphia: MASCA Research Papers in Science and Archaeology, 1998: 77-98.

［3］　罗运兵，张居中. 河南舞阳县贾湖遗址出土猪骨的再研究［J］. 考古，2008（1）：90-96.

［4］　袁靖. 中国古代家养动物的动物考古学研究［J］. 第四纪研究，2010（2）：298-306.

［5］　罗运兵. 中国古代猪类驯化：饲养与仪式性使用［M］. 北京：科学出版社，2012：134-141.

［6］　Cucchi, T., A. Hulme-Beaman, Yuan J., et al. Early Neolithic pig domestication at Jiahu, Henan Province, China: clues from molar shape analyses using geometric morphometric approaches［J］. *Journal of Archaeological Science*, 2011, 38 (1): 11-22.

［7］　戴玲玲，高江涛，胡耀武. 几何形态测量和稳定同位素视角下河南下王岗遗址出土猪骨的相关研究［J］. 江汉考古，2019（6）：125-135.

［8］　张仲葛. 出土文物所见我国家猪品种的形成和发展［J］. 文物，1979（1）：82-92.

［9］ 罗运兵. 家养还是野生——LEH病理观察方法再检验［C］.动物考古（一）.北京：文物出版社，2010：134-145.

［10］ 杨苗苗，武志江，侯彦峰. 河南渑池县笃忠遗址出土动物遗存分析［J］.中原文物，2009（2）：29-36.

［11］ 戴玲玲，张东. 安徽省亳州后铁营遗址出土动物骨骼研究［J］.南方文物，2018（1）：142-150.

［12］ 袁靖. 新石器时代至先秦时期东北地区的生业初探［J］.南方文物，2016（3）：175-182.

［13］ 吕鹏，袁靖. 交流与转化——黄河上游地区先秦时期生业方式初探（上篇）［J］.南方文物，2018（2）：170-179.

［14］ 吕鹏，袁靖. 交流与转化——黄河上游地区先秦时期生业方式初探（下篇）［J］.南方文物，2019（1）：113-121.

［15］ 李志鹏. 对新石器时代早中期黄淮下游地区先民获取动物资源的生业方式初探［J］.南方文物，2018（1）：160-165.

［16］ 罗运兵，姚凌，袁靖. 长江上游地区先秦时期的生业经济［J］.南方文物，2018（4）：96-110.

［17］ 潘艳，袁靖. 新石器时代至先秦时期长江下游的生业形态研究（上）［J］.南方文物，2018（4）：111-125.

［18］ 潘艳，袁靖. 新石器时代至先秦时期长江下游的生业形态研究（二）［J］.南方文物，2019（1）：122-135.

［19］ Gamba, C., E. R. Jones, M. D. Teasdale, et al. Genome flux and stasis in a five millennium transect of European prehistory［J］. *Nature Communications*, 2014, 5.

［20］ Watanobe, T., N. Ishiguro, N. Okumura. Ancient mitochondrial DNA reveals the origin of Sus scrofa from Rebun Island, Japan［J］. *J Mol Evol*, 2001, 52 (3): 281-290.

［21］ Watanobe, T., N. Ishiguro, et al. Prehistoric introduction of domestic pigs onto the Okinawa Islands: ancient mitochondrial DNA evidence［J］. *J Mol Evol*, 2002, 55 (2): 222-231.

［22］ Watanobe, T., N. Ishiguro, M. Nakano, et al. Prehistoric Sado island populations of Sus scrofa distinguished from contemporary Japanese wild boar by ancient mitochondrial DNA［J］. *Zoological Science*, 2004, 21 (2): 219-228.

［23］ Larson, G., K. Dobney, U. Albarella, et al. Worldwide phylogeography of wild boar reveals multiple centers of pig domestication［J］. *Science*, 2005, 307 (5715): 1618-1621.

［24］ Larson, G., T. Cucchi, M. Fujita, et al. Phylogeny and ancient DNA of Sus provides insights into Neolithic expansion in Island Southeast Asia and Oceania［J］. *Proceedings of the National Academy of Sciences of the United States of America*, 2007, 104 (12): 4834-4839.

［25］ Larson, G., U. Albarella, K. Dobney, et al. Ancient DNA, pig domestication, and the spread of the Neolithic into Europe［J］. *Proc Natl Acad Sci U S A*, 2007, 104 (39): 15276-15281.

［26］　Wu, G. S., Yao Y. G., Qu K. X., et al. Population phylogenomic analysis of mitochondrial DNA in wild boars and domestic pigs revealed multiple domestication events in East Asia［J］. *Genome Biol*, 2007, 8 (11): R245.

［27］　刘冉冉. 利用古代和现代线粒体DNA研究东亚家猪的驯化历史［D］. 中国农业大学，2009.

［28］　Larson, G., Liu R., Zhao X, et al. Patterns of East Asian pig domestication, migration, and turnover revealed by modern and ancient DNA［J］. *Proc Natl Acad Sci U S A*, 2010, 107 (17): 7686-7691.

［29］　Li, K. Y., Li K. T., Yang C. H., et al. Insular East Asia pig dispersal and vicariance inferred from Asian wild boar genetic evidence［J］. *Journal of Animal Science*, 2017, 95 (4): 1451-1466.

［30］　崔银秋，张雪梅，汤卓炜等. 家猪起源与古代DNA研究［C］. 边疆考古研究（第9辑）. 北京：科学出版社，2010：301-304.

［31］　蔡大伟，孙洋，汤卓炜等. 吉林通化万发拨子遗址出土家猪线粒体DNA分析［C］. 边疆考古研究（第10辑）. 北京：科学出版社，2011：380-386.

［32］　王志. 利用古代DNA信息研究中国家猪的起源驯化［D］. 中国农业大学，2011.

［33］　王志，向海，袁靖等. 利用古代DNA信息研究黄河流域家猪的起源驯化［J］. 科学通报，2012，57（12）：1011-1018.

［34］　刘琅青. 中国家猪的起源驯化研究：来自古DNA的实验数据［D］. 中国农业大学，2016.

［35］　Xiang, H., Gao J., Cai D., et al. Origin and dispersal of early domestic pigs in northern China［J］. *Scientific Reports*, 2017, 7 (1).

［36］　尹帅，盛桂莲，侯新东等. 广西地区野猪化石古DNA及猪的驯化初探［J］. 古脊椎动物学报，2013（4）：321-330.

［37］　侯新东，盛桂莲，袁俊霞等. 广西地区晚更新世野猪对家猪的遗传贡献［J］. 地球科学，2018，43（11）：3976-3988.

［38］　Yang, S., Zhang H., Mao H., et al. The local origin of the Tibetan pig and additional insights into the origin of Asian pigs［J］. *PloS one*, 2011, 6 (12): e28215.

［39］　Ge, Q., Gao C., Cai Y., et al. The domestication event of the Tibetan pig revealed to be in the upstream region of the Yellow River based on the mtDNA D-loop［J］. *Asian-Australas J Anim Sci*, 2020, 33 (4): 531-538.

［40］　Ma, Y. F., Han X. M., Huang C. P., et al. Population Genomics Analysis Revealed Origin and High-altitude Adaptation of Tibetan Pigs［J］. *Sci Rep*, 2019, 9 (1): 11463.

［41］　Stoner, C. J., T. M. Caro, C. M. Graham, et al. Ecological and behavioral correlates of coloration in artiodactyls:systematic analyses of conventional hypotheses［J］. *Behav Ecol*, 2003, 14: 823-840.

［42］　Li, J., Yang H., Li J., et al. Artificial selection of the melanocortin receptor 1 gene in Chinese domestic pigs during domestication［J］. *Heredity*, 2010, 105 (3): 274-281.

［43］　DeNiro, M. J., S. Epstern. Influence of diet on the distribution of carbon isotopes in animals［J］. *Geochimica et Cosmochimica Acta*, 1978 (42): 495-506.

［44］ 蔡莲珍，仇士华.碳十三测定和古代食谱研究［J］.考古，1984（10）：949-955.

［45］ 管理，胡耀武，汤卓炜等.通化万发拨子遗址猪骨的C，N稳定同位素分析［J］.科学通报，2007（14）：1678-1680.

［46］ 胡耀武，栾丰实，王守功等.利用C，N稳定同位素分析法鉴别家猪与野猪的初步尝试［J］.中国科学（D辑：地球科学），2008（6）：693-700.

［47］ 管理，胡耀武，胡松梅等.陕北靖边五庄果墚动物骨的C和N稳定同位素分析［J］.第四纪研究，2008（6）：1160-1165.

［48］ 管理，胡耀武，王昌燧等.食谱分析方法在家猪起源研究中的应用［J］.南方文物，2011（4）：116-124.

［49］ 张全超，汤卓炜，王立新等.吉林白城双塔遗址一期动物骨骼的稳定同位素分析［C］.边疆考古研究（第12辑）.北京：科学出版社，2012：355-360.

［50］ 王芬，宋艳波，李宝硕等.北阡遗址人和动物骨的C，N稳定同位素分析［J］.中国科学（地球科学），2013，43（12）：2029-2036.

［51］ 郭怡，胡耀武，朱俊英等.青龙泉遗址人和猪骨的C，N稳定同位素分析［J］.中国科学：地球科学，2011，41（1）：52-60.

［52］ 陈相龙，罗运兵，胡耀武等.青龙泉遗址随葬猪牲的C、N稳定同位素分析［J］.江汉考古，2015（5）：107-115.

［53］ 张雪莲，赵春青.新砦遗址出土部分动物骨的碳氮稳定同位素分析［J］.南方文物，2015（4）：232-240.

［54］ 陈相龙，方燕明，胡耀武等.稳定同位素分析对史前生业经济复杂化的启示：以河南禹州瓦店遗址为例［J］.华夏考古，2017（4）：70-79.

［55］ 张国文.鉴别古代家猪与野猪的方法探究［J］.南开学报（哲学社会科学版），2016（5）：103-108.

［56］ 陈相龙，吕鹏，金英熙.从渔猎采集到食物生产：大连广鹿岛小珠山遗址动物驯养的稳定同位素记录［J］.南方文物，2017（1）：142-149.

［57］ 张国文，蒋乐平，胡耀武等.浙江塔山遗址人和动物骨的C、N稳定同位素分析［J］.华夏考古，2015（2）：138-146.

［58］ 管理，林留根，侯亮亮等.环太湖地区马家浜文化早期家猪驯养信息探讨——以江苏骆驼墩遗址出土猪骨分析为例［J］.南方文物，2019（1）：151-158.

［59］ Cucchi, T., Dai L., M. Balasse, et al. Social complexification and pig (Sus scrofa) husbandry in ancient China: a combined geometric morphometric and isotopic approach［J］. *PLoS One*, 2016, 11 (7): e158523.

［60］ 陈相龙，郭小宁，王炜林等.陕北神圪垯墚遗址4000a BP前后生业经济的稳定同位素记录［J］.中国科学：地球科学，2017，47（1）：95-103.

［61］ 陈相龙，尤悦，吴倩.从家畜饲养方式看新郑望京楼遗址夏商时期农业复杂化进程［J］.南

方文物，2018（2）：200-207.

［62］　侯亮亮.稳定同位素视角下重建先民生业经济的替代性指标［J］.南方文物，2019（2）：165-183.

［63］　陈相龙，杨剑，侯富任等.宁夏隆德沙塘北塬遗址生业经济研究［J］.南方文物，2020（2）：134-143.

［64］　尹若春，张居中，杨晓勇.贾湖史前人类迁徙行为的初步研究——锶同位素分析技术在考古学中的运用［J］.第四纪研究，2008，28（1）：50-57.

［65］　赵春燕，袁靖，何努.山西省襄汾县陶寺遗址出土动物牙釉质的锶同位素比值分析［J］.第四纪研究，2011，31（1）：22-28.

［66］　赵春燕，杨杰，袁靖等.河南省偃师市二里头遗址出土部分动物牙釉质的锶同位素比值分析［J］.中国科学：地球科学，2012，42（7）：1011-1017.

［67］　赵春燕，吕鹏，朔知.安徽含山凌家滩与韦岗遗址出土部分动物遗骸的锶同位比值分析［J］.南方文物，2019（2）：184-190.

［68］　Frantz, L. A. F., J. Haile, Lin A. T., et al. Ancient pigs reveal a near-complete genomic turnover following their introduction to Europe ［C］. *Proceedings of the National Academy of Sciences*, 2019.

Research on the Origin and Domestication of Domestic Pigs from a Multi-dimensional Perspective

WANG Yong-di CAI Da-wei

As one of the most closely connected domestic animals with our ancestors, pigs played an important role in the production and life of the ancestors. The number of pig bones unearthed in archaeological sites is huge, and even under certain conditions, it can be used as a substitute index for investigating the economy of the ancestors, which shows its extensiveness and importance. In view of this, this article intends to sort out the research status of animal archaeology, ancient DNA, and stable isotopes, and summarize the research progress of the origin and domestication of domestic pigs in recent years.

西安市各级文物保护单位建设控制地带规律探析

刘　爽[1]　杨嘉明[2]

（1. 吉林大学考古学院，长春，130012；　2. 西北大学文化遗产学院，西安，710000）

　　设置各级文物保护单位是我国不可移动文物保护的重要方式之一，在保证文化遗产事业可持续发展中发挥着不可替代的作用，其中建设控制地带是文物保护单位"四有"要素（有必要的保护范围、标志说明、记录档案及专门机构或专人负责管理）中的关键环节[1]，其作用和影响不言而喻。

一、研究背景及现状

（一）研究背景

　　文物保护单位（以下简称文保单位）的建设控制地带，是指在文保单位的保护范围外，为保护文化遗产的安全、环境、历史风貌对建设项目加以限制的区域，对其真实性、完整性的保护具有重要意义。

　　我国现代意义上的文物保护工作，始于国民政府设立"中央古物保管委员会"。1927年，著名教育家蔡元培在其执掌的国民政府大学院下设立了直属的中央古物保管委员会，专管全国古迹保管研究及发掘等事务，成为我国历史上第一个全国性的文物保护管理机构。中央古物保管委员会主持制定了有关的文物保护法令，如《古物保存法》（1930年公布）、《古物保存法实施细则》（1931年公布）等。这些文物保护法令的颁布，使得当时的文物保护工作有法可依，逐步走上正轨，也为中华人民共和国成立之后相关工作的开展奠定了一定基础[2]。

　　中华人民共和国成立后的1961年，国务院发布《关于公布第一批全国重点文物保护单位名单的通知》，公布了第一批全国重点文物保护单位（以下简称国保单位），这是新中国对于不可移动文物以文保单位的形式进行保护的开端。而在1963年颁布的《文物保护单位保护管理暂行办法》中，规定"为了防止人为的破坏，必须对文物保护单位划定必要的保护范围……其他建设工程的规划设计应注意与保护单位的环境气氛相协调"[3]，表明中华人民共和国成立初期对建设控制地带的重视。1982年第一部《中华人民共和国文物保护法》（以下简称《文物保护法》）正式颁布，直到2017年经过了多次修订，有关文物保护单位及其建设控制地带的法律条文不断更新完善，而《全国重点文物保护单位保护规划编制要求》（以下简称《编制要求》）、《中华人民共和国文物保护法实施条例》（以下简称《实施条例》）等法规的相继出台，为相关领域的研究和实践提供了法律依据。

作为文物资源大省，陕西有着众多各级文保单位。早在1956年，陕西省人民政府就公布了第一批陕西省重点文物保护单位（以下简称省保单位）。但是随着城市化进程的不断推进及经济发展的需要，与文保单位的建设控制地带的矛盾不断凸显，也成为制约西安文保事业发展的一大瓶颈。因此，对文物保护单位建设控制地带划定规律进行科学的研究与探析，并结合国家相关法律规定，提出合理的具有可行性的意见与建议，对今后西安市、陕西省乃至全国其他地区文物保护事业的发展有重要的现实意义。

（二）研 究 现 状

1. 国内研究现状

目前国内对于相关问题的研究范围较为广泛，已经取得了一定的成就。西北大学的赵星在《对文物保护规划中建设控制地带划定的思考》中认为，划定是确立保护优先、与周围环境结合及注重与城市规划衔接的策略[4]。何芩等在《关于文物保护单位及建设控制地带划定中的思考——第七批文物保护单位建控地带划定中的体会》中提出，建设控制地带的划定对于遗址本身的保护、文保单位周围的建设控制及城市建设具有重要意义[5]。覃军在《文物保护单位保护规划的几点认识》中指出，实际建设控制地带按照控制力度与内容来进行分类，要想做好保护规划工作，就需要加强建设控制地带的分级管理，由于建设控制地带的不同，在实际分级与对待方式上有着很大的灵活性，在实际管理程序与审批级别方面都要保证其地方性与能动性特征[6]。

同时，国内对于建设控制地带划定的研究往往同保护范围的设置结合起来，如在《关于文物保护单位"两线"划定工作的实践与思考》中，作者在论述时多次将两者进行联系，从而得出结论[7]。因此，当前国内对于建设控制地带的划定方式与理念、管理体制及未来发展等方面研究均已有所探讨，也彰显了新时期我国文保事业的发展成就。

2. 国际研究现状

国际上在相关领域不断探索，取得了许多值得借鉴的成果。1962年，联合国教科文组织颁布《关于保护景观和遗址的风貌与特性的建议》，涉及有关遗址"周边环境"

的概念；1972年的《保护世界文化和自然遗产公约》提出对"遗产周边环境风貌的保护"[8]，体现了20世纪后半叶国际上对于保护范围与建设控制地带理念的实施与推行。

进入21世纪以来，国际相关研究持续进行。2005年《西安宣言——关于古建筑、古遗址和历史区域周边环境的保护》在总结以往研究经验的同时，对于"周边环境"做出了更为细致的解读，提出要加强管理与规划。2017年联合国教科文组织在原有《保护世界文化和自然遗产公约》基础上颁布《世界遗产操作指南》，进一步提出了"确保有效保护的边界"与设立"缓冲区"的提议[9]，在国际层面为相关研究和实践指明了方向。

目前，对于建设控制地带的相关研究主要集中于基础理论的探讨，包括理念、意义等，同时也有对于显性划定方式不足的批评，大部分研究以国家相关法律为依据，出发点多为政府、文保单位整体规划的角度考虑，这在一定程度上丰富了理论研究基础，不过，总体来看，主要还是通过实例从宏观规划的角度进行整体的论述，缺乏具体的对于其所属类型或是地理区位因素的对比分析。

本文通过资料搜集整理，从不同类型的文保单位入手，将其进行类型上的细分，同时结合其所处的不同区位因素，参考以往研究成果，总结建设控制地带的划定规律，提出建议，为文物保护事业可持续发展提供一定的参考。

二、西安市文保单位建设控制地带规律探析

（一）西安市文保单位概述

本文主要研究对象为西安市十一区两县的文保单位及其建设控制地带，主要类型包括古遗址、古墓葬、古建筑、石刻、碑石、近现代建筑等。陕西省第一批国保单位于1961年3月公布，第一批省保单位于1956年8月公布，全市共有53处国保单位及101处省保单位[10]（相关数据采集出处下同。省保单位明城墙遗址由于跨区域较大，因此本次统计未将其归属于某一特定行政区）。在西安市辖区内，国保单位较多分布于长安区、灞桥区、雁塔区、临潼区及莲湖区；而省保单位较多分布于长安区、鄠邑区、碑林区及周至县，唯一没有省保单位的是阎良区（表一）。

表一　西安市各行政区文保单位数量及其占比

行政区	国保单位数量/占比	省保单位数量/占比
灞桥区	6处/11%	2处/2%
莲湖区	5处/9%	7处/7%
碑林区	4处/8%	12处/12%
新城区	3处/6%	10处/10%

续表

行政区	国保单位数量/占比	省保单位数量/占比
雁塔区	5处/9%	3处/3%
未央区	3处/6%	3处/3%
长安区	9处/17%	12处/12%
临潼区	5处/9%	3处/3%
阎良区	1处/2%	0
蓝田县	3处/6%	8处/8%
高陵区	3处/6%	6处/6%
周至县	3处/6%	15处/15%
鄠邑区	3处/6%	19处/19%

　　西安市作为十三朝古都，文保单位的年代跨度上至史前时期，下迄明清及近现代。西安市周边文保单位，除辽金时期少见外，主要历史时期均已涉及。

（二）文保单位建设控制地带规律探析

1. 按照文物类型区分

（1）古遗址

　　西安市境内古遗址文保单位遗存丰富，地域分布广泛，时代上至旧石器，下迄明清，遗存类型主要有古人类化石出土点、聚落居址、城址等。

　　国保单位中，古遗址类型21处，时代跨度为史前旧石器至唐代。在所有古遗址国保单位中，除杨官寨遗址、长安城遗址、灞桥遗址及栎阳城遗址保护范围和建设控制地带仍待划定外，其余遗址均已划定。在已划定的17处中，建设控制地带的划定方式主要分为两种，一种是直接与保护范围中的重点保护区或是一般保护区相同；另一种是重新划定区域，包括在原有基础上进行外延及以其他地标为界另行划定，其中又以向东、西、南、北各外扩一定长度为最常见方式，以至于很多时候建设控制地带会被称作"四至"，也就是四个方向所至范围[11]。而国保单位古遗址中，另行划定的方式仅此一种。该种划定方式虽然较为简便，但是多数时候没有关注周边环境要素，属于早期的方式。例如，用此方式划定的汉长安城遗址，属于第一批国保单位，也反映了相关理念的早期应用（表二）。

　　省级保护单位中，古遗址27处。时代跨度与国保单位基本一致，并且目前均已完成划定工作。划定方式除与国保单位相同的方式之外，也有少数建设控制地带是以遗址某处为基点，向四周展开划定。但是在省保单位中，与一般保护区相同的方式明显少于国保单位，其他比例差别不大（表三）。

表二　国保单位古遗址建设控制地带划定方式统计

划定方式	数量（共21处）
与一般保护区相同	6处
与重点保护区或保护范围整体相同	5处
在保护范围基础上进行外延或另行划定	进行外延：4处 另行划定：2处（均为四至划定）
待划定	4处

表三　省保单位古遗址建设控制地带划定方式统计

划定方式	数量（共27处）
与一般保护区相同	3处
与重点保护区或保护范围整体相同	13处
在保护范围基础上进行外延或另行划定	进行外延：8处 另行划定：3处 （均为四至划定）
待划定	无

具体而言，古遗址又可细分为史前时期与历史时期。史前时期主要包括古人类化石出土点及史前聚落遗址。由于遗存的保存状态不如历史时期完整，并且缺乏有效的文献进行研究，使得划分缺少明显的地面标识，而若是过多依靠现存建筑或道路进行标识，则有可能因不准确而造成对遗址完整性的破坏。因此史前时期遗址保护范围的划定一般都是直接划定为遗址所占地的全部面积，或是在已探明基本面积的基础上向四周进行延伸，达到保护的效果。并且不去具体区分保护范围与建设控制地带，两者一般重合，如国保单位中的老牛坡遗址、姜寨遗址等，以及省保单位中的黄堆村遗址、北丈八寺遗址等。

除去直接划定，史前古遗址同样也会依据实际情况进行划定，如果遗址范围内已有现代建筑，则会依据国家相关标准，结合实际情况对保护范围进行划定，拆迁是一种方式，但当该建筑无法在短期内拆迁时，就会在保证遗址规划的基础上，运用现代建筑的部分墙体充当保护范围及建设控制地带的分界点，达到保护与保证居民生活的平衡。例如，国保单位中范围内有学校的鱼化寨遗址，为保证教学工作的正常进行，会有意识地在规划中缓解相应的矛盾。受此影响，建设控制地带的划定也不会与保护范围重合，而是结合规定与实际进行一定程度的外延，多为100米以内，也就是说建设控制地带会将部分现代建筑包括在内。

历史时期古遗址主要包括城址、宫殿基址等，并且有文献资料或是文字遗存的参考，对于建设控制地带的划定有很大的帮助。商周时期可能会遇到资料匮乏的情况，可以在划定时参照史前时期的方式，如商周时期的怀珍坊与崔家堡遗址。而随着史料的丰富，在建设控制地带的划定过程中会有更多明确的名称与详细的数据作为支撑，使得结果极其精确，如华清宫遗址及兴庆宫遗址，结合唐代史料研究后，可以大致确定某一处大殿的位置，而不会像史前遗址那样粗略划定遗址的整体范围。

（2）古墓葬

国保单位中古墓葬有9处，省保单位有18处，上至秦代，下讫明清（表四、表五）。在古遗址保护范围及建设控制地带的划定中，国保单位与省保单位的主要划定方式基本一致。以西汉陵墓为例，两汉帝王陵墓陵区或陵园的设计与规划、墓外设施的设置和内容等对"事死如事生"思想均有体现，可以说这些设施是现实建筑实体与墓葬所需的完美结合[12]。因此，在保护单位基础上进行外延或另行划定的同时，突出对墓冢或墓碑等设施的保护是其有别于其他类型文保单位的主要特点。例如，以碑刻为中心划定的霸陵与董仲舒墓，以及以墓冢为基点的薄太后与窦皇后陵。在此基础上，保护范围逐渐向外扩展。而建设控制地带则依据周围实际情况，并结合保护范围的需求，来决定是与保护范围部分重合还是继续延伸，且延伸部分一般在200米以内。

表四　国保单位古墓葬建设控制地带划定方式统计

划定方式	数量（共9处）
与一般保护区相同	2处
与重点保护区或保护范围整体相同	0
在保护范围基础上进行外延或另行划定	5处 （均为外延）
待划定	2处

表五　省保单位古墓葬建设控制地带划定方式统计

划定方式	数量（共18处）
与一般保护区相同	5处
与重点保护区或保护范围整体相同	0
在保护范围基础上进行外延或另行划定	进行外延：11处 另行划定：2处 （墓碑为基点：1处 围墙为边界：1处）

（3）古建筑

古建筑类型，主要包括古塔、楼阁、寺庙及宫观故居等。西安市该类型国保与省保单位数量多达47处，年代有唐代与元、明、清（表六、表七）。通过对西安市国保、省保单位古建筑保护范围及建设控制地带的总结，首先可以发现的一大特点就是除兴教寺塔与大兴善寺建设控制地带与保护范围中的一般保护区重合以外，其余建设控制地带都是依据实际情况另行划定，并且大多为"四至"划定，也反映出古建筑其所处地理位置的特殊性所导致的建设控制地带划定的复杂性。

而另行划定的途径也主要有两种，其一为直接在已有保护范围的基础上进行一定程度的外延，少则2～5米，多则500米以内，如小雁塔、八云塔等。其二就是依据实际情况另行划定，如目前位于西安较为繁华地区的钟鼓楼，由于地理位置原因，必须尽可能详细，以防止对文保单位的建设性破坏。

表六　国保单位古建筑建设控制地带划定方式统计

划定方式	数量（共17处）
与一般保护区相同	1处
与重点保护区或保护范围整体相同	0
在保护范围基础上进行外延或另行划定	进行外延：10处 另行划定：6处 （均为四至划定）

表七　省保单位古建筑建设控制地带划定方式统计

划定方式	数量（共30处）
与一般保护区相同	1处
与重点保护区或保护范围整体相同	0
在保护范围基础上进行外延或另行划定	进行外延：18处 另行划定：11处 （四至划定：7处 院落围墙为界：4处）

同时，由于古建筑类型多样，不同类型的古建筑在进行划分时会有不同的特点。陕西省古塔丰富多彩，形制、用途不同，质地多样，且国保与省保单位多位于西安市所在的关中地区。国保单位中唐宋古塔居多，省保单位中明清古塔居多，虽然年代分布不同，但是古塔的塔基均为古塔的根本，因此以古塔塔基为基点进行保护范围和建设控制地带的划分最为常见，当基本划定方式确定后，其余则需根据实际情况及古塔的质地进行一定程度的外延。例如，国保单位鸠摩罗什舍利塔，作为国内罕见的玉石雕作之塔，不仅保护范围精确到塔周围每一处建筑，其建设控制地带最长部分已向南延伸200米，而其余大多数古塔建设控制地带延伸普遍不足百米。

除古塔外，寺庙、道观及清真寺也是西安市古建筑文保单位的主体。寺庙作为传统礼乐文明和祭祀文化的载体，大雄殿等香客往来密切的区域自然在划定时要受到更多的关注。例如，较为著名的大兴善寺。道观则多与风景胜地相结合，或依托山势地形构建，并且有丰富的园林设计元素，因此在划定时考察周边环境地势，甚至风景园林专家的介入就显得非常关键。例如，位于秦岭终南山北麓的楼观台，为达到遗址保护与环境保护的协调，前期就需要对山体环境地形的充分研究。较为特殊的是清真寺，由于清真寺大多坐西朝东，其较为重要的礼拜殿一般呈凸字形，并且由于目前多数清真寺周边人流密集，围墙的保护作用就更加明显。例如，位于较为繁华的莲湖区的小皮院清真寺，在划定时重点保护礼拜殿及其周边建筑，同时借助围墙，已成为较为普遍的方式。

（4）近现代建筑

首先，近现代建筑有别于古代建筑的最主要特点就是保存较为完整，并且周围环境变化不会像古代建筑那么剧烈。因此，近现代建筑建设控制地带的划定也是资料最为详细的，不仅有文献资料，还有更珍贵的影像资料，这些都成为保护依据。例如，八路军西安办事处，通过详细的资料可以确定1、3、4、7号院落曾经是周恩来、刘少奇等人居住、办公的地方，在价值上有别于其他基础院落，因此以这四处院落为重点保护区，与其余部分加以区分。其次，在省保单位中，有4处在另行划定时直接运用建筑原有院落或厂区范围为建设控制地带，也体现出近现代建筑的一个特殊性，即可能仍然在使用。例如，目前西安人民大厦作为三星级涉外饭店，如果在规划时变动过大，必然影响饭店的正常运营，因此选择直接以院内为建设控制地带（表八、表九）。

表八　国保单位近现代建筑建设控制地带划定方式统计

划定方式	数量（共3处）
与一般保护区相同	2处
与重点保护区或保护范围整体相同	0
在保护范围基础上进行外延或另行划定	1处（另行划定）

表九　省保单位近现代建筑建设控制地带划定方式统计

划定方式	数量（共16处）
与一般保护区相同	0
与重点保护区或保护范围整体相同	4处
在保护范围基础上进行外延或另行划定	进行外延：5处 另行划定：3处 以原有设施为界：4处

2. 按照所处地理位置与周围环境区分

保护范围与建设控制地带的划分，不仅受到文物类型的影响，同时其所处地理位置、周围环境及经济发展状况等区位条件也是另一个重要影响因素。

（1）经济发展状况

西安市共有11个区、2个县，经济发展水平参差不齐，人员密集程度及用地规模自然也有所不同，直接体现到保护范围与建设控制地带的划定上。

由表一〇与表一一（数据采集自西安市统计局网站）可知，西安市较发达地区与较落后地区经济发展水平差距较大。本文以排名前三位的地区与后四位地区进行比较，探析经济发展状况对建设控制地带的影响。

表一〇　2019年西安市各区县GDP统计数据

排名	区县	2019年（亿元）
1	雁塔区	2271.01
2	未央区	1255.07
3	碑林区	1013.97
4	长安区	1001.21
5	莲湖区	789.05
6	新城区	605.93
7	灞桥区	489.19
8	高陵区	374.44
9	阎良区	255.06
10	临潼区	242.69
11	鄠邑区	180.23
12	蓝田县	149.23
13	周至县	137.15

表一一　2018年西安市各区县常住人口与城镇化率

区县	2018年常住人口（万人）	城镇化率
雁塔区	134.32	100%
未央区	77.74	97.2%
碑林区	67.97	96.8%
临潼区	69.69	34.9%
鄠邑区	55.86	42.3%
蓝田县	53.68	34.0%
周至县	59.41	33.95%

通过对保护范围与建设控制地带统计分析，可知在最发达的三个行政区中，共有国保、省保单位28处，其中仅有2处建设控制地带的外延超过了100米，分别是大雁塔与青龙寺。大雁塔已经入选《世界遗产名录》，青龙寺则是佛教八大宗派之一密宗祖庭，

其价值与意义要求它们即便是在用地紧张的较发达地区，也应得到完善的保护。除去较为特殊的这两处，其余文保单位建设控制地带基本都是直接与保护范围重合，不另行划定，或是仅在其周边外延100米以内。在人口达到百万，城镇化率接近100%的地区，如果建设控制地带依然占用过多的城镇用地，显然无法满足该地区的基本需求。因此，建设控制地带的划定也需要与经济发展相协调。

而在较落后的四个地区，建设控制地带在保护范围之外另行增加的文保单位数量较多，并且普遍外延距离多于较发达地区。城镇化与人口数量的减少，也为文物保护提供了更好的空间。因此，经济发展水平是影响文保单位建设控制地带划分的重要因素之一，建设控制地带基本随着远离中心城区而不断增加。

（2）地理位置及周围环境

西安市地处关中平原，总体地势较为平缓，但是由于境内河流众多，部分地区受到秦岭山脉的影响，且不同行政区内部有其自身特殊原因，建设控制地带还是会随着地理位置及环境的变化而呈现出不同的特点与规律。

首先，由于目前城市发展并不会完全受到文保单位所在地的影响，因此，在城市化进程中，必然会出现部分文保单位地处用地紧张的繁华地段，而其余则位于用地较为宽裕的偏远地区。例如，位于中心城区的钟鼓楼，以及位于商铺众多、用地紧张的雁塔区的大雁塔，其建设控制地带不仅不会简单与保护范围相同，更是会以具体位置详细标识。只有这样，才能在道路、建筑众多的地区避免引起争议。

其次，河流、山脉等周边自然生态环境也会对保护范围及建设控制地带带来一定的影响。渭水流域的关中地区及洛河中游一带是新石器时代仰韶文化的分布中心区。河流的存在，使得河道两旁受到冲刷形成多级地势较为平缓的台地，遗迹、遗物也多由此暴露进而便于遗址的发现。并且，在遗址被确定后，若周边有河流，河流沿岸也为保护范围及建设控制地带的划定提供了天然的边界。例如，位于灞河东岸台地的洩湖遗址及阿房宫遗址等，河流对划定建控带起着重要的作用。

虽然关中地区总体地势较为平缓，但是部分位于山脉或丘陵附近的文保单位也需要因地制宜，适应地形的起伏变化。与河流类似，山峰、断崖、山沟等也是天然的建设控制地带的分界处，以其为界进行规划也是常见方式。例如，位于秦岭北麓的楼观台及蓝田猿人遗址和五凤遗址，均借助地形特点进行划定。

3. 规律探析

通过以上对于西安市不同级别和类型文保单位建设控制地带规律的探讨和梳理，可以得出如下结论。

首先，不同类型的文保单位具有其自身的特点，在划定时必须首先依据其自身的特点，在掌握其特点的基础之上，由规划部门结合实际情况进行划定。

其次，对于地处不同区域，周边环境各不相同的文保单位，同样有一定的规律性划定方式。在划定之前，规划部门必须对其周边做出详细的调研，决定影响划定的最主要因素，同时结合其所属类型，做出最佳方案。

此外，还有一些特殊之处值得关注。首先，通过之前列表分析总结，可以看出并非所有文保单位都有独立划定的建设控制地带，甚至可能只有保护范围，没有建设控制地带。因为根据最新修订的《文物保护法》第十五条规定："各级文保单位，分别由省、自治区、直辖市政府和市、县级政府划定必要的保护范围，做出标志说明，建立记录档案，并分别设置专门机构或专人负责管理。"将原先属于"四有"工作的建设控制地带取消，但是并非表明建设控制地带已无必要。因为《文物保护法》第十八条同时又规定"可以在文物保护单位的周围划出一定的建设控制地带，并予以公布"。说明如果其周边保护需求不需要建设控制地带，仅有保护范围也是可以的。

一般来说，该种情况的发生主要有以下两类：第一，属于古遗址、古墓葬的遗迹，大多位于远郊，与市中心距离较远，其受到人类活动影响的可能性也相对较小，人地矛盾较为缓和，因此保护范围一般面积较大，将建设控制地带包含在内的可能性也在增加。古遗址类文保单位在这方面的特征最为突出，无论国保单位还是省保单位，与保护范围重合的建设控制地带均超过半数。第二，就是所处环境较为稳定、优越的文保单位。地方政府在此处短期内并无建设计划，建设控制地带也就并非刚需。例如，位于公园、历史文化名城，或是政府机关大楼周边。以建章宫遗址为例，由于位于汉长安城遗址公园内部，可以受到良好的保护，其建设控制地带也就暂时无须划定。

其次就是建设控制地带与重点保护区或一般保护区重合的问题，国家同样有相关的法规进行规定。在《编制要求》第八条中指出："保护范围可根据文物价值和分布状况进一步划分为重点保护区和一般保护区。建设控制地带可根据控制力度和内容分类。"例如，虽然同样为国保单位，但是其文物价值、内涵等方面依然会存在差异，因此会在此基础上区分重点与一般保护区，同时规划部门也会依据其周边实际情况确定建设控制地带是否与保护范围重合。

综上所述，建设控制地带的划定具有一定的规律性，但是在划定过程中不能墨守成规，必须依据不同文保单位的实际情况加以区分。因此，建设控制地带的划定是规律性与特殊性并存的。

三、西安市文保单位建设控制地带存在问题及对策

（一）存在问题

西安市文保单位数量众多，并且始终面临着自然与人为破坏的威胁。因此，保护范围与建设控制地带的正确合理划定显得尤为关键。虽然大部分文保单位都有相对应的

保护范围与建设控制地带，但是也存在着一些需要正视的问题。

首先是规划周期的设定。随着西安市城市化进程的不断推进，文保单位所面临的客观环境也在不断变化，因此在原有保护范围及建设控制地带基础上及时进行调整就很有必要。

目前西安市所有国保单位的建设控制地带除待划定的以外，依然依据的是1992年所公布的内容。而省保单位，虽然2008、2014年公布的第五批、第六批省保单位建设控制地带时较为符合目前发展状况，但是第一批省保单位于1956年就已公布，以兴庆宫遗址为例，目前也是依据1992年的规划。虽然在建设控制地带周边受到其他因素破坏的可能性较小，但是西安市城镇化率从1992年至今已增长近25%，其他因素或许变化更多。因此，应结合城市发展制定合理的规划周期。除更新不及时外，还有公布不及时的问题。例如，国保单位灞桥遗址1996年就已被确认为国保单位，但是截至最新版《陕西省文物志》出版的2016年，依然显示待划定，虽然可能有客观原因影响，但是20年的时间跨度确实太长。

其次，划定方式有待更新。目前较为通用的主要划定方式之一是上文提到的“四至”法，但是，多数情况下文保单位周边环境较为复杂，并非简单的四边形所能概括，并且通过对国保、省保单位的总结，建设控制地带的外延基本均为长度在平面的外延，缺乏对周边建筑高度的限制。这一点在国保单位半坡遗址体现得尤为突出：作为陕西省第一批国保单位，虽然保护范围与建设控制地带在四个方位的划定较为详细，但是却没有限高，周边高耸的建筑环伺（图一），文保单位蜷缩在逼仄的空间，这是国内普遍存在的现象，与国际上大力倡导的“天际线”保护理念相违背。

最后，事实表明，政府在发展经济与文物保护的权衡中还是倾向于用一定程度文物事业的牺牲换取经济的发展。根据《西安市土地利用总体规划（2006—2020）》[13]，在土地利用功能分区中，将自然与文化遗产保护区总面积由204759公顷减少到203659公顷，除部分为遗址保护规划调整和展馆预留空间外，其余均为划入基本农田所导致。而包括一般农业发展区、城镇村发展区及允许建设区等区域的面积均有所增加，也反映出目前政府对于工农业的发展更为重视。

（二）对策与建议

针对西安市文保单位建设控制地带划定目前存在的一些问题，提出以下对策与建议，以期为今后文保单位保护范围与建设控制地带的划定提供参考。

1. 合理规划颁布周期

对于文保单位的规划周期，应当分别考虑。相关部门应首先关注公布时间较早的文保单位，同时尽可能将当时的发展状况和环境与目前的进行对比，并在此基础上有计

图一　西安半坡遗址博物馆周边现状

划地进行建设控制地带的更新。而对于近几年才公布的文保单位，需要在考察后及时加以补充调整。总体来讲，由于目前城镇化速率已明显放缓，因此10～15年为一个周期应该较为合理。同时，针对建设控制地带公布不够及时的问题，应当将相关问题的解决列入政府部门政绩考察体系中，形成有效约束力。

同时，由于《文物保护法》并没有完全禁止在建设控制地带内某些特殊的建设行为，难免会有因特殊原因在文保单位周边进行的建设活动，因此更显示法规制定严谨及与时俱进的必要性。

2. 改进规划方式，增加专项规划

对于文保单位建设控制地带的划定应该结合实际情况进行调整。在突出平面长宽的同时加入限高等因素。目前该方面已开始有所改观。在最近一次发布的《大明宫地区保护与改造总体规划》中，不仅有传统的内容，也加入了建筑高度控制的要求（图二）[14]，使得目前大明宫遗址受到其他建筑干扰的情况很少（图三）。

但是，目前能像大明宫遗址一样有专项规划的遗址毕竟只是少数，多数遗址并没有这样具体的保护规划，其中既有资源、时间限制等客观原因，也有政府部门保护意识

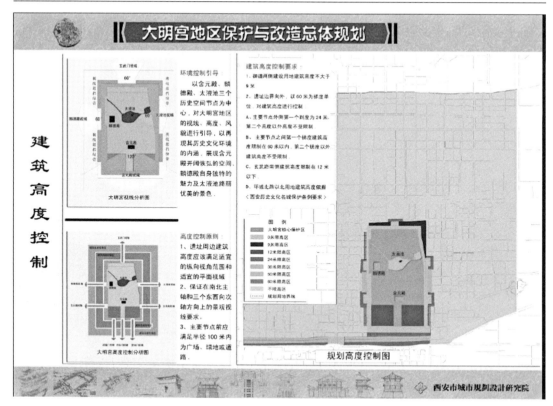

图二　大明宫遗址周边建筑高度控制规划

不强的主观原因，要求相关部门对每一处遗址都有详细保护规划或许不现实，但至少对省保单位有详细保护规划还是可行的，而且，如果鼓励该领域社会力量与资源的参与，也可以有效弥补其间的不足。

3. 制定相应管理规定

由于当今经济建设仍是主要任务，针对政府发展策略的问题，一般民众的作用有限，但是依然可以利用自身合法建议权，或是通过相关领域的人大代表提出保护意见。并且，目前相关领域法律基本只有《文物保护法》与《编制要求》，也可以在借鉴国际国内相关法规的基础上结合当地实际情况进行地方性法规的制定，如北京市政府出台的《北京市文物保护单位保护范围及建设控制地带管理规定》及法国政府颁布的《文物建筑周边环境法》等均具有借鉴意义。

图三　大明宫遗址公园内部含元殿遗址周边现状

四、结　　论

建设控制地带作为文保单位的重要组成部分，已成为文物保护事业不可忽视的一环，陕西省作为文物大省，更是如此。因此，对于建设控制地带规律性进行探讨，不仅可以为未来保护规划提供参考，也可以协调城市发展与文物事业之间的矛盾。

本文主要研究对象为西安市十一区两县的国保单位与省保单位的建设控制地带的划定内容及其划定方式。全文在对建设控制地带系统总结的基础上，主要从文物类型、经济发展及周边环境三个角度进行论述。

通过资料搜集及实地考察，首先总结出目前西安市国保单位与省保单位建设控制地带的划定主要有以下几种方式：①与一般保护区相同；②与重点保护区或保护范围整体相同；③在保护范围基础上进行外延或另行划定。其中另行划定在具体实施过程中需要因地制宜，不可墨守成规。

其次，影响建设控制地带划定结果的因素，除划定方式以外，还有其他诸多因素。其中最主要的就是文保单位的文物类型，其余还包括文保单位所处地区发展状况、周边环境及政府相关规划等。

西安市的文保单位在几十年的发展进程中，不断总结历史经验，逐渐形成了以上提及的划定方式及标准，也取得了值得肯定的成就，但是仍然面临着规划周期不合理、方式有待更新及政府保护意识不足的问题。不过，随着国家对于文物事业的不断重视，未来各个地区都可以相继开展类似研究，最后通过汇总得出更具有广泛性的结论，并且对于文保单位的研究内容可以不断扩展，如周边产业类型、交通道路规划等，与建设控制地带规律相结合，使得文保单位有着更好的发展前景。本文在此仅抛砖引玉，希望引起社会对该课题的重视，未来依然任重道远。

注　　释

［ 1 ］　刘爽. 文物保护概论［M］. 沈阳：辽宁教育出版社，2019.

［ 2 ］　陕西省地方志编撰委员会. 陕西省文物志［M］. 西安：三秦出版社，1995：519.

［ 3 ］　《文物保护单位保护管理暂行办法》第三条［OL］. https://baike.baidu.com/item/文物保护单位保护管理暂行办法.

［ 4 ］　赵星. 对文物保护规划中建设控制地带划定的思考［J］. 城市地理，2017（22）：63.

［ 5 ］　何芩，李凤霞，廖正昕. 关于文物保护单位及建设控制地带划定中的思考——第七批文物保护单位建控地带划定中的体会［J］. 北京规划建设，2008（3）：65-71.

［ 6 ］　覃军. 文物保护单位保护规划的几点认识［J］. 中国民族博览，2018（8）：216-217.

［ 7 ］　束有春. 关于文物保护单位"两线"划定工作的实践与思考［J］. 东南文化，2010（2）：19-22.

［ 8 ］　中国政府网.《保护世界文化和自然遗产公约》第一章第二条［OL］. http://www.gov.cn/test/2006-05/23/content_288352.htm.2006

［ 9 ］　中国古迹遗址保护协会网站.《世界遗产公约》操作指南2017版，第二章第六节［OL］. http://www.icomoschina.org.cn/download_list.php?class=33.2017

［10］　陕西省地方志编撰委员会. 陕西省文物志［M］. 西安：陕西人民出版社，2016.

［11］　王涛. 文物保护单位保护规划中保护范围和建设控制地带的划定和分级［J］. 东南文化，2010（2）：23-26.

［12］　刘尊志. 两汉帝王陵墓反映的丧葬思想浅论［J］. 南开学报（哲学社会科学版），2012（5）：68-75.

［13］　西安市人民政府网站. 西安市人民政府办公厅关于认真贯彻落实国土资源部土地利用总体规划修编和第二次土地调查等工作电视电话会议精神的通知［OL］. http://www.xa.gov.cn/gk/zcfg/szfbgtwj/5d492c52fd850833ac5e06bb.html.2006

［14］　百度文库. 大明宫地区保护与改造总体规划［OL］. https://wenku.baidu.com/view/979d4178dfccda38376baf1ffc4ffe473368fd86.html.2014

Analysis on the Law of Construction Control Zone of Cultural Relics Protection Units at All Levels, Xi'an

LIU Shuang   YANG Jia-ming

This paper takes Xi'an national cultural relics protection units and provincial cultural relics protection units as the research objects. Through literature collation, field investigation, classification and comparison. The construction control zone of 154 cultural relics protection units are analyzed from the perspectives of cultural relics type, economic development and surrounding environment. Summarizing its characteristics (including the basis and method of demarcation), underlying law is analyzed and the existing problems are pointed out. In order to solve these problems, the authors put forward suggestions and suggestions from the aspects of the planning cycle, the improvement of planning methods and the improvement of the protection awareness and capacity of the government and the public.

殷墟十五次发掘形成的中国考古地层学叙议（下篇）

许永杰

（中山大学南中国海考古研究中心，中山大学历史人类学研究中心，广州，510275）

三、提 升 时 期

这一时期殷墟发掘的有关考古地层学内容的文章主要是石璋如的《殷墟最近之重要发现附论小屯地层》及相关文章[31]，该文报道的主要是殷墟第八、九、十三、十四和十五次发掘小屯遗址的情况。而第十、十一、十二次发掘侯家庄西北冈墓地的情况，则迟至20世纪60年代后方才开始报道[32]。

梁思永主持的侯家庄西北冈殷代王陵区发掘，就考古地层学而言，最重要的就是准确地清理和判断了大墓——王陵与相关遗迹的层位关系。本文仅举例收获最丰的第十次和第十一次发掘的M1001为例，主要有以下诸项：

（1）弄清与比邻的另三座大墓之间的打破关系，即M1002北墓道→M1004南墓道→M1001西墓道；M1550西墓道→M1001南墓道（图二二）。

（2）发现早期不规则圆形大盗坑1个，直径16～17米，位于墓室西部，跨西壁（图二三）；近代盗坑23个，正坑东北角4、正北近北道口1、西南角2、西北角1、东耳4、西耳4、南道近北口3、北道近南口1、最北端1、东道1、西道1。

（3）确定墓葬以前的灰土坑。墓坑西耳西壁北段与西道北壁接处，有一两层灰土堆积。上层色浅，底接墓道夯土，晚于墓葬；下层色深，被墓道切断，早于墓葬，出土龙山时期的黑光细绳纹陶片。

（4）确定墓葬以后的灰土坑和灰土堆。灰土坑7个，均打破墓道，其中灰坑2又

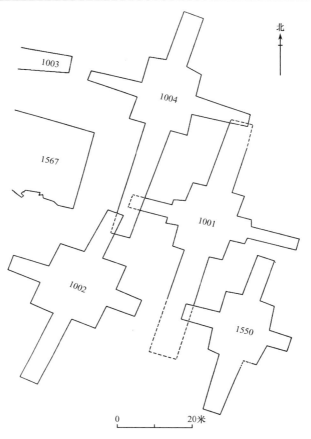

图二二　M1001与其他大墓平面关系图

（采自"中央研究院历史语言研究所"编，梁思永未完稿，高去寻辑补：《中国考古报告集·之三·侯家庄·第二本》，1962年，第9页）

被一小方坑打破，灰坑5坑套小方坑。灰土堆7个，其中灰堆5位于南道南段，耕土下出现，下接夯土，为早期盗墓遗弃堆积（图二四）。

（5）确定墓葬以后的墓葬。共有20座，其中M1004、M1550、M1311三墓虽然破坏了M1001北、西、南三墓道，但是报告认为"确系同期之物"。在这里报告编写者已经认识到：在考古年代学上，依据地层学上的打破关系确定的年代和依据类型学上的出土器物确定的年代是两回事，换言之，具有打破关系的堆积单位，依据包含物可以认定为同时的遗存。其余17座墓葬位于南北两道内，打破墓道夯土（图二五）。

（6）确定墓内墓外的殉葬。

1）墓坑底部的殉葬。墓坑底部挖出9个长方坑，分布是中央1，墓坑四角各1，墓坑四角与墓室四角之间各1（图二六）。每坑人1、狗1、戈1，人均壮年，屈肢特甚，或侧或俯；狗均大狗，位于人侧；戈位于人头附近，正中坑内为玉戈，其余为青铜戈。此9人为墓主的武装侍从，为奠基的牺牲（图二七）。

图二三　M1001清理古代大盗坑

（采自"中央研究院历史语言研究所"编，梁思永未完稿，高去寻辑补：《中国考古报告集·之三·侯家庄·第二本》，1962年，图版陆）

2）木室顶的殉葬。有殉葬者1人，墓坑打破木室顶部夯土，有棺木者6人，头上均有首饰，或是墓主的贴身妃嫔婢妾；无棺木者5人，或是墓主的仪仗管理者。这是埋葬过程中的行为。

3）墓道中的殉葬。有墓坑者2具，位于墓道夯土中，为伺候墓主的未成年女子。无墓坑者身首分离，其中无头肢体60具，南墓道59具，分为2群8组，每组并排横列于墓道中。关于这些墓道中的无头殉葬者，报告有一段精彩的情景复原："从这些人骨排列整齐中的不整齐，我们还可以约略推想出当时这群殉者被殉时的情形。在墓坑墓道封填的工作进行到相当的程度的时候，他们双手背绑，一队一队的被牵到墓道中适当的地位，面向墓坑并肩成排跪下，刽子手就由最西，或最东开始顺次向东或向西斫杀。斫落的人头另有人取去，预备后来用。头已脱落的肢体因斧钺是由后脑来的，自然向前扑下，成为我们所见的俯身状态，即就地被填道的土所掩埋。"这样精彩的情景——发生在墓道填夯的过程中——分析之前提，当然是精准的田野操作。无肢体人头骨，共计27组73个，其中南墓道14组42个，北墓道6组14个，东墓道3组6个，西墓道4组11个。这些头骨大多为未成年人，年龄跟南墓道中无头肢骨相当，应是这些肢骨的头骨。但是较肢体多出14个，所以有十几个人的肢体埋到别处了（图二八）。

4）墓坑东侧的殉葬者。有人坑22、马坑7、不明者2（图二九）。

西北冈王陵区发掘小结。梁思永主持的侯家庄西北冈殷王陵区的发掘，以出色的

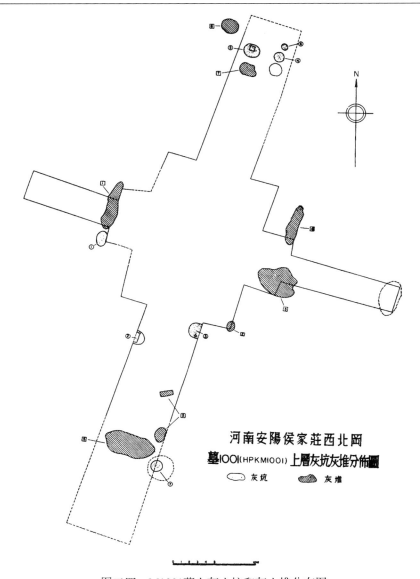

图二四　M1001墓上灰土坑和灰土堆分布图

（采自"中央研究院历史语言研究所"编，梁思永未完稿，高去寻辑补：《中国考古报告集·之三·侯家庄·第二本》，1962年，第6页）

田野发掘技术为基础，在考古地层学方面取得了重要的收获：弄清了各类墓葬的形制与结构；弄清了王陵-大墓及与其相关的各类遗迹之间的关系；弄清了王陵-大墓的下葬过程；认识了考古年代学中的考古地层学结论与考古类型学结论的联系与区别。

据石璋如的回忆："殷墟第十二次发掘进行期间，梁思永先生便表示，一个遗址做到一定阶段之后就该进行整理，再看看那里需要补充，以避免重复，以及应该注意的事项，所以西北冈只能做三次。"这也与今天考古发掘需要及时整理、及时报道材料的

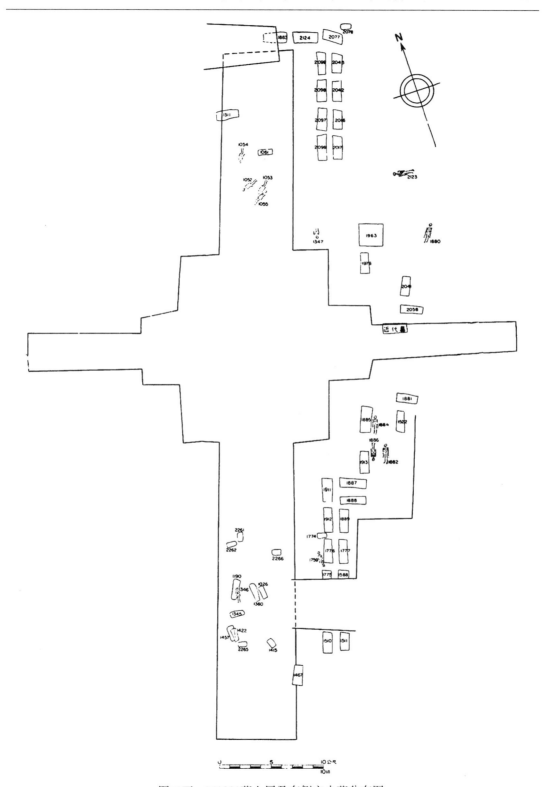

图二五　M1001墓上层及东侧之小墓分布图

（采自"中央研究院历史语言研究所"编，梁思永未完稿，高去寻辑补：《中国考古报告集·之三·侯家庄·第二本》，1962年，第9页）

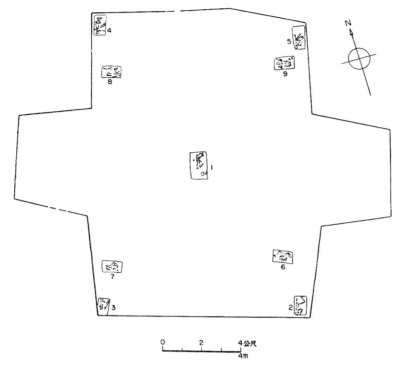

图二六　M1001墓坑底部殉葬者分布图

（采自"中央研究院历史语言研究所"编，梁思永未完稿，高去寻辑补：《中国考古报告集·之三·侯家庄·
第二本》，1962年，第29页）

图二七　M1001墓底殉葬者

（采自"中央研究院历史语言研究所"编，梁思永未完稿，高去寻辑补：《中国考古报告集·之三·侯家庄·
第二本》，1962年，图版壹捌）

图二八　M1001墓道中殉葬者

（采自"中央研究院历史语言研究所"编，梁思永未完稿，高去寻辑补：《中国考古报告集·之三·侯家庄·第二本》，1962年，图版贰捌）

图二九　M1001墓外殉葬者

（采"自中央研究院历史语言研究所"编，梁思永未完稿，高去寻辑补：《中国考古报告集·之三·侯家庄·第二本》，1962年，图版叁壹）

理念相一致。另外，在第十二次发掘和第十三次发掘的间隙，石氏还按照李济的安排，在第四次发掘时刘屿霞测绘的总图的基础上，将历次发掘清理的墓葬、灰坑和基址等绘制在百分之一的总图上，做成如同今天发掘后形成的遗迹总平面图。第十三次发掘时发掘记录项目已与今日的发掘记录项目基本相同，主要包括：探坑（探方）、墓葬、灰坑等各自编号；常见遗物（指小屯前九次发掘常见器物）和重要遗物列表、编号，记在一个记录本上；探方有探方记录，墓葬和灰坑另有记录；发掘人员具有各自的发掘日记[33]。

　　1933年秋季至1937年春季小屯遗址后五次发掘是由郭宝钧、董作宾、梁思永、石璋如等主持的。石璋如在《殷墟最近之重要发现附论小屯地层》（本文下面的讲述主要本自该文）及相关文章中，比较全面地介绍了这一阶段小屯遗址后五次发掘的主要收获。文中讲述的以建筑基址为核心的遗迹与遗迹之间的叠压打破关系等考古地层学内容，代表了史语所前辈在殷墟历次发掘中探索、积累和总结的考古地层学的大部内容，也代表了考古地层学在中国的发展高度。

　　第八次发掘在D区区分出包含物不同的上下两层堆积，即清理龙山期穴4处，小屯期穴1处、版筑基址2处。根据殷代建筑基址发现的"柱烬""铜础"，以及它们的出土情境推测出房屋的壮观和毁弃的原因。

图三〇　H127整体提取

（采自李永迪、冯忠美：《殷墟发掘照片选辑》，台北"中央研究院历史语言研究所"，1992年，第215页）

　　第九次发掘D区清理隋代墓葬4处，殷代圆穴1处；E区发现殷代建筑基址1处；G区发现小炉灶1处。

　　第十三次发掘共清理建筑基址4处、窖穴127处、墓葬181处、车马坑5处等。本次发掘开10米×10米的坑，用以克服以往探沟式发掘操作空间局促的限制；以4个坑组成40米×40米=1600平方米的一个工作单位（掘区），于中间设平板仪测绘总图，随时记录发掘现象。本次发掘清理的H127，被认为是殷墟"十五次发掘中的最高成就和最伟大的业绩"。坑的东北角被压在M156之下，坑内有堆积三层，上层灰土，下层灰绿土，中层灰土与龟甲。坑内堆积北高南低，推测堆积是由北侧倾倒的。坑内层层叠叠的大量甲骨，因一时难以清毕，发掘者采取了装入大木箱的整体提取（图三〇）。这也开创了中国考古"把应在田野的发掘工作，搬到室内来做"的先例。

　　至第十四次发掘，小屯遗址已划分为

A、B、C、D、E、F、G、H、I九个掘区（图三一），本次发掘共发现建筑基址26处、穴窖122处、墓葬132处，水沟等遗迹。发掘的重点是要在C区清理大面积的殷代建筑遗迹，发掘中"因为地下的情形，复杂纷繁，引起了殷代的真正地面和当时地面的高度的重要问题"，这一问题使得发掘人员"日夜慎思，多次商讨"。可以认为，这是中国考古学首次关注和提出"地面"的问题[34]。

第十五次发掘共获穴窖220处、建筑基址20处、墓葬103处，长水沟等遗迹。在具体发掘技术上，发明两种"土设备"，一个是用于深度测量的标杆（图三二），一个是用于比例照相的架子（图三三）。从第十三次到第十五次发掘，对陶器标本的采集有两项改进，一是全面收集陶片，一是拼对陶片（图三四）。第十五次发掘的目的是在C区探明大片建筑基址与众多墓葬的关系（图三五），这种遗迹功能组合的研究，被视作中国早期聚落考古研究的萌芽[35]。

第八、九、十三、十四、十五小屯遗址后五次发掘，与考古地层学相关的收获和认识，主要表现在以下九个方面：

（1）关于柱础。先置一卵石于下，卵石之上放径约10厘米余的铜片，铜片凹面朝下，凸面朝上，其上竖圆木为柱。如此讲究的柱础，支撑的绝非"茅茨土阶"，必定是"崇巍宫殿"。

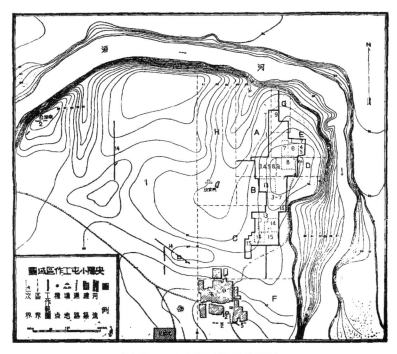

图三一　小屯遗址发掘分区图

（采自石璋如：《殷墟最近之重要发现附论小屯地层》，《中国考古学报》第二册，中央研究院历史语言研究所，1947年，第4页）

图三二　第十五次发掘标杆测量

（采自李永迪、冯忠美：《殷墟发掘照片选辑》，台北"中央研究院历史语言研究所"，1992年，第262页）

图三三　第十五次发掘比例拍摄

（采自李永迪、冯忠美：《殷墟发掘照片选辑》，台北"中央研究院历史语言研究所"，1992年，第263页）

图三四　第十五次发掘整理陶片

（采自李永迪、冯忠美：《殷墟发掘照片选辑》，台北"中央研究院历史语言研究所"，1992年，第278页）

图三五　第十五次发掘清理建筑基址

（采自李永迪、冯忠美：《殷墟发掘照片选辑》，台北"中央研究院历史语言研究所"，1992年，第264页）

（2）关于夯土建筑技术——版筑术。基于大量的田野实践和发现，认识到"不论活人所居住的房屋，或者死骸所埋葬的坟墓，以及魂魄所寄托的宗庙，都是用版筑建造起来"。并且总结出有两种建筑程序，一是先平后建，一是先挖后建。先平后建是在建筑之前，将地面原有的穴窖填平，再建筑房屋；先挖后建是按照建筑基址的大小，下挖后再一层一层地夯打起来，再建筑房屋。根据基址之间的叠压打破关系，总结出先平后建的基址较早，先挖后建的基址较晚。

（3）关于建筑基址内的水沟。根据《周礼·考工记》"匠人建国，水地以县"的记载，以及当代豫西泥水匠建房时，以水沟和沟内栽桩的办法测定居住面水平，认为是建房时测定居住面的"水平"。

（4）关于建筑基址与墓葬的关系。在小屯遗址，建筑基址是殷墟建筑的核心，认识堆积层位的关键，因为其他遗迹都与建筑基址发生关系，诸如基址与墓葬，有埋在基址之下的墓葬，有与基址同时的墓葬，还有打破基址的；基址与穴窖，有为建基址填平者，有为建基址而挖者，还有挖破基址者；水沟有基址下者，有基址上者。

墓葬与建筑基址的关系有三种。第一种是摆在基址外围的墓葬，南北长的偏房基址后面的墓葬，多为南北向，多为斫过头的人架；东西长的正房基址前面的墓葬，多为东西向，多为牛羊狗骨架。第二种是压在基址上的墓葬，死者跪姿，随葬戈、盾和狗，沿着基址的边缘埋在门的两旁的墓葬，死者面向前；埋在基址门前的墓葬，死者面向后。第三种是压在基址下的墓葬，均在正房的下面，埋在基址前面的多为牛羊；埋在基址中间的多为狗和小孩。

结合殷墟出土卜辞的记载和云南当代建房的习俗，石璋如有三点认识：

1）压在基址下面的狗和小孩，当系奠基仪式的牺牲者。

2）压在基址上面门旁和门侧的跪者，当系房屋的守卫者。

3）位于基址前的牛羊和杀头者，当系房屋落成的牺牲者。

奠基的狗和守卫的人是一次埋入的，而基址外围的牺牲者是多次埋入的。其中C区北组自北向南分为五次埋入：第一次埋入的是紧挨基址的8个兽坑；第二次埋入的是兽坑前的3排墓葬；第三次埋入的是再南的两排墓葬；第四次埋入是在献车的前摆放觚爵等祭器和3个儿童，祭毕将这些一并埋入；第五次是将20个人分别置于5个坑中，中间的坑中北侧放置鼎、甗、斝、罍、簋、觚、爵等祭器，有二人顶着祭器，面南而跪；东边也有觚、爵、壶、罐、斝、卣、方彝、刀、戈、弓形饰等祭器，下面压着5个人。

石氏在《小屯后五次发掘的重要发现》一文中，对建筑基址和墓葬中表现的殷代宗教仪式有所补充：

1）奠基。正房是把基址的土挖到一定的深度，在基址的中心对着门处，挖一长方小坑，把孩童头朝北放入坑中；厢房则是后部挖坑置狗，祭祀之后即行夯打。

2）侍与卫。接近甲基址的M124、M149、M186是侍，负责起居饮食，俯身葬，随葬装饰品和厨刀等；甲基址南面的M101、M104、M137、M167是卫，负责警戒保护，跪葬，随葬盾与戈。

　　3）享祭。C区北组可以看出有五次用于宗庙祭祀的享祭，丙址北兽坑230、229、96、106、141、94、105、140等8坑为一次埋入，其东侧168跪着的人架应为领祭。其南面的三列砍头墓葬为一次埋入，包括西列42、43、52、53、54、55，中列22、23、24、25、26、27、38，东列30、35，35坑西侧的89跪着的人架应为领祭。再南侧的两列砍头墓葬为一次埋入，包括西列123、88、122、91、120、121、129、71、86、70，中列的148、149，东列的方坑219应为领祭。另外20、45、40、202、204等五车马坑及222孩童墓为一次埋入。188、208、191、205、235、239、238、242等8坑为一次埋入（图三六）。

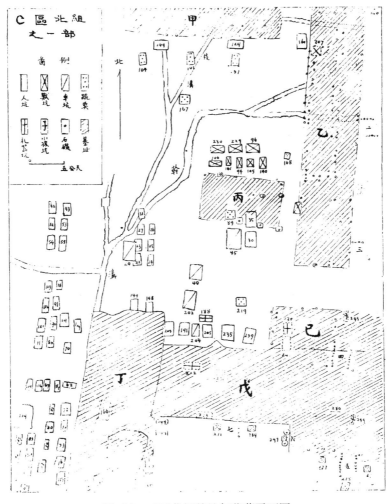

图三六　C区北组基址与墓葬平面图

（采自石璋如：《小屯后五次发掘的重要发现》，《六同别录》，《中央研究院历史语言研究所集刊》
外编第三种，1945年，第20页）

石氏在《殷墟最近之重要发现附论小屯地层后记》一文中，对建筑基址和墓葬中表现的殷代宗教仪式又有补充：

1）奠基。分为三种，埋在基址之下的用狗，埋在门下的用小孩，埋在两门中间的用一人一狗。开口均在夯土之下，此埋葬应在动工之前。

2）置础。乙七、乙八基址南面，各有一人八兽墓，兽有牛羊狗。开口均在夯土之中，低于础石的下部，埋葬应在动工中间的竖础之前。

3）阍与寺。乙七基址南门、乙十基址南门、乙十基址西门，各有四墓，每墓一人。此与《周礼·天官》"阍人，王宫每门四人"相合。乙七基址西北有二墓，头向相对，一墓二人，一墓三人，疑为女性，此与《周礼·天官》"寺人，王之正内五人"相合。均打破夯土，埋葬应在基址完成之后的安门时。

4）祭与殉。小屯基址的墓葬可以分为南北两组，北组为车兵，南组为步兵，另有一大墓，为两组头目。依《礼记·檀弓》之"殉"为家人，"祭"为敌人，均应为奠基之殉。

5）殷代三牲。据文献记载历代三牲或有不同，据殷墟考古发现殷代当为牛羊狗。

石氏能够如此详细阐述宫殿的营建时序和营建中的祭祀时序[36]，是以对遗迹之间的叠压打破层位关系的准确操作和判断为基础的，史语所前辈的田野操作水平，今人难以望其项背！[37]

（5）关于车。发现车坑5处，保存较好1处。2.8米×2米长坑中，南端并排4马，坑中部为车，北端有2人，舆内有1人，舆内外有3套武器。此车为战车，配置是车1辆、马4匹、战士3人，武器3套。此与《左传·僖公二十八年》"献楚俘于王，驷介百乘"注"驷介者一乘四马，披甲之士三人也"所记相符。

（6）关于龟甲的储藏。出有大量龟甲的灰坑是H127，坑内堆积分为三层，上面是灰土，下面含少量陶片和兽骨的灰绿土，中间是灰土与龟甲。根据这样的同一遗迹堆积中的三层堆积，石氏认为：这是一个普通的圆窖，甲骨倾入之前便有相当的使用时间，由坑内堆积北高南低推测，坑内的堆积是由北向南倾入的。"在龟甲的堆积中有一个曲而侧置的人架，紧紧地靠着北壁，大部已被埋在龟甲之中，而头及上躯还较清楚的露出龟甲以外，这个人架的姿态，与龟甲堆积的情形，有密切的关系，由我们的观察推定他们是同时埋入的。"[38]根据埋藏情形推测，或是祭祖的一种仪式，或是君主交替时清理文档。龟甲倾倒过后当有一次灰土的倾倒或掩埋。石氏后来在《小屯后五次发掘的重要发现》一文中，发表了H127的层位平、剖面图（图三七）。

从图中可知，M156→H117→H121→H127，在层位关系上，H127是一组堆积单位中层位最早的一个；胡厚宣认为该坑的甲骨文的时代为盘庚和武丁时期，并推断这坑甲骨可能是武丁时储藏后封闭的[39]。H127的层位关系与所藏甲骨的年代是相合的。需要指出的是，依今天的标准审视该图，会发现存在一些问题：剖面图虽然所有的遗迹堆积都是闭合的，但是由于没有画地层的堆积线，所有的遗迹堆积都是"吊"在空中的；从

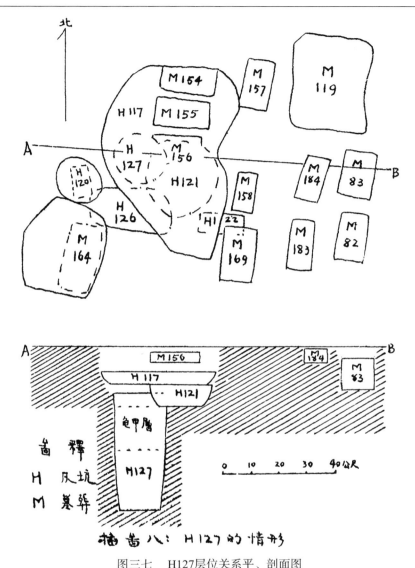

图三七　H127层位关系平、剖面图

（采自石璋如：《小屯后五次发掘的重要发现》，《六同别录》，《中央研究院历史语言研究所集刊》
外编第三种，1945年，第28页，插图八）

剖面图上可知，M156是最晚的一个单位，但是在平面图上却为早于它的H121所打破；
有遗迹之间的多次叠压打破，平面图上所选用的虚线应该有所区别，只选用一种虚线，
则会出现如H121和H127那样，两个堆积单位在平面图上区分不出早晚。

　　（7）关于殷商文化堆积的构成。石璋如总结小屯的殷商文化堆积主要由窖穴、水
沟、版筑基址、墓葬四种遗迹构成（图三八）。

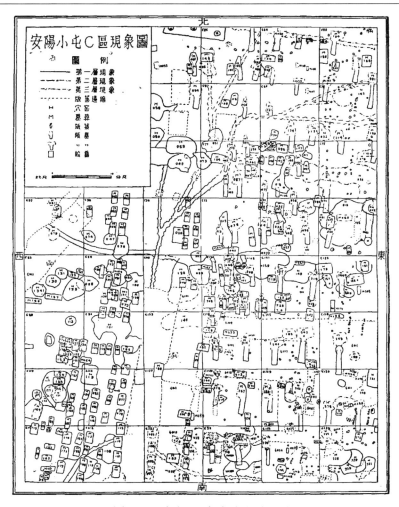

图三八　小屯C区各类遗迹平面图

（采自石璋如：《殷墟最近之重要发现附论小屯地层》，《中国考古学报》第二册，中央研究院历史语言研究所，1947年，第6页）

《小屯的地层》一文详细列出了各类遗迹之间的叠压打破关系：

竖穴与窖窑：

独立的窖穴

被其他窖穴破坏的窖穴

破坏其他窖穴的窖穴

水沟：

被压在基址之下的水沟

破坏基址的水沟

破坏窖穴的水沟

被窖穴破坏的水沟

基址：

独立的基址

压在窖穴之上的基址

被压在基址之下的窖穴

破坏穴窖的基址

被穴窖破坏的基址

被其他基址破坏的基址

墓葬：

独立的墓葬

破坏穴窖的墓葬

被穴窖破坏的墓葬

破坏水沟的墓葬

被压在基址下的墓葬

被基址破坏的墓葬

破坏基址的墓葬

被其他墓葬破坏的墓葬

破坏其他墓葬的墓葬

结合层位关系可知，这四种遗迹构成的殷商文化堆积关系是：第三层为穴窖，第二层为版筑和水沟，第一层为墓葬。石氏举例C85堆积说明这一堆积次序（图三九）。

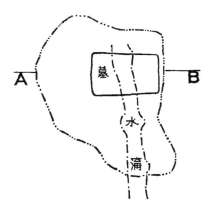

"在C85的西部，最早的建筑物，只有一个不规则的地下穴（H086）。经过了若干时日的使用，穴被废弃，其中也慢慢地堆积起来，堆积的与穴口等平并与周围成一块平地。又经过了若干时日，大规模地在此地挖掘水沟，由直穴的北端穿过南端，并穿过了若干的穴。当水沟使用之后，又在其上建造基址，整个地把那穴改在下面。当基址既成之后，又在其上造墓（M149），把基址挖去一块填入另一种版筑土而成目前堆积的状态。若是按发掘的次序来说：地面层下为墓葬，墓葬之下为基址，基址之下为水沟，水沟之下为灰坑，确与上述的系列相吻合。"

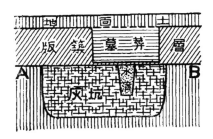

图三九　C85西部平、剖面图

（采自石璋如：《殷墟最近之重要发现附论小屯地层》，《中国考古学报》第二册，中央研究院历史语言研究所，1947年，第70页，插图二十三）

这个剖面举例和这段文字说明，基本可以代表经过十年十五次殷墟发掘的石璋如等史语所前辈对考古地层学的认识和把握程度。在这里：

1）以文字和线图配合介绍遗址的文化堆积。这一形式和内容沿用至今，成为考古报告的一个独立单元，即典型剖面举例。

2）文化堆积单位包括两种堆积形式，即地层堆积和窖穴、水沟、版筑基址、墓葬等遗迹堆积。

3）堆积单位之间的层位关系包括叠压和打破两种。叠压如地面土叠压墓葬和建筑基址，建筑基址叠压水沟和灰坑；打破如墓葬打破建筑基址，水沟打破灰坑，灰坑打破生土。

4）注重堆积成因的解释。不是前三次发掘的自然成因和人为成因并重的解释，而是演进为单独的人为成因的解释。

5）线图的表述形式基本成形。包括用不同图例表示不同的堆积单位，注明解剖点和比例尺；使用实线和虚线表现堆积单位的早晚关系，晚期的单位用实线画出，早期的单位用虚线画出，早期单位再有早晚关系，则用不同的虚线画出；遗迹堆积均有封口线。由于本图意在表现堆积单位的层位关系，故而在平面图上没画指北针。

（8）关于早于殷商文化的遗存。在小屯早于殷商文化遗存的主要是龙山期遗存，虽然第三次发掘时曾见到过一块彩陶片。龙山期遗存主要见于小屯B区西南、C区小部、D区大部、E区一部。B区者是为殷商窖穴和隋代墓葬破坏严重的水沟；C区者是为殷商窖穴打破和地层叠压的两个坑；D区者是为殷商地层叠压的众多的大小坑；E区者多是开口在表土层下的小圆穴。

在讲述龙山层与殷商层关系时，石璋如以典型剖面举例的形式举例D84坑西壁剖面。第一层，灰褐土，深1.4米，为殷商文化；第二层，灰土，1.4～1.5米，龙山层；第三层，黄灰土，3.5～4.5米，龙山层（图四〇）。

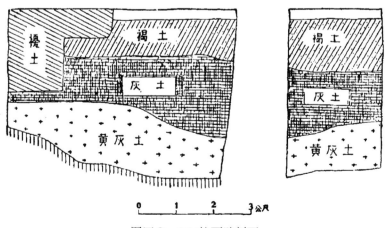

图四〇　D84坑西壁剖面

（采自石璋如：《殷墟最近之重要发现附论小屯地层》，《中国考古学报》第二册，中央研究院历史语言研究所，1947年，第57页，插图十七）

　　石氏的这一地层剖面举例，与梁思永后冈遗址的"三叠层"剖面举例不同。梁氏的后冈三叠层是根据包含物文化性质的不同，合并的不同土质土色的多个小层而成的文化堆积层；石氏的小屯三层则是土质土色不同的三个自然堆积层，虽然第二层和第三层文化性质相同——均为龙山文化，也没有合并为一层[40]。

　　在总结龙山期堆积与殷商期堆积关系时，石氏说："殷商期的窖穴虽深，而它的上口仍是在龙山层之上。"这里讲出了一个考古层位学原理，即对于一个遗迹堆积单位来讲，不能以底部的深浅判定其年代的早晚，而是要看其开口层位——开口在哪一层之下。

　　在讲述前殷层和殷商层关系时，《小屯的地层》一文举例B124和B128两坑中的遗迹说明（图四一）。

　　"这里原来是个早期的丁字形沟，当被填平之后又被殷商时期的一个穴即24坑破坏了一段，可是穴的底深不及沟的底深，若顺着南北沟的方向把它们切开，它们彼此的关系更为清晰明了。"

　　这个剖面举例和这段文字说明，也可以代表石氏对考古地层学的认识和把握程度。在这里：

　　1）该图解剖点的标注使用的是标准的机械制图的剖面标注法"A/A'"，但是剖线画得过长。

　　2）不同层位的堆积单位用不同线条表现，即实线、虚线、加点虚线、加双点

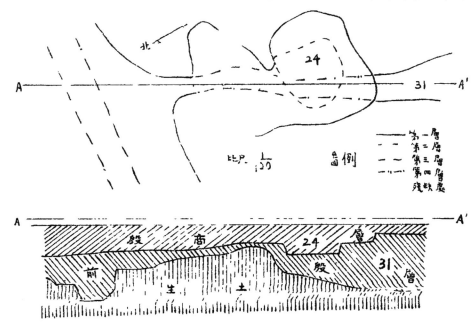

图四一　B124和B128两坑中的遗迹平、剖面图

（采自石璋如：《小屯的文化层》，《六同别录》，《中央研究院历史语言研究所集刊》外编第三种，1945年，第13页，插图三）

虚线。

3）坑24没有封口线，不明其与殷商层的层位关系——为殷商层叠压，还是打破殷商层。

4）北端的用虚线画出的东北—西南向沟似为另一遗迹，但在剖面上与沟31之间缺少隔开的线条及封口线。

（9）关于殷商以后的堆积。主要发现有破坏殷商穴窖和墓葬的黄土沟、瓦罐葬、隋墓、唐墓、宋墓、明墓、清墓、现代墓等。

从考古地层学的角度讲，小屯遗址C区发掘对建筑基址及与基址相关的墓葬的清理，是殷墟发掘的高潮，史语所前辈对于建筑基址与墓葬关系的一系列认识称得上是"该作品的华彩乐章"。上述小屯遗址后五次发掘的九项考古地层学相关的收获已如上述石璋如所总结，需要强调指出的是，对于建筑基址以及相关的墓葬、兽坑、柱础等遗迹的认定和清理，对于基址营建前的龙山时代的堆积以及基址废弃后的后代遗存的发现，已经具备了"考古层位学"的两个最基本的内容，即划分遗址堆积单元与研究堆积单元在堆积顺序中的位置关系。中国考古地层学发展至此，考古层位学已经呼之欲出了！

四、总　　结

自1921年安特生发掘仰韶村至今，中国考古学从无到有，从生涩到成熟，走过了百年的路程。其间，几代考古人呕心沥血，于荒榛断梗之中，披荆斩棘，趟出了一条中国考古学之路。殷墟十年十五次的发掘，是在没有外国专家指导和参与下，由中国学者独立操作完成的。殷墟发掘是中国考古学成长的缩影，演绎的是考古学的中国之路。由殷墟发掘形成的考古地层学是中国学者在黄土地上精心培育的中国品种，是适合中国国情的考古学方法论。

石璋如在《小屯的地层》开篇说道："小屯的文化层，是安阳全部考古工作中最复杂的问题，也是最重要的问题。本来层位是发掘考古工作上，最重要的大事件，层位的弄清楚了，时代的先后自然也就判分，所以一开始发掘殷墟，我们就特别注意这个问题。"虽然我们在早期的考古报告中看不到更多的小屯文化层堆积的剖面图，但是石璋如罗列的小屯遗迹以及遗迹与遗迹之间的多样层位现象中，以及图三八（小屯C区各类遗迹平面图）和图三六（C区北组基址与墓葬平面图）令人眼花缭乱的平面图中，还是可窥视到小屯遗址殷商文化堆积之复杂，感受到史语所前辈在如此复杂的堆积中探索之艰辛，于是也相信了在发掘如此复杂堆积中形成的中国考古地层学之先进。

本文尝试对通过殷墟十五次发掘形成的中国考古地层学做一总结：

（1）从第一次发掘的以寻找甲骨为目的的散点式探沟发掘，经第二、第三次发掘的网状布方发掘，再经第四次发掘的永久坐标基点的设定，再经第八、第九次发掘D区每隔1米开1米宽探沟的大面积布方，最后到第十三次发掘以弄清以建筑基址为核心的遗迹与遗迹关系的以100平方米为一小发掘单位（10米×10米探方），以1600平方米为一个测绘记录单位（计10米×10米探方4个为一单位，形成40米×40米的方形区域）[41]，用以克服探沟式发掘操作空间局促的限制[42]。探方编号从第一次发掘的简单数字序号，到第三次发掘的以掘区开头加方位加数字序号。

（2）前三次发掘是按平均深度进行的，下挖后注意记录土色和出土物；第四次发掘以后按土色区分地层堆积。第一次发掘是挖至距地表三丈深处，到第五次发掘时明确挖至生黄土。

（3）基于找边技术的掌握，从第二次发掘开始在地层中清理出圆、方两种穴窖；基于对夯土版筑技术的了解，第四次发掘清理出黄土堂基，第十次发掘清理出西北冈王陵，第十三次发掘清理出大片基址和大量墓葬。一系列遗迹现象的发现和清理，诸如各种穴窖、各类墓葬、车马坑、兽坑、版筑夯土、建筑基址、柱础、水沟、白灰面、红烧土面、炉灶、夯窝、脚蹬等，为日后中国考古学的田野操作提供了宝贵的经验。

（4）由前三次发掘重点关注甲骨等遗物的发现，到第四次发掘将关注的重点转到遗迹的发现上，再到第七次发掘注重遗物与遗物的联系、遗迹与遗迹的联系、遗物与遗迹的联系。

（5）前三次发掘关注地层堆积成因的研究，如自然成因的水淹漂移的解释，小屯地层堆积屡遭人为破坏的建房、挖井、种树、埋人、平地、挖古董等类型的归纳。第三次开始关注遗迹功能的推测，如穴状遗迹有穴居、储藏和祭祀三种功能；与建筑基址发生关系的墓葬有营建前的奠基、营建中的侍与卫、建成后的享祭三种性质。

（6）关于遗物和遗迹的收集和记录，由于笔者所见所用的材料多是早年发表的类于主要收获、发掘纪要的发掘简报和初步研究的论文，无缘当年的发掘记录，因此，有好多事情不敢妄猜。陈洪波对殷墟发掘的遗物收集、整理和记录有比较细致的记录，可以参阅[43]。遗物的收集以陶器为例，从第二次发掘开始给予重视，第三次发掘开始收集典型标本，第四次发掘开始统计陶片的数量，第十三次开始全面收集陶片，拼对陶片。遗迹和遗物的记录以文字、线图和影像结合作为基本的记录形式。以平板仪作为测绘仪器测绘出殷墟诸遗址分布图、殷墟遗址地形图，发掘区分布图、探方平剖面图等。

（7）发明了大量的发掘技术和积累了大量的发掘经验，诸如遗迹找边、遗迹整体提取、陶片的装袋，在此则难以一一叙及。

瑞典考古学家奥斯卡·蒙特留斯在《考古学研究法》[44]中将地层学和类型学都当作解决考古遗存相对年代的方法论。关于地层学方法，他举例："意大利北部之Terramara数处及其他洞窟数处，或其他湖上住宅的废墟中，常有几种不同的包含层。在同一的层里所发见的物品是大致为在同时代之物，而与其他层位的遗物显然全属不同时代者。例如瑞士的Robenhausen之湖上住宅的遗迹里能区别出三个层次来。最下层者较中层时代为高，中层较上层为高，那是当然的事实。"殷墟十五次发掘所形成的考古地层学中，也包含着若干考古年代学思想。仅举二例：

（1）小屯后五次发掘对以建筑基址为核心的遗迹现象的清理，已经能够梳理出殷商前的龙山时代坑穴类遗存，营建前的孩童和狗奠基墓葬，营建中埋入的侍与卫墓葬，建成后的身首异处的墓葬，以及殷商后的墓葬等五个时期的、由遗迹堆积构成的不同时期的遗存。一种遗存或一个遗存包含多个年代的考古年代学认识——遗迹或遗物都有制造、使用和废弃三个年代，迟至20世纪50年代才又由境外介绍到中国。

（2）西北冈王陵M1004、M1550、M1311和M1001四座大墓，虽然存在M1004、M1550、M1311三墓打破M1001的层位关系，报告却认为"确系同期之物"。报告编写者认识到：在考古年代学上，依据地层学上的叠压打破关系确定的年代和依据类型学上的出土器物确定的年代是两回事，换言之，具有打破关系的堆积单位，依据包含物可以认定为同时的遗存。如此前卫的考古年代学认识，即便是在今天真正懂的人也不是很多，这绝非危言耸听！

殷墟十五次发掘由考古地层学体现的考古年代学的内容已远较蒙氏所举瑞士Robenhausen湖上住宅之三层堆积复杂高端。

在结束本文之前，还要谈到对一种学术理解的理解。有些学者认为，以考古地层学和考古类型学为方法论的研究是传统考古学的就物论物的文化考古学的研究，而以民族考古学、历史考古学、情境考古学、聚落考古学等为方法论的研究是新考古学透物见人的社会考古学的研究。正视殷墟的发掘和研究时就会发现，史语所的前辈们在对发掘资料梳理的同时，已经做过对资料的阐释研究了。诸如张蔚然以山西、河南当代民居解释凹形坑穴为民居，以当代居民燃烧树木和五谷解释堆积中的黑灰土和白灰土，以当代居民筑房时的夯锤技术遗痕解释地层中的"聚凹纹"——浪形堆积。郭宝钧以当代黄河流域和长江流域居民营建民居的夯筑技术结合《史记·殷本纪》关于武丁得善筑之术的传说等相关文献，证明殷墟于武丁时期已有版筑之术，阐释"聚凹纹"乃为夯筑痕迹，以《诗·大雅》的记载说明穴窖乃所谓"陶覆陶穴"是也。石璋如根据《周礼·考工记》"匠人建国，水地以县"的记载，以及当代豫西泥水匠建房时工艺，认为水沟是建房时测定居住面的"水平"；以昆明乡间建房的仪式结合殷墟出土卜辞的记载，解释营建建筑基址的祭祀程序；依《礼记·檀弓》之"殉"为家人、"祭"为敌人的记载，指出小屯基址的墓葬应为殉葬，侯家庄大墓的小墓应为祭祀；从建筑基址与建筑基址、建筑基址与墓葬、兽坑、车马坑，墓葬与墓主、随葬品的关系所做的情境分析和聚落布局的分析，等等。如此看将考古资料的整理研究与考古资料的阐释研究截然分开而归入不同的考古学的发展阶段是不对的。

2019年8月20日初稿于哈尔滨

2019年10月4日定稿于广州

注　释

［31］　石璋如：殷墟最近之重要发现附论小屯地层［C］.中国考古学报（第二册）.中央研究院历
史语言研究所，1947.石璋如在《殷墟最近之重要发现附论小屯地层后记》（《中国考古学
报》第四册，"中央研究院历史语言研究所"，1949年）一文中讲，《殷墟最近之重要发现
附论小屯地层》是1940年写成的并寄到香港商务印书馆，因1941年香港沦陷而不明文稿下
落，后来改成《小屯后五次发掘的重要发现》和《小屯的文化层》两文，刊载于《六同别
录》上（石璋如：《六同别录》，《中央研究院历史语言研究所集刊》外编第三种，1945
年）.

［32］　"中央研究院历史语言研究所"编，梁思永未完稿，高去寻辑补.中国考古报告集·之三·侯
家庄·第二本——第九本［M］.1962，1965，1967，1968，1970，1974，1976，1996.

［33］　"中央研究院近代史研究所".石璋如先生访问记录［M］."中央研究院近代史研究所"口
述历史丛书（80），124-128.

［34］　进入20世纪90年代以后，中国考古学界开始关注地面或活动面的问题，并出现一些专门的讨
论文章.a.蒋乐平.地层与"生活面"——田野考古认识点滴［J］.南方文物，1994（3）.
b.赵辉.遗址中的"地面"及其清理［J］.文物季刊，1998（2）.
c.孙德荣.试述Context System及其考古地层学原理［J］.文物世界，2000（1）.
d.霍东峰.考古层位学之"层位关系"［J］.考古，2017年（5）.

［35］　张忠培讲："实质上的聚落考古，在我国于30年代即已出现，殷墟宫殿区与王陵区的揭示，
便是这类研究."［聚落考古初论［J］.中原文物，1999（1）.］

［36］　邹衡曾对石璋如的田野水平有过很高的评价："石璋如创造了一套田野工作方法，科学的中
国田野发掘，尤其是遗址的发掘，是石璋如完成的，他的贡献在于结合小屯的实际情况，
成功地把小屯的平面和剖面结合起来，彻底实行了"整个的翻"的设想."（中国考古学
的奠基人之一——祝贺石璋如先生百岁寿辰［M］.石璋如院士百岁祝寿论文集：考古、
历史、文化.台北：南天书局，2002：1-2.本文转引自陈洪波.中国科学考古学的兴起——
1928～1949年历史语言研究所考古史［M］.南宁：广西师范大学出版社，2011.）

［37］　张忠培在《地层学与类型学的若干问题》（载自《文物》1983年第5期）一文中讲："从层
位关系来看，对于每座房屋、陶窑、窖穴和城墙，都应考察其前的堆积年代、建筑年代、使
用年代、废弃年代和废弃后的遗存."这一认识虽然可能受到苏联考古学的影响，却更可
能根植于殷墟发掘对于建筑基址的揭露.苏联考古学家步拉华特斯在《古城文化层》（载
自《考古》1957年第2期）一文中讲："关于建筑物的残余，应当区别：1.建筑物产生的年
代；2.建筑物存在的年代；3.建筑物毁坏的年代.关于堆积，则必须确定建筑物产生前的地
表面.其次，应当区别地层：1.附属于建筑物的堆积地层；2.在建筑物存在时期堆积起的地
层；3.在其毁坏时堆积起的地层."可以说张忠培和步拉华特斯所讲的围绕一处遗迹的不同
时期堆积的田野操作和识别，在殷墟第十五次发掘中都已实现了.一座房屋等遗迹的营建前

堆积，营建堆积、使用堆积、废弃堆积、废弃后堆积，这五个时期的堆积，在小屯遗址的建筑基址发掘中都识别出来了。

［38］ 石氏在《小屯后五次发掘的重要发现》一文中，有一段与此相矛盾的认识："就人架的地点来看，正是沿着倾入龟版时的路线而下去的，人的姿态像是活人跳入，而不像是死后投进，很可能当龟甲倾入完毕后，自己也跳进去的。"按，这种埋藏情景只能是人与龟甲同时埋入或人先跳进再倾倒龟甲。

［39］ 参见李济.安阳［M］.李济文集（卷2），384.

［40］ 关于根据包含物的文化性质相同或年代相同合并地层堆积，张忠培认为："在数层均属同一文化时期的情况下，层位的年代刻度小于文化时期的年代刻度，这里的层位年代刻度是否有用呢？从主张按文化时期划分层位的观点来看是没有用的，实际上却是有用的。"因为即便是属于同一考古学文化时期，也还有再分期的可能性，不同的小层堆积也还有年代上的早晚，因此，"无论在发掘工作中，还是在整理以及编写报告的时候，对属于同一文化时期的不同层位的诸遗存，也不能按文化时期划分层位，而只能根据土质上色划分层位。"［地层学与类型学的若干问题［M］.文物，1983（5）.］

［41］ 陈洪波.中国科学考古学的兴起——1928～1949年历史语言研究所考古史［M］.南宁：广西师范大学出版社，2011：212.

［42］ 石璋对殷墟发掘方法有这样的总结：小屯不连贯的纵横连斜支及点的发掘法；不连贯与纵斜方法两者兼施的发掘法；纵横连支线的发掘法；简化纵横线的发掘法而改为ABC等区的发掘法；从殷墟第四次发掘开始，利用吴金鼎发掘山东城子崖的经验，开始进行制度化的发掘，规划发掘网格依每十米见方为一个单位，用等距离、等长度的探坑来发掘，建立了全面性的发掘方法。这一套方法，包括了点的探找、线的观察、面的揭开、体的发掘。（石璋如.李济先生与中国考古学［M］.中华文化复兴月刊，第8卷第5期，6-16.本文转引自陈洪波.中国科学考古学的兴起——1928～1949年历史语言研究所考古史［M］.南宁：广西师范大学出版社，2011：172-173.）

［43］ 陈洪波.中国科学考古学的兴起——1928～1949年历史语言研究所考古史［M］.南宁：广西师范大学出版社，2011：233-238.

［44］ 奥斯卡·蒙特留斯著，郑师许，胡肇春译.考古学研究法［M］.上海：上海世界书局，1936.

Discussion on the Development of Archaeostratigraphy Among 15 Times of Excavations of Yin Ruins

XU Yong-jie

In the history of Chinese archaeology, the 15 times of excavations of Yin Ruins in Anyang, Henan, which was conducted by National Research Institute of History and Linguistics between 1928 and 1937, had outstanding meanings and long-lasting effects. Along with the 15 times of excavations in Yin Ruins, the study of Archaeostratigraphy had been developed from nothing and gradually grown mature.

The development of Archaeostratigraphy could be divided into 3 periods: the initial stage (the 1st to 3rd excavations), the forming stage (the 4th to 7th excavations) and the promotion stage (the 8th to 15th excavations).

This article presents the excavation work of all stages, and introduces the methods and techniques, achievements and regrets during each period of the work. Readers could have cognition about the development process of Chinese Archaeostratigraphy, and also learn about the selfless spirits and professional learning of senior scholars.

域外考古

特佩西墓群塔加尔文化墓葬新探[*]

余肖肖　　邵会秋

（吉林大学考古学院，长春，130012）

公元前一千纪期间，广袤的欧亚草原地区接连兴起并分布多支早期游牧文化。位于俄罗斯米努辛斯克盆地的塔加尔文化东临外贝加尔，南接萨彦-阿尔泰地区，是欧亚草原东部考古学文化格局的重要组成部分。该文化存续时间长，遗存以墓葬为主，基础材料丰富。利用基础材料复原塔加尔文化面貌对探讨早期游牧萌芽状态下的物质文化和经济社会发展具有重要的参考价值。通过对特佩西墓群塔加尔文化墓葬遗存的梳理和分析，本文尝试在厘清该地区塔加尔文化的发展进程及各阶段遗存特征的基础上，通过文化因素分析进一步探讨文化进程中的发展演变契机以及多元文化因素共存背后折射的跨区域文化传播现象。

一、概　　况

特佩西墓群位于俄罗斯克拉斯诺亚尔斯克地区利斯特维加沃村西南。1964年起，苏联科学院考古研究所克拉斯诺亚尔斯克考察队开始对特佩西山麓地区进行多次区域考古调查[1]，发现大量的墓葬遗存。1968～1977年，М. П. 格里亚兹诺夫、Н. А. 阿巴涅索巴、Н. Л. 波多尔斯基、Л. В. 斯嘉丽那、М. П. 兹维图希那等多位考古学者先后在此发掘多处塔加尔文化墓葬。1979年，М. П. 格里亚兹诺夫主编出版了该墓地的发掘报告《叶尼塞特佩西山麓考古遗迹群》[2]。

根据М. П. 格里亚兹诺夫的分期观点[3]，报告大致将塔加尔阶段的墓葬遗存分为

* 本文系国家社科基金重大项目"古动物DNA视角下的丝路文化交流研究"（项目号17ZDA221）阶段性研究成果。

三个阶段：波德戈尔诺沃期、萨拉加什期和捷西期[4]。2006年，N. 博科文科在其论文中引用该墓地材料时又将部分墓葬归为巴伊诺沃期[5]。显然，在对材料的分期研究上，尚存在不同的见解。后续虽有学者在相关研究中也引用该墓地的典型器物[6]，但仍未有对其遗存分期特征或整体发展进程作深入探讨。在现阶段，通过对这批材料的解读，或能从特定的角度深入剖析塔加尔文化的发展动态。

在特佩西墓群中，塔加尔文化墓葬缺少相互打破关系。该批遗存本身存续时间长，葬俗存在比较复杂的演变经过。加上被盗扰严重，导致对塔加尔文化墓葬及其物质文化发展演变过程的整体分析存在一定难度。因此，除了报告提供的部分地层叠压、遗迹打破情况，以及相关14C测年数据结果，本文根据墓葬结构和埋葬特征演变规律，结合随葬品组合特征，完成对遗存的分期讨论。在此基础上，综合探讨其时代特征、文化发展进程以及多元文化因素所反映文化间相互作用。

二、墓葬分类和分区

本文主要依据墓葬形制将遗存分为两大类。第一类是土坑墓，地表未见明显的建筑结构。第二类是库尔干，地表设石砌围栏结构，围栏中有一个或多个墓坑。基于发掘报告，本文研究分析对象为土坑墓37座，库尔干20座，库尔干中共包含共68处墓坑。墓葬存在单人葬，双人葬以及多人葬。合葬最多者达30人。同一个库尔干中，存在一个或多个墓穴，这些墓穴并非同时建成，大型多人合葬墓可能为长时间使用形成。

在原报告中，为了便于发掘记录，发掘者依据遗迹的分布情况将整个区域划分为21个微区（Ⅰ～ⅩⅩⅠ）。土坑墓分布于Ⅰ、Ⅲ、Ⅶ、Ⅷ和ⅩⅦ区，库尔干分布于Ⅶ、Ⅷ、Ⅸ、ⅩⅤ、ⅩⅥ区。Ⅶ区和Ⅷ区是土坑墓和库尔干共存的区域（图一）。Ⅶ区以土坑墓为主，Ⅷ和Ⅸ区是库尔干的主要分布区域，占库尔干总数的64%。基于上述墓葬分布情况，有必要将墓葬区划分为南区、中区和北区三个区域（图二）。南区以土坑墓为主，包括原报告中的Ⅰ、Ⅲ、Ⅶ和ⅩⅦ区。中区以库尔为主，包括Ⅷ和Ⅸ区。北区则为大型库尔干，包括ⅩⅤ和ⅩⅥ区。

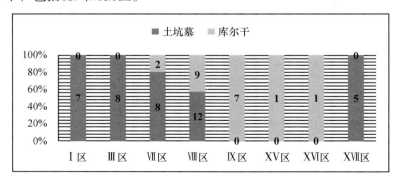

图一　墓葬类型与分布区域统计

三、墓葬分期讨论

对这批材料的分期讨论主要根据不同的墓葬形制和埋葬方式，随葬品类型和组合的共性特征相结合，尝试从多个角度对其进行归纳总结。

首先，基于库尔干中多个墓穴为先后葬入，位于中部的主墓为最先埋入，且埋葬人数由早及晚逐渐递增的葬俗特点[7]，以墓葬埋葬人数为立足点，对11座具有明确位置关系墓坑的库尔干进行观察（表一）。可以看出在8座单人葬和双人葬共存的库尔干中，大部分主墓为单人葬。那么整体上单人葬出现的时间比双人葬要早。另外，库尔干 XV K1 为双人葬和多人葬共存的库尔干。在这组墓穴中，M1、M2和M3均为双人葬，M2为库尔干的主墓。M4为多人葬。M4打破 XV K1 的北侧围栏以及M3，其年代应比M2等双人合葬墓要晚。总的来说，特佩西墓群的塔加尔文化库尔干符合由单人葬、双人葬到多人葬发展的演变趋势。

表一　库尔干墓坑分布位置与埋葬人数

编号	库尔干	单人葬		双人葬			多人葬			儿童葬
1	IX K1	M1	M2	M4						M3
2	IX K2	M1		M2						
3	IX K3	M2		M1						M3
4	IX K4	M1								M2
5	IX K5	M1	M2							
6	IX K7	M2		M1						
7	VII K1	M3	M2	M1						
8	VIII K7	M1								
9	VIII K1						M1	M2		M3、M1A、M1B
10	VIII K5	M9	M11				M1	M2	M3	M5～M8、M10
11	XV K1			M1	M2	M3	M4			M5～M8

注：灰色处为库尔干中的主墓

不同于其他类型单一的塔加尔文化墓地，特佩西墓群中的土坑墓遗存为塔加尔文化墓葬的研究增加了新的墓葬类型材料。在库尔干类型和土坑墓类型共存的 VIII 区，存在两组层位叠压关系。

在 VIII K7 中，M2、M3和M4均叠压M1。M2随葬铁锛、铁带扣、铁环，M4则随葬有一件圈足器；M1随葬铜泡、铜矛、铜锛，陶器为大口罐。

在 VIII K1 中，M1C、M1D、M1E和M1F均叠压M1、M2和M3，M1F随葬一件钵式罐，M2随葬铜泡、铜环、锥形铜珠、铜锥、骨锛，陶器为大口罐和深腹罐。

这两组墓葬的对比，无论从层位叠压关系还是随葬器物方面，都可观察到一条明显的年代分界线。在库尔干中，随葬器物多为青铜器，陶器多见大口罐、深腹罐，偶见钵式罐；而多数土坑墓中，随葬器物多为铁器，陶罐则多见钵式罐、鍑和杯，偶见多边形器和束颈罐。显然，这是两种不同特征的墓葬形制和物质文化，由青铜时代向铁器时代演变的年代性质已经凸显。大体上库尔干年代早于土坑墓。

综合上述情况，以墓穴布局与埋葬人数为切入点，可列出四组相对年代由早及晚的典型葬俗特征及其代表性墓穴，并结合典型墓葬的随葬品特征将墓葬作以下分组：

一组：以库尔干中的单人葬主墓ⅨK1M1、ⅨK2M1、ⅨK3M2、ⅨK4M1、ⅨK5M1为代表。在这几个墓穴单位中，随葬陶器以饰乳突纹的大口罐和饰凹槽弦纹的深腹罐为代表。ⅨK1M1、ⅨK2M1、ⅨK3M1中发现该组典型的随葬品组合为大口罐或深腹罐与铜泡共出，与之相似的墓葬还有ⅢM38、ⅨK7M2、ⅧK1M2、ⅧK8M2、ⅧK11M1、ⅧK11M2、ⅧK12M4和ⅧK13。另外，ⅧK12M1、M3、M5和M8的墓葬形制以及出土的深腹罐同ⅨK2M1较为相似。ⅨK4M1墓葬形制相似且出土同样的铜泡、管珠饰和铜锥组合的还有ⅨK1M2。

二组：以库尔干中的双人葬墓穴ⅩⅤK1M1、ⅩⅤK1M2、ⅩⅤK1M3、ⅦK1M1、ⅨK3M1和ⅨK7M1为代表。随葬陶器器形包括饰乳突纹和折线弦纹的大口罐、饰乳突纹的深腹罐和钵式罐。这一组以ⅨK7M1为代表，出现铜矛、铜镜、骨镞和大口罐的随葬品组合，与之相似的还有ⅧK5M1和ⅧK1M2。另外，对比第一组的乳突纹饰，这一组的乳突排列更加紧密平齐。ⅧK8M1出土深腹罐乳突纹饰与二组更接近，将其归进此组别。

三组：以多人合葬墓ⅩⅤK1M4为代表。与ⅩⅤK1M4墓葬形制及多人合葬习俗相似的还有ⅧK4a和ⅧK10a。随葬陶器器形为饰折线弦纹的大口罐和饰乳突纹或素面钵式罐。该组较具特色的是随葬品组合为铜泡、无帽铜锥、穿首刀和环首刀等青铜制品。

四组：包括土坑墓ⅠM1、ⅢM16、M24B、ⅦM7、ⅦM28、ⅦM30、ⅦM60、ⅦM72、ⅦM73、ⅦM74、ⅦM75、ⅩⅦM1～M5、ⅧK7M2、ⅧK7M4以及两座库尔干ⅦM3和ⅩⅥ。随葬陶器器形主要为钵式罐、鍑和杯，其次为束颈罐和多边形器。带扣、铁刀、铁短剑则是这一组墓葬较为突出的随葬品特征。

从四组随葬品组合关系中，前三组与第四组无论在陶器类型还是其他随葬品组合类型组合上都有明显的区别，根据这条分界线可将前三组归为早期，第四组归为晚期。早期遗存主要分布在中区，晚期遗存主要分布在南区和北区。早期的三组中，从陶器形态和纹饰上来看，前三组的平底器具有明显的物质文化共性区别于第四组的圈足器。在陶器纹饰上，第一组和其他两组具有不同特征。第一组以凹槽弦纹为代表，第二组和第三组则以折线弦纹为代表。在装饰品上，第一组以铜泡和串饰的装饰品组合为典型特征，第二组和第三组则除了装饰品外，在铜锥、镞、刀、矛、管銎斧等武器和工具方面数量和种类都较为丰富。因此，本文将第一组单独归为一个阶段，作为特佩西地区塔加尔文化遗存的第一个发展阶段。

第二组和第三组的划分存在一定的难度。从多人合葬的 XV K1M4 打破 XV K1 库尔干围栏，而围栏中的 XVII M1~M3（第二组遗存）均为双人葬的情况，第三组可能相对来说还是要略晚于第二组。但是第三组本身遗存数量较少，从陶器和随葬品类型上，和第二组墓葬仍是共性大于差异。这种共性特征明显地区别于第一组和第四组。从物质文化的角度，将这两组归为一个发展阶段，或可避免由于第三组遗存较少造成对遗存特征的模糊判断（表二）。

表二 墓葬分期与随葬品组合情况

阶段		组别	墓葬类型	埋葬人数	陶器	青铜器	骨器	铁器
早期	前段	一组	库尔干	单人葬为主，少见双人葬	大口罐，深腹罐，钵式罐	铜泡，圆帽铜锥，锥形铜珠，铜管，双锥形铜珠，平首刀	穿孔弯骨刀	
	后段	二组	库尔干	双人葬为主，少见单人葬和多人葬	大口罐，深腹罐，钵式罐	铜泡，锥形铜珠，圆帽铜锥，铜环，穿首刀，有銎铜镞，铜管，铜镜，铜矛，管銎斧	穿孔弯骨刀，圈点纹直骨刀，骨镞	
		三组	库尔干	均为多人葬	大口罐，钵式罐	铜泡，穿首刀，环首刀，无帽铜锥		
晚期		四组	土坑墓为主，库尔干2座	土坑墓以单人葬为主，少为多人葬。库尔干埋葬人数多达30人	钵式罐，束颈罐，鍑，杯，碗	铜泡，铜环，带扣，五铢钱带饰，铜饰牌	角针，骨片饰，勺形器，带扣	角针，骨片饰，勺形器，带扣

通过以上对墓葬的分组和分期，将特佩西地区的塔加尔文化遗存划分为早期和晚期。其中早期在发展过程中又可进一步分为前段和后段。各阶段的主要特征以及年代蠡测如下。

早期前段已经不见当地前一阶段的卡拉苏克文化的圜底器因素，陶器器形均为平底器。在卡拉苏克文化之后平底陶器的流行可以追溯到巴伊诺沃阶段，为公元前9世纪~前8世纪[8]。巴伊诺沃阶段的物质文化具有明显的过渡特征，尤其是陶器形态上圜底器和平底器共存，纹饰既有继承卡拉苏克文化的篦点纹和三角几何形纹饰，也有典型的凹槽弦纹装饰。特佩西地区并不具备巴伊诺沃阶段的典型过渡特征，而与哈卡斯地区流行大口罐和深腹罐的佩奇舍1号墓地[9]以及阿斯基兹地区的耶西诺墓地[10]的波德戈尔诺沃期遗存较为相似。根据两组墓地的测年数据，或将特佩西地区塔加尔文化早期前段推断为公元前8世纪～前7世纪。

早期后段出现新的折线弦纹装饰又见于维德扎库尔干[11]以及图然1号和2号墓地[12]，年代大致为公元前7世纪后半叶。随葬有铤骨镞、管銎斧、铜矛、铜镜的器物组合和艾戴2号墓地以及梅德维德科2号墓地K2M2较为接近，而大口罐、深腹罐和钵式罐组合又和萨拉加什墓地相似，根据这几组墓地的年代数据，或推测其年代大致为公元前6～前3世纪。

晚期流行的陶器器形为鍑、杯和多边形器，且铁器开始作为日常使用工具，这标志着一个新时期的开始。根据这一组墓葬的^{14}C年代测定数据[13]，其年代区间为公元前2～公元2世纪。

四、文化因素分析

特佩西地区的卡拉苏克文化墓葬随葬陶器以圜底器为主，多见束颈，微敞口，多为中型器，纹饰有三角形几何纹饰、凹槽弦纹、戳印纹等。这些陶器特征与I. P. 拉兹列托夫划分的卡拉苏克期陶器较为接近。据相关科学测年数据，其大致年代范围为公元前12～前11世纪[14]。而特佩西的塔加尔文化早期陶器以平底器为主，常见纹饰为凹槽纹饰和乳突纹饰，或为素面。另外，在葬式方面，卡拉苏克人群流行侧身屈肢，头向东北；而塔加尔文化人群则流行仰身直肢，头向西南。无论从陶器还是葬俗方面，都可推测特佩西山麓的塔加尔文化从其他地区迁入可能性更大，且并未直接接触本地的卡拉苏克文化人群。

在位于米努辛斯克盆地南部阿巴坎河流域的巴伊诺沃墓地、比格拉诺夫2号和5号墓地（图三）中，陶器装饰延续了卡拉苏克时期的凹槽弦纹和卢加维亚时期的篦点纹，同时还发现了平底大口罐和乳突装饰等因素，这一地区显然存在两种文化的过渡发展进程[15]。特佩西地区进入塔加尔文化早期前段的陶器器形以大口罐和深腹罐为代表，纹饰常见凹槽弦纹与乳突装饰。整体已经进入比较成型的阶段，且时间上比南部的巴伊诺沃阶段更晚。该地区的平底罐、凹槽弦纹、乳突装饰等文化因素与米努辛斯克盆地南部的巴伊诺沃阶段遗存更具备亲缘关系。特佩西地区的卡拉苏克文化和塔加尔文化之间存在一定的空白期，米努辛斯克南部巴伊诺沃阶段的文化因素沿叶尼塞河向北逐渐传播至特佩西山麓地区时，已经表现为典型的塔加尔文化的形成阶段（本文所划分的早期前段，或称为波德戈尔诺沃阶段）。

进入早期后段，陶器纹饰方面乳突形纹饰仍是主流因素，且制作更为精良，乳突的排列较前一阶段更紧密整齐，陶器制作艺术的精细化从另一个角度来说归功于社会组织的稳定发展。这一阶段不见前段的凹槽弦纹，与此同时出现了新的折线弦纹因素，相似的纹饰同样发现于维德扎墓地和图然墓地，二者均位于米努辛斯克盆地的中部地区。

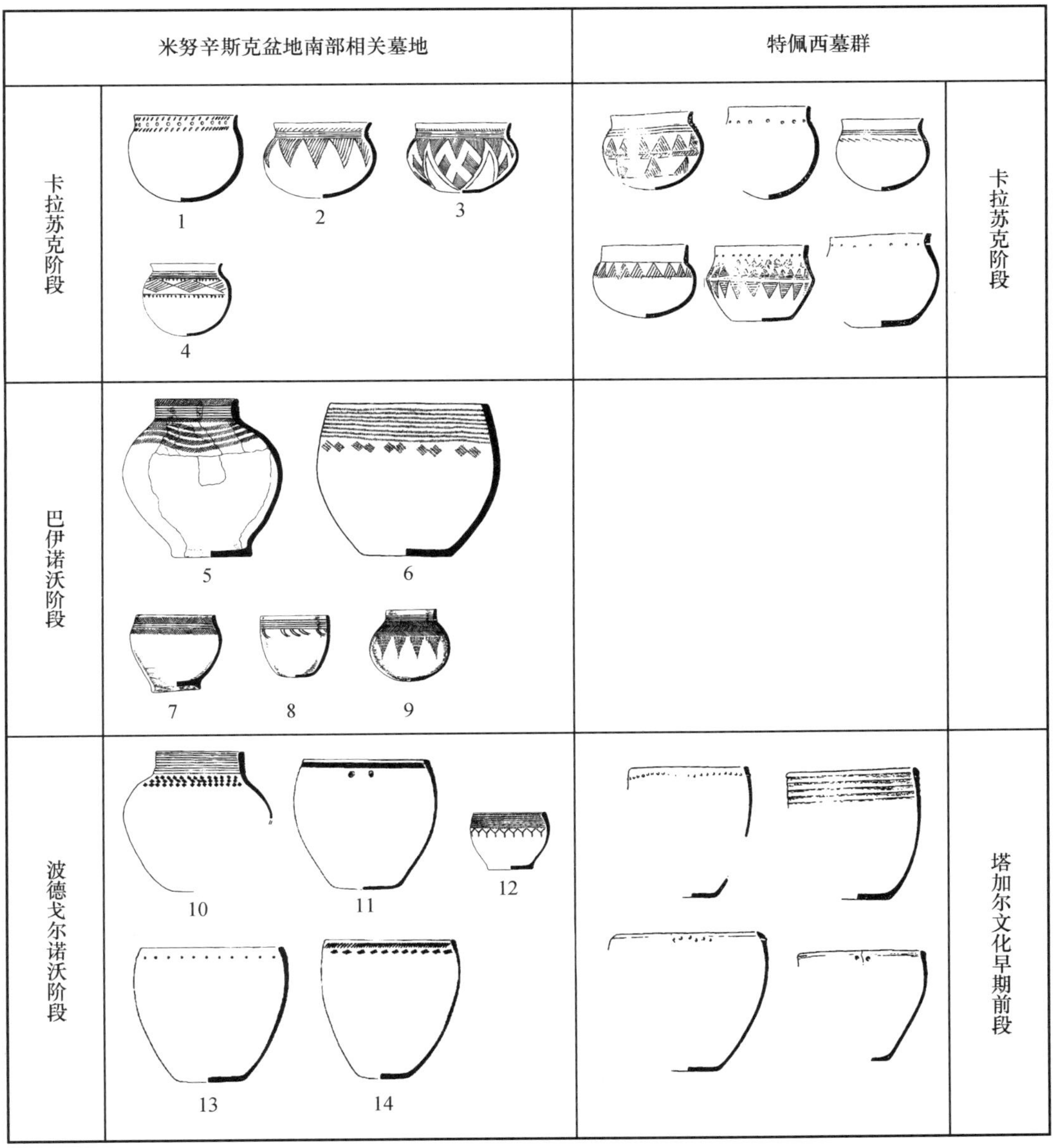

图三　卡拉苏克阶段与巴伊诺沃阶段陶器对比

1. 枯湖2号墓地（Сухое Озеро Ⅱ）　2、3. 卡拉苏克1号墓地（Карасук Ⅰ）　4. 比格拉诺夫2号墓地（Бигранов Ⅱ）
5、11、13、14. 比格拉诺夫5号墓地（Бигранов Ⅴ）　6. 萨摩赫巴尔墓地（Самохвал）　7～10. 白湖1号墓地
（Белое Озеро Ⅰ）　12. 卢加维亚3号墓地（Лугавия Ⅲ）

在米努辛斯克盆地南部，阿斯基兹地区卡扎诺夫1号墓地出土了一件装饰有凹槽弦纹、乳突和折线弦纹的陶罐，年代大致在公元前8～前6世纪[16]。显然这类文化因素更早出现在米努辛斯克南部地区。另外，新米哈伊洛夫斯基墓地K1M3也出土了饰有类似折线弦纹，但线条设计上更加复杂的器物[17]，年代相对更晚（图四）。从分布上看，折线

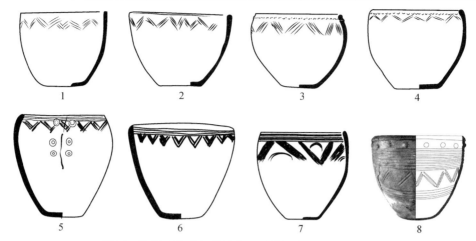

图四　特佩西墓群与其他墓地随葬折线弦纹装饰陶器

1～3. 特佩西墓群（Тепсей）　　4. 图然墓地（Туран）　　5、6. 维德扎墓地（Виджа）　　7. 新米哈伊洛夫斯基墓地（Новоминайновский кургана）　　8. 卡扎诺夫1号车站墓地（Казановская-1）

弦纹因素流行地区主要集中在盆地中部的叶尼塞河两岸。但在文化因素出现的时间上，盆地南部更早。在特佩西山麓地区塔加尔文化人群从出现到进一步发展的过程中，持续性接受了南部地区文化因素的输入影响。

晚期的陶器以圈足器为代表。在特佩西山麓地区早期遗存中并未能观察到圈足器的初始形态，在晚期这类器物已是足部较高，结构相对稳定的器形。可以从米努辛斯克南部地区的塔巴特大型库尔干[18]、梅德维德科2号墓地[19]和新米哈伊洛夫斯基墓地发现的圈足器来讨论其产生与传播路径。根据相关的^{14}C测年数据，塔巴特大型库尔干年代下限大致为公元前5世纪，梅德维德科2号墓地年代下限大致为公元前4世纪。新米哈伊洛夫斯基墓地K1M3年代下限大致为公元前3世纪。前两处墓地的随葬品仍以青铜器为主，而特佩西山麓的圈足器则多与铁器共存。新米哈伊洛夫斯基墓地和梅德维德科2号墓地的圈足器足部较矮，器形更接近大口罐，二者之间或存在过渡演变形态。综合遗存的年代和器形的变化趋势，圈足器这一文化因素有可能存在由南往北的传播途径和趋势（图五）。另外，特佩西地区的圈足器上的乳突纹饰应当仍是本地区延续下来的传统纹饰，新器物形态和传统纹饰的融合也说明这一地区文化的发展并非孤立的自我革新，而是和周边其他人群在接触中交流融合。

在其他随葬品中，比较特殊的有晚期出现的五铢钱带饰和铜饰牌，二者均出土于南区的独立墓葬中，在特佩西山麓地区也属首次发现。五铢钱以革带和其他带饰相接，作为腰带使用，显然在脱离原生环境后已经失去其作为流通货币的用途。此外，阶梯纹长方形镂空饰牌、斗兽纹长方形镂空饰牌、花瓣纹圆环透雕饰牌以及公牛首铜带扣等相同题材与形制器物，在外贝加尔地区、蒙古国境内以及中国北方地区的匈奴时期遗存中均有所发现（图六）。特佩西山麓晚期的文化因素的多元化，显然与匈奴

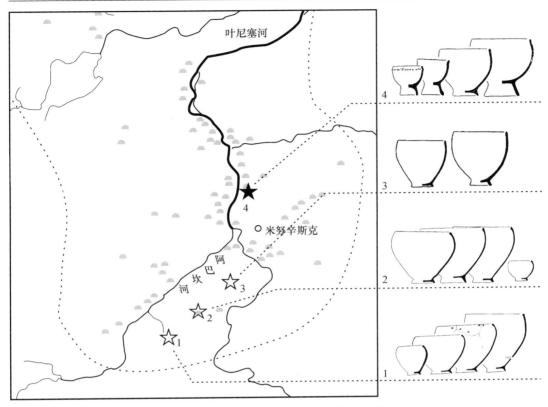

图五　特佩西墓群与其他墓地随葬圈足器

1.塔巴特大型库尔干M3（Вольшого Табатского кургана）　2.梅德维德科2号墓地K1M1（Медведка Ⅱ）

3.新米哈伊洛夫斯基墓地K1M1（Новоминайновский кургана）　4.特佩西墓群Ⅶ区

族群的扩张有关。

  C. C. 米尼亚耶夫对墓葬出土的带扣等12种青铜随葬品进行光谱定量分析，同时与科索格斯基宝藏、米努辛斯克草原采集品以及外贝加尔地区匈奴遗存同类型物品进行对比，认为特佩西山麓地区塔加尔文化青铜器为当地生产[20]。从这个角度来说，特佩西墓群中塔加尔文化发现的匈奴文化特征铜饰牌，很可能是人群流动带来的技术传播，或是人群接触过程中的器物仿制。可以确定的是，最早至公元前2世纪，带有典型匈奴文化特征的器物已经布及中国北方、蒙古、外贝加尔以及米努辛斯克盆地等广大区域。特佩西地区塔加尔文化晚期匈奴人群的强势进入，并与当地人群融合表现出多元且复杂的区域性和阶段性的物质文化特征，是匈奴文化扩张的表现之一。

  在墓葬形制和葬俗方面，可以从几座较为特殊的墓葬讨论其埋葬人群的组成。Ⅶ M3墓葬方向为正南北向，不同于本地区塔加尔文化传统的头朝西南，而和这一时期匈奴墓葬一致。Ⅶ M3出土的花瓣纹透雕圆环饰牌和勺形器等器物，和蒙古地区匈奴遗存[21]以及外贝加尔地区的德列斯图伊墓地[22]较为相近，Ⅶ M3墓主很可能为原本活跃

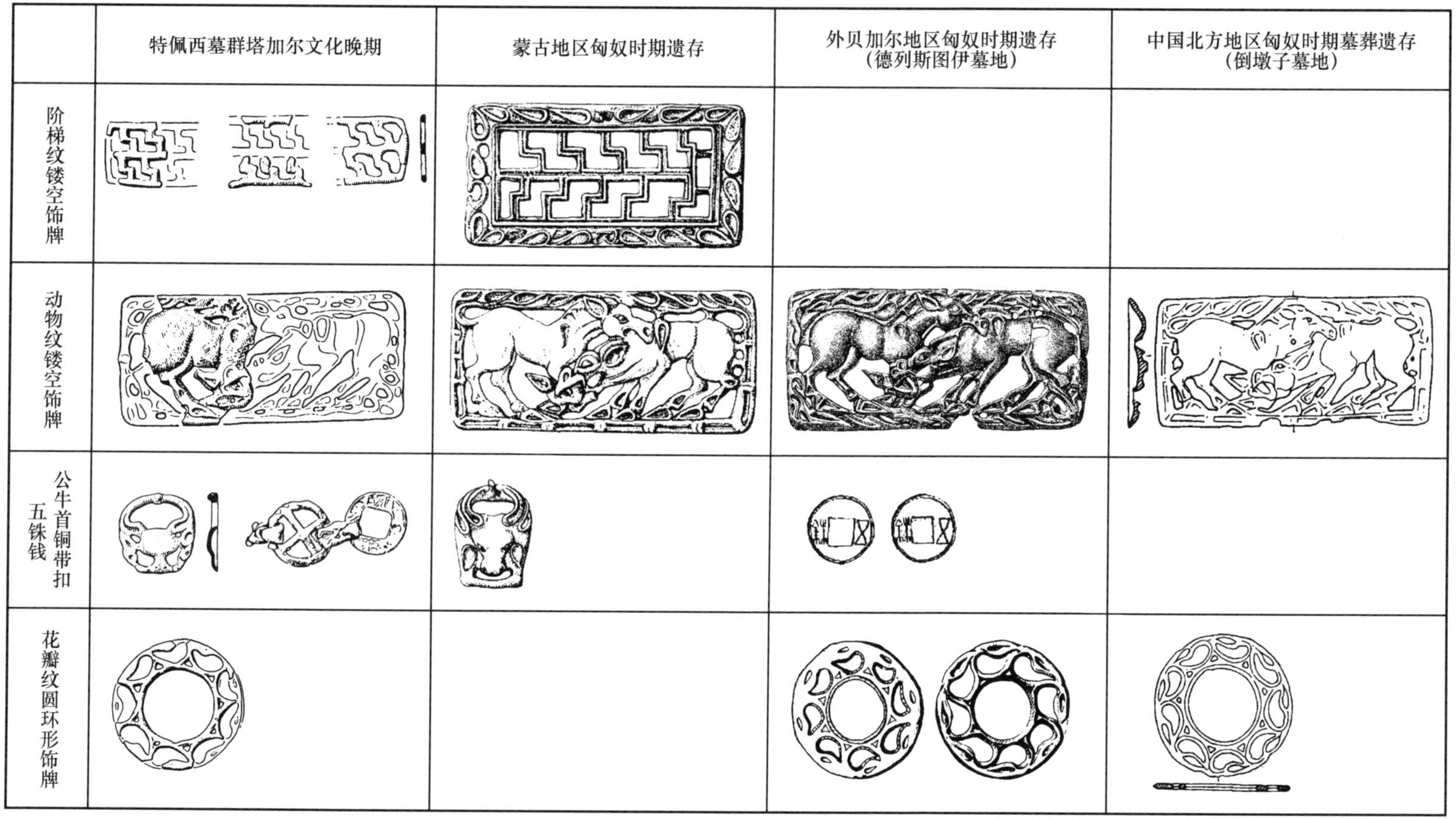

特佩西墓群塔加尔文化晚期	蒙古地区匈奴时期遗存	外贝加尔地区匈奴时期遗存（德列斯图伊墓地）	中国北方地区匈奴时期墓葬遗存（倒墩子墓地）	
				阶梯纹镂空饰牌
				动物纹镂空饰牌
				公牛首铜带扣 五铢铁钱
				花瓣纹圆环形饰牌

图六　特佩西墓群塔加尔文化铜饰牌与外贝加尔、蒙古、中国北方地区匈奴墓葬同类型铜饰牌对比

于外贝加尔或蒙古地区的匈奴人群渗透到米努辛斯克盆地。值得注意的是，ⅦM3为典型的库尔干围栏建筑，这种石板围栏式的地表建筑又是该地区塔加尔文化早期的传统墓葬形制，显然该墓葬遗存很可能为塔加尔文化早期遗留的本地人群和晚期进入该地区的匈奴人群融合形成。

另外一类较为特殊的墓葬形制偏洞室石板墓，仅ⅦM72和ⅦM75两座。这类墓葬形制又见于公元前7～前3世纪哈萨克斯坦中部塔斯莫林类型以及乌拉尔山以东的阿拉库尔谷地发现的以石板封盖的偏洞室土坑墓[23]，俄罗斯阿尔泰地区迈耶米尔文化的马申卡一号墓地K1M1[24]。中国新疆地区穷科克一号[25]、萨恩萨伊[26]、索墩布拉克[27]、奇仁托海[28]、柴窝堡[29]、巩留山口水库[30]等多个墓地均有发现（图七）。稍晚阶段在中国的宁夏回族自治区同心倒墩子匈奴墓地中，也发现了6座偏洞室墓[31]。

相比较而言，特佩西地区这两座偏洞室墓和倒墩子墓地的年代较为接近。在以往的研究中，倒墩子墓地发掘者认为偏洞室墓是比较罕见的匈奴墓葬形制，可能是受本地其他少数民族的影响[32]。也有观点认为受到杨郎文化、秦文化以及匈奴文化等多种文化因素的影响[33]。而对比其他几个地区发现的偏洞室墓材料，可以发现特佩西地区和宁夏地区的材料下限均可到公元前后，相对哈萨克斯坦、阿尔泰和新疆地区（公元前一千纪）要偏晚。基于特佩西地区这两座偏洞室墓中使用石板葬具和桦树皮，随葬五铢钱作为腰带饰，使用匈奴人群常见的勺形器等现象，既有当地特有的墓葬元素，又具有明显的汉文化或匈奴文化元素。由此可见，文献记载中的匈奴人群的崛起和扩张，使得这一广大的区域愈加发展形成频繁互动，相互影响并不断交流融合的文化格局。在匈奴扩张之前的更早阶段，新疆地区显然也是一处相当重要的文化交流枢纽。在偏洞室墓遗存的数量上新疆地区不容忽视，且这一时期发现的偏洞室墓主要集中在伊犁河谷地区的索墩布拉克文化、中部天山区的萨恩萨伊遗存和苏贝希文化。比较特殊的是奇仁托海M116和阿尔泰地区马申卡K1M1的殉葬整马的现象，又可窥见拥有不同埋葬习俗的游牧人群相互接纳，文化特征波及区域相当广阔。可以说在公元前一千纪期间，内陆亚洲山麓通道的人群来往是有迹可循的。而随着匈奴的崛起，加速了人群的扩散和文化因素的跨区域流动。特佩西地区和宁夏地区这种偏洞室墓葬的联系，应当在相关地区材料更富足的情况下进一步观察二者中间地区的影响和传播作用。

晚期多组外来人群并未与本地人群产生明显的文化隔离，而是积极地融入其中，并且共同埋葬于南区的独立墓葬中。在人群融居过程中本地人群延续之前的墓葬传统，主要表现为于北区修建大型库尔干多人合葬墓的人群。这与南区的独立墓葬埋葬区所表现的社会组织性可能有所不同。前者需要具备一定的群体凝聚力、组织力和财富聚集，且合葬者对组织具有服从和归属的性质，其表现为社会结构更稳固的家族联盟。后者从墓葬形制、墓葬方向、墓葬仪式（火葬）等方面都并未完全统一，更倾向于由多个松散的小家庭单位组成。而这种同一时期埋葬形式对立在其他墓地中并不常见，一方面表现了塔加尔文化晚期社会结构的复杂化，另一方面又归因于多组人群融居表现出相异的埋

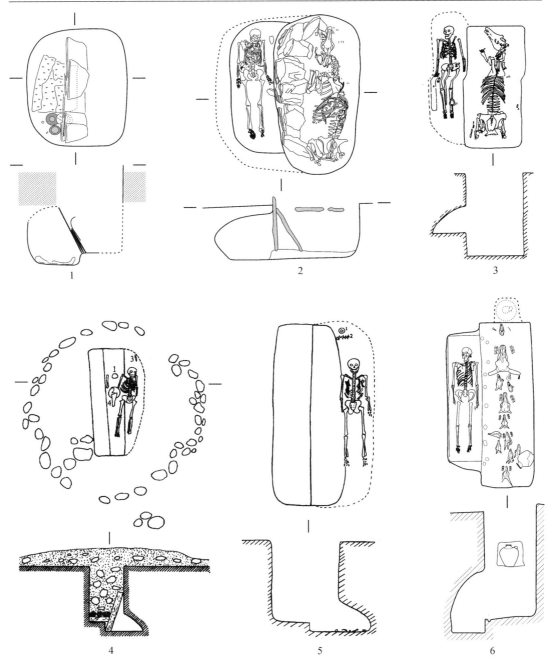

图七 各地区发现的偏洞室墓

1. 特佩西墓群ⅦM72 2. 阿尔泰马申卡1号墓地K1M1（Машенка 1） 3. 新疆奇仁托海墓地M116
4. 新疆索墩布拉克墓地M6 5. 新疆红旗砖厂M6 6. 宁夏倒墩子墓地M10

葬信仰。外来人群在某种程度上不仅带来了塔加尔人群晚期物质文化的变革，也推动了本地人群走向族群身份认同下聚族而葬的大家族联盟，进而演化出后续塔施提克文化的萌芽。

五、余　论

由于米努辛斯克盆地相对封闭的地理环境，从青铜时代至铁器时代该地区的文化遗存呈现出独立发展的面貌。在以往的研究中，文化序列也比较清晰。显然探讨该地区的文化发展的特性，在一定程度上有利于启发对欧亚草原这一环境中文化人群的生存发展规律的思考。本文对特佩西地区塔加尔文化遗存的整体讨论，目的并不局限于探明塔加尔文化自身的遗存特征和发展历程，也希望能以此为立足点，观察一个考古学文化发展过程中变革的契机和与周边文化交流的内在关联。

本文对特佩西墓群塔加尔文化墓葬的分期和文化因素分析讨论，将其整体发展演变大致归纳为两个主要的发展阶段：

早期阶段，为塔加尔文化的典型物质文化发展期，这一阶段又可分为前段和后段（大致等同于波德戈尔诺沃期和萨拉加什期）。无论从前段的单人葬发展为后段的多人葬葬俗，还是从前段常见的铜泡装饰发展到后段青铜工具和武器的频繁出现，都表现出一个群体以简单装饰和墓葬形制表明其群体认同和族群归属，其后社会组织关系逐渐紧密的发展经过。后段武器的发展以及部分墓葬中颅骨创伤的现象，也表明在这一阶段可能出现了和其他群体的冲突，正因如此后段的人群不得不更加紧密联合求存以续。

晚期阶段，遗存特征较早期阶段有了较大的转变（新器形、新的墓葬形制、明显的外来器物的出现）。这一阶段在以往的研究中或称为捷西期，或称为捷西文化。但本文意不在界定其物质文化的转变是否已经达到被归为单独的考古学文化的标准，目前来说这个标准并不完全清晰。可以明确的是，对特佩西人群来说，这种遗存特征的变化显然源于外来人群（匈奴的扩张）带来的文化冲击和融合。

特佩西墓群塔加尔文化遗存的发展历程，从遗存本身各阶段的变化，到该地区与其临近的南部，甚至更远的萨彦-阿尔泰、新疆和中国西北地区之间可观察到的细微联系，都足以说明纵然在相对封闭的环境中，社会的发展以及文化的进化并非完全孤立。当然，本文试图以一个墓地的材料分析去窥探一个考古学文化的发展难逃管中窥豹的不足。但也希望本文能为塔加尔文化的探究提供一个基于基础材料分析的视角，后续的研究能够继续添砖加瓦。

注　释

[1]　　a. Грязнов, М. П. Работы Красноярской экспедиции［J］. *КСИА*, 1965 (Вып. 100).

　　　　b. Грязнов, М. П., М. Н. Комарова. *Раскопки у горы Тепсей на Енисее*［M］. АО 1968 года.

М.:Наука, 1969: 176-179.

c. Грязнов, М. П., Г. А. Максименков. *Обследование берегов Красноярского моря* ［М］. АО 1971 года. *М.:Наука*, 1972: 248-249.

［ 2 ］　Грязнов, М. П. *Комплекс археологических памятников у горы Тепсей на Енисее* ［М］. Новосибирск: Наука, 1979.

［ 3 ］　a.Грязнов, М. П. Тагарская культура ［С］. *История Сибири*. Л.: Наука, 1968: 187-196.
　　　　b.Gryaznov, M. P. *The Ancient Civilization of Southern Siberia* ［М］. Translated from the Russian by James Hogarth. New York: Cowles Book Co., 1969: 213-279.

［ 4 ］　Грязнов, М. П. *Комплекс археологических памятников у горы Тепсей на Енисее* ［М］. Новосибирск: Наука, 1979: 40-89.

［ 5 ］　Bokovenko, N. The emergence of the Tagar culture ［J］. *Antiquity*, 2006, 80 (310): 860-879.

［ 6 ］　a. Мартынов, А. И. *Лесостепная тагарская культура* ［М］. Новосибирск: Наука, 1979.
　　　　b. Кузьмин, Н. Ю. Некоторые итоги и проблемы изучения тесинских погребальных памятников Хакасии ［J］. *Южная Сибирь в древности. Археологические изыскания*, 1995, (Вып.24).
　　　　c. Савинов, Д. Г. Проблема хронологии и периодиззации тагарской культуры в инсторическом контексте ［С］. *Terra Scythica*. Новосибирск: Издательство Института археологии и этнографии СО РАН, 2011.
　　　　d. 张盟. 公元前1千纪的内陆亚洲山麓通道［D］. 吉林大学，2013.
　　　　e. 单月英，卢岩. 匈奴腰饰牌及相关问题研究［J］. 故宫博物院院刊，2008（2）.

［ 7 ］　Davis-Kimball, J., V. A. Bashilov, L. T. Yablonsky. *Nomads of the Eurasian Steppes in the Early Iron Age* ［М］.Berkeley: Zinat Press, 1995: 298-313.

［ 8 ］　И . П . 拉兹列托夫和A. B. 波利科夫基于哈卡斯-米努辛斯克盆地地区3000余座墓葬材料分析，重新构建了青铜时代晚期考古学遗存发展序列，认为青铜时代晚期存在四个发展阶段——Ⅰ.卡拉苏克阶段（公元前13 ~ 前12世纪）；Ⅱ.卡拉苏克-卢加维亚阶段（公元前12 ~ 前11世纪）；Ⅲ.卢加维亚阶段（公元前10 ~ 前9世纪）；Ⅳ.巴伊诺沃阶段（公元前9 ~ 前8世纪）。文献来源同［14］。

［ 9 ］　Александров, С. В., Н. А. Боковенко, Ю. А. Смирнов. *Археологические памятники долины Чёрного Июса на севере Хакасии* ［М］. СПб.: Элексие, 2014: 9-63.

［10］　Савинов, Д. Г. *Памятники тагарской культуры Могильной степи* ［М］. СПб.: Элексие, 2012.

［11］　Липский, А. Н. Погребения тагарских воинов на р. Биджа. ［J］. *CA*, 1966 (2): 312-317.

［12］　Марсадолов, Л. С. Новая датировка Большого Салбыкского кургана ［J］. *Научное обозрение Саяно-Алтая*, 2015 (1): 35-54.

［13］　Поляков, А. В., С. В. Святко. Радиоуглеродное датирование археологических памятников неолита – начала железного века Среднего Енисея: обзор результатов и новые данные ［J］.

Теория и практика археологических исследований, 2009 (Вып.5): 20-56.

［14］ Лазаретов, И. П., А. В. Поляков. Хронология и периодизация комплексов эпохи поздней бр онзы Южной Сибири［С］.*Этнокультурные процессы в Верхнем Приобье и сопредельных регионах в конце эпохи бронзы.* Барнаул: Концепт, 2008: 33-55.

［15］ a. Лазаретов, И. П., А. В. Поляков. Хронология и периодизация комплексов эпохи поздней б ронзы Южной Сибири［С］. *Этнокультурные процессы в Верхнем Приобье и сопредельных регионах в конце эпохи бронзы.* Барнаул: Концепт, 2008: 33-55.

b. Лазаретов, И. П. Памятники баиновского типа и тагарская культура［С］. *Археологические вести.* 14. Санкт-Петербург: Институт истории материальной культуры РАН, 2007: 95-105.

［16］ Дудко, А. А., Ю. А. Васильева, Л. О. Понедельченко, М. С. Кишкурно, А. В. Выборнов. Результаты спасательных археологических раскопок на могильнике Казановка-10 в Аскизском районе Республики Хакасии в 2020 году［С］. *Проблемы археологии, этнографии,антропологии Сибири и сопредельных территорий.* Том XXVI. Новосибирск: ИАЭТ СО РАН, 2020: 862-868.

［17］ Поляков, А. В., С. В. Святко. Радиоуглеродное датирование археологических памятников неолита – начала железного века Среднего Енисея: обзор результатов и новые данные［J］. *Теория и практика археологических исследований*, 2009 (Вып.5): 53.

［18］ Пшеницина, М. Н., А. С. Поляков. Погребения родоплеменной знати тагарского общества на юге Хакасии［J］. *КСИА*, 1989 (Вып. 196): 58-66.

［19］ Боковенко, Н. А., С. В. Красниенко. Могильник Медведка II［С］. *Памятники археологии в зонах мелиорации Южной Сибири.* Л.: Наука, 1988: 23-45.

［20］ Грязнов, М. П. *Комплекс археологических памятников у горы Тепсей на Енисее*［M］. Новосибирск: Наука, 1979: 162-164.

［21］ Руденко, С. И. *Культура хуннов и Ноинулинские курганы*［M］. М.-Л.: Изд-во Акад. наук СССР., 1962: 38-47, 71-86.

［22］ Миняев, С. С. *Дырестуйский могильник*［M］. Археологические памятники сюнну. Вып. 3. СПб.: Филол. ф-т СПбГУ, 2007.

［23］ Davis-Kimball, J., V. A. Bashilov, L. T. Yablonsky. *Nomads of the Eurasian Steppes in the Early Iron Age*［M］. Berkeley: Zinat Press, 1995: 120-123, 209-210.

［24］ Шульга, П. И. Раннескифсая упряжь VII-нач. VI вв. до н. э. по материалам погребения на р. Чарыш［С］. *Снаряжение верхового коня на Алтае в раннем железном века и средневековье.* Барнаул: Алтайский государственный университет, 1998: 25-49.

［25］ 新疆文物考古研究所.尼勒克县穷科克一号墓地发掘报告［J］.新疆文物，2002（3/4）：13-53.

［26］ 新疆文物考古研究所.新疆萨恩萨伊墓地［M］.北京：文物出版社，2013.

［27］　新疆文物考古研究所.新疆察布查尔县索墩布拉克古墓群［J］.考古，1999（8）：17-28.

［28］　新疆文物考古研究所.伊犁州尼勒克县奇仁托海墓地发掘简报［J］.新疆文物，2004（3）：60-87.

［29］　新疆文物考古研究所.乌鲁木齐市柴窝堡林场Ⅰ、Ⅲ、Ⅳ号点墓葬发掘［J］.新疆文物，2000（1/2）：6-10.

［30］　新疆文物考古研究所.2005年度伊犁州巩留县山口水库墓地考古发掘报告［J］.新疆文物，2006（1）：1-40.

［31］　钟侃，乌恩，李进增.宁夏同心县倒墩子汉代匈奴墓地发掘简报［J］.考古，1987（1）：33-37.

［32］　乌恩，钟侃，李进增.宁夏同心倒墩子匈奴墓地［J］.考古学报，1988（3）：333-356.

［33］　孙静怡.宁夏倒墩子墓地偏洞室墓的来源问题［C］.北方民族考古（第8辑）.北京：科学出版社，2019：91-98.

A New Discussion on Remains of Tagar Culture in the Tepcei Cemetery

YU Xiao-xiao　　SHAO Hui-qiu

Through the combing and analysis of the remains of the Tagal culture in the Tepcei Cemetery, this paper attempts to clarify the development process of the Tagar culture in this area and the characteristics of the remains of each stage. With the analysis of cultural factors, the development and evolution opportunities in the cultural process, as well as the cross-regional cultural communication phenomenon reflected behind the coexistence of multicultural factors has been further explored. The emergence and development of these remains continue to receive the influence of which from the southern Minusinsk Basin. Later, due to the expansion of the Huns, the infiltration of intruders led to mutations in the characteristics of the remains and the formation of a multicultural face.

征 稿 启 事

　　《边疆考古研究》是由教育部人文社会科学重点研究基地吉林大学边疆考古研究中心主办的学术刊物，自2002年创办以来，至今已连续出版29辑，在国内外学术界形成了一定影响，并连续两次入选CSSCI（中文社会科学引文索引）来源集刊。

　　为及时刊发田野考古新材料，反映考古研究新成果，自2012年起，《边疆考古研究》由原来每年一辑增加为每年两辑，在侧重边疆考古的同时，欢迎其他各个方面的考古发现与研究稿件。拟设置的栏目包括：①考古新发现；②研究与探索；③考古新视野；④考古与科技；⑤书评，等等。

　　稿件具体要求：①论文不超过12000字，考古发掘报告字数可适度增加；②来稿请附中、英文摘要（300字左右）、关键词（3～6个）及作者简介；③统一采用尾注，注释格式请参考近期出版的《边疆考古研究》；④译文需取得原作者的授权，以免发生版权纠纷。

　　本刊实行双向匿名审稿制度。审稿周期一般为3个月。3个月内未收到刊用意见，作者可自行处理来稿。本刊不收取任何版面费，一经刊用，即奉样刊5册。

　　本刊仅接受电子投稿。投稿邮箱为524544323@qq.com。请勿委托他人转投稿件。

　　联系人：彭善国

　　编辑部地址：长春市前进大街与火炬路交会处吉林大学水务楼考古学院1411室

　　邮编：130012

勘 误 声 明

《边疆考古研究》（第28辑）第441页《新疆下坂地墓地青铜时代人群的病理与创伤现象研究》一文第二作者"王永迪"应更正为"王永笛"，特此勘误。

《边疆考古研究》编辑部

1. 2017DCY1岩面

2. 2017DCY2岩面

3. 2017DCY3岩面

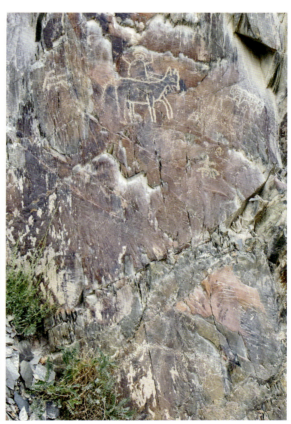

4. 2017DCY4①岩面

西藏定结县江嘎镇次多村岩画

1. 2017DCY4②岩面

2. 2017DCY4③岩面

3. 2017DCY4④岩面局部

4. 2017DCY5①岩面局部

西藏定结县江嘎镇次多村岩画

1. 2017DCY5②岩面局部

2. 2017DCY5③岩面

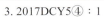

3. 2017DCY5④：1

4. 2017DCY5④：2

西藏定结县江嘎镇次多村岩画

图版四

1. 2017DCY6①岩面

2. 2017DCY6②岩面

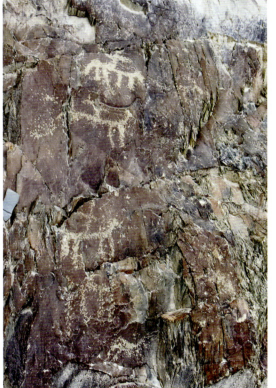

4. 2017DCY6③岩面

3. 2017DCY6④岩面

西藏定结县江嘎镇次多村岩画

1. 2017DCY6⑤岩面

2. 2017DCY6⑥岩面

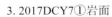

3. 2017DCY7①岩面

4. 2017DCY7②：1、2017DCY7②：2

西藏定结县江嘎镇次多村岩画

1. 2017DCY7②：3 ~ 2017DCY7②：6

2. 2017DCY7②：7 ~ 2017DCY7②：10

3. 2017DCY7③：3

4. 2017DCY7③：4

西藏定结县江嘎镇次多村岩画

1. 2017DCY7④：1

2. 2017DCY7④：2～2017DCY7④：6

3. 2017DCY7⑤岩面

4. 2017DCY7⑥岩面

西藏定结县江嘎镇次多村岩画

图版八

1. 2017DCY7⑦：1、2017DCY7⑦：2

2. 2017DCY7⑦：3、2017DCY7⑦：4

西藏定结县江嘎镇次多村岩画